AF573312

Michael Moynagh

Fresh X
Das Praxisbuch

Übersetzt aus dem Englischen von Christiane Vorländer.

Für die großzügige finanzielle Unterstützung des Übersetzungsprojekts danken wir Chrischona Schweiz (http://www.chrischona.ch)

Auch als E-Book erhältlich:
ISBN 978-3-7655-7401-6

www.brunnen-verlag.de
Umschlaggestaltung: Jonathan Maul
Satz: Uhl + Massopust, Aalen
Druck: CPI books GmbH, Leck
ISBN 978-3-7655-0955-1

„Wer Michael Moynaghs neues Buch zur Hand nimmt, bekommt keine theoretische Abhandlung, aber eine theologisch kluge Hinführung zur Praxis, durchsetzt mit einer Fülle von ermutigenden und berührenden Erfahrungen und Geschichten. Oft heißt es dabei ‚how to', aber ebenso oft ‚It is the Spirit's Agenda'. Und das alles mit der gewohnt soliden Qualität des britischen Vordenkers für Fresh Expressions."
– Prof. Dr. Michael Herbst, Professor für Praktische Theologie an der Universität Greifswald und Direktor des Instituts zur Erforschung von Evangelisation und Gemeindeentwicklung (IEEG)

„Die Tradition der alten Kirche in neuer Frische sehen und dann – wie es Huldrych Zwingli ausdrückt – um Gottes Willen etwas Tapferes tun: Dazu ermutigt die Lektüre dieses Buches."
– Prof. Dr. Ralph Kunz, Professor für Praktische Theologie an der Universität Zürich

„Der Gedanke der ‚Ecclesia semper reformanda', der sich immer erneuernden Kirche, wird hier ins 21. Jahrhundert übersetzt. Aktuell und praxisbezogen – eben ‚Fresh' – verleiht das Buch der Kirche Flügel, ohne die Wurzeln zu vernachlässigen!"
– Dr. Peter Gloor, Leiter Chrischona Schweiz

„Seit der Veröffentlichung von Mission-shaped Church (2004) sind unzählige Beiträge zum Thema ‚fresh expressions of church' erschienen. Michael Moynagh versteht es, in seinem Praxisbuch sowohl theologisch tief greifend als auch praxisnah-inspirierend zu schreiben. Wer dabei ist, neue Gemeindeformen im deutschsprachigen Kontext zu realisieren, wird durch die zahlreichen ‚Pioneer-Stories' zusätzlich herausgefordert und unterstützt. Eine hervorragende Arbeitshilfe."
– Pfr. Markus Weimer, Leiter des Netzwerks churchconvention

„Wer dieses Buch liest, bekommt den Eindruck, dass jeder es kann. Genau das ist der Punkt – es stimmt!"
– Jonny Baker, Direktor für Missionsausbildung bei der Church Mission Society

„Eine Aufforderung, über den Tellerrand von Kirche hinaus zu schauen und jede Gelegenheit zu ergreifen, um Zeugnis für unseren Glauben abzulegen. Es wird Sie zum Nachdenken bringen und Ihr missionarisches Bewusstsein schärfen."
– Ed Stetzer, Präsident von LifeWay Research, US

„Tiefe Einblicke, wunderbar kombiniert mit einfachen Praxisanweisungen. Ein Muss für alle, die eine Zeugnisgemeinschaft ins Leben rufen möchten."
– Dave Male, Direktor des Zentrums für die Ausbildung von Pioneers, Ridley Hall, Cambridge

„Mike Moynagh hat eine einzigartige Begabung als Visionär mit großem Herzen und klugem Verstand. Die Kombination von Wissen und Enthusiasmus macht Mut und inspiriert."
– Revd. Canon Phil Potter, Teamleiter des Fresh Expressions Teams UK und Beauftragter des Erzbischofs

„Sein Leben lang hat Michael Moynagh sich damit beschäftigt zu beobachten, wie die Welt sich entwickelt und wie gleichzeitig die Entwicklung der Kirche als zeugnisgebende Gemeinschaft aussieht. In diesem Buch zeigt er, untermauert von vielen Geschichten, wie beides in der Praxis zusammenkommen kann.
Er verfügt über die natürliche Begabung, viele verschiedene Stränge zusammenzuführen, kluge Schlüsse daraus zu ziehen und die typisch moynaghsche Prise Interpretation beizufügen. Er zeigt, wie wir durch ganzheitliches geistliches Leben und christuszentriertes Zeugnis im nachchristlichen Zeitalter die Kirche zurückbringen können ins öffentliche Bewusstsein. Er möchte die

Theorie tief verwurzelt sehen in der Praxis – dieses Buch bietet genau das, was der Titel verspricht."
– Canon Dr. George Lings, Direktor des Church Army Research Units

„Inspirierende Geschichten, praktische Einblicke und gute Gedanken, um Christen das Handwerkszeug und die Ermutigung für ein gewinnbringendes und ganzheitliches Leben im 21. Jahrhundert mitzugeben. Großartig zu lesen!"
– Maryn Atkins, Vorsitzender von Fresh Expressions und Generalsekretär der Methodistischen Kirche von England

„Erklärt auf einfache Weise, wie jeder Christ effektiv missionarisch aktiv werden kann. Wir sollten es gemeinsam lesen, gemeinsam umsetzen und entdecken, wie neue Dimensionen des Lebens Jesu unsere Netzwerke und Nachbarschaften mit dem Sauerteig des Reiches Gottes durchdringen."
– Bob und Mary Hopkins, Gemeindepflanzungsinitiativen der anglikanischen Kirche

„Einfühlsam vertieft Mike Moynaghs Buch das Verständnis von Fresh Expressions of Church und rückt für viele Christen Möglichkeiten in Reichweite, sich in ihrem eigenen Alltag zu engagieren."
– Rt. Revd. Graham Cray, von 2009 – 2014 Teamleiter des Fresh Expressions Teams UK und Beauftragter des Erzbischofs

Für Liz

Inhalt

Geleitwort zur deutschen Ausgabe (Erhard Berneburg) 12

Vorwort (Alan Hirsch) 14

Einleitung – Ich will etwas verändern 19

TEIL 1:
GEMEINSCHAFTEN MITTEN IM LEBEN – WARUM? 29

1. Gemeinschaften mitten im Leben 30

2. Sieben Gründe 62

3. Die Fantasie beflügeln – eine Ideensammlung 101

TEIL 2:
HANDWERKSZEUG ZUR ENTWICKLUNG VON ZEUGNISGEMEINSCHAFTEN 137

4. Worin liegt das Geheimnis? 138

5. Konkrete Schritte 176

6. Zu Jüngern machen 211

7. Gemeinschaften multiplizieren sich 249

TEIL 3:
HANDWERKSZEUG FÜR DIE KIRCHE 279

8. Meine Gemeinde – wie kann sie sich engagieren? 280

9. Meine Kirche, mein Gemeindenetzwerk –
welche Aufgaben haben sie? 320

10. Die Schlüssel zum Erfolg 360

ANHANG:

Evaluation des Prozesses 375

Hilfreiche Websites 403

Weiterführende Literatur 404

Index 408

Dank

Die Helden dieses Buches sind die unzähligen Menschen in den Zeugnisgemeinschaften, die in ihrem Alltag aktiv Zeugnis ablegen für Jesus. Von ihren Geschichten habe ich mich inspirieren und lehren lassen – Sie finden viele von ihnen in diesem Buch. Manche der Geschichten sind mir in Gesprächen erzählt worden, die meisten aber sind dokumentiert und ich habe jeweils auf die Quelle verwiesen. Natürlich sind sie Schnappschüsse einer aktuellen Situation und haben sich in der Zwischenzeit weiterentwickelt.

Mein Dank gilt allen, die meinen Text während des Schreibens immer wieder kommentiert und für Verbesserung gesorgt haben: Emily Thrasher, Karen Carter, Vicky Cosstick, Dr. Ed Stetzer, Bischof Graham Cray, Canon Phil Potter und die Reverends Andrew Roberts, Bob und Mary Hopkins, Dave Male und Norman Ivison. Alle verbleibenden Defizite sind auf mich zurückzuführen.

Mein Dank gilt auch dem Redaktionsleiter des Monarch-Verlags, Tony Collins, der mich ermutigt hat, dieses Buch zu schreiben, Jenny Ward, die den Text lektoriert hat, und den Mitarbeitenden der Trinity School for Ministry in der Nähe von Pittsburgh. Sie haben mir einen wunderbaren Aufenthalt beschert, bei dem ich viele spannende *Pioneers* kennenlernen durfte. Ich lerne nach wie vor viel von dem konfessionsübergreifenden englischen Fresh-Expressions-Team, dessen Mitglied ich bin. Geschrieben habe ich das Buch in Wycliffe Hall in Oxford, ein Ort, den ich immer sehr genieße. Mein größter Dank gilt wie immer meiner Frau Liz, die mich über mehr als vierzig Jahre auf wunderbare Weise unterstützt hat.

Wycliffe Hall, Oxford, September 2013

Geleitwort zur deutschen Ausgabe

Evangelische Kirche wird nie fertig werden, sondern sich immer als „ecclesia semper reformanda“ (die Kirche ist immer zu reformieren) verstehen müssen. Auch in ihrem Kernauftrag wird sie immer wieder neu buchstabieren, wie sich ihre Mission in der Gegenwart gestalten soll. Gesellschaft und Lebenswirklichkeit der Menschen verändern sich gegenwärtig rasant. Pluralisierung und Individualisierung lassen die kirchliche und missionarische Arbeit nicht unbeeinflusst.

Das vorliegende Buch von Michael Moynagh gibt einen Einblick in erstaunliche Veränderungsprozesse in den Kirchen in England. Sie zeigt, wie neue vielfältige Formen von Gemeinde Frische und Vitalität in eine mancherorts alt und müde gewordene Kirche bringen.

Nicht nur in England, sondern auch in den deutschen Kirchen spüren es viele, dass eine Ergänzung der herkömmlichen Arbeit in der Parochie immer nötiger wird. Wir haben als Kirche keine Alternative zur Angebotsausweitung und Formatpluralisierung. Und tatsächlich, wenn man sich sorgfältig umschaut: Es entstehen an unterschiedlichsten Orten neue Formen christlicher Zeugnisgemeinschaften. In der Regel sind sie initiiert von engagierten Kreativen, noch zu zurückhaltend gefördert und zu schwach verbunden mit den herkömmlichen Strukturen kirchlicher Arbeit.

Moynagh gibt uns Anteil an einer Neuentdeckung des missionarischen Auftrags in der Kirche von England. Christliche Gemeinde nimmt an der Missio Dei teil, nimmt Gottes Bewegung hin zu den Menschen auf und orientiert sich an der Art der Sendung des inkarnierten Gottessohns. Ihr Zeugnis geschieht in Wort und Tat. Kirche verdankt sich der Mission, nicht umgekehrt.

Dabei wird deutlich, dass Ortsgemeinden und vielfältig neue Gemeindeformen einander im Zusammenspiel brauchen, um den vollen Klang des Evangeliums hörbar zu machen. Anstelle der

Uniformität des Gemeindelebens werden neue Wege zu mehr Kreativität und Pluralität sichtbar.

Man kann mit Recht fragen, ob es eine deutsche Ausgabe dieses englischen Buches braucht. Aber die Antwort kann nur lauten: Ja, unbedingt. In der deutschen Theologie und in den Kirchen haben wir zwar vielfältige Arbeiten zur Kirchentheorie, auch gründliche Studien zu Fragen der Gemeindeentwicklung und zahlreiche Publikationen zu Kirchenreformschritten. In der Entwicklung neuer Gemeindeformen sehen wir aber in der Kirche von England einen großen Erfahrungsschatz, den wir in den deutschen Kirchen erst pionierhaft und anfänglich erleben. Michael Moynagh hat diesen Veränderungsprozess in England von Anfang an mitgestaltet und theologisch reflektiert. Mit dem vorliegenden Buch schließen wir uns an einen ökumenischen Lernprozess an und profitieren von den Erfahrungen und theologischen Einsichten in der Kirche von England.

Bei der Herausgabe der deutschen Ausgabe gebührt ein ausdrücklicher Dank der engagierten fachlichen Begleitung durch Prof. Dr. Michael Herbst und Patrick Todjeras (beide Universität Greifswald) wie durch Prof. Dr. Ralph Kunz und Dr. Sabrina Müller (beide Universität Zürich) und durch Pfarrer Markus Weimer (Böhringen; Netzwerk Churchconvention).

Für die Finanzierung der Übersetzung ist Chrischona-Schweiz zu danken.

Ein Praxis-Buch ist angekündigt, allerdings nicht ohne theologische Grundlegung, aber allgemeinverständlich und mit Anleitungen zu eigenen Schritten der Gemeinde-Veränderung.

Es will uns von vorsichtiger, manchmal gar ängstlicher Grundhaltung zu einem mutigen Ausprobieren ermutigen. Lassen wir uns anstiften und aufbrechen, um dem Sendungsauftrag der Kirche in neuen kreativen Schritten gerecht zu werden. Es gibt eine Hoffnung für Mission und Kirche.

Oberkirchenrat Dr. Erhard Berneburg
Generalsekretär der Arbeitsgemeinschaft Missionarische Dienste

Vorwort

Es ist bemerkenswert, was da gerade passiert in der christlichen Kirche der Gegenwart. Sie lernt, innovativ und auf ganz neue Art und Weise die Liebe zu Gott und den Menschen zum Ausdruck zu bringen. Und daraus entstehen ganz neue Formen von Gemeinschaft. Wir beobachten, wie missionale Gemeinschaften mitten im Alltag der Menschen auftauchen: in Cafés, Fitnessstudios, Tattoo-Läden und Waschsalons, auf Online-Spiele-Plattformen – und sogar in Kirchen.

Aktuelle Forschungen zur Lage der Kirche in England haben gezeigt, wie zunehmend wichtig diese Bewegung wird.[1] Untersucht wurde fast ein Viertel aller Diözesen der Church of England, der größten Kirche[2] Englands. Das Ergebnis der Untersuchungen ist, dass 15 Prozent aller Gemeinden in diesen Diözesen „Fresh Expressions of Church" sind, also neue Ausdrucksformen gemeindlichen Lebens. Durchschnittlich 10 Prozent der wöchentlichen Teilnahme an Gottesdiensten und sonstigen Veranstaltungen findet dort statt. Besonders bemerkenswert ist die Tatsache, dass die meisten dieser Gemeinschaften erst in den letzten zehn Jahren entstanden sind und zunehmend mehr von ihnen gegründet werden. Das sind gute Nachrichten für eine müde und überalterte christliche Kirche.

Die Leitungen der Fresh-X-Gemeinden geben an, dass nur ein

---

1 Church Growth Research Project, „Report on Strand 3b: An analysis of fresh expressions of Church and church plants begun in the period 1992–2012", Oktober 2013, S. 6, erhältlich bei Church Army Research Unit.

2 Im englischen Original ist hier, wie auch an anderen Stellen, der Begriff „denomination" verwendet, der in einem weiteren Sinn Konfessionsgemeinschaften und christliche Glaubensrichtungen meint. Um der besseren Lesbarkeit willen wird dies im Folgenden mit „Kirche" wiedergegeben.

Viertel der Mitglieder dieser neuen Gemeinden als regelmäßige Gottesdienstbesucher bezeichnet werden kann („Kirchennahe"). Etwas mehr als ein Drittel hat sich von Kirche entfernt („Entkirchlichte") und erstaunliche zwei Fünftel haben wenig oder gar keinen Bezug zu Kirche („Kirchenferne"). Wenn wir diese Zahlen ernst nehmen, dann sind die neuen Ausdrucksformen kirchlichen Lebens ganz sicher eine unserer größten Chancen, das Evangelium der westlichen Welt durch Mission und Evangelisation wieder neu zugänglich zu machen.

Großbritannien ist nicht das einzige Land, in dem dieser neue Aufbruch christlicher Mission zu beobachten ist. In Nordamerika, Australien und Neuseeland gibt es ebenfalls eine Reihe von Beispielen dafür und selbst Kontinentaleuropa zeigt zunehmend Interesse. Trotzdem sind die in England gesammelten Erfahrungen aus drei Gründen von Bedeutung und besonderem Interesse.

Erstens waren es die zwei größten Konfessionen – also die anglikanische gemeinsam mit der methodistischen Kirche –, die vorangegangen sind, indem sie die neuen christlichen Gemeinschaften gefördert haben. Vorausschauende Mitglieder der Kirchenleitung haben ihr Plazet gegeben und so eine Erneuerung an der Basis in Gang gesetzt, die hauptsächlich von Laien getragen ist – ein nicht zu unterschätzender Faktor angesichts der Pfarrerzentriertheit, die gemeinhin in den großen Kirchen zu finden ist. In den Vereinigten Staaten dagegen entstehen die neuen Formen gemeindlichen Lebens weitgehend außerhalb der bestehenden Kirchen.

Zweitens zeigt diese vom Impuls der beiden Kirchen ausgehende neue Welle missionarischen Handelns in England in zunehmendem Maße konfessionsübergreifende Züge. Immer mehr Kirchen im ganzen Land schließen sich an und regen die Entstehung neuer Fresh Expressions of Church an. Die Mitglieder der englischen Fresh-Expressions-Bewegung kommen nicht nur aus der Church of England und der Methodistischen Kirche. Ebenso vertreten sind z. B. die United Reformed Church, die Church of Scotland und die Salvation Army (Heilsarmee). Es gibt Stimmen, die sagen, dass in England durch diese Zusammenarbeit gelebte Ökumene derzeit am allerbesten zum Ausdruck kommt.

Drittens wurde dankenswerterweise die missionarische Dynamik des Prozesses inzwischen von einigen Beobachtern der Fresh-Expressions-Bewegung analysiert und aufgeschrieben. Am Anfang steht ein Hören auf den Kontext. Dann beginnt das Kernteam häufig einfach damit, den Menschen, denen ihre Berufung gilt, in Liebe zu dienen. Um diese dienende Liebe herum bildet sich eine Gemeinschaft, in der die Menschen den Weg zu Jesus kennenlernen. Wer möchte, bekommt die Möglichkeit auszuprobieren, was es heißt, Jesus nachzufolgen. So bildet sich um den Kern derer, die zum Glauben gefunden haben, eine Gemeinde. Manchmal beginnen die neuen Christen dann ihrerseits, diesen Prozess neu zu beginnen.

Das stellt den konventionellen Ansatz der Gemeindepflanzungen auf den Kopf. Gottesdienst und geistliches Leben stehen am Ende des Weges statt am Anfang. Der gesamte Prozess ist organischer, experimenteller, inkarnatorischer und lokaler als der eher formale Weg traditioneller Gemeindepflanzungen und er geschieht oft in kleinerem Rahmen.

Trotz dieser spannenden Entwicklungen sind in England viele schnell bei der Hand mit dem Urteil, dass die Situation nach wie vor alles andere als rosig ist. Die Kirche schrumpft immer noch zu schnell, die durch die neuen christlichen Gemeinden Hinzukommenden sind als Gegengewicht nicht ausreichend. Außerdem besteht Skepsis, inwieweit die historischen, weit institutionelleren Strukturen in der Lage sein werden, diesen Ausbruch christlicher Energie einzubinden. Wird der neue Wein die alten Schläuche der traditionellen Konfessionen sprengen? Werden die bestehenden Strukturen sich schnell und radikal genug anpassen können, um das zu integrieren, was da an der Basis geschieht? Oder werden sich die *Pioneers* der neuen Gemeinschaften gegenseitig in Netzwerken unterstützen, die sich zunehmend von den großen Kirchen entfernen?

Wie auch immer die Antworten aussehen mögen, es besteht

kaum Zweifel daran, dass wir nicht nur in England, sondern auch in Amerika und an vielen anderen Orten der Welt Zeugen einer außerordentlich bedeutsamen, von Gott angestoßenen Bewegung werden. Legt der Heilige Geist einmal mehr das Fundament dafür, dass die Kirche auf dramatische Weise wiedergeboren wird, mit nie dagewesenen Formen und Strukturen? Ich persönlich habe genau dieses Gefühl.

Wenn Sie mehr über diese Bewegung des Heiligen Geistes erfahren möchten und besonders wenn Sie und Ihre Glaubensgeschwister gerne erfahren möchten, wie Sie Teil dieser Bewegung werden können, dann ist dieses praxisbezogene und einprägsame Buch genau richtig. Seine Botschaft ist einfach und doch kraftvoll: Sprechen Sie einen oder zwei andere Christen aus einem Ihrer Lebenskontexte an – in Ihrem Freundeskreis, dort wo Sie Ihre Freizeit verbringen, an Ihrem Arbeitsplatz oder in Ihrer Nachbarschaft. Bitten Sie Gott, Ihnen zu zeigen, wie Sie etwas für die Menschen in Ihrem Umfeld tun können, und erzählen Sie, wenn der richtige Zeitpunkt gekommen ist, von der Frohen Botschaft des Evangeliums. Und dann warten Sie ab, was Gott daraus macht.

Untermauert mit über 120 Beispielen aus der Praxis stellt Michael Moynagh einen neuen Ansatz von Mission in Ortsgemeinden vor, der sich auf Zeugnisgemeinschaften im alltäglichen Leben gründet. Leicht zugänglich beschreibt er, wie man als normaler Christ ganz einfach solche Gemeinschaften starten kann und sie in Zentren verwandelt, in denen Menschen zu Jüngern werden. Er zeigt, wie Leitende von Ortsgemeinden, vor allem dann, wenn sie sich zum pastoralen Dienst berufen fühlen, ihre Gemeinden dazu bewegen können, die neu entstandenen Gemeinschaften zu unterstützen und so teilzuhaben an Gottes Handeln in unserer Zeit.

Ich bin froh und dankbar, dass dieses sehr praxisnahe Buch tief in der biblischen Botschaft wurzelt. Das theoretische und theologische Fundament ist nachzulesen in dem gewichtigen, komplexen Grundlagenwerk Michael Moynaghs, „Church for Every

Context“[3]. Ich empfehle besonders Gemeindeleitenden auch die Lektüre dieses Buches. Beide Bücher sind hilfreich, um die missionale Kommunikation der Christen zu verändern, weg vom individuellen Zeugnis des einzelnen hin zu einer kleinen Gemeinschaft von Menschen, die gemeinsam Zeugen ihres Glaubens werden. Ein radikaler Ansatz. Aber nicht einfach bloße Theorie. Er gründet auf dem, was eine wachsende Anzahl von Christen bereits hier und jetzt tut.

Wenn Sie also den Zaun zwischen Kirche und Alltagsleben einreißen möchten, wenn Sie aufregende und praktikable Wege finden möchten, um Ihrer inneren Leidenschaft himmlischen Wert zu geben, wenn Sie Jesus nicht mehr allein, sondern gemeinsam mit anderen Christen bezeugen möchten, dann empfehle ich Ihnen „Fresh Expressions – das Praxisbuch“.

Alan Hirsch
Gründer des „Forge Mission Training Network“[4] und Autor von *Forgotten Ways* (dt. *Vergessene Wege*, Schwarzenfeld: Neufeld, 2011) und vielen anderen Büchern zum Thema missionale Kirche

---

[3] Die deutsche Übersetzung wird 2016 unter dem Titel „Fresh Expressions of Church“ im Brunnen Verlag Gießen erscheinen.

[4] Anm. d. Übers.: Die Fortbildungseinrichtung einer Missions- und Gemeindegründungsarbeit, die ihren Fokus auf die benachteiligten Menschen der Gesellschaft legt.

Einleitung – Ich will etwas verändern

„Pastorinnen und Pastoren machen sich unheimlich viele Gedanken, um ihre Gemeindeglieder dazu zu bringen, als Christen in der Welt etwas zu verändern“, sagte einmal ein Kollege zu mir. „Die meisten wissen nur nicht, wo sie ansetzen sollen.“

Vielleicht sind sie einer dieser Leiter oder eines dieser Gemeindeglieder, über die sich Gemeindeleitende so viele Gedanken machen. Sie lieben Gott von ganzem Herzen. Sie sind Jesus begegnet, sei es im Gottesdienst oder durch die Begegnung mit anderen Christen. Sie haben den Heiligen Geist gespürt und erlebt, wie Gott das Leben von Menschen verändern kann.

Sie lassen sich inspirieren von der Bibel, besonders davon, wie sehr das Reich Gottes das Leben verändern kann. Mit dieser Hoffnung gestalten Sie Ihr Leben in der Nachfolge Jesu Christi, bei sich zu Hause, auf Ihrer Arbeit und in Ihren Netzwerken.

Aber die biblische Vision, für die sie beten, geht noch darüber hinaus: wenn der Segen, den Sie erfahren, doch irgendwie auch auf andere ausstrahlen könnte. Eigentlich müsste die Kirche viel mehr bewirken in unserer Gesellschaft, sie müsste die Menschen bereichern und ihnen die Frohe Botschaft bringen.

Sie nehmen die unendlich großen gesellschaftlichen Veränderungen im Umfeld der Kirche wahr. Und Sie sehnen sich danach, neue Anknüpfungspunkte für das Evangelium in unserem 21. Jahrhundert zu finden. Sie sehnen sich nach einer Sprache, die die Menschen von heute erreicht.

Vielleicht liegt das Leben noch vor Ihnen. Sie möchten etwas verändern in der Welt. Aber Sie sind auch voller Sorge, so wie die 22-jährige junge Frau mit gutem Hochschulabschluss, die einen tollen Job fand, sich dann aber die Tretmühle vorstellte, die vor ihr lag.

„Es geht im Leben doch nicht nur darum, Geld zu verdienen, oder?“, fragte sie sich. Sie wollte in dieser Welt etwas verändern und nun fürchtete sie sich vor den eingefahrenen Schienen des normalen Alltags.

Oder sind Sie beschäftigt mit Ihrem BAföG oder Stipendium, der Jobsuche, Ihrer beruflichen Entwicklung und der Suche nach einer bezahlbaren Wohnung? Natürlich bietet das Internet genug Möglichkeiten, um mit der Welt in Verbindung zu treten, aber tun Sie genug, um jemanden zum Zuhören zu bewegen?

Vielleicht identifizieren Sie sich auch mit den Lesern einer großen christlichen Zeitschrift – ich habe den Chefredakteur gefragt, welches Gefühl zum Thema christlicher Glaube seinen Lesern wohl zuerst in den Sinn käme, wenn man einen Blick hinter ihre Fassade werfen würde. Er antwortete ohne Zögern: „Enttäuschung.“

Und eine der größten Enttäuschungen dabei ist die Trauer darüber, dass sie mit ihrem Leben in der Welt nicht mehr bewegen können. Sie tun alles, was ein Christ tun muss. Sie besuchen regelmäßig den Gottesdienst. Sie versuchen, ihren Glauben im Alltag zu leben. Aber wenn sie morgen sterben würden, dann wäre der Nachruf nicht besonders umfangreich. Sie hätten keine Spuren hinterlassen auf dem Weg ihres Lebens. Statt die Welt verändert zu haben, haben sie sich vermutlich eher von ihr verändern *lassen*. Sie sind losgegangen mit der Hoffnung, etwas zu bewegen, aber haben erlebt, wie ihr Traum nach und nach verblasst ist. Ist es zu spät für einen neuen Traum?

Vielleicht haben Sie schon einmal von einer neuen Bewegung gehört, in der sich Menschen jenseits der Kirche in vielen verschiedenen Kontexten engagieren, mitten in der Welt von heute. Einer Bewegung, die neue Formen findet, um Kirche im ganz normalen Alltagsleben zu sein. Ist es das, wonach Sie sich gesehnt, wofür Sie gebetet haben? Können Sie vielleicht Teil dieser Bewegung werden?

Es gibt dem Leben einen Sinn, wenn man Dinge bewegen kann. Das ist ein entscheidender Faktor für das Wohlbefinden eines Menschen. Eine Studie von 2013 hat durch die Befragung von 600 Amerikanern gezeigt, dass es einige unserer psychologischen Kernbedürfnisse befriedigt, wenn wir Dinge tun, die für uns sinnvoll sind.[5] Drei dieser Bedürfnisse sind besonders wichtig:

- *Kompetenz* – eine Tätigkeit gut machen;
- *Beziehung* – mit anderen in Verbindung stehen;
- *Autonomie* – das eigene Leben unter Kontrolle haben.

Für andere Menschen etwas bewirken zu können befriedigt diese Bedürfnisse. Man zeigt, dass man kompetent ist, man tritt in Beziehung mit anderen und man hat die Kontrolle über das eigene Leben, weil es die eigene Entscheidung ist, dies zu tun.

Wer das Gefühl hat, nichts zu bewegen, fragt sich: „Bin ich effektiv?“ – „Werde ich von anderen wertgeschätzt?“ – „Bin ich machtlos?“ Von dort ist es nur noch ein Schritt zu der Feststellung: „Ich bin nichts wert.“

Ein unverwechselbares Zeugnis?

Ohne Wirkung zu bleiben – für einen Christen ist dieses Gefühl besonders quälend. Denn genau dazu sind wir berufen: Wir sollen uns unterscheiden und anderen die Frohe Botschaft bringen.

Man kann dafür viele Worte finden: „Seid das Salz der Erde, das Licht der Welt“, „seid liebende Gegenwart“, „seid Zeugen Jesu, Zeugen des Reiches Gottes“ oder „spürt, was der Geist Gottes tut, und tragt das eure dazu bei“.

Wenn man aber auf das eigene Leben blickt, ist man allzu oft unzufrieden mit dem, was man tatsächlich bewirken kann. Viel-

5 Aaron M. Eakman, „Relationships Between Meaningful Activity, Basic Psychological Needs, and Meaning in Life: Test of the Meaningful Activity and Life Meaning Model“, *OTJR: Occupation, Participation and Health*, 33 (2), 2013, S. 100–109.

leicht ist es das Gefühl der Machtlosigkeit, das einen zurückhält. Der Einzelne kann die Probleme nicht lösen, von denen wir in den Nachrichten hören. Dazu sind sie viel zu groß. Und die großen Taten berühmter Menschen hinterlassen das Gefühl: „Dazu wäre ich niemals in der Lage!" Und dann fühlt man sich ganz schnell wie ein unbedeutender kleiner Stern im Universum und alle Energie löst sich in Luft auf.

Das Gefühl der Machtlosigkeit hat viele Wurzeln. Eine davon ist unsere zunehmend organisierte Welt. Die Anzahl existierender Organisationen und Institutionen hat extrem zugenommen, das gilt für registrierte Unternehmen in Kalifornien (zwischen 1960 und 2001 um das Fünffache gestiegen) genauso wie für internationale Nichtregierungsorganisationen, deren Zahl von weltweit 176 im Jahr 1909 fast ein Jahrhundert später auf über 44.000 angestiegen ist.[6]

Auch das private Alltagsleben ist oft bestimmt von Organisationen und Institutionen, angefangen bei der Kinderbetreuung in der Kindertagesstätte. Für die ehrenamtliche Arbeit gilt dies ebenso. Fast alle Entscheidungen, die das tägliche Leben bestimmen, haben ihren Ursprung in Organisationen - in Marketingfirmen, Unternehmen, Medien, Regierungen, Aufsichtsbehörden, Schulen, Krankenhäusern und vielen anderen mehr. Auch wenn durch die sozialen Medien der Einzelne ganz neue Möglichkeiten hat, haben Organisationen und Institutionen noch einen starken Zugriff auf unser Leben.

Die Organisationen und Institutionen selber empfinden, dass immer mehr organisiert wird: mehr Bestimmungen, mehr Zielsetzungen, mehr Rechenschaftspflicht. Die englischen Soziologen

---

[6] Gili S. Dori, John W. Meyer & Hokyu Hwang, „Introduction", in Gili S. Dori, John W. Meyer & Hokyu Hwang (Hrsg.), *Globalization and Organization*, Oxford: OUP, 2006, S. 2-7; Sara McLaughlin Mitchell, „Cooperation in World Politics: The Constraining and Constitutive Effects of International Organizations", paper prepared for presentation at the 2006 International Studies Association meeting in San Diego, California, S. 1.

Paul Heelas und Linda Woodhead nennen dies den eisernen Käfig des „zielgerichteten Lebens". Der Einzelne ist zum Gefangenen der Ziele am Arbeitsplatz geworden.[7]

Die Existenz von mehr Organisationen und Institutionen bedeutet aber auch mehr Wahlmöglichkeiten: Als Familie zum Beispiel kann man für seine Freizeitaktivitäten aus viel mehr Angeboten wählen. Das Leben wird zunehmend rastlos bei dem Versuch, alles darin unterzubringen. Gleich ob Sie Ihre Kinder von einer Veranstaltung zur nächsten fahren, sich selbst an die Grenzen Ihrer Kräfte bringen, um die Zeitvorgaben am Arbeitsplatz einzuhalten, oder ob Sie ausgebrannt sind durch den ehrenamtlichen Einsatz in Ihrer Kirchengemeinde – Organisationen und Institutionen lassen Sie ertrinken in einer Flut von Anforderungen. So hat man weder die Zeit noch das Durchhaltevermögen, in dieser Welt wirklich etwas zu verändern.

Zusammenkommen zum Gottesdienst, auseinandergehen ins Leben?

Die Art und Weise, wie die meisten Christen im normalen Leben Zeugnis ablegen, erschwert zudem den Kampf, Dinge zu verändern und etwas zu bewirken. Meist passiert nämlich Folgendes: Wir kommen am Sonntag zusammen zum Gottesdienst und gehen dann als Einzelne zurück in die Welt. Und während der Woche, am Arbeitsplatz, in der Familie, bei Freunden und in unserer Freizeit sind wir auf uns allein gestellt, um von Jesus Zeugnis abzulegen.

Natürlich werden wir durch die Gottesdienste und durch die Gebete der Gemeinde getragen und auch durch christliche Freunde und Verwandte. Vielleicht engagieren wir uns auch bei missionarischen Aktionen und Programmen der Gemeinde.

---

[7] Paul Heelas & Linda Woodhead, *The Spiritual Revolution: Why Religion is Giving Way to Spirituality*, Oxford: Blackwell, 2005, S. 128.

Trotzdem bleibt bei dem größten Teil der Gottesdienstbesucher das Gefühl: „Wenn es darum geht, den eigenen Glauben zu bekennen, bin ich nach dem Gottesdienst für den Rest der Woche als Christ auf mich alleine gestellt.

Besonders dann, wenn das Leben sich in einem Umfeld abspielt, in dem Kirche stark auf dem Rückzug ist – wir schauen uns dann vielleicht an unserem Arbeitsplatz oder in unserer Wohnsiedlung um und fragen uns: „Ist hier noch irgendjemand Christ?"

Gläubige versammeln sich, um Rückhalt zu bekommen, und trennen sich, um ihren Glauben zu bezeugen.

Dieses Schema des Zusammenkommens und Auseinandergehens ist so selbstverständlich geworden, dass wir es kaum je infrage stellen. Daneben aber entsteht nach und nach ein anderes Modell, wie man in der Welt wirken kann.

Christen treffen sich – normalerweise in kleinen Gruppen – in Pubs und Cafés, an Arbeitsplätzen, in Netzwerken und Nachbarschaften, um dort etwas für die Menschen zu tun und ihnen vom Evangelium zu erzählen.

Mittagessen im Fitnesscenter

Eine Gruppe von Christinnen begann, einmal im Monat einen Luncheon Club im Fitness-Studio anzubieten: ein gutes Mittagessen für Frauen, danach ein Gespräch zum Thema „Lebensqualität". Eine der Frauen erzählte zum Beispiel davon, was es für sie als Mutter eines behinderten Kindes heißt, trotzdem das Gefühl einer hohen Lebensqualität zu haben.

Die Frauen, die ihre Geschichten erzählen, sind alle Christinnen und erzählen auch davon, wie Jesus ihnen geholfen hat. Das Mittagessen findet in einem Raum mit großen Glasfenstern statt. Es können also alle sehen, was vor sich geht. Am Schluss bekommen alle Frauen einen Blumenstrauß geschenkt. Wer sie beim Verlassen des Fitnesscenters fragt, woher sie den Blumenstrauß haben, bekommt als Antwort eine Einladung zum nächsten Treffen des Luncheon Clubs.

Inzwischen kommen regelmäßig vierzig bis fünfzig Frauen, die noch keine Christinnen sind. Und der Geschäftsführer des Fitness-Studios erzählt seinen Kollegen in anderen Studios: „Das ist gut fürs Geschäft!"

Familie als Fresh-X-Gemeinde

Lubo und Dasa Badiar sind Mitglieder der Lutherischen Kirche der Slowakei und engagieren sich ehrenamtlich. Die Jahrzehnte unter kommunistischer Herrschaft haben einen destruktiven Einfluss auf Familien ausgeübt und dazu beigetragen, dass der – meistens auf den Sonntag beschränkte – Kirchenbesuch stark zurückgegangen ist.

Lubo und Dasa wohnen in der „Second City" Kosice[8] *und haben, inspiriert von der Zellgemeinden-Bewegung, eine missionarische Vision entwickelt. Im Hören auf Gott und ihren Kontext haben sie diese Vision abgewandelt. Sie boten mitten in der Woche ein „Familientreffen" an, um Familienleben in ihrem Umfeld neu zu beleben – und im Zentrum stehen Jesus und die Bibel.*

Und es hat funktioniert! Ihre Gemeinschaft von Familien und Freunden außerhalb der Kirchengemeinde blühte neu auf. Also haben sie ihr Konzept an andere Paare weitergegeben, die es in ihrer eigenen Familie umgesetzt haben. Das Modell erwies sich als bemerkenswert erfolgreich. In den darauffolgenden Jahren hat sich die Idee zu einer Bewegung mit unzähligen Familientreffen im ganzen Land entwickelt.

---

8 Anm. d. Übers.: „Second Cities" sind Städte mit etwa einer halben Million Einwohner, die zunehmend attraktiv werden, vor allem in den reicheren Ländern.

Kleine Gruppen umkrempeln

Eine steigende Zahl von Gemeinden in Nordamerika und Großbritannien haben mittelgroße, sogenannte „missionale Gemeinschaften“ ins Leben gerufen.

Anders als die üblichen Kleingruppen soll sich jede dieser Gemeinschaften für eine spezifische demografische Gruppe außerhalb des Einflussgebietes der Kirchengemeinde einsetzen, so zum Beispiel für Kinder mit Behinderung, junge Erwachsene im Berufsleben oder Menschen mit Interesse an Gerechtigkeit und Umwelt.

Deshalb bilden diese Gruppen kleine Wochentagsgemeinden: Sie treffen sich im Allgemeinen mehrere Male im Monat zu missionarischen Einsätzen und geistlichen Veranstaltungen und schließen sich ihrer Muttergemeinde an ein oder zwei Sonntagen im Monat an.

Die Gemeinde St. George im englischen Deal stellte fest, dass aus diesen kleinen Gemeinschaften vierzig neue ehrenamtliche Mitarbeiter hervorgegangen waren. Eine große Zahl für eine Kirchengemeinde in England.[9] Die erste Gemeinschaft, Stepping Stones (Meilensteine), hatte sich auf die Familien der Schülerinnen und Schüler am Ort fokussiert. Sie organisierte Feste in der Schule, unternahm Ausflüge zum Strand, bot ein Wochenend-Camp und einen Einführungskurs in den christlichen Glauben an. Die Arbeit trug so viele Früchte, dass es inzwischen eine zweite Gemeinschaft gibt.

Die 3DM-Bewegung, die sich die Förderung missionaler Gemeinschaften zum Ziel gesetzt hat, unterstützte in nur drei Jahren bis 2010 die Gründung von 725 neuen Gemeinden auf beiden Sei-

---

9 www.freshexpressions.org.uk/stories/stgeorges (Zugriff am 11. September 2013).

ten des Atlantiks. Bei den meisten von ihnen handelte es sich um solche mittelgroßen Gemeinschaften.[10]

Diese und andere „Zeugnisgemeinschaften", wie ich sie nenne, machen es möglich, dass Nachfolger Christi nicht mehr allein auf sich gestellt sind, sondern gemeinsam Zeugnis ablegen können von ihrem Glauben. In den Herausforderungen einer durchorganisierten Welt stehen Christen Schulter an Schulter für Jesus zusammen.

Drei Begriffe kennzeichnen den Charakter dieser Gruppen:

- *Gemeinschaft.* Unabhängig von der Größe der Gruppe gilt: Christen machen Jesus im Alltag bekannt, indem sie in Gemeinschaft Leben miteinander teilen. Diese Gemeinschaften bestehen üblicherweise aus einem Kern von gläubigen Christen, die andere anziehen, weil sie ihnen in Liebe dienen und ihnen vom Evangelium erzählen.
- *Sichtbarkeit.* Die Gruppen treffen sich nicht nur zum Bibellesen und Beten, sondern um etwas für die Menschen in ihrem Kontext zu tun und ihnen von Jesus zu erzählen. Gebet und Bibellesen erfolgen sozusagen im Windschatten dieses Zeugnisses und sind gleichzeitig die Energiespender dafür. Kirche findet nicht länger „irgendwo weit weg" statt. Für die Menschen des jeweiligen Kontextes ist Kirche „hier", vor ihrer Haustür, deutlich sichtbar geworden.
- *Aktivität.* Die Mitglieder der Gruppen begnügen sich nicht damit, sich nur in ihrem persönlichen Zeugnis zu unterstützen. Die Gemeinschaft legt als ganze Gruppe Zeugnis ab. Man tut Dinge gemeinsam, um anderen die Liebe Jesu nahezubringen.

Dadurch kommen Einzelne zum Glauben und entdecken, wie sehr sich ihr Leben verändert. Luke z. B. begann mit vierzehn Jahren mit Cannabis zu dealen. Mit neunzehn war er bereits massiv abhängig:

---

10 Mike Breen & Alex Absalom, *Launching Missional Communities A Field Guide*, 3DM, Kindle Version, 2010.

„Mit zwanzig hatte ich einen Herzanfall, ausgelöst von einer Überdosis, und kurz danach begann ich mit Heroin ... Irgendwann hatte ich das Gefühl, Gott hat mich an einen Punkt gebracht, an dem mir nichts anderes mehr blieb, als ihn um seine Vergebung anzuflehen. Die anderen Leute im Projekt ... sie halfen mir durch den Entzug hindurch, als ich begann, vom Methadon wegzukommen. Sie haben mich durch diese Phase hindurchgetragen mit ihrem Gebet und ich bin mir absolut sicher, dass es nicht annähernd so schlimm war, wie es normalerweise gewesen wäre. Das war die Kraft Gottes in meinem Leben: Sie hat mir in diesem Kampf geholfen."[11]

In „Fresh Expressions – Das Praxisbuch" geht es darum zu zeigen, wie ganz normale Christen und Ortsgemeinden solche Zeugnisgemeinschaften starten und weiterentwickeln können. Die ersten drei Kapitel beschäftigen sich mit dem „Warum?" – und bieten ein ganzes Bündel von Geschichten, die Ihnen Lust machen sollen. Sie werden sehen, dass diese Gemeinschaften keine zufälligen Phänomene, sondern die Vorreiter einer neuen Bewegung sind.

Kapitel 4 bis 7 liefern Handwerkszeug – keine Regeln! – zur Entwicklung solcher Gemeinschaften. Die darauffolgenden zwei Kapitel erzählen, wie Ortsgemeinden, Kirchen und Netzwerke die Gründung von Zeugnisgemeinschaften fördern können, und Kapitel 10 zeigt, was der Schlüssel zum Erfolg ist.

Überall in der Welt verlassen Menschen die schützenden Mauern der konventionellen Ortsgemeinden. Nicht um sie zu ersetzen, sondern um sie zu ergänzen. Sie gründen Gemeinschaften mitten im Alltag, die das Herz berühren, das Leben zu etwas Außergewöhnlichem machen und Jesus auf den Plan rufen. Ob Sie in der Gemeindeleitung sind oder „einfaches Gemeindeglied": Auch Sie können mitmachen.

---

[11] www.freshexpressions.org.uk/stories/grafted/luke (Zugriff am 16. Dezember 2013).

Teil 1

Gemeinschaften mitten im Leben – warum?

Kapitel 1

Gemeinschaften mitten im Leben

In Ajax, einem Vorort von Toronto, arbeitet Ryan Sim gemeinsam mit anderen an Redeem the Commute (Erlöster Weg zur Arbeit) – einer Handy-App und einer Webseite für Pendler aus ihrem Stadtteil.

Vielbeschäftigte Young Professionals empfinden die Fahrt zur Arbeit oft als verschwendete Zeit. Um ihnen dabei zu helfen, diese Zeit besser zu füllen und positiv zu nutzen, möchte Ryan ihnen qualitativ hochwertiges Material für ihr Smartphone an die Hand geben. Den Anfang machen Ehe- und Elternkurse. Der nächste Schritt soll ein Grundkurs des Glaubens sein, der Jesus als Erlöser vorstellt, gefolgt von Denkanstößen für jeden Tag für diejenigen, die ihr Leben mit Jesus leben möchten.

Ziel ist nicht, eine virtuelle Gemeinde zu schaffen, sondern Young Professionals in einer lockeren Art von Zellgemeinde zusammenzubringen. Wer allein für sich einen Kurs beginnt, wird eingeladen, sich einer Gesprächsgruppe anzuschließen, die sich wöchentlich an den unterschiedlichsten Orten trifft: in Zügen oder Bussen, am Arbeitsplatz oder zu Hause.

Die Gruppen werden von Kirchengemeindegliedern aus dem Umfeld angeboten. Sie sind an die jeweilige Situation angepasst und organisieren sich selbst. Ihre Grundlage ist das Evangelium und sie werden von hauptamtlich Mitarbeitenden unterstützt, die sie begleiten, coachen und regelmäßig besuchen.[12]

---

[12] www.freshexpressions.org.uk/stories/redeemerchurch (Zugriff am 30. April 2013).

Das mag Lichtjahre entfernt sein von Ihrer Erfahrung mit Mission und Kirche. Aber es ist die Spitze eines Eisberges – ein Beispiel von vielen, die zeigen, wie Christen mehr und mehr Wege finden, um den Menschen auf innovative Weise die Botschaft des Evangeliums nahezubringen.

Ein neuer Trend

Wer ignoriert, was diese Christen tun, übersieht die Zeichen für einen neuen Mega-Trend. Dies zu tun würde bedeuten, den Ruf des Heiligen Geistes zu missachten, der Einzelne und ganze Kirchengemeinden dazu aufruft, Menschen durch Gemeinschaften zu erreichen – Gemeinschaften, die im Alltagsleben Zeugnis ablegen. Es würde bedeuten, als unbedeutend hinzustellen, dass Laien Verantwortung übernehmen können.

Überall in der Welt

Es ist atemberaubend! In der Kirche findet eine bahnbrechende Veränderung statt. In Nordamerika, Europa, Australien, Neuseeland und an vielen anderen Orten entstehen neue Ausdrucksformen christlicher Gemeinschaften.

Dr. George Lings vom Church Army Research Unit (Institut für Gemeindewachstum) der Church of England hat im Rahmen einer Forschungsarbeit zehn Diözesen detailliert untersucht. 15 % aller Gemeinden und 10 % der durchschnittlichen wöchentlichen Teilnahme an Gottesdiensten und Veranstaltungen sind inzwischen im Bereich der Fresh Expressions of Church, der neuen Formen gemeindlichen Lebens, angesiedelt. Nach Angaben der Verantwortlichen vor Ort sind ungefähr 25 % der Teilnehmenden Christen, 35 % sind ehemalige Kirchgänger, die sich von der Kirche entfernt haben, und erstaunliche 40 % bringen keinerlei kirchliche Sozialisation mit. Insgesamt entspricht die Zahl der involvierten Menschen in etwa einer zusätzlichen mittelgroßen Diözese.[13]

Noch erstaunlicher ist die Geschwindigkeit, mit der sie entstanden sind – die große Mehrheit dieser Gemeinden wurde erst während der vergangenen zehn Jahre gegründet.

Lings Untersuchung berührt dabei lediglich die Oberfläche des Phänomens. Auch die Methodisten und andere Kirchen in Großbritannien verzeichnen einen Anstieg dieser neuen Gemeinschaften. Zusätzlich gibt es Christen, die solche Zeugnisgemeinschaften ins Leben rufen, ohne das Label „Fresh-X-Gemeinde" zu benutzen, so wie die Nordamerikaner, die sich mit „Forge International", „3DM" oder den von Neil Cole gegründeten „Church Multiplication Associates" identifizieren. Cole ist der Überzeugung, dass Kirche dort sein muss, wo auch das Leben stattfindet. Seine Bewegung wurde 2002 gegründet. Im ersten Jahr entstanden zehn Gemeinden, im vierten schon über hundert. Inzwischen hat sich die Zahl auf Tausende von Gemeinden erhöht, immer dort wo heute „das Leben stattfindet".[14]

Dazu kommen Menschen, die Gemeinschaften ins Leben rufen, ganz ohne sich mit einer Kirche oder einem Gemeindenetzwerk zu identifizieren. So wie das junge Ehepaar, das zu mir sagte: „Ich glaube, wir tun genau das, was Sie beschreiben. Wir leben in einem armen Viertel, haben dort einige Teenager kennengelernt, die sich nun in unserem Wohnzimmer treffen. Jetzt entsteht nach und nach so etwas wie eine Gemeinde."

Diese neuen Arten von Gemeinschaft sind nicht auf die nördliche Hemisphäre beschränkt. Auch in Barbados, Chile, Südafrika und anderswo zeigen sich erste Anfänge dieser Bewegung. Immer wieder finden Einzelne durch sie zum Glauben.

---

13 Church Growth Research Project, „Report on Strand 3b: An analysis of fresh expressions of Church and church plants begun in the period 1992–2012", Oktober 2013, S. 6, erhältlich bei: Church Army Research Unit.

14 Ed Stetzer & Warren Bird, *Viral Churches: Helping Church Planters Become Movement Makers*, San Francisco: Jossey-Bass, 2010, S. 119.

Ein junger Mann wurde von der Großmutter seiner Freundin um Hilfe gebeten. In einem generationenübergreifenden Beispiel einer solchen Gemeinschaft gab es ein Bastelangebot und er sollte an einem der Tische helfen. Er hatte keinerlei kirchlichen Hintergrund und war überrascht vom christlichen Glauben, als er das erste Mal damit in Berührung kam. An Kirche war er nicht interessiert, aber in dieser neuen Ausdrucksform einer christlichen Gemeinschaft wollte er sich gerne engagieren.

Also kam er wieder, um zu helfen. Als kurz darauf ein Journeys-Kurs angeboten wurde[15]*, entschied er sich, daran teilzunehmen. „Er beschäftigte sich mit dem Weltall und glaubte daran, dass es dort draußen noch etwas anderes gab – was, wusste er nicht genau. Mit dem christlichen Glauben konnte er vorher nicht viel anfangen. Jetzt möchte er sich taufen lassen."*[16]

Wie es scheint, befinden wir uns an der Schwelle zu einer neuen Welle christlicher Mission mit enormen Auswirkungen.

Von Gemeindepflanzungen zu bewusst geplanten Gemeinschaften

Dieses neue Wirken des Geistes Gottes baut auf einer langen Tradition von Gemeindepflanzungen auf. In der nördlichen Hemisphäre bestand ein Gemeindepflanzungsmodell darin, dass eine Ortsgemeinde ein größeres Team in eine Gegend aussandte, in der die Kirche wenig präsent war, und so das Reich Gottes nach außen trug.

Das Team nahm Kontakt zu Menschen auf, die sich zwischen verschiedenen Gemeinden bewegten, und zu solchen, die früher

---

15 Anm. d. Übers.: Ein von der Methodist Inner City Churches Group und der London Ashram Group entwickelter Glaubenskurs.

16 www.messychurch.org.uk/messy-blog/discipleship-input (Zugriff am 6. September 2013).

einmal Gemeindebezug hatten und bereit waren, daran anzuknüpfen. (Ehemalige Kirchgänger zu erreichen war nicht immer das Ziel, oft aber das Resultat.) Sobald genügend Beziehungen entstanden waren, wurde auf der Basis dieser Kontakte eine neue Gemeinde gegründet.

Viele dieser Pflanzungen waren Reproduktionen erfolgreicher Gemeinden oder zusätzliche Angebote von bereits existierenden Gemeinden für Christen, die woanders nicht das gefunden hatten, was sie suchten. Da sich die Menschen in der nördlichen Hemisphäre aber zunehmend vom christlichen Glauben entfernen, haben Klone existierender Gemeinden heute, mit einigen Ausnahmen, eine immer geringere Wirkung.

Sicherlich auch als Reaktion auf die eingeschränkte Wirkung traditioneller Gemeindepflanzungen sind in den vergangenen Jahren christliche Lebensgemeinschaften wie Pilze aus dem Boden gesprossen. Der Unterschied zur konventionellen Kirche ist groß. Sie sind Kirche, aber anders als wir es gewohnt sind, weil sie etwas für Menschen tun, die durch traditionelle Gemeinden und Gemeindepflanzungen nicht erreicht werden können.

Manche stehen in Verbindung mit bestehenden Gemeinden. Sie arbeiten mit Obdachlosen, setzen sich für die Bewohner eines Wohnblocks ein, helfen den „jungen Alten“ dabei, miteinander in Kontakt zu kommen, unterrichten Englisch als Fremdsprache oder bereiten junge Menschen auf das Arbeitsleben vor. Dabei werden immer wieder Gelegenheiten geschaffen Jesus kennenzulernen.

St. Paul's in Shadwell, im East End von London gelegen, ist eine Gemeindepflanzung der Gemeinde Holy Trinity, Brompton. Mitglieder von St. Paul's gründeten verschiedene neue Gemeinschaften, um etwas für demografische Gruppen und geografische Gebiete zu tun, die durch die neue Gemeinde nicht erreicht werden.

Eine der Gruppen bot für Anwohner aus Bangladesch einen Kurs an zum Thema „Umgang mit Geld“; eine andere stellte ein Unterstützer-Team für Eltern zusammen und eine dritte orga-

nisierte in einem Pub Veranstaltungen zu aktuellen Themen für junge Erwachsene.

Die Gemeindeleitung betet dafür, dass einige dieser Gemeinschaften wachsen und neue hervorbringen, die sich wiederum vervielfachen. Ihr Ziel ist, „schwangere Gemeinden zu pflanzen".

Andere Gemeinschaften entstehen außerhalb des Einflussbereiches von Ortsgemeinden.

Ein junger Brasilianer erzählte, dass er leidenschaftlicher Surfer ist. Wenn er sich zwischen Strand und Kirche entscheiden musste, war die Antwort klar: Der Strand gewann! Aber eines Tages lud ihn einer seiner Freunde gegen Abend zu einer Gruppe ein, die sich am Rand des Strandes traf: eine Surfers' church (Gemeinde für Surfer), mit einem Surfbrett als Altar. Inzwischen geht er dort regelmäßig hin.

In Brasilien gibt es über 300 solcher Gemeinden, dazu ein internationales Netzwerk. 2013 gründete eine der brasilianischen Gemeinden einen Ableger auf Hawaii.

Gemeinschaften, die ungeplant entstehen

Neben diesen geplanten Gemeinschaften entwickeln sich solche, die beinahe zufällig entstehen, ohne große Vorplanung. Hier sind Christen beteiligt, die nie vorhatten, in ihrem Alltagsleben eine christliche Gemeinschaft zu leiten, und doch genau dies tun.

Hot Chocolate zum Beispiel gibt es seit 2001. Damals machte sich eine Gruppe von Ehrenamtlichen auf den Weg, um in der Innenstadt von Dundee in Schottland jungen Leuten zu begegnen. Das war alles, was sie wollten. Sie brachten heiße Schokolade mit und die jungen Leute nannten die Treffen Hot Chocolate. Der Name blieb haften.

Innerhalb von wenigen Monaten entstanden intensive Bezie-

hungen. Die Ehrenamtlichen begannen zu fragen: „Wenn dir ein bisschen Platz in einer Kirche zur Verfügung stände, was würdest du damit machen?" Die Antwort: einen Band-Proberaum und einen Ort, an dem man abhängen und so sein kann, wie man ist.

So kam es, dass ein paar Thrash-Metal-Bands im Altarraum der Kirche zu proben begannen und im Gebäude ein Raum geschaffen wurde, den die jungen Leute „zu Hause" nennen konnten. Das Alltagsleben zog in die Kirche ein.

Hot Chocolate ist organisch gewachsen und versteht sich als Gemeinschaft. Es gibt inzwischen 6 bezahlte Mitarbeiter (2 Vollzeitkräfte) und man arbeitet im Jahr mit ungefähr 300 jungen Menschen, viele von ihnen mit einem schwierigen Hintergrund.

Einige sind zum Glauben gekommen – oft dann, wenn sie Teil des Teams wurden und den christlichen Glauben aus der Nähe erleben konnten. Einer von ihnen stieß mit dreizehn oder vierzehn Jahren dazu, hat Jesus für sich entdeckt und ist inzwischen ein wichtiger ehrenamtlicher Mitarbeiter.

„Gemeinde" sind sie dann, so beschreibt es das Team gerne, wenn sie sich drei Mal in der Woche um den Abendbrottisch versammeln. Die Gottesdienste, die immer einen Anbetungsteil einschließen, haben sich aus den Bedürfnissen der jungen Leute und im Hören auf den Heiligen Geist entwickelt.

„Eigentlich", so sagt es Charis Robertson, die zum Team gehört, „geschah alles, was uns bis hierher zu einer Gemeinde macht, rein zufällig."[17]

Diese Gemeinschaften, ob bewusst geplant oder eher zufällig entstanden, nenne ich „Zeugnisgemeinschaften". Wie bereits in der Einleitung gesagt, sind drei Merkmale entscheidend:

- *Gemeinschaft.* Christen finden sich unter Gebet in kleinen, manchmal auch größeren Gruppen zusammen.
- *Sichtbarkeit.* Diese Gemeinschaften sind präsent im Alltags-

---

[17] www.freshexpressions.org.uk/stories/hotchocolate (Zugriff am 6. September 2013).

leben und helfen Menschen dabei, mit dem Reich Gottes in Kontakt zu kommen.

- *Aktivität.* Sie unterstützen ihre Mitglieder über das Gebet hinaus. Als Gruppe organisieren sie Initiativen, um etwas für die Menschen in der Umgebung zu tun und ihnen vom Evangelium zu erzählen.

Gemeinschaft

Zeugnisgemeinschaften haben ihren Ursprung in der Schrift. Gott erwartet nicht, dass der Einzelne allein für Gott unterwegs ist und für ihn, um Dinge zu verändern. Er möchte Teams.

In Genesis 1 und 2 wird Mann und Frau zusammen der Schöpfungsauftrag erteilt. Adam und Eva wurden in einem wunderschönen Garten geschaffen, dessen Grenzen sie immer weiter ausdehnen sollten, bis das Paradies den ganzen Planeten umfassen würde (Genesis 1,26). Das sollten sie als Team tun. „Es ist nicht gut, dass der Mensch allein lebt", sagte Gott. „Er soll eine Gefährtin bekommen, die zu ihm passt!" (Genesis 2,18)

Auch als das dann schiefging, wählte Gott für die Rettung nicht den individualistischen Weg. Er berief die Sippe von Abraham und Sara und machte sie zu einem Volk. Durch diese Gemeinschaft brachte Gott der Welt Erlösung.

Jesus sammelte zuerst eine Gemeinschaft von Jüngern um sich, als er sein öffentliches Wirken begann. Und als er sie darin schulte, das Evangelium zu den Menschen zu bringen, sandte er sie nicht allein aus, sondern zu zweit. Von dem großen Schweizer Theologen Karl Barth stammt die Aussage, dass Jesus nicht der wäre, der er ist, hätte er diese Gemeinschaft nicht gehabt und wäre diese nicht missionarisch gewesen.[18]

---

[18] Zitiert bei John Flett, *The Witness of God: The Trinity, Missio Dei, Karl Barth, and the Nature of Christian Community,* Grand Rapids: Eerdmans, 2010, S. 218.

Paulus folgte dem Beispiel Jesu, indem er auf seinen Missionsreisen mit einem Team unterwegs war. Als das Team größer wurde, kamen und gingen die Mitglieder normalerweise paarweise: Silas und Timotheus in Apostelgeschichte 18,5, Timotheus und Erastus in Apostelgeschichte 19,22 und vermutlich Paulus und Lukas in Apostelgeschichte 20,6.[19]

Gottes Vorgehen entspricht seinem Wesen

Gott erfüllt seine Mission durch Gemeinschaften. Das kann kaum überraschen, denn Gott selbst ist Gemeinschaft. Er ist drei Personen, Vater, Sohn und Heiliger Geist, die gleichzeitig eins sind. Gott ist heilige „communion-in-mission"[20]. Es entspricht zutiefst seinem Wesen, Erlösung durch Gemeinschaft geschehen zu lassen.

Durch Jesus Christus schafft Gott eine völlig neue Gemeinschaft, in der „alle Dinge" versöhnt sind (Kolosser 1,20). Die Kirche ist ein prachtvoller Außenposten dieser neuen Gemeinschaft, „die Botschaft des Himmels"[21].

Werden wir Christ, bekommen wir eine neue Identität in Jesus – wir sind in Christus. Und das bedeutet, nicht allein in ihm zu sein, sondern in ihm zu sein mit all jenen, die ebenfalls in Christus sind. Wir sind Teil der Familie Gottes. Die Bindung an diese neue Gemeinschaft ist sogar tiefer als die an die leibliche Familie (Matthäus 10,34-37).

„Kirche ist für mich nicht ein zusätzliches Thema in meinem Leben, sondern sie definiert, wer ich bin, und gibt meinem Leben

---

[19] Bob Hopkins, *Church Planting 1. Models for Mission in the Church of England,* Bamcote: Grove Books, 1988, S. 12.

[20] Gemeinschaft in Mission, also als Gemeinschaft missionarisch. – Anm. d. Übers.; Stephen B. Bevans & Roger P. Schroeder, *Constant in Context: A Theology of Mission for Today,* Maryknoll: Orbis, 2004, S. 294.

[21] Tim Chester & Steve Timmis, *Total Church. A Radical Reshaping Around Gospel and Community,* Nottingham: IVP, 2007, S. 48 (eigene Übers.).

eine Form, die Christus ähnlich ist."[22] Kirche ist mein Ziel. Der Himmel wird Kirche in Perfektion sein.

Gott nutzt also missionarische Mittel, Jesus-orientierte Gemeinschaften, um sein missionarisches Ziel zu erreichen: eine ewig währende, von Jesus erfüllte Gemeinschaft. Die Gemeinschaften, die er auswählt, um seine Erlösung zu bringen, sind Spiegel sowohl seines Wesens als auch seines Zieles.

So alt wie die Kirche

Gemeinschaften sind Gottes Strategie, damit der Einzelne wirken kann. Menschen, die an ihn glauben, sollen sich in kleinen Gemeinschaften zusammentun. Diese Gemeinschaften sollen anderen Menschen dienen und ihnen in Liebe vom Evangelium erzählen.

Von Jesus an bis heute haben Christen das getan. Als zum Beispiel die keltischen Missionare sich von Schottland aus auf den Weg Richtung Süden machten, bildeten sie mobile Teams, die ihre Sachen packen und weiterziehen konnten – genauso wie die nomadischen Völker, die sie erreichen wollten.

Die Ordensgemeinschaften der Benediktiner, die Schulen für den Dienst des Herrn waren, predigten das Evangelium im elften und zwölften Jahrhundert in bis dahin unerreichten Teilen Europas. Im Hochmittelalter waren die halb-monastischen Kommunitäten weiblicher Laien, bekannt als „Beginen", die erste Bewegung von Frauen in der Kirche. Diese Gemeinschaften waren in vielen der nordeuropäischen Städte direkt außerhalb der Stadtmauern zu finden und kümmerten sich um die Bevölkerung am Ort.

Im England des siebzehnten Jahrhunderts gründete der Geschäftsmann Nicholas Ferrar eine halb-monastische Kommunität in einem abgelegenen Landhaus, Little Gidding, nordwestlich von Cambridge. Sie setzten sich für viele Menschen ein, die kör-

[22] Ibid., S. 43 (eigene Übers.).

perliche Heilung und geistliche Erneuerung suchten, und bauten die zum Haus gehörende Kirche wieder auf. Hundert Jahre später bildeten kleine Gruppen das Herz der Erweckungsbewegung John Wesleys.

> *Christliche Lebensgemeinschaften für Laien, gegründet von Ignatius von Loyola im sechzehnten Jahrhundert, ziehen nach wie vor weltweit immer mehr Menschen an. Sie gestalten in kleinen Gruppen von acht bis zehn Mitgliedern ihr Leben mit den Übungen des Heiligen Ignatius. Diese lokalen Gemeinschaften verorten sich in ihrem direkten Umfeld und darüber hinaus in der Region.*
>
> *In den Vereinigten Staaten dienen sie den Menschen, indem sie Gefangene betreuen, Rückzugsorte für Obdachlose anbieten, für eine Reform der Migrationsgesetze kämpfen, Häuser in Ländern der südlichen Hemisphäre bauen und vieles andere mehr. Sie leben Mission in Gemeinschaft.*[23]

Lesslie Newbigin, einer der führenden Missionstheologen des letzten Jahrhunderts, hat die Gemeinde als „Auslegung des Evangeliums“ bezeichnet. Sie soll der Welt das Evangelium erklären. Er fragte danach, wie die Kirche das Evangelium glaubwürdig in der Gesellschaft vertreten kann. „Meiner Meinung nach ist die einzige Antwort ... eine Gemeinschaft von Männern und Frauen, die an das Evangelium glauben und danach leben.“ Jesus hat nicht ein Buch geschrieben, sondern eine Gemeinschaft gegründet.

Newbigin argumentierte, dass sowohl evangelistische Kampagnen als auch andere Anstrengungen, das Evangelium im öffentlichen Leben bekannt zu machen, nur sekundäre Maßnahmen sein können. Sie sind nur dann effektiv, „wenn sie in einer glaubenden Gemeinschaft wurzeln und dorthin zurückführen“.[24]

---

[23] www.clc-usa.org (Zugriff am 6. September 2013).

[24] Lesslie Newbigin, *The Gospel in a Pluralistic Society*, London: SPCK, 1989, S. 227 (eigene Übers.).

Sichtbarkeit

Wie aber kann die Gemeinde dem Evangelium ein Gesicht geben, wenn sie nicht präsent ist im Alltag der Menschen? Wie können Außenstehende begreifen, was gemeinschaftliches Leben mit Jesus bedeuten könnte, wenn sie kein Bild davon haben?

Wie können evangelistische oder ähnliche missionarische Veranstaltungen „zur glaubenden Gemeinschaft zurückführen", wenn diese weit weg ist? Die Kirche ist unter der Woche oft unsichtbar für die Menschen.

Wenn man im Alltag vom Glauben erzählt und dann zum Gottesdienst am Sonntag einlädt, ist der Sprung meistens zu groß. Der Stil des Sonntagsgottesdienstes, die Sprache und die Voraussetzungen, die man mitbringen muss, stellen eine zu hohe Hürde dar. Die Besucher gucken sich das an. Manchmal bleiben sie auch. Aber noch viel öfter denken sie: „Das ist nichts für mich", und kommen nicht wieder.

Die Wahrscheinlichkeit, dass sie bleiben, wäre höher, wenn sie dort Menschen treffen würden, denen sie auch während der Woche begegnet sind; wenn das Treffen mitten im Alltagsleben verortet wäre; wenn es um Themen ginge, die ihren Alltag ausmachen; wenn der Stil, die Sprache und die Kultur ihre eigenen Erfahrungen widerspiegeln und wenn sie sich zu Zeiten treffen würden, die zu ihrem Arbeitsleben passen.

Das heißt nicht, dass es nichts kosten darf, wenn man Jesus nachfolgt. Aber der größte Teil der Bevölkerung bekommt – fast überall – gar nicht erst die Chance, überhaupt über die Kosten nachzudenken. Denn für die meisten Menschen ist Kirche als lebendige Gemeinschaft unsichtbar. Die meisten christlichen Gemeinden sind in Wohngebieten angesiedelt und deshalb dort, wo die Menschen den Großteil ihrer Zeit verbringen, nicht präsent. Sie sind einfach nicht auf dem Radar.

Jesus und seine Gemeinschaft – ganz im Alltag

Als Jesus die Gemeinschaft seiner Jünger berief, ging er mit ihnen nicht nur in die Synagoge, er nahm sie vielmehr mit in den Alltag. Sie waren mit ihm auf der Hochzeit in Kana. Johannes 2,2 berichtet ausdrücklich, dass Jesus bei diesem wichtigen Ereignis des damaligen Lebens anwesend war – gemeinsam mit seinen Jüngern.

Mitten im Leben zu sein war so wichtig, dass Jesus seine Jünger oft umringt von anderen Menschen in der Öffentlichkeit lehrte – nachzulesen zum Beispiel in Lukas 12.

Und als er seine Jünger darin schulte, Missionare zu werden (Lukas 9), da sandte er sie zu zweit aus, nicht in die Synagogen, sondern in die Dörfer und Städte. Sie wurden als Mikrogemeinschaft dorthin geschickt, wo sich das Leben abspielte.

Auch nach Jesu Rückkehr in den Himmel vermehrten sich die christlichen Gemeinschaften mitten im Leben: in den Häusern der Menschen; dort, wo Familie, Netzwerke und Arbeit zusammenliefen. Bei Ausgrabungen im alten Pompeji fand man in über der Hälfte der Häuser entweder integrierte Läden, Werkstätten oder Gemüsegärten.[25]

Die neutestamentliche Wissenschaftlerin Reta Finger beschreibt die Wirkung, die diese Hausgemeinden auf ihr Umfeld gehabt haben müssen angesichts der Tatsache, dass man in den Städten eng aufeinander wohnte, ohne Glasfenster als Lärmschutz.

„Viele Nachbarn müssen Zeugen solcher Gemeinschaftsmale geworden sein, die in einem kleinen Raum oder einem offenen Innenhof stattfanden. Sie zeichneten sich aus durch große Freude (Singen? Lachen?). Mitten im urbanen Chaos und Elend, die Kennzeichen jeder der antiken Städte rund um das Mittel-

---

[25] Eckhard J. Schnabel, *Paul the Missionary: Realities, Strategies and Methods*, Downers Grove: IVP, 2008, S. 298.

meer waren, müssen solche Zusammenkünfte eine sehr einladende Wirkung gehabt haben."[26]

Mit dem Leben verwoben

Stellen Sie sich vor, eine Gewerkschaft träfe sich samstags in einer Stadthalle, um am Montag die Bedingungen am Arbeitsplatz zu verändern. Wäre das effektiv? Gewerkschaften organisieren sich am Arbeitsplatz, weil sie dort ihre Wirkung entfalten wollen.

Genauso müssen Christen sich dort organisieren, wo sich das Leben der Menschen abspielt, wenn sie effektiv etwas für sie tun möchten. Das beschränkt sich nicht auf Wohngebiete, sondern bedeutet ebenso die Präsenz in anderen Teilen des gesellschaftlichen Lebens.

Seinen Anfang nahm das KAHAILA CAFÉ, als Paul Unsworth eine Gruppe um sich versammelte, die seine Vision teilte. Gebet und harte Arbeit machten es möglich, Räumlichkeiten in der Londoner Brick Lane anzumieten, wo dann ein „Café mit gutem Gewissen" eröffnet wurde.

Im KAHAILA CAFÉ werden zahlreiche Veranstaltungen angeboten, von der „Essen-auf-Kanadisch"-Nacht bis hin zu einem Origami-Workshop. Außerdem dient das Café als Ausstellungsort. Jetzt möchte KAHAILA eine Bäckerei eröffnen, um Frauen, die im Gefängnis gesessen haben oder aus der Prostitution ausgestiegen sind, die Möglichkeit einer bezahlten Arbeit zu geben. Die Idee kam von einem der jungen Mitarbeiter von KAHAILA, der im Café mitarbeitet.

Jeden Mittwochabend stehen die Räume für Gottesdienste, Bibelarbeiten und Gesprächsgruppen zur Verfügung. Dort ist je-

---

[26] Reta Finger, *Of Widows and Meals: Communal Meals in the Book of Acts*, Grand Rapids: Eerdmans, 2007, S. 242 (eigene Übers.).

der willkommen. Die Christen aus dem Kernteam verstehen sich als Gemeinde, „aber anders, als man es erwarten würde".[27] Sie sind Gemeinschaft – mitten im Leben.

Aktivität

Molly Marshall, Präsidentin des Central Baptist Theological Seminary in Shawnee, Kansas, beschäftigte sich mit der Frage, ob der Ruf nach „christlicher Gemeinschaft" den Wunsch widerspiegelt, aus der Organisiertheit auszubrechen, die unser Leben so häufig bestimmt. Wer in die Kirche geht, wünscht sich familienähnliche Gemeinschaften, in denen man sich gut kennt und einander mit Vertrauen begegnet. Wird dieser Typ von Gemeinschaft allerdings idealisiert, könnte dies zur Aufweichung der eigentlichen Berufung der Kirche führen, gemeinsam an der Veränderung des Lebens zu arbeiten. Gemütliche Vertrautheit ersetzt den rauen Alltag des Entwicklungsprozesses von Gemeinschaften, die den Menschen dienen und ihren Bedürfnissen begegnen.[28]

Immer mehr Christen treffen sich mit kleinen Gruppen von Freunden – innerhalb oder außerhalb der Institution Kirche –, um gemeinsam Zeit zu verbringen, einander vom Leben zu erzählen und Spaß zu haben.

Ein Ehepaar aus Chicago zum Beispiel schrieb eine E-Mail an zwanzig Freunde mit der Einladung, gemeinsam eine Kleingruppe zu bilden. Zehn von ihnen kamen. Sie beschlossen, sich regelmäßig zu treffen, um sich gegenseitig zu ermutigen auf ihrem Weg mit Jesus. Ihr wichtigstes Ziel war nicht, etwas für andere zu tun,

---

27 http://kahaila.com/church/

28 Molly Marshall, „Going Public: A Bold Church in a Changing Culture", *Christian Ethics Today*, 6 (5), 1996, nachzulesen: www.christianethicstoday.com/Issue/006.

> *sondern sich gegenseitig zu unterstützen durch Gebet, Bibellesen und Gemeinschaft. Sie hofften, dies würde sie als Christen stärken in ihrem Leben außerhalb der Gruppe.*

Aber war das ambitioniert genug?

Natürlich sollte sich jeder unterstützt wissen von den anderen Mitgliedern der Gruppe. Wenn das aber alles ist, was die Gruppe tut, dann ist sie nur eine Kopie des gegenwärtig von den Ortsgemeinden praktizierten Missionsmodells. Auch hier gehen die Gruppenmitglieder in die Welt zurück, um dort als Einzelne Zeugnis abzulegen.

Die Macht von Organisation

Die heutige Welt ist hochgradig organisiert. Wenn Paulus schreibt, dass wir kämpfen müssen „gegen die Mächte und Gewalten der Finsternis, die über die Erde herrschen ..." (Epheser 6,12), dann bezieht er sich nicht auf einen Kampf mit voneinander unabhängigen Individuen. Er spricht von organisierter Macht.

Im Angesicht dieser Mächte ergibt es keinen Sinn, als Einzelne den Glauben zu bezeugen. Wenn die Mächte, gegen die sie kämpfen, sich organisiert haben, dann müssen Christen darauf reagieren, indem sie es ihnen gleichtun. Es reicht nicht, sich einfach zu Gemeinschaften zusammenzuschließen, und es reicht auch nicht, dass diese Gemeinschaften im öffentlichen Leben sichtbar sind. Sie müssen vielmehr Zentren geballter Aktivität sein, die das Reich Gottes mitten ins alltägliche Leben hineinkatapultieren.

Sicher, es ist nicht zu vermeiden, dass Christen den größten Teil der Woche einzeln unterwegs sind, anderen mit Liebe begegnen und ihnen hin und wieder vom Evangelium erzählen. Aber wo und wann immer möglich, sollten sie als Gruppe miteinander ihren Glauben bezeugen.

Die Jünger Jesu handelten als Gruppe, um etwas bewirken zu können. Sie trieben mit Jesus Geister aus und heilten Kranke (Matthäus 10,1). Sie dienten als Türhüter, auch wenn sie ihren Auftrag oft nicht verstanden (Johannes 6,9; Markus 10,13-14). Sie halfen Jesus dabei, die Fünftausend und Viertausend zu speisen (Matthäus 14,13-21; Matthäus 15,29-39).

Häufig kann man nur dann etwas bewegen, wenn man als Gruppe handelt. Die einflussreiche britische Autorin, Journalistin und religiöse Aktivistin Margaret Hebblethwaite beschreibt, wie Christen bei ihrem Versuch, etwas für andere zu tun, oftmals von der Notwendigkeit sprechen, sich eine organisierte Form zu geben.

Auch wenn „die organisierte Form sofort den leichten Beigeschmack von Bürokratie hat", gilt, dass wir auf uns allein gestellt verwundbar und machtlos sind.

„Die Stärke liegt in der Masse. Ein Volk ist dann organisiert, wenn es herausgefunden hat, wie es eine ungeordnete Menge in eine kohärente, koordinierte Einheit verwandelt, die gemeinsam Ziele erreichen kann. Dazu braucht es Ordnung, nicht Chaos; es braucht Kommunikation, nicht gegenseitiges Ignorieren; es braucht von allen akzeptierte Führungspersönlichkeiten, nicht ein paar drängelnde Unternehmer, die alles manipulieren – und so weiter. Jede Gemeinschaft braucht ein gewisses Maß an Organisation …"[29]

Gruppen können etwas bewegen

Es macht einen großen Unterschied, ob auf einem Fußballfeld lauter einzelne Spieler kämpfen oder ein Team. Auch für Christen gilt: Es ist wahrscheinlicher, dass sie in der Welt Einfluss nehmen, wenn sie als Team agieren, als wenn jeder für sich alleine steht:

---

[29] Margaret Hebblethwaite, *Base Communities: An Introduction*, London: Geoffrey Chapman, 1993, S. 96 (eigene Übers.).

- *Gruppen bündeln Ressourcen.* Vielleicht haben Sie eine wunderbare Idee. Aber um sie umzusetzen, brauchen Sie einen Kollegen, der gut darin ist, Dinge in Gang zu bringen, und einen anderen, der die richtigen Leute kennt. In einer Gruppe kommen verschiedene Gaben zusammen. „Zwei haben es besser als einer allein, ... Stürzt einer von ihnen, dann hilft der andere ihm wieder auf die Beine. Doch wie schlecht steht es um den, der alleine ist, wenn er hinfällt! Niemand ist da, der ihm wieder aufhilft!" (Prediger 4,9-10)
- *Gruppen stärken die Motivation als Christ.* Oftmals haben Menschen in einer Gruppe einen größeren Antrieb als allein für sich. Man muss nur daran denken, welche Mühen der Einzelne auf sich nimmt für Mannschaftskameraden, Kampfgefährten oder Familienmitglieder. In Gruppen erfährt man Ermutigung und Unterstützung.
- *Gruppen untermauern die Identität als Christ.* Menschen schließen sich Gruppen unter anderem deshalb an, weil sie dort ein Gefühl für sich selbst entwickeln oder bekommen können. Es ist leichter, sich selbst für einen Rebell zu halten, wenn man sich einer gegenkulturellen Gruppe anschließt, zum Beispiel einer Gang oder einer Künstlerclique. Das Gleiche gilt für Christen. Gehört man zu einer Gruppe von Mitchristen, die sich auch während der Woche sieht, ist es leichter, sich daran zu erinnern, dass man Christ ist, und als solcher zu handeln.

> *Eine Gruppe von Christen am Arbeitsplatz in der Wessex Water Company, Großbritannien, bot während der Woche im Unternehmen einen Kurs zum Thema Kindererziehung an. Eingeladen waren sowohl Kollegen, die einen Bezug zur Kirche hatten, als auch solche, bei denen das nicht der Fall war. Im letzten Kurstreffen ging es um Glaubensfragen. Fünfzehn Mitarbeiter nahmen teil, die Hälfte von ihnen ging nicht in die Kirche.*[30]

---

[30] www.transformworkuk.org (Zugriff am 1. Mai 2013).

Ein solches Angebot allein zu organisieren wäre nicht einfach gewesen. Es brauchte ein kleines Team. Also: Gruppen müssen mehr tun, als das Zeugnis des Einzelnen zu unterstützen. Als Gruppe etwas zu tun ermöglicht ein Zeugnis für den Glauben, wie es vom Einzelnen nicht zu leisten ist.

Sich unterscheiden macht den Unterschied

Gemeinschaften, die im Alltag sichtbar und in ihrem Dienst an anderen aktiv sind, haben im besten Fall vier Merkmale, die sie kennzeichnen:

- *missional* – sie arbeiten schwerpunktmäßig mit Menschen, die nichts mit Kirche zu tun haben;
- *kontextuell* – sie finden kulturell angemessene Wege, um die Menschen zu erreichen;
- *lebensverändernd*[31] – sie möchten, dass Menschen zu Nachfolgern Christi werden;
- *ekklesial* – sie vermitteln eine Vorstellung davon, was es heißt, Kirche zu sein.

Häufig werden sie zu Kirche und Gemeinde für alle, die sich ihnen anschließen.[32]

> *Eine kleine Gruppe von Christen bildete den Kern eines Midweek Luncheon Clubs (Mittagstisch in der Mitte der Woche), der im hinteren Teil einer englischen Kirche auf dem Land stattfand. Eines Tages luden sie die Anwesenden ein, noch eine Viertelstunde zu einer Andacht mit christlicher Musik, Stille, einem Gebet und einer Schriftlesung zu bleiben.*

---

31 Anm. d. Übers.: Der hier im Englischen verwendete Begriff „formational" umfasst sowohl Jüngerschaft als auch Bildung.

32 www.freshexpressions.org.uk/guide/about/whatis (Zugriff am 14. August 2013).

Man versammelte sich um den Altar, der aus dem Altarraum nach hinten gebracht und mit einigen brennenden Kerzen bestückt wurde. Für alle, die geblieben waren – die meisten von ihnen gingen nie in den Gottesdienst – begann hier ein Stück „Kirche".

Zeugnisgemeinschaften sind nicht das Gleiche wie die konventionellen Kleingruppen einer Kirchengemeinde, auch wenn diese von großem Wert sind. Sie beten zwar für Mission, aber ihr Fokus liegt auf Gebet, Gemeinschaft oder gemeinsamem Bibellesen. In Zeugnisgemeinschaften dagegen dienen Gebet, Gemeinschaft und Bibelstudium dem Hauptanliegen der Gruppe und sind kein Selbstzweck: Die Glieder der Gruppe wollen sich organisieren, um gemeinsam missionarisch unterwegs zu sein.

Zeugnisgemeinschaften unterscheiden sich auch von vielen der christlichen Gruppen am Arbeitsplatz. Hier wird vielleicht dafür gebetet, dass die Mitglieder in ihrem Leben ein Zeugnis für Christus sein können, aber sie organisieren sich nicht, um etwas für die Menschen am Arbeitsplatz zu tun. Die Mitglieder einer Zeugnisgemeinschaft dagegen arbeiten aktiv zusammen, um ihren Kollegen ganz praktisch mit Liebe zu begegnen.

Man kann nicht für jeden Bereich seines Lebens eine Zeugnisgemeinschaft haben. Das würde Christen an den Rand der Erschöpfung bringen! Ein Teilbereich im Wochenalltag reicht aus. Sie können solch eine Gemeinschaft entweder dort ins Leben rufen, wo Sie mit Menschen eine Leidenschaft teilen, oder dort, wo Sie den Großteil Ihrer Zeit verbringen, oder auch dort, wo eine solche Gemeinschaft am ehesten erfolgreich sein könnte.

Eine Zeugnisgemeinschaft muss für Sie nicht notgedrungen die Alternative zu Ihrer Ortsgemeinde sein. Manche Christen machen sie zu ihrer alleinigen Gemeinde, für andere ist sie eine Ergänzung zu ihrer Wochenendgemeinde.

Das Neue Testament sagt an keiner Stelle, dass man in den sieben Tagen der Woche seine Erfahrungen auf eine Gemeinde in einem Kontext begrenzen muss. Warum also sollten Sie sich nicht in zwei Gemeinden engagieren? Beide sind Teil desselben Leibes Christi. Dies ist inzwischen tatsächlich eine von der Church of England offiziell anerkannte Möglichkeit. In einer von der Kirche anerkannten Studie der Liturgischen Kommission der Church of England von 2007 heißt es, dass Menschen manchmal in zwei Gemeinden Gottesdienst feiern. In diesem Fall sollten sie konsequenterweise zu beiden Gemeinden gehören, statt sich konsumorientiert immer das herauszusuchen, was ihnen gerade passt.[33]

Ihr Engagement in einer Zeugnisgemeinschaft kann folgendermaßen aussehen:

- *in der Freizeit,* zusätzlich zu Ihren sonstigen Aktivitäten;
- *in Teilzeit,* wenn Sie einen Teil der Woche in einem anderen Beruf arbeiten und in der restlichen Zeit eine missionale Gemeinschaft unterstützen, so wie Paulus es als Zeltmacher getan hat. Ein Rechtsanwalt zum Beispiel arbeitet nur vier Tage in der Woche in seiner Kanzlei und nutzt den verbleibenden Tag, um eine christliche Gemeinschaft in einem benachteiligten Stadtteil aufzubauen;
- *hauptamtlich,* meistens bezahlt von einer Kirche, einer Ortsgemeinde oder einer Gruppe von Gemeinden; oder Sie betreiben selbst Fundraising unter Freunden und Bekannten, die Sie in ihrer Berufung unterstützen wollen.

Jeder kann es – fast!

Gemeinden, Gemeindepflanzungen und einige geplante Gemeinschaften werden, so scheint es, oft von Leuten geleitet, die dafür ausgebildet sind. In Großbritannien zum Beispiel werden die Gründer von geplanten Gemeinschaften oft *Pioneers* genannt.

Genauso wie es bei dem Begriff „Pfarrer" oder „Pastor" der Fall ist, kann auch „*Pioneer*" den Eindruck erwecken, es handele

---

33 Church of England Liturgical Commission, *Transforming Worship: Living the New Creation,* London: General Synod, GS 1651, 2007, S 25–26.

sich um einen Menschen, der aus dem Rahmen fällt. Er hat eine besondere Berufung, soll geistliches Äquivalent zu einem Unternehmer sein.

Empfinden Sie das auch so? Dann überlegen Sie noch einmal Folgendes: Ungeplante, fast unwillkürlich entstehende Initiativen wie das HOT CHOCOLATE zeigen, dass es sich hier keineswegs nur um eine Berufung für eine kleine Elite handelt. Genauso wie die Ehrenamtlichen, die sich mitten ins Herz von Dundee auf den Weg gemacht haben, erleben auch andere Christen, dass sie zu Katalysatoren werden für etwas ganz und gar Unerwartetes, obwohl sie sich selbst niemals in der Rolle eines Pioneers gesehen hätten.

Aber vielleicht ist auch der Begriff „Unternehmer" irreführend. Jahrelang haben Wissenschaftler versucht, die charakteristischen Eigenschaften eines Unternehmers herauszuarbeiten, allerdings nicht besonders erfolgreich. Unternehmer sind so unterschiedlich, dass es fast unmöglich ist, gemeinsame Merkmale zu finden, vielleicht abgesehen von dem festen Glauben daran, „dass sie es schaffen".

Es gibt Wissenschaftler, die davon überzeugt sind, dass unternehmerische Fähigkeiten in vielen Menschen stecken, aber nicht zum Vorschein kommen, weil die Umstände es verhindern. Eine Krankenschwester oder ein Pfleger können durchaus unternehmerisch begabt sein, aber die Gelegenheit dazu fehlt ihnen.[34] Genauso können viel mehr Christen, als wir es meinen, eine Zeugnisgemeinschaft gründen, wenn man ihnen nur die Chance dazu gibt.

Kaffee und Chaos

In Souderton im amerikanischen Pennsylvania zum Beispiel lud Jenifer Eriksen Morales ihre neue Nachbarin zum Kaffee ein. Weil beide junge Mütter waren, ergab es sich schnell, dass sie Freude und Leid der Kindererziehung miteinander teilten.

---

[34] David Rae, *Entrepreneurship: From Opportunity to Action*, Basingstoke: Palgrave, 2007, S. 28–29.

> *Trafen sie auf andere Mütter in der Nachbarschaft, verliefen die Gespräche ganz ähnlich. Ganz spontan entstand daraus ein gemeinsames Kaffeetrinken freitags morgens. Einige Monate später wurde aus dem Kaffeetreffen ein Literaturclub. Dann geschah noch etwas. Die Frauen, von denen die meisten keinen Kontakt zur Kirche hatten, begannen über das Gebet zu sprechen.*
>
> *Die mennonitische Gemeinde von Souderton, in die die Familie Eriksen Morales sonntags zum Gottesdienst ging, war zwar in der Nähe, aber im Leben von Jenifers Nachbarinnen nicht präsent. Aber die Gemeinde verstand das Kaffeetreffen als Teil ihres Dienstes und stellte ab und zu eine Kinderbetreuung zur Verfügung – ohne zu erwarten, dass die Mütter als Gegenleistung am Sonntag in den Gottesdienst kamen.*[35]

Aufbauen auf dem, was da ist

Vielleicht denken Sie jetzt: „Das könnte ich nicht. Schon allein aus Zeitgründen nicht!"

Zeugnisgemeinschaften sind deshalb machbar, weil man nicht in den Fußstapfen von jemand anderem gehen muss. Sie müssen betend das tun, was sich für Sie ganz von alleine ergibt, und das in Ihr Alltagsleben einbauen. Das Geheimnis besteht darin, das zu entwickeln, was schon da ist, also Folgendes herauszufinden:

- *Wer bin ich?* Sind Sie zum Beispiel Lehrer? Dann überlegen Sie, was Sie mit den Eltern, den Kindern oder den Kollegen in Ihrer Schule tun können.
- *Was kann ich?* Sie kennen sich natürlich in Ihrer Schule aus und könnten hier bei vielen Dingen mitreden. Aber vielleicht haben Sie auch eine Leidenschaft für Kunstgeschichte. Gibt es vielleicht Kinder, Kollegen oder Eltern, die sich gerne treffen würden, um einige der Großen der Malerei und Bildhauerei

---

[35] http://freshexpressionsus.org/stories/coffee-and-chaos/ (Zugriff am 30. April 2013).

kennenzulernen, über einige ihrer Werke zu diskutieren und eine Ausstellung zu besuchen?

- *Wen kenne ich?* Fällt Ihnen ein Christ in Ihrem Bekanntenkreis ein – am besten jemand, der mit der Schule in Verbindung steht –, der sich mit Ihnen treffen und dafür beten könnte? Gibt es irgendjemand anders, der helfen könnte? Vielleicht jemand, der es genießt, Gastgeber zu sein, und sein Haus oder seine Wohnung für die Treffen zur Verfügung stellt? Gibt es jemanden, der die Gabe hat, Menschen einzuladen?

Essen und Reden

Eine Frau und ihr Ehemann aus Paris hatten sich entschieden, nicht mehr in ihre Gemeinde zu gehen. „Wir hatten die ständigen Besprechungen satt, die allesamt zu nichts führten." Aber an ihrer Liebe zu Jesus hatte sich nichts geändert.

Also nutzten sie das, was sie hatten. Die Frau liebte es, Gäste zu empfangen (Wer bin ich?), und der Mann kochte gern (Was kann ich?). Sie luden vier Freunde ein, die sich, was ihr Verhältnis zu Kirche und Glaube betraf, gerade in einem Vakuum befanden (Wen kenne ich?), und gemeinsam luden sie vier weitere ein, die wenig oder gar keinen kirchlichen Hintergrund mitbrachten.

Sie trafen sich regelmäßig, um gemeinsam zu essen und zu diskutieren. Die Themen reichten von Politik über das persönliche Leben bis hin zu Gott. Auf einer Konferenz erzählte die Frau, dass über die vergangenen sechs oder sieben Jahre, in denen manche gingen, andere neu dazukamen, jedes Jahr vier oder fünf Menschen zum Glauben gekommen waren.

New Creations

Janet Cross, die als Trauerberaterin der Church of England in Merseyside arbeitet, stellte fest, dass die Trauernden eine Gruppe brauchten, in der sie Unterstützung fanden (Wer bin ich?). Eine der Witwen, die sie besuchte, hatte begonnen zu basteln und festgestellt, dass ihr das half (Was kann ich?).

Da sie selbst leidenschaftliche Grußkarten-Bastlerin war (Wer bin ich?), kam Janet die Idee, eine Bastelgruppe als „Beschäftigungstherapie" für die Trauernden anzubieten. Sie stellte die Idee ihrem Pfarrer vor und bat zwei Freundinnen – die eine war Teil des Trauerbegleitungs-Teams, die andere eben jene Witwe –, ihr bei der Durchführung zu helfen (Wen kenne ich?).

Zunächst wurde alles Mögliche gebastelt, aber schon bald beschränkte man sich auf Janets Leidenschaft – die Grußkarten. Jede Woche wurde unter ein bestimmtes Thema gestellt. Einmal im Monat gab es einen kurzen Denkanstoß zum Thema Glauben, der sich auf das Wochenthema für die Kartengestaltung bezog, wie zum Beispiel der Gedanke des Fallens zum Thema „Blätter". Der Denkanstoß wurde von Janet vorbereitet, da sie in der Church of England eine Ausbildung zur Predigthelferin gemacht hatte (Wer bin ich? – noch einmal).

Inzwischen ist die Gruppe New Creations auf ungefähr vierzig Frauen angewachsen. Daraus hervorgegangen sind zwei Kleingruppen, eine für im Glauben schon verwurzelte Frauen – und die andere für solche, die den Glauben erst noch entdecken. Sie treffen sich jeden Dienstag um 11.00 Uhr morgens, anschließend gibt es für alle, die basteln wollen, ein gemeinsames Mittagessen und dann beginnt das ernsthafte Geschäft des Kartenbastelns.[36]

Wenn Ihre Ortsgemeinde gerne auch aktiv und sichtbar nach außen wirken möchte, sollte sie genauso auf dem aufbauen, was schon da ist. Könnte das christliche Kernteam eine geistliche Dimension in die Treffen einer Gruppe tragen, so wie in dem Midweek Luncheon Club?

Oder wäre es denkbar, dass man bei einem Glaubenskurs für

---

36 www.freshexpressions.org.uk/stories/newcreations (Zugriff am 30. April 2013).

nicht kirchlich sozialisierte Menschen nicht einfach zusieht, wie diese sich nach dem Kurs verabschieden und dabei natürlich *nicht* den Weg in den sonntäglichen Gottesdienst finden, sondern die Gruppe beieinander hält, sodass sie sich zu einer Form von Gemeinde für die Teilnehmenden entwickelt?

Oder gibt es vielleicht Gemeindeglieder, die dankbar wären für die Möglichkeit, etwas für ihre Nachbarn zu tun oder für Familien mit kleinen Kindern oder für Filmliebhaber oder für Flüchtlinge, und die diesen Dienst nicht allein tun wollen? Warum nicht einfach fragen, ob es andere in der Gemeinde gibt, die ihnen gerne dabei helfen würden? Viele Gemeinden haben herausgefunden, dass das neue Energie freisetzt für den Dienst und die Wirkung nach außen.

Wenn Sie selbst zu beschäftigt sind und der Gemeinde die Ressourcen fehlen, dann lassen Sie sich trotzdem nicht entmutigen. Eine Gruppe zu starten, um etwas für andere zu tun, reißt nicht notwendigerweise ein riesiges schwarzes Loch in Ihren Terminkalender. Es muss sich gar nicht um eine völlig neue Beschäftigung handeln, die auch noch in einem ohnehin schon hektischen Tagesablauf untergebracht werden müsste. Es kann ein Teil von dem sein, was Sie sowieso bereits tun, und diesem Tun zusätzlichen Wert verleihen.

Sie können Gemeinde sein, während Sie Ihren Alltag leben. Und Sie werden merken, dass Ihr normales Leben reich wird – und das von anderen ebenfalls. So wie das Leben von Tracey, die durch eine Zeugnisgemeinschaft unter Müttern, Pflege- und Tagesmüttern in der Nähe von Cambridge in England zum Glauben kam:

„Ich bin zu Gott gekommen und liebe ihn, weil ihn mir Leute gezeigt haben, die ihn in sich tragen und nicht den ganzen üblichen religiösen Kram. Ich bin schon lange auf andere angewiesen. Meine Situation hat sich nicht verändert, aber ich. Ich habe immer noch kein Geld in der Tasche und sitze immer noch im Dunkeln, weil wir die Stromrechnung nicht bezahlen konn-

ten, aber ... ich bin anders geworden und mein Blick darauf ist anders."[37]

Zu klein?

Sind diese Zeugnisgemeinschaften nicht zu klein, um überhaupt etwas zu bewirken? Wie kann so ein kleiner Trupp von sechs bis acht Leuten ein Zeichen setzen gegen ein globales Unternehmen, gegen die überall präsenten Medien oder andere soziale Sammelbecken, die sich mit viel Lärm breit machen in unserem Leben?

Die Antwort lautet: Man muss nicht groß sein, um eine Wirkung zu entfalten. In einem Unternehmen wurde eine ganze Reihe von Mitarbeitern entlassen. Eine Gruppe von Christen am Arbeitsplatz bezahlte einen Coach, der jeden von ihnen eine halbe Stunde kostenlos beriet. Die Angestellten sagten: „Diese Christen sind besser als unsere Personalabteilung!"

Die Gruppe von Christen am Arbeitsplatz in der Anglian Water Company (englische Wasserwerke) erzählt, wie

„... zwei ihrer Mitglieder noch spät in der Nacht arbeiteten, als eine der Reinigungskräfte hereinkam, sichtlich unglücklich und den Tränen nah. Sie sprachen sie an und erfuhren, dass ihr Mann vor Kurzem einen Herzinfarkt erlitten hatte. Ian und Peter boten ihr an, gemeinsam für sie zu beten, und taten dies auch. Sie war zutiefst dankbar – und bald danach erfuhren die beiden, dass es dem Ehemann sehr viel besser ging."[38]

Und selbst eine Familie kann etwas bewegen:

---

[37] Einem FreshX-Teammitglied erzählt.
[38] www.transformworkuk.org (Zugriff am 2. Mai 2013).

Frühstück und Party

Ian und Ali sind mit ihren drei Kindern in eine der typischen Stadtsiedlungen in einer englischen Bischofsstadt gezogen. Zwei bis drei Mal in der Woche laden sie neue Bekannte zum Essen ein. Es entstehen Freundschaften und Fragen wie „Was hat euch hierher verschlagen?" bieten die Möglichkeit, über die Frage nach Gottes Willen und andere christliche Themen zu sprechen.

Bald nach dem Einzug traf Ali einige Mütter mit kleinen Kindern. Sie lud sie in der nächsten Woche zu sich ein; in der Woche darauf lud eine der Mütter ebenfalls andere Mütter zu sich ein – und schon war eine Mutter-Kind-Gruppe entstanden. Ian lud die Mütter mit ihren Partnern zum Abendessen ein und schlug vor, dass die Väter sich jeden Montagabend treffen könnten. Sechs Wochen später gründeten sie eine Fußballmannschaft und meldeten sich zur lokalen Liga an.

Einige Zeit später ließ Darren, einer aus der Mannschaft, während eines Abendessens verlauten: „Ich stelle so viele Fragen zu Jesus, aber ohne das Fußballspielen wäre ich nicht hier. Da habe ich entdeckt, dass ihr ganz normale Menschen seid."

Als die Zeit reif war, boten Ian und Ali einmal im Monat ein Sonntagsfrühstück in ihrer Wohnung an. Innerhalb weniger Jahre kamen um die fünfzig Menschen auf engstem Raum zusammen, fast alle wohnten in den umliegenden Straßen. Zusätzlich gab es andere gemeinsame Aktionen, so zum Beispiel eine Eiscreme-Party im Sommer und eine Schokoladen-Party vor Weihnachten.

In Zweiergesprächen wird von Jesus erzählt und ebenso auch in einfachen Einführungskursen, die übergehen in Folgekurse, wie zum Beispiel den vierwöchigen Glaubenskurs „The Big Story of the Bible". Wer dem Glauben näherkommt, wird eingeladen, am geistlichen Leben des Kernteams teilzunehmen.

Nach drei Jahren ist das Team von den ursprünglich drei Ehepaaren auf ungefähr zwanzig Leute angewachsen und hat sich in zwei Gruppen aufgeteilt. Das Leben vieler Menschen hat sich verändert, weil sie zu Christus gefunden haben.

Kleine Anfänge

Jede Gemeinschaft, ganz gleich welcher Größe, kann etwas bewirken – und manchmal fängt es ganz klein an und die Auswirkungen sind erstaunlich groß.

> *Heute gehören zum SPRINGFIELD-PROJECT in Birmingham eine professionell geführte Kindertagesstätte, eine Arbeit zur Unterstützung von Familien, Betreuungsangebote nach der Schule und ein speziell eingerichtetes Kinderzentrum, das Dutzende von Familien mit der nötigen Hilfe versorgt. Aber ein Jahr nachdem das Projekt mit einer Spielgruppe in einer Privatwohnung begonnen hatte, war die Beteiligung so gering, dass man die Gruppe schon fast wieder schließen wollte!*[39]

> ### Vitalise
>
> *In einer anderen Initiative begann Richard Moy damit, sich mit nur zwei anderen zu treffen, um für seine in den englischen West Midlands gelegene Stadt zu beten. Nach und nach kamen andere dazu und nach einem Jahr begannen sie, sich in einem Café im Stadtzentrum zu treffen.*
>
> *Richard ist inzwischen weggezogen, aber die heute als VITALISE bekannte Gruppe hat erfolgreich junge ortsansässige Mitarbeiter ausgebildet, die die Arbeit weiterführen, indem sie Gott begeistert loben, allen in Liebe begegnen und etwas für die Stadt tun.*
>
> *Manche denken, dass es sich bei VITALISE einfach um eine Jugendgemeinde handelt. Sie erreichen zwar eine große Zahl von Jugendlichen, aber 47 Prozent der 135 Teilnehmer sind neunzehn Jahre und älter. Zu den Angeboten gehören Gruppen, die sich unter der Woche treffen, Mentoring, ein Treffen am Sonntag und andere Veranstaltungen.*

---

[39] www.freshexpressions.org.uk/stories/springfieldproject (Zugriff am 23. Mai 2013).

Es gibt die unterschiedlichsten Möglichkeiten zu lernen und geistliches Leben einzuüben. Eine Gruppe übt das kontemplative Gebet. „Organische" – also kleine – Gruppen arbeiten nach dem Modell der Zellgemeinden und beschäftigen sich mit Ernährung, Gottesdienst, Studium der Bibel und missionalem Wachstum. Es gibt an jedem Werktag um 9 Uhr ein Morgengebet mit Bibelarbeit im Starbucks.

Während der vergangenen zwei Jahre sind aus VITALISE fünf ordinierte Pfarrer hervorgegangen, zwei haben eine Ausbildung als methodistischer Pastor begonnen und sechs sind zu ausgebildeten Laienmitarbeitern geworden.

Es gab zehn Taufen in den vergangenen zwei Jahren, eine davon sogar in einem der Sonntagstreffen von VITALISE. Drei Menschen haben sich konfirmieren lassen. Zu denen, die durch VITALISE zum Glauben gekommen sind, gehören Mitarbeiter von Starbucks und Menschen aus der Obdachlosen- und Homosexuellenszene.

Hannah, 23 Jahre alt, kam zu VITALISE, weil sie bei Starbucks arbeitet, wo eine Gruppe sich jeden Werktag zum Morgengebet trifft: „Durch VITALISE konnte ich in den Glauben hineinwachsen. Ich fand einen Ort, an dem ich Halt bekam, eine Gruppe von Menschen, die andere willkommen heißt, ohne zu urteilen, die annimmt und für andere sorgt, einen Ort, an dem man sich sicher fühlt und sich ganz und gar in die Liebe und Gegenwart Gottes flüchten kann, ganz gleich wie die vergangene Woche war. Und man kann jede neue Woche damit beginnen. Für mich ist VITALISE eine Familie, in der ich immer willkommen bin, ob ich Sünden begangen habe und Probleme mit mir herumtrage – oder ob ich mich unendlich gesegnet fühle, mehr als jeder andere in der Welt. Sie sind da, um zu unterstützen und einfach teilzuhaben am Leben der anderen. Und sie spiegeln so den Vater im Himmel wider. Ich habe viel Grund, VITALISE dankbar zu sein. Und ich danke Gott jeden Tag dafür, dass die VITALISE-Leute Kaffeetrinker sind!"[40]

---

40 www.freshexpressions.org.uk/stories/wolverhamptonpioneerministries (Zugriff am 1. Mai 2013).

Man kann nie wissen

Zeugnisgemeinschaften scheinen ein Werk des Heiligen Geistes zu sein. Sie gründen auf der Schrift: Wo immer möglich, soll Mission nach Gottes Willen vom Gebet getragen in einer Gemeinschaft stattfinden, die mitten im Leben sichtbar ist und deren Aktivitäten Jesus sichtbar machen. Und das ist nicht Elite-Christen vorbehalten, sondern ist Sache der ganz normalen Gläubigen.

Immer wieder beginnen die Geschichten über diese neuen christlichen Gemeinschaften mit aufrechten Menschen, die kleine Schritte tun und dann überrascht sind von dem, was geschieht. Warum also nicht in Ihrer Wohngegend, am Arbeitsplatz oder in Ihren sozialen Netzwerken nach einem Freund Ausschau halten, der Christ ist, mit ihm gemeinsam darum beten, dass der Heilige Geist Ihnen zeigt, wie Sie den Menschen um Sie herum in Liebe dienen können, und dann einige Ideen ausprobieren? Wer weiß, was der Heilige Geist daraus macht!

Die Gemeinschaft Order of the Daughters of the King® (Orden der Königstöchter) verbindet 26.000 Frauen der anglikanischen, episkopalen, lutherischen und römisch-katholischen Kirche in den Vereinigten Staaten miteinander. Dazu kommen 3.000 Frauen in achtzehn weiteren Ländern. Ortskirchengemeinden unterstützen solche Gruppen von Frauen, die sich verpflichtet haben, täglich zu beten, zu dienen und den Menschen vom Evangelium zu erzählen.

Üblicherweise machen sich die Frauen als Einzelne auf den Weg, um anderen die Liebe Gottes zu zeigen und ihnen Christus und die Gemeinde näher zu bringen. Auch wenn sie mit ihrem Dienst kleine Gemeinschaften außerhalb der Kirche unterstützen (Essensausgaben, Rehabilitationszentren oder eine Arbeit mit Alzheimer-Patienten), ist ihr Ziel normalerweise nicht, gottesdienstliche Elemente in diese Gemeinschaften hineinzutragen, sondern die Menschen in die Gemeinden einzuladen.

Häufig finden sich aber auch Gelegenheiten, etwas als Team zu organisieren und für andere zu tun. So zum Beispiel in Washington, D.C., wo einer der Königstöchter auffiel, dass Kinder, die mit ihren Eltern in den Waschsalon kamen, dort nichts Sinnvolles zu tun hatten. Sie baute mit ihrer Ortsgruppe ein Team auf, das den Kindern an jedem ersten Sonntag des Monats Bücher vorliest. Frauen aus der Ortsgemeinde organisieren einmal im Jahr eine Spendenaktion, sodass die Kinder die Bücher nach dem Vorlesen mitnehmen können.

Hier bietet sich für die Königstöchter die Möglichkeit, im Gebet zu fragen, ob sie beim Vorlesen vielleicht kleine christliche Geschichten oder Gebetskärtchen einbinden könnten. Wenn die Familien des „Literatur-und-Wäsche"-Projektes positiv auf diesen Schritt reagieren, könnte dies den Weg frei machen für eine kleine Gottesdienstgemeinde an einem ungewöhnlichen Ort.

Die Frauen haben die Familien bereits gesegnet. Es würde alle Beteiligten weiterbringen, wenn sie dort, wo sie sich ohnehin schon treffen, ein kleines Stück Gemeinde miteinander leben würden. Dann hätten die Töchter des Reiches Gottes gebetet, sich als Gruppe organisiert, etwas für andere getan und den Menschen das Evangelium gebracht.

Kapitel 2

Sieben Gründe

„Ich war obdachlos, lebte auf der Straße, war heroinabhängig und so weiter ... bis ich hierher kam und einen Weg zu Gott fand und Gott einen Weg zu mir."[41]

Vielleicht wären Sie furchtbar gerne Teil einer solchen Geschichte, würden gerne einzelnen Menschen dabei helfen, sich auf den Weg zu Jesus machen. Sie sind angesteckt von der Idee, einen oder mehrere andere Christen in einem Bereich ihres Alltags zu finden und sich mit ihnen zum Beten zu treffen, um dann gemeinsam etwas für andere zu tun, vom Evangelium zu erzählen und Dinge zu verändern.

Aber Sie glauben nicht, dass das bei Ihnen funktionieren könnte. Ihre Gemeinde ist bereits ausreichend missionarisch aktiv oder Sie haben so viele andere wichtige Dinge zu tun.

Auf der Suche nach den Ursachen für solche oder andere potenzielle Vorbehalte werden wir sieben Gründe darlegen, warum Christen sich in Zeugnisgemeinschaften engagieren sollten und warum Gemeinschaft (sich zusammentun mit anderen Christen), Sichtbarkeit (präsent sein, wo das Leben stattfindet) und Aktivität (als Gruppe aktiv sein) so wichtig sind.

---

[41] www.freshexpressions.org.uk/stories/streetwise (Zugriff am 16. Dezember 2013).

#1. Gott will Gemeinschaften am Rand

Vielleicht haben Sie den Eindruck, dass Fresh-X-Gemeinden in manchen Situationen tatsächlich sinnvoll sind, jedoch nicht in Ihrer eigenen. Ihre eigene Ortsgemeinde hat gute soziale und missionarische Angebote und Sie sind da auch schon an einigen Stellen aktiv. Warum also mehr tun?

Aber sollten Sie sich wirklich zufrieden geben mit dem, was ist? Zählen Sie doch einmal diejenigen, die regelmäßig kommen. Sind im vergangenen Jahr mehr dazugekommen als gegangen (diejenigen eingeschlossen, die mit den Füßen voran die Kirche verlassen haben)? Wie viele von den Neuen sind aus anderen Gemeinden zu Ihnen gewechselt? Wie viele gehörten irgendwann schon einmal dazu und sind zurückgekehrt? Und wie viele von ihnen hatten wenig oder gar keinen christlichen Hintergrund?

Diese zuletzt genannte Gruppe wächst in den meisten Teilen der nördlichen Hemisphäre kräftig an. Können Sie sich zufrieden zurücklehnen, wenn Ihre Kirchengemeinde an dieser Stelle keinerlei Engagement zeigt?

Wen erreichen Sie nicht?

Oder fragen wir einmal anders: Wen erreicht Ihre Gemeinde nicht? Ihre Nachbarn? Menschen, mit denen Sie Ihre Freizeit verbringen? Ihre Kollegen am Arbeitsplatz? Leute, mit denen Sie Interessen teilen?

Timothy Keller, der Gründer der Redeemer Presbyterian Church in New York, ist zutiefst davon überzeugt, dass „der einzige Weg die Kultur einer Stadt zu verändern ist, die Anzahl der in ihr engagierten Gemeinden zu erhöhen".[42]

---

[42] Zitiert bei Ed Stetzer & Warren Bird, *Virtual Churches: Helping Church Planters Become Movement Makers,* San Francisco: Jossey-Bass, 2010, S. 68 (eigene Übers.).

Diese „Gemeinden“ müssen nicht groß und komplex sein. Es kann sich um Minigemeinschaften handeln, die Lust auf Kirche machen. Wenn wir die gesamte Kultur einer Stadt dazu bringen wollen, Jesus nachzufolgen, dann brauchen wir in jedem Winkel der Gesellschaft christliche Gemeinschaften, die sich für die Menschen einsetzen, ihnen vom Evangelium erzählen und ihr Leben verändern.

Vom „Komm“- zum „Geh“

Der Boden für diese Gemeinschaften wird bereits vom Heiligen Geist bereitet. Ein Signal dafür ist, dass viele Ortsgemeinden den exklusiven „Komm-zu-uns“-Ansatz von Mission bereits aufgegeben haben.

Traditionell haben Christen die Zeit, die Länge, den Stil und den Ort des Sonntagsgottesdienstes nach ihren eigenen Bedürfnissen ausgerichtet und dann haben sie andere dazu eingeladen. Aber die Einladung bestand immer darin „sich uns anzuschließen“, zu „unseren“ Bedingungen. Evangelisation fand innerhalb dieses Rahmens statt: „Komm in die Gemeinde, die wir so gebaut haben, wie sie zu uns passt.“

Inzwischen erkennen immer mehr Gemeinden, dass dieser Ansatz zu eng ist. Ein erneuertes Verständnis vom Reich Gottes hat sie erkennen lassen, dass die Ortsgemeinde nicht das A und O missionarischer Arbeit ist.

Das Reich Gottes endet nicht dort, wo wir Nichtgläubige in die Gemeinde integrieren und Gott anfängt in ihrem Leben eine Rolle zu spielen. Es umfasst die Schöpfung mit allem, was dazu gehört. Wenn Christen beginnen, etwas für das Reich Gottes zu tun, indem sie auf die Herrschaft Gottes hinweisen und als Agenten dieser Botschaft unterwegs sind, dann ist Mission nicht mehr gleichbedeutend damit, Menschen in die Gemeinde einzuladen. Dann bedeutet Mission, die Welt so zu lieben, wie Gott sie liebt.

Daraus ist neben dem „Komm“-Ansatz von Mission der „Geh“-

Ansatz entstanden. Christen sollen sich in die Gesellschaft hineinbegeben und sie so lieben, wie Gott sie liebt. Sie sollen zusammen mit dem Heiligen Geist für andere und für unseren Planeten Sorge tragen. Mission bedeutet dann zu sehen, was der Heilige Geist in der Welt tut und sich ihm anzuschließen.

Ed Stetzer, eine der führenden Persönlichkeiten der Gemeindepflanzungs-Bewegung, schreibt über die Vereinigten Staaten Folgendes:

> *„In dem Land, in dem ich lebe, haben 70 % der Bevölkerung keinerlei kirchlichen Hintergrund. Das heißt, ihre Verbindung zur Kirche und ihr Interesse am christlichen Glauben sind gering oder gar nicht vorhanden. Die Menschen, die offen sind für den ‚Komm und sieh'-Ansatz, haben wir weitgehend erreicht. Kirchengemeinden, die mit diesem Ansatz arbeiten, erreichen lediglich 30 % meines Umfeldes vor Ort wirklich, und ich lebe in Georgia."*[43]

Der Heilige Geist ruft die Kirche dazu auf, die Mehrheit jenseits dieses unmittelbaren Umfeldes in den Blick zu nehmen.

Bis vor Kurzem war „Geh" gleichbedeutend mit: „Geh allein". Wie im ersten Kapitel bereits beschrieben, gehen Christen nach dem Sonntagsgottesdienst nach Hause, um als Individuen wieder in den Alltag einzutauchen. Während der Woche sind sie bei ihrer Mission auf sich allein gestellt.

Das ist zwar besser, als sich ausschließlich auf den „Komm"-Ansatz zu beschränken, aber es lässt völlig außer Acht, wie Gott Mission betreibt. Der Geist macht sich nicht allein auf den Weg in die Welt, er tut dies in Gemeinschaft mit dem Vater und dem Sohn. Sie beziehen sich so eng aufeinander, dass sie eins sind.

Gott möchte, dass auch wir uns gemeinsam auf den Weg machen, um Menschen zu erreichen. Diese Absicht spiegelt sich in

---

[43] Ed Stetzer, *Planting Missional Churches*, Nashville: B & H Publishing, 2006, S. 166 (eigene Übers.).

der gemeinsamen Arbeit Adam und Evas ebenso wider wie in Israels Rolle für die Heilsgeschichte, im missionarischen Wirken Jesu, das gemeinsam mit seinen Jüngern stattfand, in der Aussendung der Jünger zu zweit, in den von Paulus ausgesandten Missionsteams und in der sich anschließenden Geschichte der Kirche.

Es ist viel leichter, Dienst an Menschen in der Nachbarschaft, im sozialen Netzwerk oder am Arbeitsplatz zu tun, wenn man es mit anderen gemeinsam tut. Bereits im letzten Kapitel sind wir zu dem Schluss gekommen, dass in einer Gruppe die Identität als Christ gefestigt, die Motivation gestärkt und die Ressourcen gebündelt werden können.

> *Mitglieder der St. Philips Church in einem Vorort von Toronto beschlossen: „Wenn die Menschen nicht zu uns kommen wollen, dann gehen wir zu ihnen." Also gründeten sie Pints of View, ein Treffen wie in einer Bar in ihrem Army und Navy Club vor Ort. Die Einladung lautet, sich gemeinsam „ein Bier, ein bisschen heiliges Futter und einen Segen" abzuholen. Die Abende hat nicht einer allein auf den Weg gebracht, sondern ein Team.*

Zeugnisgemeinschaften, die sich vom Leben formen lassen,

- *zeigen das Wesen Gottes.* Wenn Gott eine heilige Gemeinschaft aus drei Personen ist und Jesus sich entschloss, die Zeit seines öffentlichen Wirkens in Gemeinschaft zu leben, dann spiegeln christliche Gemeinschaften eher das Wesen Gottes wider als Einzelne, die auf sich selbst gestellt handeln.
- *sind Abbildung des Reiches Gottes.* Wenn das Reich Gottes kommt, dann wird es die Form einer Gemeinschaft haben. Jesu Geschichten über das himmlische Festmahl deuten darauf hin, dass es sich nicht um eine Ansammlung einzelner Individuen handeln wird, sondern dass sich eine Gemeinschaft um ihren Erlöser versammelt.
- *machen Kirche relevant.* Wenn Zeugnisgemeinschaften etwas für die Menschen in den Nischen des Lebens tun, dann wird

Kirche für sie nicht mehr „das belanglose Gebäude irgendwo weit weg" sein. Kirche wird spürbar etwas mit ihrem Leben zu tun haben. Der bekannte Theologe John Milbank hat die institutionelle Kirche dazu aufgerufen, sich weniger auf das Verfassen von Denkschriften zu konzentrieren, die der Regierung sagen, was sie zu tun und zu lassen hat. Vielmehr sollte sie selbst radikal präsent sein im Gesundheits- und Sozialwesen, in Wirtschaft, Kunst, Bildung, Ökologie usw. und sich dort engagieren.[44]

- *helfen dabei, Menschen anzulocken, die zwar außerhalb von Kirche stehen,* sich aber mit der Zielsetzung der Gruppe identifizieren. Das kann Hilfe für Alleinerziehende sein, Kampf um Gerechtigkeit, Bewahrung der Schöpfung oder die liebevolle Präsenz am Arbeitsplatz. Eine Gemeinschaft, die am Arbeitsplatz Seminare zum Thema Stress- oder Konfliktmanagement oder zu anderen Themen organisiert, könnte jemanden integrieren, der ihre Vision teilt, und ihm erklären: „Unser Ausgangspunkt ist immer die Planung, wie wir unseren Kollegen Gutes tun können. Meistens sprechen wir über eine der Geschichten von Jesus (der übrigens einer der größten spirituellen Lehrer der Welt war) und wir beenden unsere Treffen mit ruhiger Musik, während der die Christen unter uns im Stillen Gebete sprechen. Sie sind herzlich eingeladen, sich uns anzuschließen." Soziales Engagement und das Weitergeben des Evangeliums werden miteinander verbunden.
- *geben Menschen, die sich neu mit dem Glauben auseinandersetzen, die Möglichkeit, Kirche in ihrem persönlichen Umfeld zu erleben.* Durch ihre Wärme, ihre Gebete und ihr Zeugnis kann eine Gemeinschaft Menschen dazu ermutigen, Jesus für sich anzunehmen. Dafür müssen sie – zumindest zunächst – nicht die hohe Hürde überwinden, am Wochenende in eine ihnen unbekannte Gemeinde zu gehen. Stellen Sie sich vor, Sie organisieren für Sportinteressierte einen Vortrag mit einem

[44] *Church Times,* 16. Dezember 2011.

berühmten christlichen Sportler. Wie sieht der nächste Schritt aus? Laden Sie die Zuhörer in Ihre Gemeinde ein, wo sie kaum jemanden kennen und der Gottesdienst ihnen auf unangenehme Weise fremd ist? Oder organisieren Sie eine weitere Veranstaltung für die gleichen Leute und dann noch eine und noch eine, bis die Gruppe durch die entstehenden Freundschaften eine Eigendynamik entwickelt? So kann ein Kontext entstehen, in dem Einzelne sich auf Jesus einlassen und Kirche erfahren.
- *rufen in einer Gruppe mit missionarischem Fokus neue Christen in die Nachfolge.* Wer so neu zum Glauben kommt, hat das Thema Mission vom Moment der neuen Geburt an im Blut. Das schafft einen Vorsprung auf dem Weg, Ebenbild des missionarischen Gottes zu werden. Die Werte der Gruppe werden dabei helfen, eine individualistische Konsumhaltung zu verhindern.

Gemeinsam mit anderen Christus näherkommen

Die Vorteile liegen so deutlich auf der Hand, dass mehr und mehr Christen sich zusammenschließen, um gemeinsam in den Strukturen des Alltags missionarisch zu sein. Hugh Halter leitet in der Organisation „Church Resource Ministries" (CRM)[45] Seminare zum Thema Gemeindepflanzungen.

CRM, berühmt für ihr Buch „The Church Planter's Toolkit" (Werkzeugkasten für Gemeindepflanzer), haben ihre traditionellen Fortbildungen zum Thema Gemeindepflanzung abgeschafft. Stattdessen konzentrieren sie sich auf die Ausbildung geistlicher Leitungspersönlichkeiten, die in ihrer eigenen Kultur treu und „in unerschütterlicher Großherzigkeit" auf den Spuren Jesu leben.

---

[45] Anm. d. Übers: CRM, eine in den USA entstandene Bewegung mit Hauptsitz in Denver, die durch die Gründung von Fresh-X-Gemeinschaften kirchenferne Menschen zu Jesus bringen möchte.

„Wovon wir uns am meisten frei machen mussten, war folgender Standpunkt: Wenn wir Gemeinden pflanzen und es gut genug machen, dann kommen die Menschen auch", sagte Halter. „Wir mussten uns mit dem Gedanken anfreunden, dass sie nicht kommen. Unsere Programme waren allein für Christen attraktiv."

Es ist nicht länger ausreichend, als Einzelner Evangelist zu sein. Die Gemeinschaft „wird zum Träger der Verkündigung". Halter und andere sind dabei zu lernen, wie man in der Kultur des Alltags Gemeinschaften bildet, „in denen die Heiligen ihren Weg mit Gott und miteinander immer weiter gehen und möchten, dass [Nichtchristen] sich anschließen".[46]

Im folgenden Kapitel wird an einer erstaunlichen Vielzahl von Beispielen gezeigt, wo Christen genau das tun, was Halter beschreibt – an Tiefe gewinnen, indem man Dienst an anderen tut. Wenn Sie sich zufriedengeben mit den Angeboten Ihrer Kirchengemeinde, dann verpassen Sie vielleicht diese neue Bewegung des Heiligen Geistes.

Gott bringt Gemeinschaften von Christen in die Mikrokontexte des Lebens. Dort wünscht er sich gemeinschaftliche Formen missionarischen Handelns. Sind Sie berufen mitzumachen? Oder scheuen Sie sich vor der Frage „Wen erreichen wir *nicht*?"

#2. Kirche und Welt werden verbunden

Vielleicht finden Sie Ihr Engagement in der Gemeinde im Augenblick unbefriedigend. Weder Ihre Gemeinde noch Sie selbst haben irgendeine Auswirkung auf Ihren Freundeskreis. Sie meinen, eine Zeugnisgemeinschaft wäre die bessere Option. Aber schon der Gedanke löst Schuldgefühle aus. Sollten Sie nicht in Ihrer Gemeinde bleiben und ihr dabei helfen, missionarisch effektiver zu werden?

---

[46] Ed Stetzer, *Planting Missional Churches*, Nashville: B&H Publishing, 2006, S. 166–168 (eigene Übers.).

Stellen Sie sich einmal ein Unternehmen vor, das unterschiedliche Gewinne erzielt. Manche Teile stehen gut da, andere weniger. Sie haben die Möglichkeit, aus Ihrem schwachen Team in ein anderes zu wechseln, das das Potenzial hat, das ganze Unternehmen auf eine solidere Grundlage zu stellen. Würde es dann sinnvoll sein, Ihre alte Position zu behalten?

Vielleicht lässt der Vergleich Sie zusammenzucken, aber immer mehr Christen erkennen die Parallelen. Teilen der Kirche „geht es gut", so wie einigen wachsenden Gemeinden in London, aber nicht allen.[47]

Die Kluft zwischen Kirche und Welt

Anhand von Daten aus dem „European Social Survey" (Soziologische Studie zu Europa) von 2002/2003 ist der Soziologe David Voas zu erstaunlichen Ergebnissen gekommen. Er fand heraus, dass jede Generation jeweils weniger religiös ist als die vorige, und dies in allen Ländern, die in der Studie untersucht wurden. Die Menschen beten weniger, gehen seltener in die Kirche und glauben weniger an Gott.[48]

Gemäß dem „Pew Research Center on Religion and Public Life"[49] ist der Prozentsatz von amerikanischen Erwachsenen ohne religiöse Sozialisation – die sogenannten „Nones" (nicht religiöse Menschen) – von etwas mehr als 15 % im Jahr 2007 auf fast 20 % im Jahr 2012 gewachsen.

Ein Drittel aller Erwachsenen unter dreißig haben keine re-

---

[47] Beispiele für Gemeinden in UK, die etwas gegen den Niedergang tun, siehe David Goodhew (Hrsg.), *Church Growth in Britain: 1980 to the Present*, Farnham, Ashgate, 2012.

[48] David Voas, „The Rise and Fall of Fuzzy Fidelity in Europe", *European Sociological Review*, 25 (2), 2009, S. 167.

[49] Anm. d. Übers: Pew Forschungszentrum, ermittelt Daten und Informationen über die Vereinigten Staaten und die Welt. Vgl. https://de.wikipedia.org/wiki/Pew_Research_Center.

ligiöse Identität, im Vergleich zu lediglich 10% unter den Erwachsenen ab fünfundsechzig; und es ist wesentlich weniger wahrscheinlich, dass sie religiös sind, als dies bei den Älteren im gleichen Lebensabschnitt einmal der Fall war.[50] Viele Kommentatoren dieser Zahlen glauben, dass Amerika, wenn auch um zwei Generationen verzögert, auf dem gleichen Weg ist wie Europa, wo die Kirchen schon seit Jahrzehnten schrumpfen.

Im größten Teil von Australien, Kanada, Europa, Neuseeland und Amerikas Nordost- und Westküste liegt mittlerweile ein ganzer Ozean zwischen Kirche und Welt. Wer Probleme hat, wendet sich an Ärzte, Berater, Coaches oder Mentoren, aber kaum je an eine Pastorin oder einen Pastor.

Das liegt hauptsächlich daran, dass die Kirche sich von den wesentlichen Bezugspunkten des heutigen Lebens zurückgezogen hat. Das steht im krassen Gegensatz zum Neuen Testament, wo Jesus die gerade erst entstehende Kirche, die Gemeinschaft seiner Jünger, ins alltägliche Leben mitnahm und sie lehrte, was Mission heißt, indem er sie immer zu zweit in ganz normale Dörfer und Städte aussandte. Als er in den Himmel zurückgekehrt war, sprossen die Gemeinden mitten in den Epizentren des Lebens – in den Häusern der Menschen; dort wo Familie, Netzwerke und Arbeit zusammenliefen – wie Pilze aus dem Boden.

Das Muster setzte sich im Mittelalter fort. Die mittelalterliche Kirchengemeinde war fester Bestandteil des Dorfes. Dort waren alle Aspekte des täglichen Lebens verankert: Arbeit, Heimat, Freundschaft und Feste. Die Kirche war Gericht, Sozialstation und Treffpunkt für die gesamte Dorfgemeinschaft.

Die Präsenz der Kirche mitten im Leben zerbrach durch die Industrielle Revolution. Die Arbeit und dann auch wichtige Teile der Freizeitgestaltung waren plötzlich weiter von zu Hause entfernt. Die Kirche aber blieb dort, wo sie immer gewesen war.

---

[50] *„Nones" on the Rise: One-in-Five Adults Have No Religious Affiliation*, Pew Research Center's Forum on Religion and Public Life, Oktober 2012, www.pewforum.org .

Die Kirche wurde als sichtbares Element immer mehr aus der Gesellschaft entfernt – aus den Büros, den Cafés, den Bowlingbahnen und anderen Knotenpunkten des menschlichen Alltags. Physisch weit entfernt gewann sie bald auch kulturell großen Abstand. Sie schien immer weniger relevant zu sein für die Menschen.

Ist die Kirche tot?

Es gab Beobachter, die daraus schlossen, dass die Kirche ausgedient habe. Genauso wie viele Menschen in den 1980er-Jahren das Kino abschrieben: Sie verwiesen damals auf die sinkenden Besucherzahlen und die Konkurrenz durch Fernsehen und Videos.

Es gab Kinobesitzer, die ganz anderer Ansicht waren. Sie glaubten daran, dass es für Kinos immer noch einen Markt gab. Also machten sie die Gebäude schicker, bauten mehr (und dafür kleinere) Kinos ein, um den Leuten eine größere Auswahl an Filmen und Anfangszeiten bieten zu können. Sie machten die Sitze bequemer und das Popcorn besser. Es hat funktioniert. Die Besucherzahlen stiegen wieder an.

Trotz aller Unterschiede gibt es auch für die Kirche noch einen „Markt". Die Menschen sind nach wie vor interessiert an Themen wie Sinn, Leben und Tod und auch Spiritualität. Gemeinschaft, für Kirche naturgegeben ein unverzichtbares Element, war nie populärer als heute – man muss sich nur all die sozialen Netzwerke im Internet ansehen. Wie die Kinos passt sich auch die Kirche, wenn auch langsam, an die gesellschaftlichen Veränderungen an.

Helen Shannon arbeitet in St. Barnabas, einer Mittelschicht-Gemeinde im Norden Londons. Ganz in der Nähe liegt Strawberry Vale, ein Wohngebiet, in dem nicht gerade die Mittelschicht zu Hause ist:

„Ich stellte fest, dass es gar nicht stimmte, dass die Menschen [in dieser Wohngegend] nicht an Gott glaubten: Es lag einfach daran, dass sie ihn noch gar nicht kannten … Am Anfang war mein Gedanke, dass die räumliche Entfernung zu St. Barnabas für die Leute schon viel zu groß war. Heute würde ich sagen, dass auch der Milieuunterschied für einige zu groß ist." Also stellte sie ein Team aus St. Barnabas zusammen, begann dort Veranstaltungen für Jugendliche und Erwachsene anzubieten, knüpfte Kontakte zum Begegnungszentrum der Siedlung, engagierte sich dort und baute Beziehungen auf.

Es dauerte ungefähr zwei Jahre, bis an einem Sonntagnachmittag im Begegnungszentrum CHURCH@FIVE *an den Start ging.*

„Wir trinken viele Tassen Tee, feiern eine offen gestaltete Andacht an Tischen. Wir singen Anbetungslieder, tauschen Informationen aus der Gemeinschaft aus, jemand betet für unsere Gottesdienstgemeinde und die Siedlung, und dann sammeln wir auch eine Kollekte ein, denn wir wollten von Anfang an vermitteln, dass es einen Wert hat, Gott etwas zurückzugeben. Wir lesen gemeinsam in der Bibel … haben kurze interaktive Gesprächsrunden und eine Gebetszeit, in der wir für andere beten – dann trinken wir noch mehr Tee und essen miteinander."[51]

Neue Verbindungen zur Welt

Gemeinden entstehen nicht nur in Gemeindezentren, sondern auch in Pubs, Schulen, Fitnesscentern, an Arbeitsplätzen, in Sportvereinen und anderen Kontexten. Der Gedanke, dass gläubige Gemeinschaften in den Dreh- und Angelpunkten des täglichen Lebens Gott sichtbar werden lassen können, tritt wieder in den Vordergrund.

---

[51] www.freshexpressions.org.uk/stories/churchatfive (Zugriff am 9. Mai 2013).

Die im vorangegangenen Kapitel erwähnte Studie von George Lings hat nicht nur gezeigt, dass Fresh-X-Gemeinden in den zehn untersuchten Diözesen 15% aller Gemeinden und 10% der Beteiligung ausmachen. Sie ergab auch, dass in sieben der Diözesen die Anzahl der Beteiligten an diesen neuen Gemeinschaften in etwa dem dort zwischen 2006 und 2011 verzeichneten Rückgang des Gottesdienstbesuches entspricht.

Das bedeutet, dass der Beteiligungsrückgang in den Diözesen ohne diese Gemeinschaften doppelt so hoch gewesen wäre. Die neuen Ausdrucksformen von Gemeinde beginnen, das Ausbluten der Kirche zu verhindern. Lassen Sie uns mehr von ihnen gründen, dann könnte der Niedergang sich ins Gegenteil verkehren!

Aus den Leitungsteams kommt die Information, dass über ein Drittel derer, die zu einer Fresh-X-Gemeinde gehören, sich von der Kirche entfernt hatten und noch mehr – etwa zwei Fünftel – wenig oder gar keinen kirchlichen Hintergrund haben. Keine der traditionellen Gemeinden kann mit solchen Zahlen aufwarten!

Diese neuen Gemeinden werden meistens von Teams aus drei bis zwölf Leuten ins Leben gerufen. Auf jedes Mitglied des Teams kommen zweieinhalb weitere, die zu den Hauptveranstaltungen kommen. Das entspricht einem Wachstum von 250% und das weitgehend während der vergangenen zehn Jahre. Andere Gemeinden würden alles geben für einen solchen Rekord![52]

Zusammengefasst heißt das: Wenn Sie sich unter Gebet in einer dieser Gemeinschaften einbringen, und wenn dann diese Gemeinschaft sichtbar ist im täglichen Leben und sich aktiv einsetzt für Mission, dann helfen Sie dabei, wieder eine Verbindung zwischen Kirche und Gesellschaft zu schaffen und den Niedergang der Kirche umzukehren in sein Gegenteil.

Sie werden damit Bote einer Zukunft, in der Gott „alles in allen" ist (1. Korinther 15,28) und Christus alles und alle erfüllen

---

[52] Church Growth Research Project, „Report on Strand 3b: An analysis of fresh expressions of Church and church plants begun in the period 1992–2012", S. 6, erhältlich bei: Church Army Research Unit.

wird mit seiner Gegenwart (Epheser 1,23). Kein Bereich des Lebens wird in dieser Zukunft mehr ohne die Gegenwart Jesu sein. Alles und jedes wird von ihm erfüllt sein und vollkommen gemacht werden.

Als Erweiterungen des Leibes Christi werden christliche Gemeinschaften im Alltagsleben auf diese Zukunft hinweisen und sie zu einer Realität machen. Eine Zukunft, in der Jesus jeden kleinsten Winkel unseres Lebens mit seiner Gegenwart füllt.

Zu viele Gemeinden?

In den Vereinigten Staaten, besonders dort, wo jedes Wohnviertel seine Gemeinde hat, sind manche Menschen der Meinung, dass es jetzt schon zu viele Gemeinden gibt. Wer so denkt, versteht nicht, worum es geht.

Was wir brauchen, sind mehr christliche Gruppen in mehr Nischen der Gesellschaft. Je höher ihre Zahl, desto mehr werden sie die Gesellschaft mit greifbaren Zeichen der Familie Gottes durchdringen und so auf die Zeit hinweisen, in der Jesus Christus alle Netzwerke und Kontexte des Lebens erfüllen wird.

Gottes Ruf erfolgt oft in Form eines heiligen Unmutes mit dem Status quo – denken wir nur an die Propheten des Alten Testamentes! Wenn Sie also unzufrieden sind mit Ihrem gegenwärtigen Engagement in Kirche und Gemeinde, sollten Sie sich keinesfalls schuldig fühlen. Unter Umständen will der Heilige Geist, dass Sie eine Gemeinschaft im Alltagsleben starten, eine neue Ausdrucksform gemeindlichen Lebens, die in enger Verbindung steht mit der Welt und auf die Zeit hinweist, in der Gott ganz und gar gegenwärtig sein wird in allem, was die menschliche Existenz ausmacht.

#3. Neues Leben wird in die Kirche gebracht

Vielleicht sind Sie zu der Erkenntnis gekommen, dass die missionarische Arbeit der Gemeinde anders gestaltet werden müsste, aber Sie halten sich noch zurück. Sie sind sich nicht ganz sicher, dass Zeugnisgemeinschaften „richtig Kirche" sind. Wenn Sie Aufgaben in Ihrer Gemeinde abgeben müssten, um genug Zeit zu haben für eine solche neue Gemeinschaft, würde das nicht bedeuten, der Gemeinde den Rücken zuzukehren für etwas, das gar nicht wirklich Kirche ist?

Wenn diese Gemeinschaften aber wirklich Kirche sind – geht dann nicht auch beides nebeneinander? Könnten Sie zu zwei Ortsgemeinden gehören – zu einer Zeugnisgemeinschaft und zu Ihrer aktuellen Gemeinde? Würde dies nicht aber Ihr Engagement in der existierenden Gemeinde mindern und diese schwächen?

Die Antwort hängt davon ab, was Sie unter Kirche verstehen. Die Sichtweise des Neuen Testamentes ist auf Beziehung ausgerichtet. Die Metaphern, die dort für die Kirche verwendet werden – der Leib Christi, das Haus Gottes, der Weinstock und seine Reben –, sind stark beziehungsorientiert.

Die Kirche nahm ihren Anfang mit Menschen, die dem auferstandenen Herrn begegnet sind, die einander begegneten und die anderen von dieser Begegnung mit Jesus erzählten. Als die frühe Kirche sich ausbreitete, entstanden Beziehungen zwischen den einzelnen Ortsgemeinden.

Das heilige Abendmahl, der Kanal, über den Christus seiner Kirche ganz unmittelbar begegnet, wurde in einer Gemeinschaft eingeführt, die zuvor drei Jahre mit Jesus unterwegs war. Betrachtet man die Reihenfolge, dann war die Gemeinschaft zuerst da.

Vier Beziehungsgefüge

Vier Beziehungsebenen bilden das Herz der Kirche: die Beziehung zum dreieinigen Gott, zur gesamten Kirche, zur Welt und innerhalb der Gemeinde oder Gemeinschaft. Diese ineinander verschlungenen Beziehungsgefüge, in deren Zentrum Jesus steht, machen das Wesen von Kirche aus. Kurz zusammengefasst sind es die folgenden vier Beziehungen:

HINAUF – *zu Gott*
HINAUS – *in die Welt*
HINEIN – *zu den Schwestern und Brüdern in der eigenen Gemeinde*
WOHER – *aus der umfassenden Gemeinschaft des ganzen Leib Christi.*

Die vier Beziehungsgefüge von Kirche

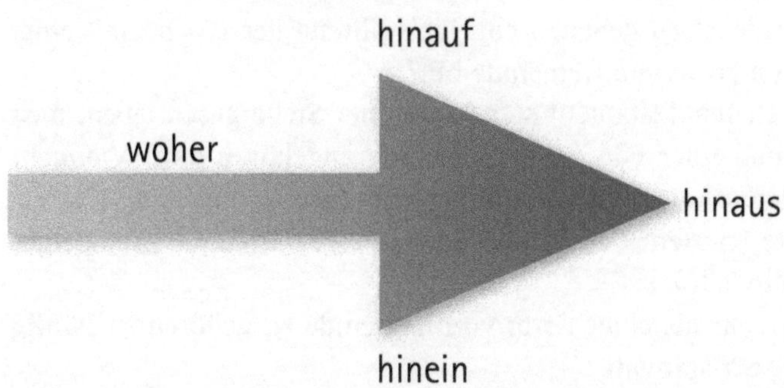

Die Verkündigung des Wortes, die Sakramente, die Zuwendung zu den Armen und andere Kennzeichen der gesamten Kirche haben bleibende Bedeutung. Wenn eine Gemeinschaft sich mit der universalen Kirche verbunden weiß, dann wird sie auf die Dinge, die für die Kirche wichtig sind, größten Wert legen.

Bei der Umsetzung muss jedoch jedes Mal neu geprüft werden, ob die vier miteinander verzahnten Beziehungsgefüge vorkommen, die das Wesen von Kirche ausmachen. Lässt uns zum Beispiel die Art, wie wir das Abendmahl feiern, in unserer Beziehung zu Gott wachsen und ihm unseren Lobpreis und Dank entgegenbringen? Werden wir dadurch gestärkt in unserer Gemeinschaft miteinander und in unserer Mission? Würde die Kirche dies als Feier des Heiligen Abendmahls anerkennen?

Beginnt eine Gemeinschaft, gleich ob sie sich in einer privaten Wohnung, einem Pub, einer Schule, einem Restaurant oder am Arbeitsplatz trifft, in allen Beziehungsbezügen zu wachsen, dann ist sie Kirche. Sich dort zu engagieren ist also nicht gleichbedeutend mit Abkehr von der Kirche. Es ist vielmehr Hinwendung zu einer anderen Form.

Zwei Gemeinden statt einer

Heißt das, dass ich mich zwischen zwei Gemeinden entscheiden muss? Muss ich aufhören, sonntags in meiner Gemeinde zum Gottesdienst zu gehen, wenn ich während der Woche Teil einer anderen Form von Gemeinde bin?

Im Neuen Testament steht an keiner Stelle geschrieben, dass man nur einer Form von Gemeinde angehören darf. Vielmehr kannten schon die ersten Jünger zwei Orte, an denen sie Gottesdienste feierten: den Tempel und ihre Privathäuser (Apostelgeschichte 2,46).

Zu mehr als einer Form von Gemeinde zu gehören ist häufig sogar sehr sinnvoll.

- *Es ist gerechtfertigt durch die Schrift.* Die Christen im Neuen Testament haben in zwei „Ortsgemeinden“ Gottesdienst gefeiert: in ihrer Hausgemeinde und in der zentralen Versammlung aller Hausgemeinden der ganzen Stadt. 1. Korinther 14,23 spricht von der „ganzen Gemeinde“, die zusammenkommt. Einen ähnlichen Hinweis gibt es in Römer 16,23. Der Neutestamentler Roger Gehring schreibt:

  „Es ist also deutlich geworden, dass schon in der Urgemeinde

ein Nebeneinander von Ortsgemeinde und Hausgemeinden zu konstatieren ist. Als Ortsgemeinde sind wenigstens einige der ersten Christen im Tempel zusammengekommen. Es existierte ebenfalls die Hausgemeinde im Obergemach.“[53]

- *Die zwei Ausdrucksformen von Gemeinde sind Teil des einen Leibes Christi.* Sie können am Arbeitsplatz sehr wohl zwei Teams angehören, aber nur einen Arbeitgeber haben. Ebenso können Sie zwei Gemeinden angehören, ohne sich in Ihrer Loyalität zerrissen fühlen zu müssen, denn Ihre eigentliche Loyalität gilt Jesus Christus. Er hält Ihre zwei Gemeinden in einer Kirche zusammen.
- *Sie lernen intensiver kennen, was Kirche ist.* Jemand, der zwei Zweige einer Familie kennenlernt, weiß besser Bescheid über die gesamte Familie als jemand, der nur einen Zweig kennt. Wenn die gleichen Großeltern in beiden Zweigen präsent sind, lernt man sie besser kennen, weil man sie in zwei verschiedenen Kontexten erlebt. Das Gleiche gilt für Jesus. Wenn wir ihm in verschiedenen Ausdrucksformen gemeindlichen Lebens begegnen, erfahren wir ihn viel umfassender.
- *Zu mehr als einem Typ von Gemeinde zu gehören fördert die Vernetzung.* Das gesellschaftliche Leben zerfällt zunehmend in verschiedene Fragmente. Um überall dort zu sein, wo das Leben stattfindet, muss auch die Kirche sich fragmentarisieren. Wie aber halten wir die Fragmente zusammen? Zu mehr als einer Ortsgemeinde zu gehören kann ein Teil der Antwort sein, weil man so eine Brücke schlagen kann zwischen zwei Fragmenten. Sie könnten zum Beispiel einen der neuen Christen aus Ihrer Alltagsgemeinde in den Sonntagsgottesdienst einladen. Sie oder er wird dadurch einen umfassenderen Einblick in Kirche bekommen, als dies in der Alltagsgemeinde allein möglich wäre.

---

53 Roger Gehring, *Hausgemeinden und Mission, Die Bedeutung antiker Häuser und Hausgemeinschaften – von Jesus bis Paulus,* Brunnen Verlag, Gießen, 2000, S. 174.

- *Es schafft Stabilität.* Manche Zeugnisgemeinschaften bestehen lediglich für kurze Zeit. Eine Schlüsselperson wechselt vielleicht den Arbeitsplatz oder zieht weg. Die Gemeinschaft verliert den Schwung und steht kurz vor der Auflösung. So etwas verursacht weniger Erschütterung, wenn man zusätzlich in einer stabileren Wochenendgemeinde verwurzelt ist. Um die Kontinuität zu wahren, können Menschen, die neu zum Glauben gefunden haben oder auf dem Weg dorthin sind, mit den Christen aus der Gruppe in die verschiedenen Sonntagsgottesdienste gehen.
- *Es ist nicht neu.* Es hat immer Menschen gegeben, die in zwei verschiedenen Gemeinden Gottesdienste besucht haben – so vielleicht (gemeinsam mit anderen, die am Sonntag nicht zum Gottesdienst gehen) eine Abendmahlsfeier während der Woche[54] und zusätzlich einen Sonntagsgottesdienst.
- *Es kann ein praktisches Problem lösen.* Sie können sich während der Woche in einer anderen Ausdrucksform gemeindlichen Lebens engagieren und weiter mit Ihrer Familie gemeinsam am Sonntag in den Gottesdienst gehen.

Es muss also kein Stirnrunzeln hervorrufen, wenn jemand zwei verschiedenen Gemeinden angehört. Genauso wenig sollte es lediglich als nicht zu vermeidende Notwendigkeit toleriert werden. Besser wäre, es positiv zu begrüßen. Von der existierenden Gemeinde als Basis kann die Kirche in andere Bereiche des Lebens ausstrahlen.

Allerdings darf man ein zweifaches Gemeindeengagement auch nicht auf die leichte Schulter nehmen. Im Gebet sollten die persönlichen und familiären Konsequenzen genauso sorgfältig bedacht werden wie die Frage, in welcher Form man sich in jeder der beiden Gemeinden engagieren möchte. Es ist wichtig, nicht in eine Konsumhaltung zu verfallen und sich die Rosinen

---

54 Anm. d. Übers.: In der Church of England werden in vielen Kirchen Abendmahlsfeiern getrennt von und zusätzlich zu einer gottesdienstlichen Liturgie angeboten.

aus beidem herauszupicken. Vielmehr sollte man sich beiden Gemeinden tief verbunden fühlen.

Um Zeit zu gewinnen für eine zweite Gemeinde, müssen Sie vielleicht an einigen Stellen Ihr Engagement verringern. Würde dies Ihrer Gemeinde schaden? Oder würde es nicht vielmehr bedeuten, sich einer Basisbewegung anzuschließen, die auf eine Revitalisierung der Kirche hoffen lässt?

In der englischen Stadt Warrington in Cheshire trifft sich zum Beispiel einmal im Monat das NEW SONG CAFÉ. Es zieht 130 Gottesdienstbesucher an. Etwa ein Drittel von ihnen betrachtet dies als ihre Gemeinde. Zwischen den Gottesdiensten gibt es Jüngerschaftsabende mit zwölf bis fünfundzwanzig Teilnehmern. Ein Netzwerk von Gemeinden entsteht – mit einer Pub-Gemeinde und dem NEW SONG Frühstückstreffen, bekannt als NEW SONG NETWORK.

Das NEW SONG Frühstückstreffen steht in Verbindung mit der Abendmahlsfeier der traditionellen Methodistengemeinde im Vorort Latchford und stellt für diese eine Belebung dar. Insgesamt hat sich das Netzwerk entschieden, weiter Teil der Bold Street Methodistengemeinde zu bleiben, die dadurch ihre eigene Zukunft als wesentlich gesicherter empfindet.[55]

Tas Valley

Die TAS VALLEY CELL CHURCH im ländlichen Norfolk, ebenfalls in Großbritannien, besteht aus Zellgemeinden mit jeweils fünfzig Erwachsenen. Etwa die Hälfte von ihnen hat außerdem eine Gemeinde, in der sie den Sonntagsgottesdienst besuchen. Die Leiter der Zellgemeinden haben auf eine stärkere Verbindung zwischen den Zellgemeinden und den etablierten Gemeinden in Form von drei Treffen im Jahr hingearbeitet.[56]

---

55 www.freshexpressions.org.uk/stories/newsongscafe (Zugriff am 3. Mai 2013).

56 www.freshexpressions.org.uk/stories/tasvalley (Zugriff am 3. Mai 2013).

Einmal wurde ich nach einem Vortrag von jemandem angesprochen, der sagte: „Ich glaube wir tun genau das, was Sie beschreiben. Wir sind eine Heavy-Metal-Gemeinde in London und haben angefangen, uns einmal im Monat mit einer anglokatholischen Gemeinde direkt gegenüber zu treffen. Wir können kaum glauben, dass dort eine Kirche ist – schon seit tausend Jahren!"

Mixed Economy

Im Leben verankerte Zeugnisgemeinschaften können Ortsgemeinden stärken:

- *Alt und neu können zusammenarbeiten,* wie in den eben beschriebenen Beispielen dargestellt. Menschen auf dem Weg zum Glauben können mit dem Reichtum des christlichen Erbes in Berührung gebracht werden, während langjährige Gläubige durch das frische Blut neue Energie tanken können.
- *Neue Christen können ihren Weg in die bestehenden Gemeinden finden.* Wenn der Gottesdienstbesuch zurückgeht, kann ein Zufluss neuer Mitglieder – so wie in der Bold Street Methodistengemeinde – Sicherheit für die Zukunft bieten.
- *Missionsgemeinschaften* können Kleingruppen *revitalisieren.* Eine Ortsgemeinde kann, und solche Beispiele gibt es bereits, Mitglieder einer ausschließlich auf sich selbst konzentrierten Kleingruppe (Gebet, Bibelstudium und Gemeinschaft) dazu ermutigen, sich Gemeinschaften anzuschließen, die in bestimmten demografischen Gruppen außerhalb der Kirche etwas für die Menschen tun. Was sie bisher getan haben, kann dann im Windschatten aktiver Mission geschehen.
- *Ortsgemeinden können in eine neue Rolle hineinwachsen.* Wenn Gemeindemitglieder sich Zeugnisgemeinschaften anschließen, werden manche der existierenden Gemeindeaktivitäten – wie zum Beispiel Kleingruppen – weniger zentral. An deren Stelle tritt eine neue Rolle der Gemeinde: Sie muss ihren Mitgliedern Fortbildung und Unterstützung bieten für

einen effektiven Dienst in den Gemeinschaften. In Kapitel 7 wird beschrieben, in welcher Form die „Sonntagsgottesdienstgemeinde" die „Alltagsgemeinde" als Teil ihres Auftrags segnen und stützen kann.

In Großbritannien ist „mixed economy" ein häufig verwendeter Begriff, um die Vision von neuen und existierenden Ausdrucksformen gemeindlichen Lebens zu beschreiben, die gemeinsam arbeiten und sich gegenseitig ermutigen und unterstützen. Es ist nicht die eine Form besser als die andere, lediglich ihre Aufgaben sind verschieden.

Wenn Sie sich also einer Zeugnisgemeinschaft anschließen, dann würden Sie nicht nur Mission betreiben, so wie Gott es am liebsten hat (durch Gemeinschaften), Sie würden nicht nur der Kirche helfen, eine Verbindung zur Welt zu bekommen, Sie würden sogar dazu beitragen, den Ortsgemeinden neue Energie zu verleihen. Weit entfernt davon, Ihre Gemeinde im Stich zu lassen, würden Sie durch den Heiligen Geist etwas zu einer Bewegung beitragen, die das große Potenzial hat, Ortsgemeinden zu stärken.

#4. Die Nachfolge wird verstärkt

Im Verlauf der letzten fünfzig Jahre haben viele Christen wiederentdeckt, was Berufung heißt. Sie haben erkannt, dass sie berufen sind, gemeinsam mit dem Heiligen Geist Gottes Schöpfungswerk voranzubringen, besonders an ihrem Arbeitsplatz. Sie sollen der gesamten lebendigen Welt darin beistehen, ihr himmlisches Potenzial zu entfalten.

Manche Christen haben die Schlussfolgerung gezogen, dass die Ausübung ihres Berufes an sich schon Nachfolge ist. Will man Jesus nachfolgen, dann ist es wichtig, ein guter Anwalt, Krankenhauspförtner, Lehrer oder Lagerarbeiter zu sein. Seine Arbeit gut zu machen trägt dazu bei, dass die Schöpfung gesund ist. Wenn diese Einstellung das Ziel Ihres Missionsauftrags im

Alltag markiert, sehen Sie vielleicht keine Notwendigkeit in der Existenz von Zeugnisgemeinschaften. Dann ist es ausreichend, hart und effektiv zu arbeiten.

Das Neue Testament stellt allerdings höhere Ansprüche an eine Berufung. Christen sind zu Höherem berufen, als ganz einfach ihren Job ordentlich zu machen: Sie sollen unverwechselbar sein. Zachäus zum Beispiel brach mit allen Konventionen, er wurde nach seiner Begegnung mit Jesus zu einem Zolleinnehmer, der ehrlicher und großzügiger war als bisher (Lukas 19,1-10).

Jede und jeder Einzelne soll Jesus im Leben an die erste Stelle setzen (Matthäus 6,24), auch am Arbeitsplatz. Das bedeutet Geduld, Freundlichkeit, Selbstbeherrschung und an andere Früchte des Geistes reifen zu lassen, sodass die Erwartungshaltungen der anderen noch übertroffen werden. Es heißt auch, sich allen Formen des Bösen entgegenzustellen (Epheser 6,11-12).

Dazu gehört dann auch, dass man nach Wegen sucht, am Arbeitsplatz Dinge zu verändern. Paulus erwartete eine radikale Veränderung der Beziehung zwischen Herren und Sklaven durch die Botschaft des Evangeliums: Sie sollten einander respektieren, was zur damaligen Zeit weit jenseits der Norm lag (Epheser 6,5-9). Berufung ist mehr als zur Förderung der Werte des Reiches Gottes im Job gewissenhaft zu arbeiten.

Ohne die Unterstützung von Mitchristen ist das allerdings schwer zu verwirklichen. Ortsgemeinden haben deshalb zunehmend versucht, Hilfestellungen anzubieten und ihre Gläubigen so zu unterstützen, dass sie während der Woche ihrer Berufung nachkommen können.

Dabei sehen sie sich allerdings vor eine Hürde gestellt: Oft wohnen die Mitglieder zu weit voneinander entfernt, um sich gegenseitig unterstützen zu können.

In meiner Gemeinde haben wir uns mit einer Reihe von Leuten entschieden, uns ab und zu freitags abends zum Essen zu treffen, uns von unserer Arbeit zu erzählen, im Licht der Schrift über dort auftretende Probleme zu reden und uns gegenseitig im Gebet zu tragen.

Das war großartig. Wir haben uns besser kennengelernt. Wir haben zugehört, wenn jemand von der Arbeit erzählt hat und dafür gebetet. Die Gruppen waren beliebt.

Aber praktische Hilfe konnten wir nicht leisten. Wir waren nicht präsent am Arbeitsplatz der anderen. Wir kannten die beteiligten Mitarbeiter nicht und hatten oft Mühe, die Feinheiten der beschriebenen Situationen zu verstehen.

Deshalb blieben die Gespräche, auch um einen gemeinsamen Nenner zu finden, oft an der Oberfläche. Das machte es auch schwierig, dem Einzelnen konkreten Rat zu geben. Da alle genug Raum für ihre Geschichten haben sollten, fehlte die Zeit, um die Themen der Einzelnen in der Gruppe weiterzuverfolgen.

Gruppen im Kontext

Diese Probleme verschwinden in einer Zeugnisgemeinschaft mit einer gemeinsamen Leidenschaft weitgehend, gleich ob man sich mit Freunden, mit Menschen, deren Interessen man teilt, oder am Arbeitsplatz zusammenschließt.

In solchen Gruppen ist es leichter, einander in der Nachfolge beizustehen.

- *Die Mitglieder kennen den Kontext,* deshalb können sie ganz praktische Ratschläge geben („Ich weiß wie er ist. Ich würde damit so umgehen."). Sie können konkreter beten und die Schrift auf den Kontext beziehen.
- *Sie haben einander im Blick und geben einander Rückhalt.* Im Normalfall gehen Sie am Sonntag nach dem Gottesdienst nach Hause und keiner aus der Gemeinde sieht Sie am Montag bei der Arbeit. Wenn Sie aber zu einer christlichen Gruppe vor Ort gehören, dann gibt es Leute, die bemerken, ob Verhalten und Glaube zueinander passen. Bei zufälligen Begegnungen kann man einander ermutigen.
- *Man kann gemeinsam daran arbeiten,* etwas für die Menschen im Umfeld zu tun und ihnen vom Evangelium zu erzählen.

> Man ist nicht allein damit. KBRS, ein Unternehmen für Schienenfahrzeuge im Südwesten Englands, bewarb sich 2010 um eine Auszeichnung. In der von einem nicht christlichen Mitarbeiter formulierten Bewerbung hieß es, dass die Gruppe der Christen am Arbeitsplatz „eine alternative spirituelle Unterstützung innerhalb des Unternehmens bietet, ohne die etwas fehlen würde“.[57]

Der Blick von Zeugnisgemeinschaften ist nicht nach innen gerichtet, konzentriert auf Gebet, Bibellesen und die Probleme der Teilnehmenden. Sie schauen nach außen, um sich für andere im gleichen Umfeld einzusetzen und ihnen vom Evangelium zu erzählen.

Auf dem Weg dorthin könnte es hilfreich sein, den Gruppentreffen eine feste Tagesordnung zu geben: Zielsetzung (Dienst an anderen und Weitergabe der Frohen Botschaft), Probleme (der Einzelnen bei der Umsetzung) und Gegenwart Gottes (durch Bibellesen und Gebet). Mit der Zielsetzung zu beginnen hilft dabei, den Fokus Mission nicht aus den Augen zu verlieren.

„Zielorientierte“ Gemeinschaften im Alltag vollbringen Wunder für die Nachfolge. Sie bieten Christen den Rahmen, die gegenseitige Korrektur und den nötigen Rückhalt dabei, das Kreuz auf sich zu nehmen, den Menschen in ihrem Umfeld zu dienen und Jesus bekannt zu machen. Sie helfen die eigene Berufung zu leben – und erweitern zugleich das Verständnis von Berufung durch die Einbettung in Gemeinschaft.

#5. Der Dienst an anderen wird gefördert

Bei einer Konferenz stand als Thema die Vermittlung des Evangeliums und wie man die Menschen am besten damit erreichen kann im Mittelpunkt. Genauso häufig aber tauchte die Frage auf:

---

57 www.transformworkuk.org (Zugriff am 3. Mai 2013).

„Wie bereiten wir sie darauf vor, die Botschaft zu hören?" Nach und nach kam man zu der Erkenntnis, dass dies die eigentliche Frage war angesichts der Tatsache, dass Kirche und Welt sich immer weiter voneinander entfernen.

Wie viele andere Christen glauben Sie vielleicht, dass Mission gleichbedeutend ist mit Evangelisation. Sie können sich nicht vorstellen, eine Zeugnisgemeinschaft zu gründen, weil sie bezweifeln, dass die Menschen in Ihrem Umfeld Interesse am Evangelium zeigen könnten. Sie haben das Gefühl, dass sie noch nicht bereit dafür sind, es zu hören, und dass zunächst ein anderer Schritt notwendig ist.

Wenn Ihr Instinkt Ihnen das sagt, dann ist das Gottes Wirken. Jesus hat nicht einfach die Frohe Botschaft verkündet. Er tat barmherzigen Dienst an den Menschen. Er heilte sie, gab ihnen zu essen, sorgte für genügend Wein bei einer Hochzeit und ließ sich von den Ausgestoßenen einladen.

Alle diese Taten waren Zweck in sich selbst, waren Teil des Reiches Gottes – aber sie öffneten auch die Herzen der Menschen für ihn. Sie begannen Jesus zu lieben, weil er sie zuerst geliebt hatte.

Wie Jesus wollen Zeugnisgemeinschaften Evangelisation einschließen, gehen aber darüber hinaus. Christen schließen sich zusammen, um Menschen außerhalb der Kirche zu dienen und im Kontext dieses Dienens das Evangelium mit ihnen zu teilen.

Für die Menschen sorgen – in jedem Winkel der Stadt

Zeugnisgemeinschaften sind deshalb so gut darin, etwas für andere zu tun, weil ihr Fokus so spezifisch ist. Stellen Sie eine Gemeinde in einer Kleinstadt vor, die bekannt ist für ihr Engagement für die Menschen in der Stadt. Sie organisiert eine Essensausgabe für Familien aus extrem armen Verhältnissen und ehrenamtlich werden ans Haus gebundene Menschen ins Krankenhaus, zum Zahnarzt oder zu anderen Terminen gefahren. Jede ihrer Aktivitäten konzentriert sich auf eine Gruppe mit besonderen Bedürfnissen.

Um diesen Dienst auszuweiten, ermutigt die Kirchengemeinde Zeugnisgemeinschaften, die einfache Wege finden, um auf die Wünsche einer bestimmten Gruppe einzugehen – Diskussionen über einen Film oder ein Buch, Kochkurse, Aufräumaktionen für die Umwelt, informative Wanderungen durch die Natur.

Dabei wird auf sensible Weise Jesus vorgestellt, und wenn Menschen zum Glauben kommen, dann machen sie nach und nach immer mehr Erfahrungen mit Kirche. Sie beginnen ihrerseits, etwas für andere in ihrem Bekanntenkreis zu tun und lassen so vielleicht weitere Mikro-Gemeinschaften entstehen.

Im Dienst an spezifischen Gruppen kann die gelebte Zuwendung der Gemeinde in jeden Winkel ihrer Stadt gelangen.

Je mehr eine Zeugnisgemeinschaft sich auf eine spezielle demografische Gruppe beschränkt, desto besser kann sie ihr dienen. Ort und Zeit der Zusammenkünfte passen zu den Bedürfnissen der Beteiligten. Die Angebote richten sich genau nach ihren Vorlieben. Der Stil ist so, dass sie sich wohlfühlen.

Es gibt keine Konkurrenz mehr zwischen den Interessen der einen Gruppe und den Forderungen einer anderen; zwischen den Anliegen der körperlich Fitten zum Beispiel und denen von Menschen mit Behinderung, die nicht mithalten können; oder die zwischen den Gebildeten, die das Sagen haben, und denen mit weniger Bildung und Möglichkeiten, ihre Gaben zum Einsatz zu bringen.

Eine Kirchengemeinde in einer sozial benachteiligten Wohnsiedlung stand in dem Ruf, „erfolgreich“ zu arbeiten. Das zog Menschen aus der Mittelklasse an. Als ihre Zahl immer größer wurde, beschwerten sich die „Alteingesessenen“ darüber, dass die Atmosphäre sich geändert habe. Die aus der Arbeiterklasse stammenden ursprünglichen Mitglieder blieben weg. „Das ist nicht mehr unsere Gemeinde“, sagten sie.

Konkret sieht das dann vielleicht so aus: Seit Jahren schreibt Betty Protokoll für die Sitzungen, in einem viel benutzten Notizbuch. Jetzt kommt eine Lehrerin im Ruhestand mit ihrem iPad und bietet an, das zu übernehmen, weil es effektiver ist. Betty schämt sich und denkt: „Hier ist kein Platz mehr für mich."

Das Ideal des Neuen Testamentes

Mancher Christ mag zurückschrecken vor diesem Fokus auf spezifische Milieus. Ihr Ideal sind gut gemischte Zusammenkünfte, die geprägt sind von einer großen Vielfalt. „Entspricht das nicht dem Bild, das wir im Neuen Testament bekommen?", fragen sie. „Weder Grieche noch Jude, noch Mann noch Frau, sondern alle kommen zusammen, unabhängig von Alter und sozialem Hintergrund."

Tatsächlich zeigt das Neue Testament ein komplizierteres Bild. Im ersten Jahrhundert waren die Städte ähnlich wie heute. Verschiedene ethnische Gruppen mit verschiedenen Einkommen lebten in voneinander getrennten Vierteln. Wenn Christen also Hausgemeinden gründeten, dann zogen sie die Menschen aus den jeweiligen Nachbarschaften und Netzwerken an. Jede dieser Gemeinden tat Dienst an einer speziellen Gruppe von Menschen.

Von Zeit zu Zeit aber, das wurde bereits erwähnt, kamen die Hausgemeinden zusammen. In Jerusalem feierten sie das Mahl des Herrn nicht nur in ihren Häusern, sondern auch im Tempel (Apostelgeschichte 2,46-47). In Antiochien wurde Petrus von Paulus „in Gegenwart aller" zur Rede gestellt – und das geschah wahrscheinlich bei einer Zusammenkunft der gesamten Gemeinden (Galater 2,14).

In Korinther 14,23 spricht Paulus von der „ganzen Gemeinde", die zusammenkommt. In Apostelgeschichte 20,17 lässt er die Ältesten der Gemeinde von Ephesus zu sich kommen – Gemeinde steht hier im Singular: Die Ältesten hatten das Gefühl, die eine Gemeinde in der Stadt zu sein, ohne Zweifel deshalb, weil die Hausgemeinden ab und zu zusammenkamen.

Hier, bei diesen großen Zusammenkünften, mischten sich die

Menschen ungeachtet ihres Alters, ihrer Schicht und ethnischen Herkunft. Soziale Unterschiede spielten keine Rolle.

Es geht also nicht um ein Entweder-oder – entweder Ausdrucksformen von Gemeinde für spezifische Gruppen oder die Erfahrung einer Gemeinde, in der sich alles mischt. Das Neue Testament kennt beides. Auch die Hausgemeinden aus einem besonderen sozialen Umfeld trafen sich mit der ganzen Gemeinde.

Daraus folgt, dass sowohl Bettys mit ihrer Notizbuch-Kultur als auch die Lehrerin mit ihrem iPad ihre Identität behalten und sich trotzdem gegenseitig bereichern können, indem sie zusammenkommen als großes Ganzes.

Deshalb müssen Zeugnisgemeinschaften der Verbindung zum ganzen Leib Christi große Priorität einräumen. Diese Verbindung kann vielerlei Formen annehmen:

- *ein Besuch in der Muttergemeinde* zu einem gesellschaftlichen Ereignis, einer Wochenendfreizeit, einem Abendkurs, zum Ostergottesdienst oder zu anderen kirchlichen Festen; oder die Teilnahme an einer missionarischen Aktion.
- *die Teilnahme an einer von verschiedenen Ortsgemeinden organisierten Veranstaltung* in der Region oder an einer christlichen Konferenz oder einem Festival.
- *die Nutzung von Ressourcen der Gesamtkirche* (Literatur, Podcasts, Videos, Blogs und anderes) oder der Kontakt zu anderen Christen über das Internet.

In einer Gesellschaft, die mit ihrer Diversität ringt, dringen Zeugnisgemeinschaften nicht nur in viele soziale Schichten vor, um dort etwas für spezifische Milieus zu tun. Sie sind auch Modell für die Strategie Gottes, Einheit mit Diversität zu verbinden. Und sie geben uns die Möglichkeit, so wie Gott missionarisch zu sein, Menschen in Verbindung zu bringen mit Kirche, diese neu mit Energie zu füllen und im Alltagsleben treue Nachfolger Christi zu sein. Sie sind ein wunderbares Mittel, um der Welt von heute zu dienen.

#6. Alle können es – auch Laien

Vielleicht erkennen Sie den Sinn der Zeugnisgemeinschaften, aber Ihnen fehlt das Selbstvertrauen, damit anzufangen. „Was ist, wenn es nicht funktioniert? Stehe ich dann dumm da vor meinen Freunden? Kann *ich* das?"

Aber: Hätte Gott Gemeinschaft zum Kernelement der Mission gemacht, wenn er der Meinung wäre, dass dies die Fähigkeiten von Laien übersteigt? Jesus hat Menschen ohne besondere Ausbildung zu seinen Jüngern berufen und mit ihnen seine Kirche gegründet. Die Gemeinden des Neuen Testamentes wurden von Laien geleitet und trafen sich in damals ganz normalen Privathäusern.

Die Kirche konnte nur deshalb so schnell wachsen, weil jeder „es tun" konnte. Das war nicht so kompliziert, wie viele Gemeinden es heute sind – mit ihren teuren Gebäuden, Programmen an vielen Tagen der Woche und komplexen Sonntagsgottesdiensten (mit allem, was dazu gehört: Lobpreisband, Kindergottesdienst und vielem anderen).

Die neutestamentliche Gemeinde war simpel. Sie traf sich, um in einem Privathaus gemeinsam zu essen. Die Leitung lag auf den Schultern verschiedener Menschen mit verschiedenen Gaben, sodass nicht eine Person allein die ganze Last trug. Sie war geradezu maßgeschneidert dafür, von „Jedermann" geleitet zu werden.

Im Verlauf der Kirchengeschichte hat der Heilige Geist immer wieder Laien zum Dienst und zur Mission befähigt. Die Genialität John Wesleys zum Beispiel bestand auch darin, im Großbritannien des achtzehnten Jahrhunderts Tausende von Laien zu Predigern und Leitern in ihrer Ortsgemeinde zu machen. Die neuen Formen gemeindlichen Lebens, die heute entstehen, werden ebenfalls meistens von Laien geleitet.

Realistisch sein

Oder schrecken Sie davor zurück, eine dieser Gemeinschaften zu gründen, weil Sie glauben, es anderen gleich tun zu müssen? Vielleicht haben Sie Gemeindepflanzer vor Augen, die ein Team von zwanzig Leuten leiten und mit ihnen eine neue Gemeinde gründen. „Das geht weit über meine Fähigkeiten hinaus", mögen Sie denken.

Das muss aber gar nicht der Weg zu einer Zeugnisgemeinschaft sein. Sie können damit beginnen, *einen* anderen Christen zu finden, mit dem Sie sich zum Kaffee treffen und mit dem Sie reden, beten und sich gemeinsam die Frage stellen: „Welche kleinen Dinge können wir für die Menschen in unserem Bekanntenkreis tun?"

Vielleicht haben Sie auch von einer Gruppe von Christen am Arbeitsplatz gehört und meinen, Sie müssten auch in Ihrem Büro eine solche einrichten. Das stresst Sie, weil Sie nicht wissen, wie das funktionieren kann. Dann sollten Sie erst einmal sorgfältig prüfen, ob die beiden Situationen einander entsprechen, bevor Sie sich Hals über Kopf in das Projekt stürzen.

Möglicherweise entstand die andere Gemeinschaft am Arbeitsplatz in einem stabilen, einheitlichen Kontext, während Ihr Umfeld uneinheitlich ist, mit Kollegen, die viel auf Reisen sind, und einem Team, das alle drei Jahre neu besetzt wird, sodass es bei Ihnen schwierig wäre, sich regelmäßig mit anderen zu treffen. Wenn etwas für jemand anders praktikabel ist, gilt dies nicht automatisch auch für Sie. Kein Wunder, dass Sie sich entmutigt fühlen! Könnte es sein, dass der Heilige Geist Sie zur Gründung einer Zeugnisgemeinschaft in einem ganz anderen Teil Ihres Lebens beruft?

Beginnen mit dem, was da ist

Die Gemeinden im Neuen Testament erwuchsen aus dem, was die Menschen hatten. Sie hatten ihre Häuser, ihre Netzwerke, ihre Familien. Befähigt durch den Geist nutzten sie dies, um

Hausgemeinden zu gründen, die sich in ihren Netzwerken ausbreiteten.

TALKING POINT entstand, weil Charlotte mit dem begann, was sie hatte. Sie arbeitete als Familienbegleiterin für eine Arztpraxis[58]. *Dabei stellte sie fest, dass viele der Mütter in ihrem Umfeld an einer postnatalen Depression litten.*

Sie sprach den Ortspfarrer und seine Frau an und diese willigten ein, ihr Haus einmal in der Woche für junge Mütter zur Verfügung zu stellen, die sich mit anderen treffen wollten und den Wunsch nach Beratung durch die Familienbegleiterin hatten. Zwölf bis achtzehn Frauen trafen sich jeden Donnerstagmorgen dort und bei einigen von ihnen führte dieser Kontakt zur Kirche dazu, dass sie ihre Kinder taufen lassen wollten.

Charlotte begleitete die Arbeit mit ihren Gebeten und nach einer Weile hatte sie das Gefühl, dass Gott sie dazu aufforderte, zwei Dinge zu tun: Pizza-Abende für die Talking-Point-Frauen anzubieten und eine der Absolventinnen des lokalen Alphakurses anzusprechen und sie zu fragen, wie sie den Frauen offener von ihrem Glauben an Jesus Christus erzählen könne.

Als Resultat entstand STEPPING STONES, ein einmal im Monat am Dienstagmorgen stattfindendes Treffen für Kinder mit ihren Müttern, bei dem eine Bibelgeschichte interaktiv erzählt wurde und es dann eine Zeit der stillen Besinnung gab.

Nach einer Weile baten Charlotte und ihr Team die Frauen von Stepping Stone, einen Fragebogen auszufüllen. Sie wollten herausfinden, wie es weitergehen sollte.

Das Ergebnis war ein Pizza- und Puddingabend mit anschließendem Gespräch im Pfarrhaus, zu dem sechzehn Frauen kamen. Sobald die Gruppe sich stabilisiert hatte, machte Charlotte ihnen verschiedene Angebote, aus denen sie etwas auswählen sollten:

[58] Anm. d. Übers.: Begleitung eines Kindes und seiner Familie von der Schwangerschaft der Mutter bis zum fünften Lebensjahr, ähnlich der Betreuung durch eine Hebamme in Deutschland.

einen Kurs zum Thema Familie, einen zum Entdecken des Glaubens und einen Journey-Glaubenskurs (fünf Abende, an denen man sich mit christlichen Zeugnissen beschäftigt).

Die Frauen entschieden sich für den Journey-Glaubenskurs und am Ende waren sie alle einen großen Schritt auf Jesus zugegangen. Sie besuchten einen weiteren Glaubenskurs, dieses Mal Life Stories, und danach wurden sie zu einer festen Zellgruppe der Ortsgemeinde GRANGE PARK.[59]

Charlotte hätte das alles nie initiieren können, wenn sie sich um das gedreht hätte, was sie *nicht* hatte und *nicht* konnte. Sie begann mit dem, was sie hatte – sie war Familienbegleiterin, sie kannte die Mütter und den Pfarrer der Ortsgemeinde und sie kannte Leute, die ihr helfen würden. Sobald die Startgruppe einmal bestand, ergab sich der weitere Weg aus dem Gebet und den Wünschen der Gruppe für den nächsten Schritt.

Für Charlotte ist es absolut wesentlich, „dass die Gruppe selbst über das Wie und Was ihres Weges entscheidet und nicht etwas aufgedrängt bekommt, was sie nicht will".[60] Die Leitung muss nicht ziehen und schieben. Die Gruppe selbst und der Heilige Geist geben die Kraft für Wachstum und Entwicklung.

#7. Mission steht für Gott an erster Stelle

Und schließlich sind Sie vielleicht nicht sicher, ob das alles so wichtig ist. Vielleicht geht es Ihnen wie vielen Christen, die Mission gut finden, also etwas für die Erlösung der Welt zu tun, indem man sich um die Schöpfung sorgt, andere Menschen liebt und sich für sie einsetzt, Ungerechtigkeit beim Namen nennt,

59 www.freshexpressions.org.uk/guide/develop/becoming/grangepark (Zugriff am 5. September 2013).

60 www.freshexpressions.org.uk/guide/develop/becoming/grangepark (Zugriff am 7. Mai 2013).

Einzelnen den Weg zu Jesus zeigt und sie auf ihrem Weg durch ein Leben mit dem Heiligen Geist begleitet. Das alles ist Ihnen zwar wichtig, aber es wird von anderen Prioritäten überlagert.

Ihr kirchliches Engagement beschränkt sich auf den Sonntagsgottesdienst und einen Hauskreis, in dem gebetet, Bibel gelesen die Gemeinschaft gepflegt wird. Sie unterstützen Mission zwar finanziell und helfen auch bei gelegentlichen missionarischen Einsätzen, aber der sonntägliche Gottesdienst und der Hauskreis decken fast ihr gesamtes kirchliches Engagement ab.

Während der Woche bemühen Sie sich, nach christlichen Werten zu leben, aber aktives missionarisches Handeln – also die Extrameile der liebenden Zuwendung und des Teilens des Evangeliums – ist nur am Rand von Bedeutung. Mission ist erst in zweiter Linie wichtig, nicht in erster.

Mission – für Gott erst der zweite Schritt?

Wer Gott so einschätzt, liegt falsch – so wie ich selbst viele Jahre lang. Bis vor Kurzem sah meine Story von Gott ungefähr so aus:

Seit jeher stehen Vater, Sohn und Heiliger Geist in einer engen Beziehung der Liebe zueinander. Die Bindung ist so eng, dass die drei Personen der Trinität zugleich eine ist. „Eines Tages", vor Lichtjahren, hatten sie eine Idee. Sie würden ein Universum schaffen, das sie lieben würden, und es würde dort menschliche Wesen geben. Und wenn etwas falsch liefe, dann würden sie die Initiative ergreifen und alles wieder in die richtige Bahn bringen. Die drei göttlichen Personen entwickelten eine Mission: Sie wollen erschaffen und dann erretten. Die Blickrichtung von Erschaffen zu Erretten ist „hinaus". Gott geht in der Schöpfung und im Erretten hinaus auf das Universum zu. Wenn Theologen von der Mission Gottes sprechen, dann nutzen sie den lateinischen Begriff „Missio Dei", der im Kern genau das bedeutet: aussenden, hinausgehen.

Kurz gesagt, in meiner Story gab es ein „Vorher" und „Nachher" in Gott. Es gab eine Zeit, bevor er missionarisch aktiv wurde und eine Zeit danach. Es gab eine Zeit, bevor Gott sich auf den Weg machte und eine Zeit danach. Mission war, wenn Sie so wollen, für Gott Schritt Nummer zwei. Und wenn dies für Gott galt, dann gilt das auch für uns: Mission kann der zweite Schritt sein.

Inzwischen sehe ich, dass diese Story einen Fehler hat. Es ist wenig plausibel, dass die Personen der Trinität plötzlich den Hebel umlegen von „nicht missionarisch handeln" zu „missionarisch handeln".

Wenn Mission – Hinausgehen – tatsächlich fundamental für die Beziehung Gottes zu den Menschen ist, dann ist es undenkbar, dass ein so elementarer Wesenszug Gottes erst nicht da ist und im nächsten Augenblick da. Denn dann hätte Gott sich in seinem ureigensten Wesen verändert.

Wir wissen aber, dass Gottes Wesen unveränderlich ist. Gott ist derselbe gestern, heute und in Ewigkeit. Gottes Herz schlug immer für Mission, nicht zuletzt deshalb, weil das Hinausgehen – nichts anderes ist Mission – das Verhältnis zwischen Vater, Sohn und Geist selbst definiert. Sie gehen in Liebe hinaus aus sich selbst zum anderen.

Liebe setzt Hinausgehen voraus. Natürlich ist damit nicht alles gesagt. Ich kann auch im Hass hinausgehen zum anderen. Aber gemeinsam mit all dem, was Liebe sonst noch ausmacht, ist das Hinausgehen ein wesentlicher Aspekt der Liebe. Wenn ich einen Menschen liebe, dann gehe ich auf ihn zu. Und wenn die Personen der Trinität einander lieben, dann verbirgt sich schon in dieser Liebe die Dynamik von Mission.

Mission ist im Herzen Gottes zu Hause. Gottes Beziehung zur Welt in Schöpfung und Errettung spiegelt dies wider. Und auch wenn Menschen, Frauen und Männer, aufeinander zugehen und so der natürlichen Ordnung Rechnung tragen, hallt etwas davon wieder.

Der Alttestamentler Chris Wright fasst die große Story der Bibel so zusammen: Gott geht hinaus in seiner Mission, beruft das

Volk Israel dazu, es ihm gleichzutun, sendet seinen Sohn, um Mission möglich zu machen, und ruft dann die Kirche ins Leben, damit sie diese Mission durch den Heiligen Geist weiterführt.[61]

Selbst im Himmel geht Mission weiter. Auch dort geht Gott immer weiter in Liebe auf uns zu und wir in Liebe auf ihn und aufeinander. Mission ist nicht auf diese Welt beschränkt, sie gilt für immer und ewig.

Mission – auch für uns der erste Schritt

Wenn Mission für Gott ein „erster Schritt" ist, dann muss das auch bei uns so sein. Wir sind als Gottes Ebenbild erschaffen und durch die Erlösung wird diese Gottesebenbildlichkeit vom Heiligen Geist erneuert. Deshalb muss unser Leben ein Spiegel des Herzens Gottes sein, das für Mission schlägt. Wir müssen darum beten, dass der Geist uns dabei hilft, Gott ähnlicher zu werden, indem er Mission zum Kern unseres Lebens macht.

Wir sollen also betend Ausschau halten nach dem besten Weg, in Liebe zu den Menschen zu gehen. Gott hat sich nicht mit dem zweitbesten Weg für die Erlösung zufriedengegeben, deshalb dürfen auch wir nicht zufrieden sein mit dem zweitbesten Weg, anderen Menschen von der Erlösung zu erzählen. Wir müssen, wie Gott, nach den besten Mitteln für unser missionarisches Engagement suchen. Wenn eines dieser Mittel ist, kleine Gruppen im Alltagsleben zu gründen, dann darf dies auf unserer Prioritätenliste nicht nach unten rutschen. Für Gott hat Mission Priorität, also muss es auch bei uns oben auf der Agenda stehen und darf nicht abgeschoben werden in die Ausschussarbeit der Kirchengemeinde.

---

[61] Christopher J.H. Wright, *The Mission of God: Unlocking the Bible's Grand Narrative*, Nottingham: InterVarsity Press, 2006.

Für Levi Santana hat Mission Priorität. Er leitet eine kleine Zeugnisgemeinschaft mit dem Namen THE VALLEY NETWORK in den Randbezirken von London. Seit Ende 2012 treffen sich vierzig Christen, ehemalige Christen und Menschen auf dem Weg zum Glauben zum Diskutieren und Bibellesen in Cafés der Umgebung und feiern Gottesdienst in einer nahe gelegenen Kirche.

Von den Café-Diskussionen erzählt Levi:

„Es ist mir immer wichtig, klar zu sagen, dass ich Christ bin – obwohl alle, die kommen, ganz frei ihre Meinung sagen dürfen, ganz gleich wie sie aussieht. Am Anfang steht immer eine Runde, in der jeder von den schlechten und guten Erlebnissen der vergangenen Woche erzählt.

Ein Mädchen, das daran teilnimmt, durchlebt gerade die Phase eines Geschlechtswechsels. Sie kam also und erzählte: ‚Mein Höhepunkt diese Woche ist, dass ich ein Junge werde.' Sie brachte einen Brief mit, in dem sie einen Spezialisten in London um einen Termin gebeten hatte. Mich hat sehr berührt, dass sie das Vertrauen hatte, uns den Brief vorzulesen.

Das war der Punkt, an dem mir bewusst wurde, dass die Gemeinschaft ihren Sinn erfüllt … Wir konnten beobachten, wie diese Gruppe sich in eine kleine Familie verwandelte."[62]

Zeugnisgemeinschaften verändern das Leben der Menschen:

„Zac hat mir persönlich dabei geholfen, meinen eigenen Weg zu finden. Ich habe Vertrauen gefasst und meinen Glauben gefunden … inneren Frieden und kann jetzt die Vergangenheit hinter mir lassen."

„Vor ungefähr acht Jahren bin ich im CVJM eingezogen. Dann habe ich gehört, wie zwei Leute über diese Gemeinde redeten und meinten, es wär' gut für mich, wenn ich mal mitkäme. Das

---

62 www.freshexpressions.org.uk/stories/valleynetwork (Zugriff am 9. Mai 2013).

habe ich getan. Vor fünfeinhalb Jahren habe ich mich taufen lassen, damals habe ich mich verändert."

„Ich glaub' als ich damals zu re:gen kam, hab' ich kein bisschen erwartet, dass mich da jemand akzeptiert. Ich war fast zwei Jahre in der Klinik und musste ein Jahr in der Schule wiederholen. Ich hatte mich immer wieder selbst verletzt und so was. Hier kannst du so hinkommen und es sind trotzdem Leute da, die dich mögen, egal was du durchgemacht hast, trotz all der Sachen. Und sie geben dir Zeit und sie helfen dir auch auf dem ganzen Weg."

„Ich war immer gewalttätig; du kannst dich nicht selbst ändern, das kann nur Gott. Er hat mir Liebe für andere Menschen geschenkt, die hätte ich vorher niemals gehabt."[63]

Sieben Gründe

- Gott ist „community in mission" (vgl. S. 19).
- Zeugnisgemeinschaften verbinden die Kirche mit den Menschen.
- Durch Zeugnisgemeinschaften bekommt die Ortsgemeinde neue Energie.
- Zeugnisgemeinschaften unterstützen Nachfolge im Alltag.
- Zeugnisgemeinschaften dienen anderen Menschen.
- Zeugnisgemeinschaften können von Laien gegründet und geleitet werden.
- Mission steht für Gott an erster Stelle – so sollte es auch bei uns sein.

---

63 Geschichten, die dem Fresh X-Team in England erzählt wurden.

Fazit

Natürlich stellen sich beim Thema Zeugnisgemeinschaften einige Fragen; nach der gegenseitigen Korrektur, danach, wie sie geistlichen Tiefgang fördern, und viele andere, auf die in den nächsten Kapiteln eingegangen wird. Wenn man diese Fragen beantworten kann, dann sind Zeugnisgemeinschaften der ideale Ort für Menschen auf dem Weg zum Glauben, um Erfahrungen mit dem Evangelium zu sammeln und zu lernen. Zeugnisgemeinschaften setzen zarte Pflanzen in das tägliche Leben der Menschen – Pflanzen, gewachsen durch liebevollen Dienst und die Frohe Botschaft. Wenn diese Pflanzen stärkere Wurzeln bekommen und größer werden, dann beginnen sie den Boden zu verändern.

Diana stellte ein Team zusammen, das eine Sonntagsschule anbietet für erwachsene Menschen mit Demenz, deren Erinnerungslücken in der jüngeren Vergangenheit anfangen und dann immer weiter Raum greifen in die Vergangenheit hinein.

In ihrem Pflegeheim singen die Bewohner Gesangbuchlieder aus der Sonntagsschule ihrer Kindheit, sprechen das Vaterunser in der Version, die sie einmal gelernt haben, und hören Bibelgeschichten, die sie als Kinder erzählt bekommen haben.

Die Wirkung ist nicht spektakulär, aber für die betroffenen Menschen ist sie groß. Menschen, die den größten Teil der Woche passiv sind, können plötzlich aktiv teilnehmen. Andere, die aufgeregt sind, werden ruhig. Menschen, die als Erwachsene aus der Kirche ausgetreten sind, bekommen wieder Zugang zu ihrem Glauben. Eine neue Ausdrucksform von Gemeinde wächst.

Kapitel 3

Die Fantasie beflügeln – eine Ideensammlung

Die Fantasie vieler Christen ist in der Vergangenheit gefangen. Sie sind oftmals so tief verwurzelt im Status quo der Kirche, dass sie sich nicht vorstellen können, wie christliche Gemeinschaft auch in anderen Formen ihren Ausdruck finden kann. Ihre Denkgewohnheiten lassen es kaum zu, sich ein Bild zu machen von einer kleinen neuen Form gemeindlichen Lebens in einem Fitnessstudio, einem Skateboard-Park oder online.

Um den Denkhorizont zu weiten, kann es hilfreich sein, einen Blick auf reale Beispiele zu werfen. Deshalb enthält dieses Kapitel einen bunten Strauß von Geschichten über Zeugnisgemeinschaften im täglichen Leben.

Das soll nicht dazu verleiten, sich eines dieser Beispiele anzuschauen und es dann auf die eigene Situation zu übertragen. Was für den einen Kontext gut ist, gilt noch lange nicht für einen anderen. Die Beispielgeschichten sind nicht zur Reproduktion, sondern als Inspiration gedacht. „Das würde bei uns nicht funktionieren, aber bei der Gelegenheit kommt mir der Gedanke, ob wir nicht ..."

Der Weg zu einer guten Idee führt über das Sammeln vieler Ideen. Deshalb glaube ich, dass diese Geschichten Sie dazu anspornen, betend herauszufinden wie Sie die Geschichte finden können, die der Heilige Geist durch Sie schreiben möchte.

Gemeinschaften in Schulen

In einem Land wie Großbritannien, wo es keine strenge Trennung von Kirche und Schule gibt, entstehen unter den Kindern, Eltern und Angestellten einer Schule immer mehr Außenposten von Kirchengemeinden.

Prayer spaces (Gebetsräume)

In den vergangenen fünf Jahren sind prayer spaces (Gebetsräume) in Schulen für fast 300.000 Schüler und Schulangestellte ein Ort geworden, an dem sie in umfunktionierten Klassenräumen auf kreative Art ihren Hoffnungen, Träumen und Gebeten nachspüren können. Sowohl Lehrer als auch Schüler berichten, dass Gebetsräume eine kreative Wirkung auf das Lernverhalten, das Sozialverhalten und auf die geistliche und seelsorgerliche Atmosphäre haben. Manche von den Gebetsräumen haben das Potenzial, sich irgendwann zu einer Ausdrucksform von Gemeinde zu entwickeln.

Im englischen Gloucester richteten Joe Knight und ein befreundeter Geistlicher an einer weiterführenden Schule der Church of England ihren ersten Gebetsraum ein.

„Am letzten Tag der Vorbereitung", erinnert sich Joe, „gestand mein Freund, dass er mit höchstens zehn Leuten rechnete. Stattdessen war die halbe Schule ganz freiwillig gekommen, wir hatten viele intensive Begegnungen, es wurden Dank-, Vergebungs- und Bittgebete gesprochen und wir rangen im Gebet mit großen Problemen. Seitdem haben wir fünfzehn Gebetsräume in dieser Schule begleitet. Das Vertrauen ist gewachsen, weil wir das angeboten haben, was die Leute brauchten: Beratung, einen Raum für Weihnachtskonzerte und selbst Kurse für Gartenarbeit. Aber es sind die Begegnungen mit den Einzelnen, deren Hoffnung und Glaube wiedererwacht ist, die uns immer noch in dankbares Erstaunen versetzen und die weit über das hinausgehen, was wir uns anfänglich erhofft hatten."

An anderen Orten bilden sich christliche Gemeinschaften mit Schülern oder Eltern im Rahmen der Mittags- bzw. Nachmittagsbetreuung in und nach der Schule. Sie werden begleitet von Schulpfarrern, christlichen Mitgliedern des Kollegiums, Jugendarbeitern, Eltern oder Mitgliedern der Ortsgemeinde.

Bis 2013 verfügten mehr als 275 Schulen über Gebetsräume, die unter dem Dach der internationalen Gebetsbewegung 24-7 Prayer entstanden waren. Einige von ihnen hatten das Potenzial, sich zu so etwas wie einer Ausdrucksform von Gemeinde zu entwickeln.

 http://24-7prayer.de/cms:

Nooma und Kaffee

Die Thirst Café Church entstand unter den Eltern einer Grundschule in der Nähe von Cambridge. Sie war das Ergebnis von elf Jahren Beziehungspflege und Gebet. Die Eltern trafen sich außerhalb der Schule, wenn sie ihre Kinder abholten. Ungefähr zehn von ihnen – einige davon gehörten keiner Religion an – begannen, sich über spirituelle Themen zu unterhalten.

Aus diesen intensiven „Schultor-Begegnungen" entstanden Freundschaften und 2006 entschloss man sich, im Glauben den nächsten Schritt zu wagen. Die Gruppe bot im Foyer der Schule guten Kaffee, Snacks, Obst und Säfte an und lud ihre Bekannten ein.

Einmal trafen sich dreißig Leute, von denen die meisten keinen Kontakt zur Kirche hatten, um sich gemeinsam eine Nooma-DVD von Rob Bell anzuschauen[64]. Daraus entwickelte sich spontan eine Diskussion. Die Gruppe trifft sich nach wie vor regelmäßig.

---

64 Anm. d. Übers.: Nooma heißt eine Reihe von Kurzfilmen, in denen wichtige Themen unserer Welt mit den Augen Jesu betrachtet werden.

> *Einige Monate später wurde eine wöchentliche Gebetszeit mit einem geistlichen Impuls in unterschiedlicher Form und einem anschließenden fünfminütigen Gespräch angeboten. Anfang 2012 wurde zusätzlich ein wöchentlicher Bibelgesprächskreis gestartet, in den eine einfache Feier des Abendmahls integriert ist.*[65]

Wenn Sie in Ihrer örtlichen Schule einen potenziellen Ort für Mission sehen, dann ist es wahrscheinlich vorteilhaft, nicht gleich nach Ideen für Evangelisation zu suchen. Besser wäre es, zunächst im Gebet danach zu fragen, wie Sie etwas für diese Schule tun können. Eagles Wings zum Beispiel, das von zwei Kirchengemeinden unterstützt wird, hat ein Frühstückstreffen in der Schule eingerichtet, bei dem es mit den Eltern in Kontakt kommt.[66]

Gemeinschaften am Arbeitsplatz

> *Janet (Name geändert) traf sich gewöhnlich jeden Tag mit der gleichen Gruppe von Leuten in der Werkskantine zum Mittagessen. Eines Tages wurde über ein Ereignis aus den Nachrichten gesprochen und Janet beschrieb, wie sie als Christin die Dinge sah.*
>
> *Dies löste eine lebhafte Diskussion aus, an deren Ende jemand sagte: „Das sollten wir öfter tun." Man beschloss tatsächlich, sich einmal in der Woche zu treffen. Die Gruppe wurde größer und die Firmenleitung bot an, einen an die Kantine angrenzenden Raum kostenlos für die Gespräche zur Verfügung zu stellen. – „Das ist gut für die Beziehungen der Mitarbeitenden untereinander".*
>
> *Auch einige Jahre später trafen sich immer noch jede Woche*

---

65 www.freshexpressions.org.uk/stories/thirst (Zuriff am 8. Mai 2013).
66 www.freshexpressions.org.uk/stories/eagleswings (Zugriff am 9. Mai 2013).

fünfzehn Menschen zum Gespräch mit einem kleinen christlichen Input. Hätte Janet nicht den Job gewechselt, hätte sich die Gruppe sicher noch mehr und bewusster in eine christliche Richtung entwickelt.

Ganz anders die Anfrage eines Cafés in Birmingham. Als Teil seiner Angebote im Stadtteil baten sie ortsansässige Christen, einmal in der Woche eine (aus der christlichen Tradition stammende) Meditation für Menschen anzubieten, die nach Feierabend auf dem Heimweg waren.

Die Meditation ermöglicht es vielbeschäftigten Menschen, den Kopf freizubekommen. Sie wird zu anderen Zeiten im Monat ergänzt durch weitere Gruppen: einer Gesprächsgruppe zu Lebensthemen, einer Spiritualitäts- und Kunstgruppe, einer Gruppe für christliche Meditation und einer Anbetungsgruppe. Die beteiligten Christen hoffen, dass die Initiative sich irgendwann zu einer Form von Gemeinde entwickelt.

Der Arbeitsplatz ist ein herausfordernder Schauplatz für die Gründung von Zeugnisgemeinschaften. Die Leute sind beschäftigt; sie sind nicht immer alle zur gleichen Zeit anwesend und vielleicht werden die Bemühungen durch innerbetriebliche Regeln erschwert, die bestimmen, was man tun darf und was nicht. Es sind schon verschiedene Ideen ausprobiert oder erörtert worden. Hier einige Beispiele:

- Eine Handvoll Christen kann Gruppen zu verschiedenen Themen anbieten, zum Beispiel Spiritualität oder Gerechtigkeit am Arbeitsplatz, und die Teilnehmer dazu ermutigen, sich auf den Weg zu Jesus zu machen.
- Zwei Christen können anbieten, vertraulich für Kollegen zu beten, und dann eine Gruppe für diejenigen einrichten, die sich näher mit dem Gebet beschäftigen möchten. Die Gruppe kann z. B. mit einem Buch mit ignatianischen, auf der Bibel gründenden Meditationen arbeiten, und dann schauen, was der Heilige Geist daraus macht.

- Christliche Ärzte oder Krankenschwestern können einmal in der Woche nach Feierabend eine Gruppe starten von Leuten, die sich gegenseitig im Gebet unterstützen möchten. Einige Hausärzte im englischen Dorset bieten so etwas bereits an. Sie richteten eine Montagabend-Gebetsgruppe für Patienten ein. Inzwischen gibt es einen festen Kern und regelmäßig finden Menschen zum Glauben.
- In einer großen Stadt kann eine Gruppe von christlichen Juristen oder Wirtschaftsprüfern regelmäßige Fortbildungsseminare und Workshops organisieren. Am Ende eines Seminartages zu einem Thema wie etwa „Geschäftsgespräche führen" kann optional eine halbe Stunde zum Thema „geistliche Ressourcen für Juristen (oder Wirtschaftsprüfer)" angehängt werden. Diese halben Stunden können zum Ausgangspunkt werden für Diskussionsgruppen, besinnliche Gebetszeiten oder andere Möglichkeiten, Jesus kennenzulernen.
- Als Variation davon kann eine Innenstadtgemeinde ein paar Gemeindeglieder dazu ermutigen, eine Zellgemeinde zu gründen, die sich für die Kollegen am Arbeitsplatz einsetzt. Die Zelle kann Seminare organisieren zu Themen wie „geistliche Ressourcen zur Stressbewältigung", „Achtsamkeit", „Wie verbessere ich meinen Leitungsstil" und „Management und Firmenpolitik". Aus solchen Veranstaltungen können Gruppen zum Entdecken des christlichen Glaubens hervorgehen. Dahinter steht die Hoffnung, dass möglicherweise auch andere Gemeindeglieder solche Zellgruppen gründen. Vielleicht können sogar die Hauskreise der Gemeinde sich in Missionszellen am Arbeitsplatz verwandeln.
- Einige Innenstadtgemeinden entwickeln einen eigens eingerichteten Dienst für Berufstätige am Arbeitsplatz. St. Margret's im Londoner Vorort Uxbridge hat folgende Vier-Schritte-Strategie:
  - Beziehungen aufbauen durch die Einrichtung einer Kaffeebar und durch Zuhören in vertraulicher Atmosphäre.
  - Bedürfnissen begegnen und geistlich den Boden vorbereiten durch Veranstaltungen im Geschäftskontext, die sich mit

Themen aus der Arbeitswelt befassen (Frühstücke und Mittagessen mit einem Rednerbeitrag und Seminare).

  - Angebot von Möglichkeiten, geistliche Erfahrungen zu machen.
  - Menschen in der Nachfolge begleiten.[67]

- Ein christlicher Unternehmer kann für die Mitarbeiter freiwillige Mittags- oder Feierabend-Veranstaltungen zu einer Reihe von spirituellen Themen organisieren. Wenn das Interesse wächst, kann ein Diskussionskurs zu christlichen Fragen dazukommen, der in eine Gruppe mündet, die gemeinsam geistliches Leben einüben, wenn die Mitglieder immer weiter in den Glauben hineinwachsen.
- Christen können ein Weihnachtsliedersingen[68] dazu nutzen, Werbung für monatlich stattfindende Veranstaltungen für Suchende zu machen (vielleicht nach dem Feierabend in einer Kneipe) und dann ihre Kollegen persönlich dazu einladen.
- Im Zuge der Neufokussierung des geistlichen Amtes in der „postindustriellen Gesellschaft", können Geistliche es als eine ihrer Aufgaben verstehen, Missionsgruppen am Arbeitsplatz zu bilden.[69]

Gemeinschaften im Freizeitbereich

Man kann Gemeinde in Skateboard-Parks, Kneipen und Bars, Sportzentren und Tattoostudios erleben. Im Keller eines Tattoostudios trifft sich regelmäßig ein Bibelgesprächskreis. Der Besitzer erzählt von seinem Glauben, während er seine Kunstwerke erstellt, und lädt seine Kunden zum Bibelkreis ein.

---

[67] George Lings, *OASIS – Work in Progress*, Encounters on the Edge, 24, Sheffield: Church Army, 2004.

[68] Anm. d. Übers.: In England eine traditionelle Form des Gottesdienstes in der Vorweihnachtszeit.

[69] www.freshexpressions.org.uk/guide/examples/workplace (Zugriff am 8. Mai 2013).

Virtuelle Gemeinschaften

Ein Mann in Pittsburgh im amerikanischen Pennsylvania erzählte, dass er aufgehört hatte, in die Kirche zu gehen. Aber er liebte Computerspiele.

In einem dieser Spiele musste er mehr Punkte sammeln, um eine Brücke überqueren zu können. Unter normalen Umständen hätte er sich extra Punkte kaufen müssen. In diesem Fall aber bot ihm eine Gruppe von Spielern an, ihn kostenlos über die Brücke zu bringen, wenn er sich ihr Video anschauen würde.

In dem Video ging es um Gnade. Am Ende stand die Einladung zu einem Online-Bibellese-Kurs, der ihm sehr gefiel und den er regelmäßig mitmachte. Nach einer Weile beschloss er, auch im realen Leben wieder Kontakt zur Gemeinde aufzunehmen. Er war auf eine Gruppe von Christen getroffen, die die Mission Gottes im Internet voranbrachte.

Gemeinde im Waschsalon

Von einer Initiative ganz anderer Art berichtet eine Frau, die die Vision hat, dass eine christliche Gemeinschaft in einem Waschsalon entsteht. Sie hatte bemerkt, dass Menschen regelmäßig und zu festen Zeiten dorthin kamen, um ihre Wäsche zu waschen. Das dauerte ungefähr 90 Minuten, genug Zeit für Gespräche.

Sie begann, immer zur gleichen Zeit und mit den gleichen Leuten einmal im Monat dort zu sitzen, für das Waschen ihrer Wäsche zu bezahlen und die Leute kennenzulernen. Dann baute sie ein Team von Christen auf, die ihr halfen und öfter da waren.

Sie hoffte darauf, dass die Christen liebevolle Beziehungen zu den Anwesenden aufbauten. Und irgendwann sollte es in den Gesprächen auch um geistliche Themen gehen. Vielleicht würden die Leute auch gerne beten und sich ab und zu über eine Bibelarbeit freuen. „Wer weiß", sagte sie, „wir könnten noch zu einer Gemeinde im Waschsalon werden."

Biscuits and Bible

Biscuits and Bible (Brot und Bibel) dagegen findet in einem Gemischtwarenladen auf dem Land statt: im Weston's Store in Red Oak in South Virginia. Der Laden ist ein guter Ort, um Leuten zu begegnen. Am Sonntagmorgen sind die Frauen in der Kirche und die Männer im Laden. Mike Lyon, Pastor der baptistischen Gemeinde, hat die Männer dort kennengelernt und sie immer wieder in die Gemeinde eingeladen.

Eines Tages bemerkte er frustriert: „Seid ehrlich, Leute. Ihr habt nicht wirklich vor, mal in den Gottesdienst zu kommen, oder?" Darauf einer der Männer: „Stimmt. Warum können wir den Gottesdienst nicht einfach hier machen?" So fing es an.

Mike bringt seine Bibel mit und Schinkenbrote. Der Ladenbesitzer kocht Kaffee. Mike erzählt etwas aus der Bibel, die Männer reden über das Leben. Dann beten sie. Alle, die gerade im Laden sind oder für Autogas oder Zigaretten anstehen, werden eingeladen mitzumachen. Danach geht Mike weiter zu den Frauen und trifft dort auf eine konventionellere Form von Gemeinde.[70]

Nichts anderes sind die Third Place Communities[71] auf der zu Australien gehörenden Insel Tasmanien. Dort begegnen sich Christen, die sich nicht an heiligen, isolierten Orten versammeln wollen. Im ersten Jahrzehnt dieses Jahrhunderts trafen sie sich in Pubs und Bars, auf Spielplätzen und in Cafés.

Bemerkenswert ist, dass sie – und damit sind sie verbunden mit den Versammlungen der Christen in den Tempelhöfen Jerusalems (Apostelgeschichte 2,46) – ihre Gottesdienste an diesen Orten öffentlich feierten, allerdings so, dass andere nicht abgeschreckt wurden. Im Durchschnitt bestand jedes dieser Treffen zu

---

70 http://freshexpressionsus.org/stories/biscuits-and-bible-a-fresh-expression-in-a-country-store/ (Zugriff am 8. Mai 2013).

71 Anm. d. Übers.: „Dritte Orte" sind nach Ray Oldenburg Orte, an denen man sich trifft, die aber weder das Zuhause noch der Arbeitsplatz sind.

60% aus Neugierigen, die sonst keinen Kontakt zur Kirche hatten.[72]

Café-Kirche

„Kirche trifft Café“ ist schon lange nichts Neues mehr. In der jüngsten Vergangenheit hat sich die Café-Kirche wie ein Buschfeuer ausgebreitet. Allerdings gibt es viele verschiedene Formen. Bob und Mary Hopkins, die zum Kern der britischen Fresh-X-Szene gehören, haben versucht, die Unterschiede zu charakterisieren.[73] Die missionarische Dynamik ist bei jedem Typ anders:

„Wir bieten eine Veranstaltung mit Café-Flair in unserer Kirche an.“ In manchen Fällen organisieren Christen den Kirchenraum regelrecht um, stellen Tische und Stühle hinein, bieten Erfrischungsgetränke an und führen eine Veranstaltung durch mit einem christlichen Denkanstoß, einem Zeugnis oder einem besinnlichen Gebet.

„Wir bieten eine Veranstaltung in einem kommerziellen Café an.“ Eine christliche Gruppe mietet ein Café an und bietet außerhalb von dessen Öffnungszeiten dort eine Veranstaltung an. Das Café profitiert von der doppelten Nutzung seiner Räumlichkeiten und die Christen können angesagte Orte nutzen – dort, wo sich die Menschen ohnehin aufhalten. Costa Coffee, eine große britische Cafékette, fördert diese Verwendung ihrer Räumlichkeiten außerhalb der Öffnungszeiten.

Wie die Café-Kirche im Kirchengebäude ist auch dieser Ansatz „attraktional“ – Christen bieten etwas an (im Café) und locken Menschen an durch Einladungen und Werbung. Die Veranstal-

---

[72] Alan Hirsch, *Vergessene Wege: Die Wiederentdeckung der missionalen Kraft der Kirche*, Neufeld Verlag, Schwarzenfeld, 2011, S. 273.

[73] www.freshexpressions.org.uk/guide/examples/cafe (Zugriff am 8. Mai 2013).

tungen sind das „Willow Creek" der Café-Kirchen – auf Suchende abgestimmt, aber im Café statt in der Kirche.

„Wir bieten eine Veranstaltung in einem Bürgerhaus an." Christen nutzen das Bürgerhaus oder Gemeindezentrum eines Dorfes, einer Stadt oder eines Wohnviertels, um dort eine Veranstaltung im Café-Stil anzubieten. Die unterschiedlichsten Menschen nutzen das Haus bereits für eine Vielzahl von Aktivitäten, viele von ihnen mit wenig oder gar keinem Kontakt zur Kirche.

Die Christen unter ihnen könnten hierin eine Gelegenheit sehen, neben all den anderen Aktivitäten eine Art Caféarbeit aufzubauen. Das spricht sich in den Netzwerken des Gemeindezentrums herum. Wenn das Café sich etabliert hat, kann mit der Unterstützung der Besucher eine geistliche Dimension hinzukommen. Diese Form von Mission ist nicht attraktional in dem Sinne von „Kommt zu uns". Hier heißt es: „Wir gehen zu ihnen."

> *Ein Beispiel dafür ist aus der Partnerschaft zwischen St. Mark's in Haydock in der englischen Region Merseyside und der Nachbargemeinde St. David's in Carr Mill entstanden. Mitglieder beider Gemeinden engagieren sich im Moss-Bank-Begegnungszentrum – im Fotoclub, in der Kunstgruppe, im Bastelkreis und so weiter. Einige von ihnen haben auf den dadurch entstandenen Beziehungen aufgebaut und eine erfolgreiche Café-Kirche eingerichtet, die auch für die Teilnehmer anderer Gruppen aus dem Zentrum attraktiv war.*

„Wir richten selbst ein Café ein." TASTE & SEE ist ein christliches Café in Kidsgrove, in der englischen Region Staffordshire. Die methodistische Gemeinde vor Ort erwarb ein Café im Stadtzentrum und öffnete es an sechs Tagen in der Woche als kommerzielle Einrichtung. Es hat einen Nebenraum, der für stille Meditation und Gebet eingerichtet ist und auch für Seelsorgegespräche und Veranstaltungen zur Verfügung steht. So werden Menschen auf ihrem Weg zum Glauben unterstützt.

Die ersten drei Varianten von Café-Kirchen machen ein Angebot für Leute, die nicht kirchlich sozialisiert sind. TASTE & SEE will mehr. Es will christliche Präsenz zeigen in der Café-Szene. Menschen, die Wert auf guten Kaffee legen, sollen sich hier willkommen fühlen.

„Wir richten gemeinsam mit Menschen ohne kirchliche Sozialisation ein Café ein", denkt diese christliche Präsenz noch einen Schritt weiter.

> *Eine Gruppe Lutheraner richtete das Café Retro im Zentrum von Kopenhagen ein. Das Café läuft als kommerzielle Einrichtung und hat die für Cafés üblichen Öffnungszeiten. Der Unterschied ist, dass nicht nur Christen daran beteiligt sind. Die fünf Mitglieder des Leitungsteams sind alle Christen. Aber in den anderen sechs Teams – Bedienung, Renovierung, Veranstaltungen, Kunst, PR, internationale Anliegen und missionarische Aktionen – sind nur ungefähr 50 % Kirchgänger, die anderen 50 % sind noch keine Christen.*
>
> *Sich mit den Menschen zusammenzutun, für die sie da sein wollen, soll, so die Absicht des Leitungsteams, das Projekt tiefer in der Szene verankern und Kirche dort heimisch machen.*

„Wir gehen in ein bereits existierendes Café." Dies ist vielleicht der ultimative Schritt in die Café-Szene. Ein schönes Beispiel dafür beschreibt Neil Cole in *Organische Gemeinde* (GloryWorld-Medien, Oktober 2008). Sein Evangelisationsteam dachte darüber nach, wie man Menschen in der Kaffeebar-Kultur erreichen kann. Mitten in der Diskussion darüber, wie man eine solche Bar einrichten könnte, fragte einer aus der Gruppe: „Warum gehen wir nicht einfach in eine Kaffeebar, die es schon gibt?"

Das war sinnvoll! So mussten sie sich nicht mühsam einarbeiten in ein Geschäft, von dem sie keine Ahnung hatten. Sie konnten sich auf das konzentrieren, zu dem sie berufen waren: den Menschen das Evangelium bringen. Anders als bei den Veranstaltungen in den Räumlichkeiten von Costa Coffee mussten sie keine Werbung machen oder Menschen extra einladen. Die Kaffeebar war schon gefüllt.

Also suchten sie eine Kaffeebar vor Ort aus, spielten dort Poolbillard mit den Leuten, lernten die Stammgäste kennen, redeten über Mädchen, das Leben und die Welt und fanden Möglichkeiten, über ihren Glauben zu sprechen. Wenn jemand mehr darüber wissen wollte, regten sie an, sich an einem Abend zu Hause mit ein paar Freunden zu treffen und dort vom Evangelium zu erzählen. Trafen sich die Leute weiter in der Wohnung, war eine kleine Gemeinde geboren.

Interessensgemeinschaften

Missionarische Gemeinschaften können auch rund um Filme, Kunsthandwerk, Bücher, spazieren gehen, Sport und andere Interessen entstehen.

> *Zwei Christinnen in South Wales gründeten einen Fotoclub – Fun, Fotos und Freundschaft. Es werden Ratschläge ausgetauscht, Wettbewerbe durchgeführt und Ausstellungen organisiert. Und irgendwann, so hoffen es die beiden Frauen, sind die Beziehungen so gut, dass sie über Jesus sprechen können.*

> *Peter Homden rief ein Fahrradprojekt ins Leben. Er repariert gemeinsam mit jungen Menschen Fahrräder und kommt dabei ins Gespräch über „Lebensthemen". 2009 tat er auf diesem Wege Dienst an einer sesshaft gewordenen Gruppe von Sinti und Roma an der Südküste Englands.*

Teilen Sie Ihre Leidenschaft, teilen Sie Ihren Glauben, teilen Sie den Weg der anderen und gehen ihn mit. Könnte das auch für Sie zur Vision werden? Es ist ein Akt christlicher Nächstenliebe, eine Plattform zur Verfügung zu stellen, auf der Menschen ihren Interessen nachgehen können. So bekommen die Leute die Möglichkeit, über Dinge zu reden, die ihnen am Herzen liegen – und Sie können ganz selbstverständlich davon erzählen, welche Auswirkungen Jesus auf ihr Leben hat. Ist das Interesse einmal geweckt, können Sie Menschen vorsichtig und geduldig auf ihrem Weg zum Glauben begleiten.

Gebete in der Rührschüssel

Durch berühmte Köche inspiriert ist Kochen heute bei vielen jungen Menschen „in". Also beschloss Katharine Crowsley, in den Räumen ihrer Methodistengemeinde einen Kochclub anzubieten. Sie sammelte ein Team um sich, ließ sich von einem Fachmann beraten und startete ein Pilotprojekt.

COOK@CHAPEL wurde 2009 für Jugendliche zwischen zwölf und sechzehn Jahren gegründet. Die meisten von den sieben bis neun Teilnehmern hatten mit Kirche nichts zu tun. Sie kochten miteinander, aßen miteinander und redeten miteinander. Alles ganz locker und informell. Bis 2013 war die Gruppe größer geworden, es gab einen Kern von regelmäßigen Teilnehmern und es war ein Gemeinschaftsgefühl entstanden.

Die Angewohnheit zu beten entwickelte sich schnell, reihum wurde mithilfe eines Gebetswürfels ein Tischgebet gesprochen. Dann wurden die Jugendlichen eingeladen, Zettel mit geschriebenen Gebeten in eine Schüssel zu legen. Diese wurde herumgegeben, jeder nahm sich einen Zettel heraus und las das Gebet laut vor. Diese „Gebete in der Rührschüssel" gewannen schnell an Beliebtheit und wurden zum Mittelpunkt des Abends.

Der Schritt in die Nachfolge geschah durch Gespräche und Projekte, die über den eigentlichen Kochkurs hinausgingen, so zum Beispiel das Kochen eines Safari-Dinners, um Geld zu sammeln für ein Schulprojekt in Ghana. Geplant sind außerdem ein Kurs, um das Verständnis für den christlichen Glauben zu vertiefen, und ein kleiner Garten, um eigenes Gemüse anzubauen und etwas für die Schöpfung zu tun.[74]

---

[74] www.freshexpressions.org.uk/stories/cookatchapel/apr.13 (Zugriff am 10. Mai 2013).

Verschiedene demografische Gruppen

Christliche Gemeinschaften entstehen in jeder Altersgruppe.

> *Ein Ehepaar lud die Kinder der Grundschule am Ort jeden Mittwochnachmittag in die nahe gelegene Kirche ein. Sie konnten dort nach der Schule etwas trinken und spielen, während die Erwachsenen in Ruhe miteinander reden konnten. Dann gab es eine Geschichte und eine kleine Andacht.*
>
> *Nach zwei Jahren kamen ungefähr dreißig Leute zu WOW! (Worship on Wednesday – Andacht am Mittwoch). Die meisten gingen sonst nicht in die Kirche, nannten WOW! aber „meine Gemeinde".*

> **Die Räder von dem Bus …**
>
> *Etwas aufwendiger ist der Club, den Captain Louise Weller von der Church Army Neuseeland nach der Schule anbietet. Mit einem kleinen Team von Christen aus der anglikanischen und der baptistischen Kirche begann sie, mit einem Bus in einen Vorort von Christchurch zu fahren.*
>
> *Daraus entstand X-SITE, das von ungefähr dreißig Kindern und neun Erwachsenen besucht wird. Ein wichtiges Element dabei sind die Besuche bei den Familien der teilnehmenden Kinder.*
>
> *Wie bei WOW! kommen die Kinder von einer Grundschule am Ort und können etwas trinken und spielen. Anschließend wird gesungen und gebetet und es wird eine biblische Geschichte vorgelesen. Danach stellt eine Handpuppe das Thema des Tages vor. Die Vorschulkinder gehen dann in ihr eigenes Programm, während die Größeren sich in Form von Pantomime, Theater, Basteln oder Spielen näher mit dem Thema beschäftigen.*[75]

---

[75] www.freshexpressions.org.uk/stories/x-site/may12 (Zugriff am 9. Mai 2013).

Gemeinden mit wenig Jugendlichen arbeiten zunehmend zusammen, um diese Altersgruppe zu erreichen. In der südenglischen Grafschaft Sussex zum Beispiel entwickelte das Eden Projekt ein regionales, einmal im Monat stattfindendes Jugendtreffen, mit Kleingruppentreffen an den jeweils anderen Sonntagen.[76]

Im North Rice Lake Youth Ministry Project nördlich von Toronto sind fünf Gemeinden in vier ländlichen Regionen zusammengeschlossen. Sie hatten erkannt, dass kaum jemand zu ihren traditionellen Jugendkreisen kam, und stellten deshalb einen Jugendleiter ein, der Veranstaltungen organisiert, die reihum in den verschiedenen Gemeindegebieten stattfinden.[77]

Das Skaterzentrum LegacyXS ist bekannt geworden, weil es die Entstehung einer Fresh-X-Gemeinde auf seinem Gelände unterstützt hat. Ein Teenager kommentierte: „Ich hätte nie gedacht, dass Gott sich für mein Skateboardfahren interessieren könnte.“[78]

Diese Initiative in Essex hat eine Gemeinde in Perth, Ontario, dazu inspiriert, mit dem Besitzer eines Skaterladens zusammenzuarbeiten und ihre Türen für Skateboarder zu öffnen. Sie bieten den einzigen Ort der Stadt, an dem junge Menschen auch im Winter Skateboard fahren können. Ein mutiger Schritt und zudem ein Akt der Versöhnung: 2009 waren Skateboarder in die Kirche eingebrochen und hatten beträchtlichen Schaden angerichtet.

Die Gemeinde hofft, dass in das Programm integrierte christliche Musik und Videos, die ausliegende christliche Literatur und entstehende Beziehungen den Weg dazu bahnen, über Jesus Christus sprechen zu können.[79]

---

[76] George Lings, *Leading Fresh Expressions: Lessons from Hindsight*, The Sheffield Centre: Encounters on the Edge, 36, 2007.

[77] Diözese von Toronto, *A Missional Road Trip*, YouTube.

[78] „Expressions: the dvd: stories of church for a changing culture“, www.freshexpressions.org.uk/resources/dvd1.

[79] www.freshexpressions.org.uk/stories/skateboardsperth (Zugriff am 9. Mai 2013).

Der Geist steckt voller Überraschungen

Viele Gemeinschaften gehen ganz unerwartete Wege. So wie die folgenden zwei Bespiele:

Eine bei der Studentengemeinde angestellte studentische Hilfskraft der Universität in Leeds schloss sich einer Gruppe an, die sich zum Stricken in einem Café traf. Die Teilnehmenden gehörten nicht zur Gemeinde, aber sie baten die junge Frau, am Ort ihres Stricktreffs einen Bibelkreis anzubieten.

Matt Ward, leitender Pastor der Studentengemeinde, sagt dazu Folgendes:

„Um ehrlich zu sein, habe ich gemischte Gefühle dabei. Einerseits bin ich skeptisch und frage mich, ob das funktionieren kann, da sie erst seit einem Jahr bei uns arbeitet. Andererseits überlege ich, wie ich die Gruppe unterstützen und ihr dabei helfen kann, sich weiterzuentwickeln. Letztendlich ist es ein riskanter Versuch, der es nötig macht, Gott ganz und gar zu vertrauen!"[80]

Im walisischen Swansea ist wie von selbst Under the Canopy *(Unter dem Himmelszelt) entstanden, eine Gruppe für junge Menschen zwischen achtzehn und dreißig Jahren. Begonnen hat es damit, dass Jugendleiter Dan Evans und sein Team jeden letzten Sonntag im Monat Musiknächte ins Leben riefen.*

Damit auch der Glaube vorkam, boten sie zusätzlich an jedem zweiten Sonntag im Monat HEADSPACE (Platz im Kopf)-Nächte an. Dort gab es Podiumsdiskussionen zu Themen wie „Liebe – gewinnt sie immer?"

Dann führten sie SUSTENANCE (Nahrung) ein, eine gemeinsame Mahlzeit am dritten Sonntag im Monat – inspiriert davon, wie die Christen in der frühen Kirche miteinander aßen.

---

80 www.freshexpressions.org.uk/stories/emmanuel/jan13 (Zugriff am 9. Mai 2013).

> *Am vierten Sonntag im Monat schließlich gab es den* TRANSMISSION*(Übergangs-)-Sonntag mit Gebet und Meditation. – „Wir haben einfach alles Mögliche ausprobiert …"*[81]

Genau das ist typisch dafür, wie Erfahrungen mit Kirche nach und nach in jeden Bereich des täglichen Lebens eingebracht werden: Nach dem Prinzip „Versuch und Irrtum" geht man Schritt für Schritt und begleitet den Prozess im Gebet.

Kreative Kirche (Messy Church)

Gemeinden der kreativen Kirche (Messy Church) sind die Versuche, Menschen aller Altersstufen mit wenig oder gar keinem kirchlichen Hintergrund zusammenzubringen durch Aktivitäten, die Spaß machen, eine Mahlzeit beinhalten und die Teilnehmer auf entspannte und niederschwellige Weise an christliche Themen heranführen.

Eines der Kernanliegen ist, dass Familien die Möglichkeit haben, gemeinsam an den Aktivitäten teilzunehmen. Seit die erste von ihnen 2004 im englischen Portsmouth entstand, sind Gemeinden der kreativen Kirche nicht nur in Großbritannien, sondern in der ganzen Welt wie Pilze aus dem Boden geschossen. Laut groben Schätzungen haben bis 2013 ungefähr eine halbe Million Menschen weltweit zu irgendeinem Zeitpunkt einer solchen Gemeinde angehört.[82]

Diese Gemeinden treffen sich im Normalfall einmal im Monat und es ist nicht ganz unaufwendig, die Aktivitäten und die dazugehörigen Mahlzeiten vorzubereiten. Man hat schon sehr früh erkannt, dass die große Herausforderung dabei ist, Menschen, die

---

81 www.freshexpressions.org.uk/stories/underthecanopy (Zugriff am 9. Mai 2013).

82 Bob Jackson, *Church Growth Conference*, Durham, 12.-13. Dezember 2013.

Jesus kennengelernt haben, bei nur einmal im Monat stattfindenden Treffen in die Nachfolge zu führen.

Hier sind einige Ideen dazu, inspiriert von Bob und Mary Hopkins:[83]

- *Bieten Sie Material für Familien an,* damit sie zu Hause etwas für ihren Glauben tun können. Das können Gebete für Familien sein, Bibellesehilfen mit hilfreichen Diskussionsanstößen, Familienrituale oder Vorschläge für weitere Aktivitäten und das Anknüpfen im sozialen Umfeld.
- *Ermutigen Sie Familien, sich sozial zu engagieren.* Das kann Hilfe für Mütter mit neugeborenen Babys sein, Organisation von Kleiderspenden für rumänische Waisenkinder oder Unterstützung von Mobbingopfern.
- *Richten Sie zusätzliche Treffen* während des Monats ein, zum Beispiel einen „Kreativ-Treff" nach der Schule, bei dem man sich einfach nur begegnet, ohne den Druck, ein Programm oder andere Aktivitäten anbieten zu müssen.
- *Bieten Sie Elternkurse oder -gruppen an.* Sollte die Betreuung der Kinder ein Problem sein, könnte man Abende für Mütter und Väter getrennt anbieten.
- *Führen Sie Babymassage mit Gebet ein.* Mütter lieben es, wenn ihre Babys verwöhnt und gesegnet werden. Babymassage kann zum aktiven Gebet für die Kleinen werden, und dabei werden auch die Mütter oft von Gottes Gegenwart berührt.
- *Bieten Sie „Adoptivgroßeltern" an.* Ermutigen Sie ältere Christen dazu, Freund, Unterstützer und Mentor von jungen Familien zu werden. Das Evangelium wird einfach im Gespräch zum Thema.
- *Starten Sie eine altersübergreifende Gebetsgruppe.* In einer altersübergreifenden Gruppe können Erwachsene lernen, frei zu beten und die „Sprachblockade" zu überwinden.
- *Richten Sie Zellgruppen* für verschiedene Altersstufen ein. In Norfolk hat Sally Gaze aus den Teilnehmern eines Treffens der

---

83 www.acpi.org.uk.

kreativen Kirche fünf Zellgruppen für Erwachsene und zwei für Teenager gebildet.[84]

- *Laden Sie dazu ein, über die Geschichten zu diskutieren, die Jesus erzählt.* Das hat einmal eine Frau mit jungen Müttern gemacht. Sie hat sie zu einigen Abenden zum Thema „Spiritualität" eingeladen. Als sie nach dem Inhalt der Abende gefragt wurde, antwortete sie: „Jesus ist bekanntlich einer der größten spirituellen Lehrer. Wir könnten einfach einige seiner Geschichten lesen und darüber diskutieren?"
- *Nutzen Sie bereits veröffentlichte Glaubenskurse.* Der Alpha Kurs zum Beispiel ist ein Kurs zum Kennenlernen von Jesus. Sie müssen den Kurs eventuell an Ihre Situation anpassen oder, wenn die Zielgruppe noch nicht bereit ist, etwas anderes vorschalten. „Puzzling Questions", ein bei Lion Hudson veröffentlichter Einsteiger-Glaubenskurs, der dem Alpha Kurs vorgeschaltet werden kann, könnte eine Möglichkeit sein. (Ich finde keine deutsche Übersetzung. Müsste man hier eine deutsche Alternative angeben – z. B. so etwas wie die Talkboxen von Claudia Filker vom Aussaat Verlag, mit denen man ins Gespräch kommen kann ...? – Anm. d. Übers.)
- *Führen Sie einen Sonntagsgottesdienst mit direktem Bezug zur kreativen Kirche ein.* Von mindestens einer Werktags-Gemeinde der kreativen Kirche weiß man, dass sie an der Einführung einer zusätzlichen, ähnlich gearteten, aber tiefer gehenden Sonntagsvariante arbeitet.
- *Schaffen Sie ein Forum im Internet,* sodass die Mitglieder während des Monats miteinander in Kontakt bleiben, füreinander beten und vielleicht online Bibel lesen können.

---

[84] http://www.freshexpressions.org.uk/stories/tasvalley.

Ältere Menschen

> *„Sie haben mich auf einen Gedanken gebracht", sagte sie. „Ich leite eine Nähgruppe in einem Wohnblock für betreutes Wohnen." Die älteren Menschen, die dort wohnen, sind nicht mehr sehr mobil. „Ich frage die Teilnehmer, ob sie damit einverstanden sind, wenn wir am Ende des Kurses miteinander beten. Das könnte ihr erster Schritt auf Jesus zu sein."*

> *Manchmal wird sie MOLLY'S CHURCH genannt. Die Saat zu dieser ganz anderen Fresh X wurde gelegt, als Molly und Graham Bell begannen, die Bedürfnisse des großen Anteils älterer Menschen in ihrer Wohnanlage in England in den Blick zu nehmen.*
>
> *Auf Anregung der Bells entstand ein Programm für gute Nachbarschaft, eine Nachfolge-Zellgruppe, einen Mittagsclub, ein Tageszentrum und ein monatlicher Nachmittags-Tee – MOLLY'S CHURCH.*
>
> *Kleinbusse bringen die ans Haus gebundenen älteren Menschen zum Tee. Dort trinken sie ihren Tee, diskutieren an ihren Tischen über ein vorgegebenes Thema, schauen dazu einen Film, hören einen meditativen Denkanstoß und singen ein paar bekannte Lieder aus dem Gesangbuch.*[85]

Möchten Sie gerne etwas für ältere Menschen tun? Wie wäre es mit einer Veranstaltung unter dem Motto „Ferien zu Hause" für gebrechliche alte Menschen in Ihrem Umfeld oder einer Gruppe für Trauernde? Oder Sie könnten einen Kurs zu Lebensfragen für Senioren anbieten oder einen Abendmahlsgottesdienst in der Woche und anschließend gibt es Tee und Gebäck.

Wenn Sie die „jungen Alten" erreichen wollen, bietet sich ein Abend für Menschen an, die alt genug sind, um Großeltern zu sein. Sie könnten abwarten, wer kommt, und gemeinsam ent-

---

[85] www.freshexpressions.org.uk/guide/examples/older (Zugriff am 9. Mai 2013).

scheiden, wie oft sie sich treffen und was sie miteinander tun wollen. Oder Sie versuchen es so wie im folgenden Beispiel:

In einem Seniorenheim wurde von Zeit zu Zeit von einer Gemeinde ein Gottesdienst angeboten. Dabei entstand in der Gemeinde die Vision von einer Zeugnisgemeinschaft. Mitglieder einer Zellgruppe ließen sich davon inspirieren und begannen, die alten Menschen zu besuchen. Sie lernten ältere Christen kennen, die in dem Heim wohnten, und mit ihnen zusammen arbeiteten sie daran, dort eine Gemeinde zu gründen. Bald kamen die Heimmitarbeiter auch dann zu den Treffen, wenn sie eigentlich frei hatten. Und die Verwandten begannen ihre Besuche so zu legen, dass sie ebenfalls daran teilnehmen konnten.

Verschiedene geografische Gegenden

Da die Bevölkerung in der nördlichen Hemisphäre in vielen Ballungsgebieten wächst, ist es nur natürlich, dass überall neue Wohngebiete entstehen. Stellen Sie sich vor, Sie wären von Ihrer Kirche angestellt, um eine Gemeinde zu gründen, die zur Kultur einer dieser Wohngebiete passt. Womit würden Sie anfangen?

Heather Cracknell begann mit einer Kennenlernparty. An den Wänden befestigte sie Listen mit Ideen für Aktivitäten, in die man sich eintragen konnte, wenn man daran teilnehmen oder die Verantwortung dafür übernehmen wollte. Sie hoffte, dass sich die neuen Nachbarn dadurch besser kennenlernen würden.

Entdeckungstage

Unter dem Motto Discovery Days (Entdeckungstage) initiierte Penny Joyce eine Mischung von sozialen Events und Veranstaltungen mit christlichen Inhalten in einem neuen Wohngebiet in der Nähe von Oxford.

Familien trafen sich zum Sonntags-Tee und zu verschiedenen Aktivitäten, in denen es auch um christliche Inhalte ging. Die Männer spielten gemeinsam Fußball. Lesebegeisterte taten sich zu einem Buchclub zusammen, Menschen, die zu Hause arbeiteten, aßen zusammen Mittag. Mütter mit kleinen Kindern trafen sich jede Woche.

Die Christen unter ihnen gehörten einer der zwei wöchentlich stattfindenden Kleingruppen – Discovery 1 und 2 – an, eine weitere Entdeckergruppe wurde für Suchende eingerichtet. Pennys Vision war eine Ausbreitung der Zellgruppen über das ganze Wohngebiet und ein gemeinsames Treffen aller Gruppen einmal im Monat.

Für Bewohner, die noch nicht zu den Suchenden gehörten, gab es das Angebot Breathe, ein Gesprächsabend mit Wein, bei dem über Lebensfragen nachgedacht werden konnte.

Penny stellte den Weg, den Menschen zurücklegen, wenn sie Christen werden, auf einer Skala von 10 bis 1 dar (ähnlich der Engel-Skala). Jeder Mensch befindet sich irgendwo zwischen völligem Desinteresse für den Glauben (10) und einer bewussten Identität als Christ am anderen Ende. Die geplanten Aktivitäten waren an verschiedenen Punkten dieser Skala angesiedelt, sodass die Bewohner die Wahl hatten.

Christen waren an allen Aktivitäten beteiligt. Penny betete darum, dass dort, wo sich zwischen ihnen und den anderen Freundschaften bildeten, auch das Interesse der Noch-nicht-Christen geweckt würde, sich entlang dieser Skala weiterzubewegen.

„Wenn man bei 7 oder 8 steht, dann möchte man nicht gleich in einer Kirchengemeinde landen", erklärte sie. „Aber dann passt vielleicht eine Veranstaltung, die auf Jesus aufmerksam macht und Appetit auf mehr anregt. Wir machen uns gemeinsam mit den Menschen auf den Weg und erwarten nicht, dass sie in einem Schritt von Stufe 9 auf Stufe 1 gehen."

Eine wichtige Erkenntnis aus den Erfahrungen von Penny ist, dass man vor Ort bleiben muss, bis die Initiativen Wurzeln geschlagen haben und ein starkes christliches Leitungsteam entstanden ist. Geht der *Pioneer* zu früh, könnte die Initiative noch zu schwach sein, um zu überleben. Das ist sowohl für aussendende Gemeinden als auch für sonstige Geldgeber wichtig zu wissen!

Vom Tee zur Café-Kirche im Vorort

Mehrere Gemeinden in einem Vorort im Westen von London unterstützten gemeinsam einen Sonntagnachmittags-Tee für Obdachlose und andere Menschen am Rand der Gesellschaft[86]. *Nach einigen Jahren wurde vollzeitlich ein Hauptamtlicher eingestellt, um mit dieser demografischen Gruppe zu arbeiten.*

Nach dem Tee, der im Keller einer lebendigen Kirchengemeinde stattfand, lud der neu eingestellte Mitarbeiter die Gäste zum Abendgottesdienst in die Kirche ein. Ein paar folgten der Einladung und setzten sich in die letzte Reihe – als Zuschauer sozusagen.

Dann entschloss man sich zu dem Experiment, den Gottesdienst an einem Sonntag im Café-Stil abzuhalten. Die Gemeinde saß an Tischen, es gab Kaffee und etwas zu knabbern. Der Pastor merkte, dass die Gäste aus dem Keller das erste Mal wirklich beteiligt waren. „Wir sollten das jede Woche so machen", meinte er.

So wurde es gemacht. Nach und nach kamen immer mehr Gäste aus dem Keller, während die ursprünglichen Gottesdienstbesucher ihren Ort verstärkt im Gottesdienst am Sonntagmorgen fanden. Entstanden ist eine Café-Kirche für Obdachlose und andere Menschen am Rand der Gesellschaft. Fünfzig bis sechzig von ihnen kommen regelmäßig.

Christen, die aus Vororten zu ihrem Arbeitsplatz pendeln, führen häufig an, dass Evangelisation deshalb schwierig ist, weil

---

[86] Anm. d. Übers.: Der Nachmittags-Tee ist in England mit einer kleinen Mahlzeit verbunden.

sie ihre Nachbarn nicht kennen. Aber das Kennenlernen geht schnell, wenn man den Menschen in Liebe dient. Und es gibt unzählige Möglichkeiten, etwas für Menschen mit besonderen Bedürfnissen und Wünschen zu tun. Dies könnte auch der Weg für Ehrenamtliche aus den Gemeinden sein.

Die Gemeinde mit dem oben beschriebenen Gottesdienst im Café-Stil bietet zum Beispiel auch SNIPS an, einen Treffpunkt für Eltern und Tagesmütter von Babys, Kleinkindern und Vorschulkindern. Auch hier gibt es ein Café. Vor Kurzem hat das Team als Teil des SNIP-Angebotes einen Familiengottesdienst eingeführt.

Early Bird (Frühaufsteher) auf dem Land

Als Victor Howlett 1997 als zweiter Pfarrer in eine ländliche Gemeinde in das englische Wiltshire kam, stellte er schnell fest, dass im Gottesdienst keine Familien saßen. Er stellte ein kleines Team aus der Gottesdienstgemeinde zusammen und schlug vor, einmal im Monat am Sonntag um neun Uhr einen halbstündigen Frühaufsteher-Gottesdienst anzubieten.

Keiner im Team war sich sicher, dass der Gottesdienst angenommen werden würde, aber trotzdem besuchten sie die Kindergärten im Umkreis und verteilten Einladungen. Tatsächlich kamen vierzig bis fünfzig Leute, zwei Drittel von ihnen hatten nichts mit Kirche zu tun. Und was sehr ungewöhnlich war: Es kamen mehr Väter als Mütter – und sie saßen in der ersten Reihe.

Der Gottesdienst ist auf den ersten Blick gar nicht „kirchlich". Die Lieder haben nie mehr als zwei Strophen. Das Gesangbuch besteht aus sechs bunten Seiten, die Ansage der Lieder erfolgt über die Farben. Ist ein Lied unbeliebt, wird es ausgetauscht. Thema ist immer eine biblische Geschichte. „Wenn es gut läuft, erzählen wir sie noch einmal."

Im Anschluss gibt es Kaffee und beim Abschied werden die Leute eingeladen zum nächsten Frühaufsteher-Gottesdienst. Kinder bekommen zwischen den Gottesdiensten SMS oder E-Mails, um in Kontakt zu bleiben.

Victor arbeitet inzwischen in der dritten Gemeinde und überall wiederholt er sein Konzept des Frühaufsteher-Gottesdienstes, allerdings heißt es jetzt Jump Start Sunday (bring den Sonntag auf Touren). Inzwischen gibt es in mindestens zwölf Gemeinden solche Frühaufsteher-Gottesdienste.[87] *Menschen, die Interesse an Gott haben, können in einer kurzen, familienfreundlichen Veranstaltung den Glauben entdecken und der Rest vom Sonntag ist frei.*

Das Wesley Playhouse

Eine methodistische Gemeinde in einem Pendlerdorf in der Nähe von Leeds stand kurz vor der Schließung, als Steward Caroline Holt mit ihrer Patentochter einen kommerziellen Indoor-Spielplatz besuchte. „Warum bieten wir so etwas nicht in unserer Kirche an?", kam ihr die Idee.

Nach langen Beratungen und viel Fundraising wurde im Kirchengebäude das Wesley Playhouse eröffnet, mit einer Mattenlandschaft, Klettergerüsten und einem Bällebad.

Es gibt einmal im Monat einen Playhouse-Gottesdienst und weitere Veranstaltungen, so zum Beispiel ein viergängiges Muttertags-Menü für Mütter und ihre Familien. „Dabei können sich die Menschen entspannen und wir bedienen sie. Der Dienst an anderen sollte überhaupt immer im Mittelpunkt stehen."[88]

Zwischen dem Start im Jahr 2007 und April 2013 haben mehr als 24.000 Menschen das Angebot genutzt – wenn man bedenkt, dass damals gerade einmal zehn Mitglieder regelmäßig zum Gottesdienst kamen, ist das eine gewaltige Veränderung. Caroline berichtet:

„Wir haben inzwischen 914 m² Spielfläche, ein Café, das gleich-

---

87 www.freshexpressions.org.uk/stories/earlybird (Zugriff am 15. Juli 2013).

88 http://www.freshexpressions.org.uk/news/a-fesh-expression-of-church-is-not-a-cheap-and-cheerful-option-by-carolin-holt (Zugriff am 15. Juli 2013).

zeitig geöffnet hat, und sehr viel Unterstützung aus dem Umfeld vor Ort. Die Menschen denken an uns und nutzen das Wesley Playhouse als Ort für Kindergeburtstage und Feiern. Wir hatten sogar schon sieben Taufen, weil die Menschen sich so sehr zu dieser Initiative zugehörig fühlen, die ihre ganz eigene Fresh-X-Gemeinde geworden ist."[89]

Uncommon Grounds in einer ehemaligen Bergarbeiterstadt

Sie finden das Uncommon Grounds (ungewöhnliches Terrain) Café in einer kleinen Stadt in Pennsylvania. Ein christlicher Arbeiter und seine Frau gründeten es für Menschen, die finanziell oder emotional zu kämpfen hatten. Sie verkaufen Kaffee für 50 Cent, die Leute können bleiben, so lange sie wollen, es ist jemand da, mit dem sie reden können und der ihnen zuhört.

In den Open Mic-Nächten haben Menschen Gelegenheit, Gedichte, Musik oder Tänze vorzutragen. Kunstausstellungen geben Malern, Fotografen und Töpfern des Ortes die Möglichkeit, ihre Werke zu zeigen. Andere lernen kochen. In dem Maße, wie sie positives Feedback bekommen, fangen Menschen, die bisher wenig Bestätigung erlebt haben, nach und nach an, sich wertgeschätzt zu fühlen. Jeden Samstag gibt es eine kostenlose Mahlzeit mit einer anschließenden offen gestalteten Anbetungszeit.

Mark war Alkoholiker, voll innerer Wut, die sich in Aggression entlud, und ein zerbrochener Mensch. Es war für die Leiter des Cafés schwierig, ihn unter Kontrolle zu halten, aber mit viel Gebet und Hilfe vom Heiligen Geist schafften sie es, ihm trotzdem weiter in Liebe zu begegnen.

Eines Tages kam Marc am Samstag zum Essen, ganz ruhig – was gar nicht zu ihm passte –, beteiligte sich friedlich an den Gesprächen, blieb zur Gebetszeit, betete selbst laut und ließ für sich beten.

---

89 www.freshexpressions.org.uk/stories/playhouse (Zugriff am 15. Juli 2013).

> *Von diesem Tag an war er verändert, hatte sich mehr unter Kontrolle und vertraute darauf, dass Gott an ihm und seinem Leben arbeitete. Einige Monate später meldete er sich auf eigene Initiative zu einer Entziehungskur an.*

Wenn man Menschen in sozial benachteiligten Umfeldern (und anderswo) erreichen will, geht das nur über Gastfreundschaft. Eine christliche Familie zieht in ein solches Umfeld, sie lädt immer wieder Menschen zu sich ein. Die Beziehungen werden langsam enger, man beginnt, regelmäßig gemeinsam zu essen. Die Gespräche dabei berühren wichtige Lebensthemen und geben die Möglichkeit, vom Evangelium zu erzählen. Bibellesen und Gebet wird langsam zum festen Bestandteil dieser Treffen (oder findet zu anderen Zeiten statt) und nach und nach werden die Menschen Teil des Reiches Gottes.

> *Eine Gemeinde in Bristol dehnte ihre Gastfreundschaft auf ein sozial benachteiligtes Umfeld in der Nähe aus. Sie eröffnete ein Sonntags-DROP-IN (Schau rein) in ihren Räumlichkeiten. Es gab eine Tasse Tee, etwas zu essen, Poolbillard und Tischtennis, Zeitungen und eine Pinnwand für Gebete. Gegen Ende der Öffnungszeit lädt jemand dazu ein, Gebetsanliegen zu nennen, und es folgt eine kurze gemeinsame Gebetszeit.*
>
> *2010 variierte die Besucherzahl zwischen fünfzehn und fünfundzwanzig jede Woche. Manche baten darum, getauft zu werden. Das Leitungsteam sieht DROP IN nicht als Zwischenstopp auf dem Weg zur existierenden Gemeinde, sondern als „das Experiment, eine neue Form von Gemeinde zu sein in einer Zeit, in der Kirche ihre Anziehungskraft verloren hat. Wir wissen nicht, wohin es führt oder wie lange es anhält … Aber wir glauben, dass wir etwas geschaffen haben, das zwar klein und zerbrechlich ist, aber wo Heilung und Veränderung stattfinden können und eine neue Form von Gemeinschaft wachsen kann."*[90]

---

[90] *Church Times*, 16. Dezember 2011.

Ethnische Grenzen überwinden

Barry und Camilla Johnston haben in einem multikulturellen Umfeld eine kleine Gemeinschaft gegründet mit dem Namen SIDEWALK. Von Frühling bis Herbst setzt sich das Team jeden Samstag in einen gelben Kleinbus und fährt in immer denselben Park, in dem Kinder, meistens aus muslimischen Familien, sich zum Spielen treffen.

Sie bieten eine Stunde lang ein Programm an: Lieder, Spiele, einen Merkvers, eine biblische Geschichte in Form eines Theaterstückes, drei Vertiefungsbeispiele und eine daraus folgende Anwendung für das Leben, die mithilfe eines Comics veranschaulicht wird.

Weil es für die Kinder gedacht ist, schauen Eltern und ältere Geschwister im Hintergrund zu. Einige von ihnen übernehmen nach und nach kleinere Aufgaben oder tragen Ideen bei.

Die Mitglieder der SIDEWALK-Gemeinschaft besuchen die Familien der Kinder, die an dem Programm teilnehmen, und treffen sich untereinander, um Freizeit miteinander zu verbringen. Im Park entstehen Beziehungen zu den Familien und man trifft sich bei den Teammitgliedern zu Hause.

Zur Gemeinschaft gehören erfahrene Christen und Menschen, die gerade erst oder noch gar nicht Christen sind. 2012 kam die Frage auf, welche Art von tiefer gehendem geistlichem Impuls eine so unterschiedlich geprägte Gruppe benötigt, um zusammengehalten zu werden.[91]

Dem Kontext angepasst

Der rote Faden, der sich durch alle diese Geschichten zieht, ist die Tatsache, dass Zeugnisgemeinschaften in verschiedenen Kontexten verschiedene Formen haben. Sie versuchen, das Gemeinde-

91 www.freshexpressions.org.uk/stories/sidewalk (Zugriff am 9. Mai 2013).

leben so zu gestalten, dass es sowohl dem Kontext entspricht als auch Jesus treu bleibt.

Bei manchen Christen löst das Besorgnis aus. Sie befürchten, dass christliche Gemeinschaften bei dem Versuch, Anschluss an die Kultur des Umfeldes zu finden, unweigerlich das eigene Profil verlieren und dabei in Vergessenheit gerät, dass der Anspruch des Evangeliums die Menschen etwas kostet. Die Kirche könnte dadurch ihre Unverwechselbarkeit verlieren.

Bis zu einem gewissen Grad ist die Anpassung an die Kultur, die uns umgibt, jedoch Teil eines jeden Lebens. Im Gespräch passen wir uns schon aus Respekt dem Gesprächspartner an. Wenn wir ins Ausland ziehen, adaptieren wir die dort üblichen Sitten. Redner und Vortragende passen sich ihrem Publikum an. Sie wählen Themen, die für die Zuhörer wichtig sind, und stellen sie so dar, dass es auf Resonanz stößt.

Sogar Gott selbst passt sich der Kultur an, wenn er zu uns spricht. Die Schrift ist kein abstraktes Buch aus einer anderen Welt, das vom Himmel gefallen ist. Die Bücher der Bibel stehen in enger Beziehung zu den antiken Kulturen, in denen sie geschrieben wurden – und konnten deshalb den Menschen eine verständliche Botschaft vermitteln. Sie waren in den damals üblichen Sprachen geschrieben – Hebräisch, Griechisch und ein wenig Aramäisch. Tempel, Priester und Opfer, also wichtige Elemente der antiken Kulturen, kamen im Alten Testament immer wieder vor. In den Büchern des Neuen Testamentes geht es um andere Themen, dort wird ähnliches Material in anderer Form genutzt, weil die Zielgruppe zunächst eine andere war.

Der Bibelwissenschaftler Peter Enns sagt dazu: „Wenn Gott sich offenbart, dann offenbart er sich immer Menschen. Er muss also so sprechen und handeln, dass sie ihn verstehen.“[92] Gott respektiert uns Menschen so sehr, dass er sein Niveau und seine Methoden der Kommunikation so anpasst, dass wir sie verstehen.

---

92 Peter Enns, *Inspiration and Incarnation: Evangelicals and the Problem of the Old Testament*, Grand Rapids: Baker, 2005, S. 20 (eigene Übers.).

Jesus nachfolgen

Das stärkste Beispiel der Anpassung an andere ist Jesus. Er schwebte nicht über der Kultur und hatte keine Angst, von ihr infiziert zu werden. Nein! Er ist ganz und gar eingetaucht in die jüdische Art zu leben.

Er sprach Aramäisch mit galiläischem Akzent. Er nahm an den Festen teil und pflegte die Traditionen der Gesellschaft. Seine Gleichnisse schöpfen aus den Gedankenmustern und rhetorischen Traditionen seiner Zeit.[93] Er sprach mit dem Volk, mit den Pharisäern, mit Nikodemus oder mit Petrus jeweils ganz anders.

Als er von den Toten auferstand und in den Himmel auffuhr, ließ er seine Identität als Jude nicht hinter sich zurück. Er fuhr als Jude in den Himmel auf. Er sitzt an der Seite des Vaters und bleibt dabei ein Jude.[94]

Das ist wichtig. Christliche Gemeinschaften lassen ihre Kultur nicht hinter sich, wenn der Geist sie Gott näherbringt. Die Küche, die Musik, die Kleidung, die Gewohnheiten, die allgemeinen Lebensmuster sind keine Störfaktoren, die man über Bord werfen muss, sobald man Christus ähnlicher wird.

Wenn Jesus eine christliche Gemeinschaft willkommen heißt, dann schließt er ihr alltägliches Leben in sein Willkommen ein. Wenn die Mitglieder einer Gemeinschaft ihren Glauben also leben, als Individuen oder als Gruppe, dann zeigen sie damit, wie „das, was wir hier bei uns tun und wie wir es tun", aussieht, wenn es an der Seite Christi getan wird – auch wenn das natürlich nicht perfekt ist. Sie stehen für eine Transformation der Kultur innerhalb des Reiches Gottes.

Zeugnisgemeinschaften folgen also dem Beispiel der Schrift

---

93 Dean Flemming, *Contextualization in the New Testament. Patterns for Theology and Mission*, Leicester: Apollos, 2005, S. 21.

94 Markus Bockmühl, „God's Life as a Jew: Remembering the Son of God as Son of David", in Beverly Roberts Gaventa & Richard B. Hays (eds), *Seeking the Identity of Jesus: A Pilgrimage*, Grand Rapids: Eerdmans, 2008, S. 76.

und dem Beispiel Jesu, indem sie verschiedene Formen annehmen, um dem Kontext gerecht zu werden. Nur wenn sie in unterschiedlichen Kulturen unterschiedliche Formen haben, können sie die Geschichte Jesu in ihrer ganzen Fülle erzählen. Und die geht weit über eine Kultur hinaus.

Vier Leitsätze

Heißt das: Alles geht? Eindeutig nicht. Wenn die Kirche die *unverwechselbare* Geschichte Jesu widerspiegeln möchte, dann kann sie nicht einfach eine unter vielen anderen Organisationen oder gesellschaftlichen Gruppen sein und so wie sie. Sie muss anders sein – so wie Jesus, der zwar normalen Alltag lebte, aber auf einzigartige Weise.

Genauso können das auch christliche Gemeinschaften tun, wenn sie ihre Anpassung an die Kultur immer wieder an vier Leitsätzen ausrichten. Sie müssen sagen können: „Der Heilige Geist selbst und unter seiner Führung auch wir haben (...) beschlossen" (Apostelgeschichte 15,28).

- Erstens bedeutet das, der Schrift treu zu bleiben.
- Zweitens die Schrift im Einklang mit der gesamten Kirche auszulegen. Das ist zum Beispiel der Fall, wenn man in der Stillen Zeit oder in Andachten Bibellesehilfen oder Auslegungen benutzt.
- Drittens den missionarischen Kontext zu beachten. Wird die Mission Gottes durch die Anwendung der Schrift gefördert oder behindert?
- Viertens gemeinsam zu Entscheidungen zu kommen. Wenn die Interpretation und Anwendung der Bibel von allen Christen der Gemeinschaft getragen wird, so wie es in Korinth der Fall war (1. Korinther 12-14), dann ist die Wahrscheinlichkeit geringer, dass eine einzelne Person die Gemeinschaft in die falsche Richtung lenkt.

Ich bin inzwischen ungefähr fünfzehn Jahre unterwegs, um vor Publikum über neue Formen gemeindlichen Lebens zu sprechen, die zum großen Teil an Werktagen stattfinden. Zu meiner Überraschung bin ich nur drei Mal gefragt worden, was dies für das Gebot der Sonntagsheiligung bedeutet: „Ist es in Ordnung, wenn diese Gruppen nicht am ersten Tag der Woche ihren Gottesdienst feiern?"

Angenommen eine Zeugnisgemeinschaft versteht sich als Gemeinde und feiert ihren Gottesdienst während der Woche. Wie könnte sie die Frage nach dem Sonntagsgottesdienst im Rahmen der vier Leitsätze beantworten?

Zunächst würde die Gruppe, wenn sie der Schrift treu bleiben möchte, nicht einfach ignorieren, was im Neuen Testament steht. Die ersten Christen haben sich bewusst am ersten Tag der Woche getroffen, weil dies der Tag war, an dem Jesus von den Toten auferstanden ist. Die Gemeinschaft sollte sich der Frage nach der Feier des Gottesdienstes in der Woche oder am Sonntag also stellen.

Bei der Auseinandersetzung damit sollte sie einen Blick auf die Kirche in ihrer Gesamtheit werfen. Viele Christen haben die Regel des Sonntagsgottesdienstes flexibel gehandhabt. Die römisch-katholische Kirche zum Beispiel bietet auch am Samstagabend Messen für diejenigen an, die am Sonntag nicht kommen. Viele evangelikale Gemeinden feiern ebenfalls Gottesdienste während der Woche für die Menschen, die am Sonntag keine Zeit haben.

Dann müsste die Gemeinschaft über ihren missionarischen Kontext nachdenken. Wenn sie mit Menschen arbeitet, die Schichtarbeit machen oder am Sonntag familiäre Verpflichtungen haben, wäre dann eine Einladung zum Sonntagsgottesdienst realistisch?

Schließlich müssten die Mitglieder der Gruppe alle drei Elemente miteinander betrachten – das Sonntagsgebot in der Schrift, die von der Kirche als Ganzer erlaubte Flexibilität und die Erfordernisse in ihrem missionarischen Kontext – und sich in einem gemeinsamen Prozess fragen: „Was ist in unserer Situation sinnvoll?"

Eine Schlussfolgerung könnte sein, während ihres Gottesdienstes im Alltag besonders für die Christen zu beten, die sich am folgenden Sonntag zum Gottesdienst treffen. Sie könnten einen gemeinsamen Gottesdienst am Ostersonntag planen für alle, die es sich einrichten können. Oder sie beschließen noch etwas ganz anderes.

Wie immer das Ergebnis aussieht, die Entscheidung würde den Leitsätzen entsprechen, weil alle Punkte bedacht sind: die Schrift, die gesamte Kirche, der missionarische Kontext und die gemeinsame Entscheidung.

Fazit

Immer wieder schrecken Menschen davor zurück, eine Zeugnisgemeinschaft ins Leben zu rufen, weil sie in den festen Bahnen ihres traditionellen Denkens gefangen sind. Allerdings brechen auch immer mehr Christen aus ihren überkommenen Denkweisen aus. Sie finden neue Möglichkeiten, als kleine oder größere Gruppen von Christen im Alltag anderer Menschen etwas zu bewirken.

Im besten Fall sind diese Gruppen, wie in Kapitel 1 beschrieben, *missional* – sie arbeiten zum großen Teil mit Menschen außerhalb des kirchlichen Kontextes. Sie sind *kontextuell* – sie passen zum Milieu und den Lebensumständen derer, die sie erreichen wollen. Sie sind *lebensverändernd*[95] – der Wunsch, Menschen in die Nachfolge zu bringen, ist zentral für ihr Handeln und Denken. Sie sind *ekklesial* – sie sind kein Sprungbrett, um die Menschen in die traditionellen Gemeinden zu bringen, sondern machen Mut zu der Erfahrung von Kirche vor Ort.

Einige der Beispiele in diesem Kapitel scheinen sich so sehr zu unterscheiden von „normaler“ Gemeinde, dass man sich fra-

---

[95] Anm. d. Übers.: Der hier im Englischen verwendete Begriff „formational“ umfasst sowohl Jüngerschaft als auch Bildung.

gen könnte, ob sie überhaupt Kirche sind. Manche sind es wahrscheinlich nicht. Aber sie alle vermitteln mindestens einen Vorgeschmack von Kirche. Je mehr sie auf den vier Beziehungsebenen von Kirche wachsen – *mit Jesus, mit der gesamten Kirche, mit der Welt und innerhalb der Gemeinschaft* – desto mehr werden sie zu Kirche.

Der britische Naturforscher Charles Darwin hat gesagt: „Nicht der Stärkste einer Art überlebt, auch nicht der Intelligenteste, sondern derjenige, der es am besten schafft, sich den Veränderungen anzupassen."

Diese Gemeinschaften, die einen Vorgeschmack von Kirche vermitteln, die in immer mehr Fragmenten der Gesellschaft Fuß fassen, zeigen, dass der christliche Glaube nicht dabei ist auszusterben, wie viele Soziologen es vorhergesagt haben. Er passt sich den Veränderungen an. Er wird auf frische Weise wieder lebendig. Vom Geist bewegt schließen sich Christen im Gebet zusammen, um auf innovative Weise Dienst an Menschen zu tun, ihnen Jesus zu zeigen und mitzuerleben, wie sich ihr Leben verändert.

Teil 2

Handwerkszeug zur Entwicklung von Zeugnisgemeinschaften

Kapitel 4

Worin liegt das Geheimnis?

Die Gemeinde St. Laurence im englischen Reading konzentriert sich auf junge Leute. Inzwischen sind sie eine Gemeinde geworden, aber angefangen haben sie als kleines Team. Sie verbrachten in den Schulen vor Ort Zeit mit den jungen Leuten und hörten zu, wenn diese von ihren Anliegen und Ideen erzählten. Neun Jahre später waren fast fünfzig junge Menschen auf dem Weg, im Glauben zu wachsen. Nur wenige von ihnen hatten vorher Erfahrungen mit Kirche gemacht.

Der Erfolg kam ganz und gar nicht über Nacht. Nach ein paar Jahren waren Chris Russel und seine Mitarbeiter frustriert. Sie nahmen auf alle möglichen Arten Kontakt zu den Teenagern auf. Inzwischen waren einige sehr gute Beziehungen gewachsen. Aber kaum einer war zum Glauben gekommen.

Der Durchbruch kam erst, als jemand aus der Gemeindeleitung vorschlug, zur Reflexion ihrer Arbeit folgendes Schema zu nutzen:

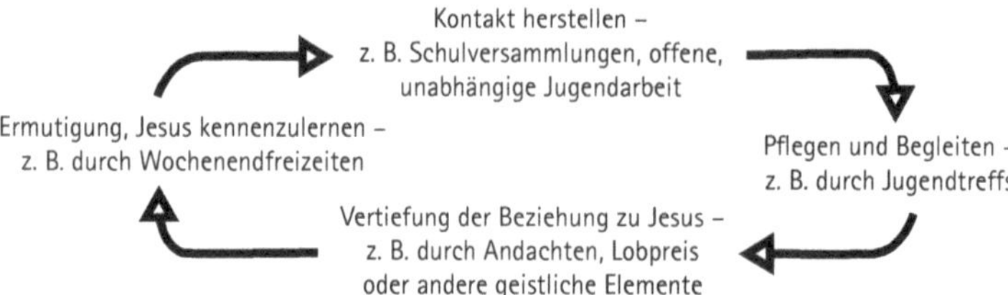

„Kontakt herstellen“ meint den Aufbau von Beziehungen zu jungen Menschen und die dienende Hinwendung. „Pflege und Input“ nimmt die Gemeinschaft in den Blick. Viele Jugendtreffs und Vereine ziehen Teenager nicht nur durch ihre Angebote an, sondern weil sie das Gefühl bekommen dazuzugehören. Besondere Wochenend-Angebote „ermutigen dazu, Jesus kennenzulernen". Wer zum Glauben kommt, schließt sich einer Gottesdienstgemeinde an, in der die „Beziehung zu Jesus vertieft wird".

Dieses Grundgerüst hat das Team dazu ermutigt, sich bei jedem Angebot zu fragen: „Was kommt als Nächstes? Ist der Schritt von einer Phase zur nächsten zu groß?" Aus diesem Grund begannen sie 2010 mit den Planungen für „Pflegen und Begleiten 2" und teilten damit den Sprung zur „Ermutigung, Jesus kennenzulernen" in zwei Schritte auf.

Zielgerichtet auf dem Weg sein

Für manche Menschen ist es kaum denkbar, dass sich eine Zeugnisgemeinschaft entwickeln kann. Sie können sich zwar vorstellen, gemeinsam mit ein paar Freunden etwas für Menschen in ihrem Umfeld, am Arbeitsplatz, in einer Interessensgemeinschaft oder einem Netzwerk zu tun. Aber wie diese Aktionen Menschen auf den Weg zu Jesus bringen sollen, erschließt sich ihnen nicht. Sie starren auf das leere Blatt Papier, ohne zu wissen, wie sie darauf ein Bild entstehen lassen sollen.

Dem Geheimnis, wie man unter Gebet ein solches Bild entstehen lassen kann, wollen wir hier auf den Grund gehen. Dazu gehört zunächst, zielgerichtet zu sein: Sie müssen eine Reise gestalten, auf der Sie von Liebe geprägten Dienst mit Hinweisen auf das Evangelium verbinden. Wegweiser zu Jesus sollten an den richtigen Stellen auf dem Weg aufgestellt sein. Und sie müssen ein Ziel vor Augen haben für die Reise, die Wegweiser und die Wege.

Ein Rahmen, kein fester Plan

Ausgangspunkt ist der Wunsch, nicht blind unterwegs zu sein, sondern – wie St. Laurenz – einen Rahmen zu haben, der zum Handeln befähigt,

- um den Weg zu erkennen, auf dem man unterwegs ist, und ermutigt zu werden;
- um die Entwicklung zu beeinflussen und zu verstehen, was einen erwartet;
- um strategisch zu handeln. Der Rahmen für ihr Vorgehen hat die Mitarbeiter von St. Laurenz dazu ermutigt, sich mit Angeboten zu befassen, die den jungen Menschen dabei helfen, den Schritt zur nächsten Phase zu machen. So verloren sie keine Zeit mit Initiativen, die zu nichts führen.

Ein solcher Rahmen ist keine Zwangsjacke. Man muss sich nicht eingezwängt fühlen und ist kein Sklave eines vorgegebenen Plans. Die funktionieren nämlich in der Regel nicht: Mitglieder einer Gruppe kommen und gehen, die Umstände verändern sich oder es ergeben sich überraschende neue Möglichkeiten.

Die Wege von Zeugnisgemeinschaften sind fließend, planlos und zeigen unerwartete Verläufe. Das kann kaum überraschen, denn wir leben in einer Welt, in der nichts vorhersehbar ist.

Es ist nicht gut, sich auf Pläne zu verlassen, denn oft passiert Überraschendes, das einen vom Kurs abbringt. Und trotzdem: Weil man über den nächsten Schritt nachdenken muss, geht es ohne Planung nicht. Aber statt eines festen Plans sollten Sie lieber einen Rahmen haben – ein Navigationsgerät, das den Kurs vorgibt, Ihnen aber die Freiheit lässt, Ihre Route immer wieder neu den Gegebenheiten anzupassen.

Zuerst Gottesdienst

Viele kennen vielleicht das Modell, dass eine Gemeinde die Planung einer neuen Gemeinde unterstützt. Hier liegt der Fokus auf der öffentlichen Gründung einer neuen Gottesdienstgemeinde.

Manchmal sendet eine Gemeinde ein großes Team von ungefähr fünfzig Leuten mit zwei bezahlten Hauptamtlichen aus. Wenn der Boden bereitet ist, wird eine Gottesdienstgemeinde in einem leeren Gebäude oder einer von der Schließung bedrohten Kirche eingerichtet.

Die „Schaufenster" einer solchen Gemeindepflanzung sind Gottesdienste und/oder gute Verkündigung und die Mitglieder laden ihre Freunde dazu ein. Angeregt durch Präsentationen, Diskussionen über Lebensthemen und andere Veranstaltungen werden die Freunde zu Kursen eingeladen, in denen sie mehr über den Glauben erfahren. Wenn sie sich zu Jesus bekennen, schließen sie sich einer Kleingruppe an und engagieren sich in der Gemeinde.

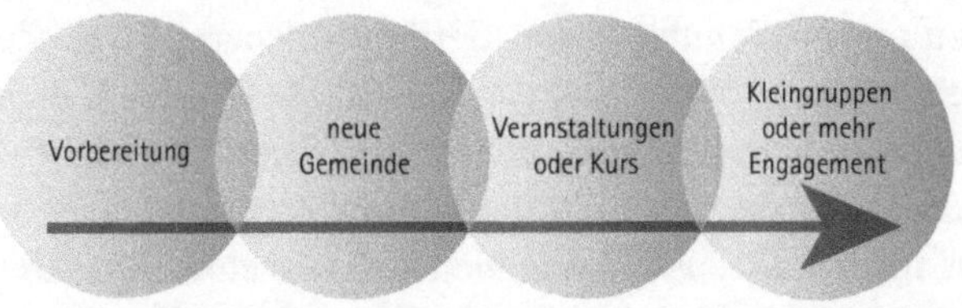

Diese Gemeindepflanzungen wachsen häufig schnell. Wird die neue Gottesdienstgemeinde größer, übernimmt sie die finanzielle Verantwortung für ihre hauptamtlichen Mitarbeiter und stellt weitere ein. Die neue Gemeinde kann sich nun selbst erhalten und ihrerseits ihre Mission erfüllen.

Solche groß angelegten Gemeindepflanzungen können sehr fruchtbar sein. Besonders angesprochen fühlen sich dadurch Menschen, die mit ihrer eigenen Gemeinde unzufrieden sind, die umgezogen sind und sich nach einer Gemeinde umschauen oder die früher zu einer Gemeinde gehört haben und jetzt wieder bereit wären, sich einer anzuschließen. Die meisten Gemeinden jedoch können das nicht leisten, und normale Christen werden abgeschreckt: „Ich könnte niemals etwas so Großes leiten!" Wer meint, dies sei das einzige Modell, um christliche Gemeinschaft in die Gesellschaft zu tragen, bleibt dann wahrscheinlich lieber in seiner eigenen Kirchenbank sitzen. Das ist aber nicht der Fall.

Neben diesen großen Gemeindepflanzungen tun sich immer mehr Christen mit einigen wenigen Freunden zusammen, bilden kleine Zeugnisgemeinschaften im Alltag und wenden sich den Menschen in ihrem Umfeld liebevoll und segnend zu.

Groß angelegte Gemeindepflanzungen werden ergänzt durch kleine, tief gehende Pflanzungen. Die großen Gemeindepflanzungen erreichen viele Menschen, aber bei Weitem nicht alle. Ihre Netzwerke beschränken sich auf einen bestimmten Teil der Bevölkerung. Und hier kommen die kleinen Zeugnisgemeinschaften ins Spiel. Sie können in Teile der Gesellschaft vordringen, die von den großen neuen Gemeinden unberührt bleiben.

Eine neue Gottesdienstgemeinde, die vielleicht hauptsächlich aus Fachkräften besteht, hat, wenn überhaupt, nur wenig Kontakt zu einem Wohnblock mit Geringverdienern. Zwei oder drei Gemeindeglieder könnten zum Beispiel beschließen, sich eine Wohnung in dem Block zu suchen. Sie lernen ihre Mitbewohner kennen, laden sie zu sich in die Wohnung ein und starten einen wöchentlichen Diskussionsabend, der sich in einen Bibelkreis entwickelt und dann vielleicht in eine kleine Gottesdienstgemeinde.

Für die dortigen Bewohner ist der Schritt viel leichter, sich mit den anderen aus ihrem Wohnblock zu treffen, als in die viel größere Gemeindepflanzung zu gehen, die voll ist von selbstbewussten und redegewandten Berufstätigen.

Wenn Sie also eine neue Gemeinde nach dem Modell *Zuerst Gottesdienst* gründen wollen, warum kombinieren Sie nicht die groß angelegte Pflanzung mit der kleineren Form? Warum nicht Mitglieder Ihrer neuen Gemeinde dazu ermutigen, Zeugnisgemeinschaften unter Menschen zu gründen, die Sie im Augenblick nicht erreichen?

Zuerst Beziehungen

In weiten Teilen der nördlichen Hemisphäre ist inzwischen eine interessante Entwicklung zu beobachten: Die Vorbereitungsphase für die traditionellen Gemeindepflanzungen, in der Begegnung stattfindet und Angebote gemacht werden, die auf den öffentlichen Start vorbereiten, ist länger geworden. Man nimmt sich mehr Zeit, um auf den Kontext zu hören und Beziehungen aufzubauen, bevor man die Leute zu einer christlichen Veranstaltung einlädt.

Für die meisten Menschen ist der erste Schritt zu groß, wenn sehr schnell mit öffentlichen Gottesdiensten begonnen wird. Das jedenfalls ist die Erfahrung eines *Pioneers*, der mithilfe des traditionellen Gemeindepflanzungsmodells junge Menschen im Nordwesten Londons erreichen wollte. Er beschreibt seine Gefühle nach dem offiziellen Start der Gemeinde so:

„Ich war völlig ernüchtert an diesem Sonntag, an dem wir das erste Mal das Bürgerhaus für einen Sonntagabendgottesdienst gemietet hatten. Ich sah die zwanzig Leute, die gekommen waren, und dachte: ‚Warum nur so wenig?‘ Eigentlich aber hätte die Frage lauten müssen: ‚Warum hätten mehr kommen sollen?‘“[96]

Wo Menschen noch nicht bereit sind, eine Einladung zu einer explizit christlichen Veranstaltung anzunehmen, sieht das Modell vielleicht eher so aus:

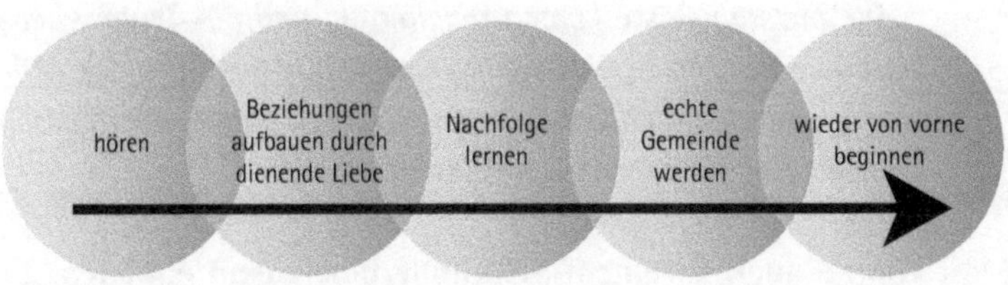

---

[96] Zitiert bei George Lings, *Leading Fresh Expressions: Lessons from Hindsight*, The Sheffield Centre: Encounters on the Edge, 36, 2007, S. 8–9.

Zuhören und Beziehungen entstehen lassen braucht wesentlich mehr Zeit als eine traditionelle Gemeindepflanzung und muss unter Umständen begleitet sein von verschiedenen sozialen Aktivitäten. Erst wenn durch liebevollen Dienst Beziehungen gewachsen sind, lädt die Zeugnisgemeinschaft Menschen zu einer christlichen Veranstaltung ein. Dort können diese Menschen dann entdecken, was es heißt, Jesus nachzufolgen. Menschen finden zum Glauben und um sie herum bildet sich eine Gemeinde. Im Optimalfall werden diese neuen Christen dann dazu ermutigt, den Prozess zu wiederholen und eigene kleine, christliche Gemeinschaften zu gründen.

Die christliche Veranstaltung hierbei kann zunächst schlicht das regelmäßige Treffen des Kernteams sein.

> *In Nashville im amerikanischen Tennessee zum Beispiel taten sich zwei Ehepaare zusammen. Sie trafen sich immer wieder mit Freunden, die aus der Kirche ausgetreten waren oder gerade nicht wussten, wohin sie sich orientieren sollten. Und sie lernten auch die Freunde der Freunde kennen. Sie trafen sich in Zigarren-Lounges und an anderen öffentlichen Orten, wo sie auf weitere Bekannte stießen und ihren Bekanntenkreis ausweiten konnten.*
>
> *Natürlich wurden sie gefragt, was sie da taten. Ihre Antwort, sie seien Gemeindepflanzer, führte häufig zu interessanten Gesprächen. Wer Interesse zeigte, wurde zu einem Teamtreffen eingeladen. Dort konnte, wer wollte, an einer Andacht teilnehmen und entdecken, was es heißt, Jesus nachzufolgen.*
>
> *Die meisten Gäste kamen regelmäßig und das Team wuchs kontinuierlich. Als es groß genug war, wurde die Gemeinde offiziell gegründet. Achtzehn Monate später kamen regelmäßig siebzig bis achtzig Leute, darunter viele Kinder.*

Man könnte auch zu einem Schnupperbibelabend einladen, zu einer christlichen Meditationsgruppe, zu einem Gesprächskreis, der sich anhand des Lebens Jesu mit geistlichen Themen befasst, oder zu einem anderen explizit christlichen Angebot.

In Cincinnati, Ohio, bietet Moveable Feast *informelle Treffen an, bei denen über Gott, Spiritualität, Religion, das Leben, die Arbeit und Kultur diskutiert wird. Die Zusammenkünfte finden in Privatwohnungen, Bars, Cafés, Parks, Fitnessstudios oder an anderen Orten statt. Hier haben die Menschen Gelegenheit, im Kontext einer Gemeinschaft Fragen zu stellen und den Glauben zu entdecken.*

Pastorin Jane Gerdsen, die Katalysatorin hinter den Gruppen, legt Wert darauf, dass der Fokus zunächst auf den Gesprächen liegt und nicht auf geistlichen Angeboten. Menschen, die nach kreativen Formen geistlichen Lebens suchen, sammeln sich dann von selbst um diese Interessen herum. Diejenigen, die noch in einem früheren Stadium ihres Glaubensweges sind, bleiben davon erst einmal unberührt.[97]

Hier, so könnte man sagen, hat sich das *Zuerst-Gottesdienst*-Modell des Gemeindepflanzens in ein *Zuerst-Beziehungen*-Modell verwandelt. Dieser zweite Weg passt gut für Menschen, die ein vages Interesse am christlichen Glauben zeigen, aber erst noch eine tiefe Erfahrung christlicher Liebe machen müssen, bevor sie bereit sind, eine Veranstaltung mit christlichem Inhalt zu besuchen.

In Migranten- und einigen Arbeitermilieus, in denen die Familien- und Netzwerkbindungen sehr stark sind, können „Botschafter des Friedens" eine zentrale Rolle spielen, indem sie andere einladen. „Botschafter" oder „Kinder des Friedens" (LUT) sind, wie in Lukas 10,6 beschrieben, offen für das Evangelium; sie sind gut vernetzt mit anderen und können Menschen zusammenbringen. Sie haben die natürliche Gabe, Menschen um sich zu versammeln.

Durch „hören" und „Beziehungen aufbauen durch dienende Liebe" lernt die Zeugnisgemeinschaft Menschen kennen. Sie fin-

---

97 www.freshexpressions.org.uk/stories/moveablefeast (Zugriff am 14. Mai 2013).

det dann einen oder auch mehrere dieser Kinder des Friedens, macht ihnen Appetit auf das Evangelium und ermutigt sie dann, ihre Freunde zu sich nach Hause oder an einen anderen Ort einzuladen. Der Freund aus dem Team der Zeugnisgemeinschaft ist dabei und unter seiner Anleitung wird die Bibel entdeckt, es werden Geschichten aus den Evangelien gelesen, und Menschen begegnen Jesus. Rund um das Treffen bildet sich so etwas wie eine Gemeinde.[98]

In den Bibelarbeiten wird nach einem elementaren Schema vorgegangen und etwa mit den folgenden vier Fragen gearbeitet, die natürlich an den Kontext angepasst werden müssen:

Worum geht es in der Geschichte?
Was bedeutet sie für dich?
Was willst du aufgrund der Geschichte anders machen?
Wem wirst du davon erzählen?

Sowohl Menschen, die auf dem Weg zum Glauben sind, als auch neue Christen können gut mit diesen Fragen arbeiten, und sie können dies ihrerseits auch gemeinsam mit ihren Freunden tun.

Der Australier Steve Addison, ein starker Verfechter dieser Methode, beschreibt ein Treffen mit christlichen Arbeitern im indischen Bangalore:

„Sie erzählten mir, wie sie diejenigen, die bereits Christen waren, darin schulten, ihre eigene Story und die Story von Jesus mit anderen zu teilen und Menschen zu Jüngern zu machen. Mit dem Training verbunden war die Erwartung, das Gelernte unmittelbar in die Praxis umzusetzen. Vor Kurzem begannen sie

---

[98] Anm. d. Übers.: Hilfreiches Material finden Sie unter: www.cmaresources.org; www.movements.net; www.newformsresources.co.uk. (auch in der deutschen Website-Liste für Fresh X sind keine deutschen Alternativen zu finden).

eine Schulung mit 120 Teilnehmern. Nach der ersten Woche wurden diese gebeten, vor der nächsten Kurseinheit fünf Menschen ihre Story zu erzählen. Auch in den restlichen Wochen sollte alles Gelernte unmittelbar in die Praxis umgesetzt werden. Die Gruppe wurde jede Woche kleiner. Nach sechs Wochen war sie auf fünfzehn Teilnehmer geschrumpft.

Noch bevor ich fragen konnte, warum sie ein solches Vorgehen für sinnvoll halten, berichteten sie mir, dass diese fünfzehn Übriggebliebenen bereits neun neue Gemeinden gegründet hatten. Sie zeigten auf die andere Straßenseite und erklärten: „In der Garage da trifft sich eine Gemeinde für Taxifahrer und ihre Familien.“[99]

Das Zuerst-dienen-Modell

Sie denken vielleicht, dass das *Zuerst-Beziehungen*-Modell bei den Leuten, die Sie kennen, niemals funktionieren würde, weil diese nicht kommen würden, wenn eine Veranstaltung explizit christlich ist (und das ist auf der nördlichen Hemisphäre inzwischen eher die Regel). Wenn das so ist, ist das *Zuerst-dienen*-Modell für Sie vermutlich passender.

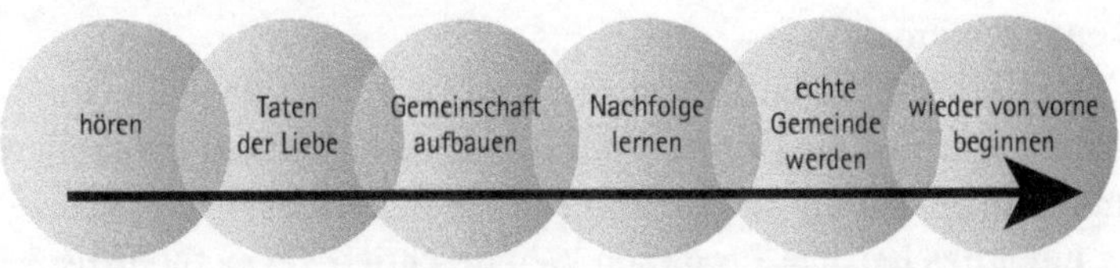

Dieser dritte Weg beginnt weder mit Gottesdienst oder anderen Angeboten des geistlichen Lebens, noch baut er ausschließlich auf liebende Beziehungen. Stattdessen beginnt die Zeugnisgemeinschaft, nach der Phase des Zuhörens „Taten der Liebe“ zu

[99] Steve Addison, *What Jesus Started*, Downers Grove: IVP, 2012, S. 178.

organisieren. Um diese Aktivitäten herum bildet sich dann eine Gemeinschaft. Sie entsteht aus den Beziehungen, die sich dann ganz automatisch ergeben. Innerhalb der Gemeinschaft können die Beziehungen vertieft werden und es werden Hinweisschilder auf Jesus aufgestellt. Wo es passt, werden dann Einzelne in die Nachfolge Jesu eingeladen.

Wenn Menschen zum Glauben finden, erleben sie Gemeinde, und im besten Fall lernen die Beteiligten, den Prozess „wieder von vorne zu beginnen" – also selbst in einem Bereich ihres Lebens eine Zeugnisgemeinschaft zu initiieren.

Dieser Weg unterscheidet sich von der *Zuerst-Beziehungen-*Variante, weil die dienende Liebe organisierte Formen annimmt. Bei beiden Modellen gründen Christen kleine *Gemeinschaften*, die *sichtbar* sind im täglichen Leben und *aktiv* in ihrem liebevollen Dienst an anderen.

Das *Zuerst-dienen*-Modell passt immer dann, wenn Menschen auf eine Einladung zu einer explizit christlichen Veranstaltung – zum Beispiel einer Bibelarbeit oder einem Gesprächsabend über christliche Spiritualität – nicht reagieren würden. Die Aktivitäten des Liebens und Dienens schaffen einen Kontext, in dem Menschen zusammengebracht werden. Hier entstehen Beziehungen, die sich vertiefen, Einzelne machen die Erfahrung der Liebe Christi und es können Möglichkeiten angeboten werden, um Jesus kennenzulernen.

Das Modell hat außerdem den großen Vorzug, eine ganzheitliche Form von Mission zu sein. Dienende Liebe wird kombiniert mit Evangelisation und dem Ruf in die Nachfolge.

Ein gutes Beispiel für diesen Weg beschrieb die methodistische Pastorin Barbara Glasson:

> *Sie ging ein Jahr lang durch die Straßen von Liverpool, beobachtete und hörte zu. Mit einer Gruppe von Freunden fing sie an, Brot zu backen und es zu verschenken. Andere schlossen sich dem Kernteam an. Beim gemeinsamen Brotbacken entstand Gemeinschaft.*

> *Sie begannen, mittags in einem Nebenraum eine Zeit der stillen Besinnung anzubieten. Die Teilnehmer wurden gebeten, ihre Gedanken zu einem Bibeltext zu äußern. Dabei durften die anderen nicht unterbrechen. Es folgte Gebet und Besinnung in der Stille. Nach und nach bekamen die Teilnehmer Zugang zum christlichen Glauben und eine „Gemeinde" nahm Form an.*[100]

Ein weiteres Beispiel ist TANGO, die Abkürzung für „Together As Neighbours Giving Out" (als Nachbarn gemeinsam verteilen) in der englischen Region Merseyside.

> *TANGO entstand im Jahr 2000 und ist inzwischen zu einem Café und einem Second-Hand-Kaufhaus angewachsen, in dem Christen durch ihr Tun und durch Gespräche ihren Glauben bezeugen.*
>
> *Anfangs war es nur an einem Tag in der Woche geöffnet, inzwischen an dreien. Der Mittwoch hat sich zu einem Handarbeitstag für die „Golden Oldies" entwickelt, die ein starkes Gefühl der Zugehörigkeit entwickelt haben.*
>
> *Bei den Mittwochstreffen wird das Angebot einer halbstündigen Gebetszeit gemacht. Zwanzig bis dreißig der Golden Oldies nehmen teil, manche von ihnen sind Kirchgänger, andere nicht. In einem Hauskreis, der am Abend bei einem der Mitarbeiter stattfindet, gibt es die Möglichkeit, sich näher mit dem Glauben zu befassen.*[101]

Hören

Wir sollten uns nun noch einmal näher die einzelnen Kreise des *Zuerst-dienen-Modells* ansehen, von denen einige deckungsgleich sind mit dem *Zuerst-Beziehungen-Modell.*

---

[100] Barbara Glasson, *Mixed-up Blessing: A New Encounter with Being Church,* Peterborough: Inspire, 2006.

[101] www.freshexpressions.org.uk/stories/tango (Zugriff am 14. Mai 2013).

Betendes Hören ist absolut wesentlich. Das wissen wir von Jesus. Als Teil der Vorbereitung für seinen Dienst blieb der zwölfjährige Jesus in Jerusalem zurück und hörte den Autoritäten im Tempel zu. Er baute Beziehungen auf, indem er sich voller Respekt zu ihnen setzte. Er stellte Fragen, beteiligte sich am Gespräch und nahm sich Zeit (drei Tage). Dabei nahm er vermutlich das Risiko in Kauf, dass seine Eltern wütend auf ihn sein würden.

Ziel des Hörens ist herauszufinden, was Gott uns zu tun aufträgt. Deshalb muss man den Menschen zuhören, denen man in Liebe dienen möchte. Welche Sehnsüchte haben sie? Was beschäftigt sie? Vor welchen Herausforderungen stehen sie? Wie können wir mit den uns zur Verfügung stehenden Ressourcen etwas für sie tun? Was halten sie von unseren Ideen? Wer engagiert sich noch für sie? Gibt es schon Erfahrungen, von denen wir profitieren können?

Hören heißt auch, und das ist wesentlich, seine direkte Aufmerksamkeit durch Gebet und Bibellesen auf Gott zu lenken, auf Freunde und Gebetspartner zu hören und sie um Rat zu fragen.

Sie können auch auf die gesamte Kirche hören, indem Sie Bücher und Blogs lesen oder mit Menschen reden und so weiter. Möglichkeiten gibt es viele. Besonders wichtig ist die Frage, ob schon andere Christen etwas gestartet haben, das Ihrer Idee ähnlich ist. Was haben sie daraus gelernt? Auf www.freshexpressions.org.uk/stories oder http://freshexpressions.de finden Sie unzählige Geschichten von Zeugnisgemeinschaften. Warum nicht einfach eine E-Mail an jemanden schreiben, der schon tut, was Sie vorhaben, und um ein Telefonat bitten?

www.freshexpressions.org.uk/stories

http://freshexpressions.de

Hören gleicht einer Positionsbestimmung mithilfe der vier Himmelsrichtungen eines Kompasses:

360°-Hören

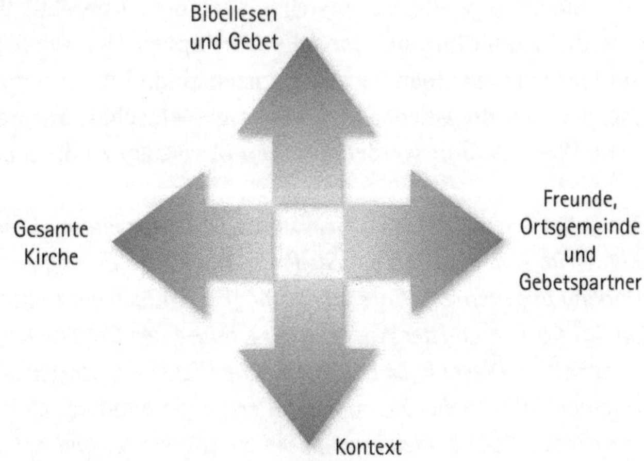

Manchmal braucht dieses Hören eine Weile. Vielleicht haben Sie das Gefühl, dass Sie und Ihre Freunde nicht weiterkommen. Trotz vieler Gebete und Gespräche sehen Sie nicht, wohin es gehen soll. Und Sie werden ungeduldig.

Verzweifeln Sie nicht! Die Psychologin Sara Savage, die an der Universität Cambridge lehrt, schrieb dazu: „Die Erfahrung, dass einem jemand zuhört, ist so nah an der Erfahrung, geliebt zu werden, dass beides nicht voneinander zu unterscheiden ist."[102]

Versuchen Sie also nicht, den Prozess des Hörens abzukürzen! Nutzen Sie die Zeit, um Ihre Freunde besser kennenzulernen, sammeln Sie weitere Ideen und denken Sie daran: Hören ist nie verschwendete, sondern investierte Zeit – investiert in die Liebe.

---

[102] Beta Kurs, 2. Einheit, www.beta-course.org (eigene Übers.).

Taten der Liebe

Als Teil des „360°-Hörens“ vertiefen sich die Beziehungen der Glieder Ihrer Zeugnisgemeinschaft zu den Menschen, für die sie etwas tun möchten. Vielleicht entstehen auch neue Kontakte. (Die Kreise in der Abbildung des Modells überlappen sich, weil die Phasen nicht klar voneinander abzugrenzen sind.) Im Verlauf des Prozesses werden die Glieder der Zeugnisgemeinschaft auf ganz praktische Wege geführt werden, um den Menschen zu dienen.

> *Ein gutes Beispiel dafür ist das Earlybird Café für Eltern, die ihre Kinder im Kindergarten der St.-Pauls-Gemeinde im englischen Dorking abgeben. Das Café war anfänglich einfach ein Angebot, um für sie während der Woche in der Kirche einen Ort zum Reden zu schaffen. Dieser in Liebe angebotene Dienst entwickelte sich zu einer Café-Kirche, die immer am ersten Sonntag des Monats stattfindet. 2011 kamen regelmäßig achtzig Kinder und 175 Erwachsene.*[103]

> **Reverb**
>
> *Reverb ist eine Initiative der methodistischen Kirche im schottischen Inverness, die in der Stadt auf vier verschiedene Arten etwas für die Menschen tun möchte:*
>
> - *„Grab nach Leibeskräften.“* Lokale Firmen und Geschäfte und die Gemeinde sponsern Gartenumgestaltungen bei Bürgern, die sich verdient gemacht haben. Dadurch kommen junge Menschen mit Reverb in Kontakt.
> - *„Wasch nach Leibeskräften.“* Hier geht es darum, Menschen besser kennenzulernen. Inspiriert von der Fußwaschung Jesu, bieten Mitglieder aus der Reverb-Kerngruppe einen Tausch an: „Erzählst du mir von dir, und ich wasche dir das Auto.“

---

[103] www.freshexpressions.org.uk/stories/stpaulscafechurch (Zugriff am 15. Mai 2013).

- *„Sing nach Leibeskräften."* Daraus entstand ein Weihnachtsliedersingen in einem Fußballstadion.
- *„Mach den Weg frei."* Im Winter kann jeder, der körperlich eingeschränkt ist, bei Reverb anrufen und darum bitten, Bürgersteig und Eingang von Schnee und Eis zu befreien.

Gemeinschaft aufbauen

Gemeinschaft entsteht rund um die Beziehungen und Aktivitäten der Christen des Kernteams. Menschen lernen sich gegenseitig kennen, Vertrauen wächst und sie entwickeln ein Zugehörigkeitsgefühl. Häufig geschieht das ganz von selbst. Nimmt man allerdings zielgerichtet Einfluss, kann dies den Prozess vorantreiben.

Breakfast@9 ist eine Café-Kirche am Sonntagmorgen. Vierzig bis fünfzig Eltern kommen jeden Sonntag mit ihren Kindern. Am Anfang saßen die Familien an Einzeltischen. Das, so das Team, führte aber dazu, dass nicht miteinander geredet wurde. „Wir stellten je zwei Tische zusammen und die Familien begannen, viel mehr miteinander zu reden."[104] *Schon Kleinigkeiten können das Gemeinschaftserlebnis stärken.*

Gemeinschaft aufzubauen ist schon an sich wertvoll. Jesus pflegte Gemeinschaft, wenn er mit seinen Jüngern aß, mit ihnen reiste und ihnen immer wieder besondere Zeiten schenkte. Geht es um Mission, ist eine liebevolle Gemeinschaft ebenso wichtig. Sie

- zeigt etwas von Christus;
- vermittelt Menschen eine zwar unvollständige, aber wichtige Erfahrung von Kirche;

---

104 www.freshexpressions.org.uk/stories/breakfastat9 (Zugriff am 14. Mai 2013).

- schafft vertrauensvolle Beziehungen, in denen man vom Evangelium erzählen kann;
- bewegt Menschen dazu wiederzukommen. Manche Selbsthilfegruppen aus dem nicht kirchlichen Bereich haben entdeckt, wie man Drogen- und Alkoholabhängige dazu bringen kann, wieder zu den Gruppentreffen zu kommen: Sie bitten andere Teilnehmer, ihnen durch eine Postkarte zu sagen, dass man sie vermisst.

Nachfolge lernen

Während der Phasen des Hörens, des Liebens und Dienens und des Aufbaus der Gemeinschaft kann niederschwellig vom Evangelium erzählt werden. Irgendwann aber entsteht die Notwendigkeit, expliziter die Möglichkeit anzubieten, Nachfolge zu entdecken und zu lernen.

Man könnte zum Beispiel mit einem Mentoring „eins-zu-eins" anfangen. Kommen mehr Leute dazu, sind es irgendwann genug, um eine Schnupper-Gruppe zu gründen, die gemeinsam den Glauben entdeckt.

Für die Arbeit mit einer solchen Gruppe können Sie auf bereits existierendes Kursmaterial zurückgreifen, es an Ihre Situation anpassen, Ihr eigenes Material zusammenstellen oder einfach über die Geschichten sprechen, die Jesus erzählt hat. Hat die Gruppe sich stabilisiert, könnten Sie z. B. gemeinsam das Markusevangelium durcharbeiten.

Gemeinde nimmt Form an

Nach und nach kommen Einzelne Jesus näher und können zunehmend intensiver kennenlernen, was Kirche bedeutet, z. B., indem sie zu den geistlichen Treffen ihrer Kerngruppe eingeladen werden.

Natürlich müssen sich diese Treffen verändern, denn sie müssen an die Bedürfnisse derer, die neu zum Glauben gekommen sind, angepasst werden (und eventuell müssen Sie für erfahrene Christen im Team zusätzliche Angebote mit Bibelstudium und geistlicher Vertiefung schaffen).

Alternativ können Sie eine Schnupper-Gruppe dazu ermutigen, zusammenzubleiben und eine eigene geistliche Zelle zu bilden. Wenn diese sich vervielfältigt, könnten zwei oder mehr solcher Zellen monatlich oder bei bestimmten Gelegenheiten zusammenkommen, um Kirche in einem größeren Kontext zu erfahren.

Wichtig ist, dass die Verbindung zur gesamten Kirche stärker wird. Neue Christen werden in den gesamten Leib Christi hinein getauft. Sie müssen in das größere Ganze des Leibes Christi eingebunden sein, wenn sie sich damit identifizieren sollen. Sie müssen etwas hineingeben und etwas daraus empfangen. Ist eine neue Initiative unter dem Schirm einer Ortsgemeinde entstanden, sollten diejenigen, die sich auf den Weg zum Glauben machen, in das Gemeinschaftsleben und zu anderen Aktivitäten der Muttergemeinde eingeladen werden.

Ist Ihre Initiative unabhängig von einer Kirchengemeinde gewachsen, könnten Sie neu zum Glauben Gekommene

- ermutigen, sich online mit Angeboten der gesamten Kirche zu befassen;
- einladen zu Einkehrtagen, Konferenzen und anderen Veranstaltungen Ihrer Kirche oder auch von Kirchen anderer Konfessionen vor Ort;
- einladen in Ihre Wochenendgemeinde (wenn Sie sich in einer zweiten Gemeinde engagieren). Finden sie dort ebenfalls eine Heimat, haben auch sie vielleicht zwei Gemeinden. Wie bereits in den vorangegangenen Kapiteln erörtert, verbietet das Neue Testament an keiner Stelle die Zugehörigkeit zu zwei Gemeinden.

Christliche Zellen stärken das geistliche Leben der Gruppe, aus der sie hervorgegangen sind. So erlebt die ganze Gruppe intensiver, was Kirche ausmacht. Vielleicht kann bei Gelegenheit ein von den neuen Christen veranstalteter Luncheon Club eine optionale Abendmahlsfeier beinhalten.

Rufen Sie sich ins Gedächtnis, dass das Wesen von Kirche aus vier ineinandergreifenden Arten von Beziehung besteht, die alle auf Jesus Christus ausgerichtet sind: *mit Gott, mit der Welt, mit der gesamten Kirche* und *innerhalb der Gemeinschaft* (vgl. S. 38). Wenn Ihre Gemeinschaft in diesen vier Beziehungsrichtungen wächst, wird sie erfahren, was es heißt, Kirche zu sein.

Von vorne beginnen

2002 bot die Methodistengemeinde eines ehemaligen Bergarbeiterstädtchens in Nottinghamshire in England einen Alpha Kurs an. Am Ende wollten drei Viertel der Gruppe, alle mit sehr wenig kirchlichem Hintergrund, gerne weitermachen.

Sie trafen sich donnerstags abends im vierzehntägigen Rhythmus weiter im Grannies, einem Teehaus am Ort. Dort gab es Kaffee und Kuchen, Gebetszeiten, Andachten und Gesprächsrunden. Sie arbeiteten mit Material wie Nicky Gumbels Buch „A Life Worth Living" (deutsch: „Leben, das sich lohnt. Eine Reise durch den Philipperbrief", Nicky Gumbel, Asslar: Gerth Medien, 2008).

Als ein neuer Alphakurs begann, bot die Follow-up-Gruppe des ersten Kurses ihre Unterstützung an, indem sie während der Kursabende für den Kurs beteten, Essen vorbereiteten oder sich dazu setzten, um die Gespräche zu begleiten. Zwei Jahre später, nach vier Alphakursen (mit entsprechenden Follow-up-Gruppen), entwickelte sich eine nächste Follow-up-Gruppe zu einer neuen, eigenständigen Gemeinde, die Fellowship@Grannies. Auch sie planten die Unterstützung weiterer Alphagruppen.[105]

[105] www.freshexpressions.org.uk/guide/develop/becoming/grannies (Zugriff am 14. Mai 2013).

Fellowship@Grannies ist ein gutes Beispiel dafür, was es heißt, „wieder von vorne zu beginnen". Absolventen der Alphakurse unterstützten jeweils den nächsten Kurs. Neue Christen lernten, wie es funktioniert, das Modell zu wiederholen, mit dem der Heilige Geist auch sie zum Glauben geführt hatte.

Ein ebensolches Beispiel ist Sorted, das als Initiative für junge Teenager begann, die gerne Skateboard fahren. Andy Milne, der Gründer, hielt Kontakt zu der ersten Gruppe (Sorted 1) und startete acht Jahre später eine zweite Initiative (Sorted 2) in einer anderen Schule.

Ein Jahr später entschieden die Mitglieder von Sorted 1, ebenfalls wieder von vorne zu beginnen. Die jüngeren Teenager ihrer eigenen Schule sollten noch einmal angesprochen werden: „Wir möchten etwas zurückgeben."

Jesus widerspiegeln

Dieses Modell von hören, dienender Liebe, Gemeinschaft aufbauen, Nachfolge lernen, Kirche erleben und von vorne beginnen entspricht der Art des öffentlichen Wirkens Jesu, wie Lukas es in seinem Evangelium beschreibt.

In Kapitel 2 begegnen wir dem hörenden Jesus, der daran anschließend in den frühen Jahren lehrt, heilt und Geister austreibt: Dienst in Liebe.

Dann, in den Kapiteln 5,1-11 und 6,12-16, verschiebt sich der Fokus darauf, Menschen in die Nachfolge zu rufen. Jesus baut eine Gemeinschaft auf und nennt sie seine Familie (8,19-21).

Der Aufbau von Gemeinschaft begleitet sein öffentliches Wirken, das Gewicht jedoch verschiebt sich immer stärker darauf, Jünger in der Nachfolge zu stärken: Er sendet die Zwölf und die Zweiundsiebzig aus (Kapitel 9 und 10), lehrt sie gesondert (Kapitel 17) und feiert mit ihnen das Abendmahl (Kapitel 22).

Wie die Kirche Gestalt annimmt, beschreibt Lukas in der Apostelgeschichte, dem zweiten Band seines Werkes. Hier ist das „Wieder von vorne beginnen" das große Thema. Die Apostel tun, was Jesus getan hat: Sie heilen Kranke, treiben Dämonen aus und geben die Lehren Jesu weiter. Die Gemeindepflanzungen des Paulus waren kontinuierliche Reproduktion.

Nicht nur Mittel zum Zweck

Jeder Schritt auf dem *Zuerst-dienen*-Weg ist (genau wie bei der *Zuerst-Beziehungen*-Variante) in sich wertvoll und vollständig. „Hören" ist für sich allein schon kostbar. Selbst wenn man nie über diese Phase hinauskommt, hätte man seine Zeit sinnvoll eingesetzt. Das Gleiche gilt für „dienende Liebe". Wenn Ihr Weg hier abbrechen würde, hätten Sie trotzdem etwas Wunderbares für das Reich Gottes getan. Und so ist es bei allen anderen Kreisen auch.

Das ist befreiend. Sie brauchen sich nicht unter Druck zu fühlen, weil Sie irgendwo ankommen müssen. Jedes Stadium ist mehr als nur ein Sprungbrett für das nächste.

Genießen Sie jede einzelne Phase, in der Sie sich befinden. Wenn der Heilige Geist den Impuls gibt, nach dem Hören den nächsten Schritt zu tun, dann können Sie ausprobieren, auf welche Weise Sie ganz praktisch etwas für andere tun können. Wenn dann durch das Wirken des Geistes eine Dynamik entsteht und Menschen angezogen werden, können Sie Gemeinschaft fördern und sie vertiefen. Wenn dies einen Kontext schafft, in dem Menschen neugierig auf Jesus werden, dann können Sie ihnen mithilfe des Heiligen Geistes zu weiteren Entdeckungen verhelfen.

Versuchen Sie auf dem Weg von einer Phase zur nächsten nicht, Türen einzurennen. Warten Sie auf den Wink des Geistes und öffnen Sie die Tür vorsichtig und unter Gebet.

Flexibel sein

Alle drei Konzepte – *Zuerst-Gottesdienst*, *Zuerst-Beziehungen* und *Zuerst-dienen* – sind Modelle und damit verallgemeinernd. In der Praxis können diese Modelle sehr unterschiedlich aussehen. Und manchmal sind auch die Unterschiede zwischen den Modellen verwischt.

Methoden, die in einem Modell angewandt werden, sind häufig auch in anderen nutzbar. Das gilt besonders für die „Schnupper-Bibelarbeiten", der manche Befürworter der *Zuerst-Beziehungen*-Variante besonders zentrale Bedeutung zumessen. Ihre Einfachheit macht neuen Christen Mut, in ihrem eigenen Freundeskreis Ähnliches zu tun. Ein solcher Ansatz ist auch für das *Zuerst-dienen*-Konzept außerordentlich geeignet.

Die Phasen aller Modelle überlappen sich und finden nicht selten gleichzeitig statt. Beim *Zuerst-dienen*-Modell zum Beispiel kann Gemeinschaft schon unmittelbar mit dem Beginn der Aktivitäten des liebenden Dienstes entstehen.

Manchmal meint man, man sei auf einem bestimmten Weg, nur um dann festzustellen, dass man längst einen anderen geht. Sie sind zum Beispiel gestartet mit dem *Zuerst-Gottesdienst*-Konzept im Kopf, haben festgestellt, dass die Vorbereitung „hören" und „Beziehungen aufbauen durch dienende Liebe" erfordert, und finden dann heraus, dass der Schritt, sofort zu einer explizit christlichen Veranstaltung einzuladen, zu groß ist. Also schalten Sie eine Phase der „Taten der Liebe" ein und befinden sich unversehens im *Zuerst-dienen*-Modell.

Oder der Geist hat noch ganz andere Ideen für Sie und Sie gehen letztendlich einen ganz eigenen, neuen Weg. Bleiben Sie flexibel. Und hören Sie weiter auf den Geist. Darin liegt der Schlüssel!

Bewusst Wegweiser aufstellen

Haben Sie sich auf den *Zuerst-dienen*-Weg gemacht, mag sich Ihnen die Frage stellen, wie die Beteiligten dazu eingeladen werden können, sich durch die Phasen nach vorne zu bewegen. Wie kommen sie über „Taten der Liebe“ und „Gemeinschaft aufbauen“ zu dem Punkt, an dem sie mehr von Jesus erfahren möchten? Wie können sie dazu ermutigt werden, ihm ihr Herz zu öffnen?

Das muss der Heilige Geist wirken. Die Gebete der beteiligten Christen sind durch nichts zu ersetzen. Während Sie sich „durch nichts vom Gebet abbringen [lassen]“ (1. Thessalonicher 5,17) für die Menschen, denen Sie dienen, können Sie Wegweiser aufstellen, die auf Jesus hindeuten.

Diese Wegweiser sind wesentlich, wenn die Aktivitäten der dienenden Liebe nicht einfach eine weitere Form karitativer Arbeit sein sollen. Taten der Liebe sind wichtiger Bestandteil des Reiches Gottes. Aber sie bekommen umso mehr Bedeutung, je mehr sie begleitet sind von Hinweisen auf Jesus.

Wie können diese Wegweiser aussehen? Die Palette ist breit: Sie reicht von Taten, die die Freundlichkeit des Reiches Gottes zeigen, bis hin zu missionalen Formen des Gottesdienstes.

Die Freundlichkeit des Reiches Gottes zeigen

Freundlichkeit enthüllt Jesu liebendes Herz. Menschen, die wenig oder gar nichts von ihm wissen, können so eine Ahnung von Jesus bekommen. Natürlich möchten die Christen des Kernteams freundlich sein zu allen, denen sie in Liebe dienen. Aber Freundlichkeit kann weit über dies Kernteam hinausgehen und kann die Haltung der gesamten Initiative widerspiegeln. So können Glaubende und Nicht-Glaubende gleichermaßen beteiligt sein an den Werken des Reiches Gottes, an denen die Menschen außerhalb sehen können, was christliche Liebe ist.

Noch-nicht-Christen einzuladen, sich an den Werken der Freundlichkeit des Reiches Gottes zu beteiligen, kann ihre Herzen für den Geist öffnen. Viele von denen, die Jesus noch nicht kennen, sind auf diese Weise beteiligt an der Umsetzung der Anliegen des Reiches Gottes. Indem Sie sich Ihnen in ihrem Dienst an anderen anschließen, werden Sie zu dem Einen hingezogen, der die Quelle ist für die Werte, die sie mit ihrem Dienst in Liebe verfolgen.

Eine Fußballmannschaft von Vätern und Söhnen könnte eine Familie mit einem behinderten Sohn unterstützen. Ein Lesekreis mit geistlichen Interessen eine Schulbücherei in Uganda. Eine Gruppe, die sich zum gemeinsamen Essen trifft, könnte regelmäßig spenden, um den Hunger in den Ländern der südlichen Hemisphäre zu bekämpfen.

Die meisten Menschen möchten Gutes tun, tun sich aber schwer, wenn sie damit allein sind. Zu einer Gruppe mit altruistischen Zielen zu gehören wird ihnen dabei helfen

- etwas von dem Guten zu tun, das sie erstreben.
- sich der Gruppe verbundener zu fühlen: „Ich habe das Gefühl, dass es sich lohnt! Wir haben so einen guten Kontakt zu Uganda."
- offen zu sein für Jesus, wenn sie entdecken, dass ihre Taten der Freundlichkeit ein wenig von seinen Taten der Liebe widerspiegeln.

Freundlichkeit zu Menschen außerhalb der Gruppe ist besonders wichtig, wenn es sich um eine Gruppe handelt, die sich um ein gemeinsames Hobby sammelt. Solche Gruppen können sich leicht ausschließlich um sich selbst drehen. „Wir treffen uns und diskutieren über wichtige Themen ..." – aber wie steht es mit dem Dienst an anderen? Taten, die die Freundlichkeit des Reiches Gottes zeigen, pflanzen eine DNA der nach außen orientierten Liebe in die Gemeinschaft hinein.

Stellen Sie sich vor, zwei oder drei Christen laden ihre Freunde alle vierzehn Tage zu einem Gesprächsabend mit Abendessen ein.

Um aus den Treffen mehr als konsumorientierte Selbstverwirklichung zu machen, wäre es zum Beispiel hilfreich, ein Wasserprojekt in den ländlichen Gegenden Indiens zu unterstützen.

Wenn ein paar von den Freunden anfangen Jesus zu suchen, wird dies aus dem Kontext einer dienenden Gemeinschaft heraus geschehen. Sie sind schon unterwegs auf dem Weg des Reiches Gottes, bevor sie darüber gesprochen haben, ihre Herzen sind bereits erwärmt.

Geschichten von Jesus erzählen

Noch offenkundiger zum Thema gemacht wird Jesus, wenn man Geschichten von ihm erzählt. Christen können ganz normal im Gespräch davon erzählen, was er für ihr Leben bedeutet.

„Hatten Sie ein gutes Wochenende?" „Ja, danke, wir hatten in unserer Kirchengemeinde ein gelungenes Fest ..." So erfährt der Gesprächspartner, dass Sie in die Kirche gehen.

Wenn Sie sich besser kennen, fragt die Person vielleicht nach, was genau es mit dem Fest auf sich hatte. Im weiteren Verlauf könnte es darum gehen, was es heißt „in die Kirche zu gehen", und vielleicht auch, warum Sie das tun. Nach und nach öffnet der Heilige Geist Ihnen die Tür, sodass Sie dem anderen mehr von Jesus erzählen können.

Irgendwann fragt Ihr Gesprächspartner vielleicht: „Warum lässt Gott Erdbeben zu?" und Sie können zum Beispiel erwidern: „Ich wünschte, ich könnte darauf eine Antwort geben! Aber als ich im vergangenen Jahr meine Arbeit verloren habe – zugegeben ein kleines Unglück im Vergleich zu einem Erdbeben –, da hat mein Glaube an Jesus mich aufrecht gehalten. Das weiß ich."

Geschichten von Jesus, das könnten auch Angebote sein, die Fragen nach ihm aufwerfen.

Penny Joyce, deren Arbeit in einem neuen Wohnviertel bereits im vergangenen Kapitel beschrieben wurde (vgl. S. 60), bot vor Weihnachten Nachmittage an, an denen Väter und Söhne bei Glühwein, Saft und einem Snack ihre Geschenke verpacken konnten.

Sie erzählte dabei immer auch, was Weihnachten für sie bedeutet. Wenn jemand Interesse zeigte, lud sie zu einer weiteren Veranstaltung ein, bei der zum Beispiel jemand davon erzählte, was Jesus in seinem Leben bewirkt hatte.

Manche Café-Kirchen bieten einen Denkanstoß zum Thema Glauben an. Es wird jemand eingeladen, der von seinem Glauben erzählt oder einen kurzen christlichen Denkanstoß gibt, der gute Gespräche anregen soll, und vorher wird öffentlich geworben.

Als sie New Creations ins Leben rief für Menschen, die Grußkarten basteln wollten, schlug Janet Cross vor, dass jede Woche ein Thema haben sollte – wie zum Beispiel Frühling, Ferien oder Muttertag. Dazu wurden dann die Karten gebastelt. Janet führte kurz in das Thema ein und sagte dabei auch, was es für sie als Christin bedeutete. Ganz langsam wurde Jesus dabei immer mehr zum Thema.

Gebet und Heilung

Wenn man miterlebt, wie ein Gebet erhört wird, dann ist das eine viel tiefer gehende Erfahrung, als wenn jemand bloß von seiner Geschichte mit Jesus erzählt. Wenn das geschieht, wird ein Mensch, der noch nicht Christ ist, unmittelbarer Zeuge des Wirkens Gottes. Sie oder er kann dann ebenfalls eine Geschichte von Jesus erzählen.

Eine Zwanzigjährige berichtet: „Meine Freundin hatte kein Interesse an Gott, bis sie hörte, dass ich für ihre Großmutter betete. Als es dieser plötzlich besser ging, war sie auf einmal sehr interessiert."

Im Nordwesten von London trafen sich Frauen aus ethnischen Minderheiten, die schlecht Englisch sprachen, in einem Sprachcafé. Sie saßen an kleinen Tischen und waren eingeladen, beim Teetrinken miteinander über verschiedene Themen zu reden.

Die Mitarbeiter waren frustriert, weil sie nicht wussten, wie sie bei ihrem Dienst an den Frauen vom Evangelium erzählen sollten. Dann kam ihnen eine Idee. Sie hängten eine Gebetstafel auf und baten die Frauen, dort ihre Gebetsanliegen anzuheften. Die Mitarbeiter versprachen, für diese Anliegen zu beten. Es gab auch die Möglichkeit, Gebetsanliegen im vertraulichen Gespräch weiterzugeben.

Sechs Monate später unterhielten sich die Frauen über ihre Gebetsanliegen und so konnte in den Gesprächen an den Tischen über Glaubensfragen gesprochen werden. Der nächste Schritt war ein Einführungskurs in den christlichen Glauben.

Heilung als eine Form des erhörten Gebetes ist eine besonders kraftvolle Gotteserfahrung. Heilung kann durch die Liebe christlicher Freunde geschehen, durch persönliches Gebet oder gemeinsame Gebetszeiten, durch Heilungsgottesdienste oder andere Arten von Seelsorge und Gebet. Einige Christen nennen es Power-Evangelisation, für andere spielt es eine eher untergeordnete Rolle.

Wunderheilungen sind nicht in erster Linie persönliche Segnungen – es ist wichtig, hier nicht die Illusion zu untermauern, dass wir dem Tod ein Schnippchen schlagen können. „Gott möchte, dass alle Menschen geheilt werden", gilt für das nächste Leben, nicht für dieses. Wunderbare Heilungen sind vorweggenommene Zeugnisse vom kommenden Reich Gottes. Sie zeigen, wohin diese Welt geht, wenn sie durch Jesus umgestaltet wird – und sie sind ein Vorgeschmack davon.[106]

---

[106] Luke Bretherton, „Pneumatology, Healing and Political Power: Sketching a Pentecostal Political Theology", in Jane Williams (Hrsg.), *The Holy Spirit in the World Today*, London: Alpha International, 2011, S. 138–139.

Wenn man einem Nichtglaubenden den Sinn einer Heilung erklärt (dass sie ein Wunder ist, muss immer erklärt werden), wird sie zu einem außerordentlich ausdrucksstarken Wegweiser. Das Reich Gottes wird vor den Augen derjenigen sichtbar, die erst noch zum Glauben finden müssen.

Geistliches Leben erleben lassen („missional worship")[107]

„Missional worship" – Menschen in christliche Glaubenspraxis mit hineinnehmen – ist eine Zwischenstation für Menschen, die im Glauben erste Schritte tun oder die unsicher sind, ob sie an Gott glauben sollen. „Missional worship" beschränkt sich nicht darauf, das Herz „zu erwärmen". Es geht auch um mehr, als den Menschen auf dem Weg zum Christsein die Möglichkeit zu geben, etwas über Jesus zu hören oder sein Wirken zu erleben. „Missional worship" schafft Raum, Gott zu begegnen. Diese Begegnungen vertiefen das geistliche Bewusstsein und ermutigen Menschen, noch mehr davon zu entdecken.

> *Ein Beispiel dafür ist Babymassage mit Gebet, ein Angebot, das den jungen Familien von heute sehr entgegenkommt. Man kann Mütter dazu einladen, ihre Babys zu massieren, und gleichzeitig für sie beten. Oft erfahren sie Gott dabei auf eine Art und Weise, die sie niemals erwartet hätten.*
>
> *Im Luncheon Club für Rentner sieht das ganz anders aus. Man stellt nach dem Essen Kerzen auf den Tisch, spielt christliche Musik und bittet jemanden, einige Verse aus der Bibel zu lesen. Dann gibt es Zeit für stilles Gebet und wer mag, kann zum Abschluss laut beten. Das alles in zwanzig Minuten. Die Gäste dürfen nach dem Essen gehen, können aber gerne auch bleiben.*

[107] Basierend auf Ann Morisys Konzept der „situationsgerechten Liturgie". Ann Morisy, *Journeying Out: A New Approach to Christian Mission*, London: Morehouse, 2004, S. 156–167.

Einige Cafés, die von christlichen Gemeinden betrieben werden, bieten Räume der Stille, vielleicht mit brennenden Kerzen, in die man sich zum stillen Gebet oder zur Besinnung zurückziehen kann.

Mitarbeiter, die in England Alpha Kurse für Menschen mit wenig kirchlichem Hintergrund durchführen, bestätigen die Schlüsselrolle von geistlichen Elementen und Anbetung als Teil der Kurse. Sie können sehr wirkungsvoll sein, wenn man sensibel damit umgeht.

Wenn Menschen zum Glauben kommen, können diese geistlichen Elemente ausgeweitet werden zu einer umfassenderen Form christlichen Gottesdienstes und der Anbetung. Das Abendmahl kann eingeführt werden und die Auslegung der Schrift kann nach und nach mehr Raum einnehmen.

Gezielt Wege zum Glauben zeigen

Freundlichkeit des Reiches Gottes, kreative Spiritualität, Geschichten von Jesus, Gebet und Heilung, Miterleben christlicher Glaubenspraxis („missional worship") – nicht alle diese Wegweiser müssen in Ihrer Zeugnisgemeinschaft unbedingt aufgestellt werden. Sie müssen auch nicht in dieser Reihenfolge hintereinander stehen. Es wird immer mehrere Elemente nebeneinander geben.

Was auch immer Sie davon in die Tat umsetzen, es sollte sich ganz natürlich mit dem Projekt entwickeln und sensibel an die Bedürfnisse derer angepasst sein, die Wege zum Glauben gehen. Sie selbst sollten sich Zeit nehmen, um diese Wege gezielt im Gebet zu begleiten und sie zu verstehen.

From point to pathway

Wie Menschen zu Christen werden hat sich radikal verändert. Als ich Teenager war, habe ich an den Veranstaltungen von Billy Graham teilgenommen. Dort wurden Menschen dazu ermutigt, sich für Jesus zu entscheiden. Und die Ortsgemeinden boten Gottesdienste an, die den gleichen Schwerpunkt hatten.

Man ging davon aus, dass es einen *Zeitpunkt* im Leben gibt, an dem man sich bekehrt – „einen Moment der persönlichen Krise ..., in dem der emotional aufgewühlte Sünder durch die Kraft des Heiligen Geistes plötzliche Erkenntnis und innere Befreiung erlebt.“[108]

In den 1990er-Jahren änderte sich diese Auffassung in der westlichen Welt weitgehend. Der evangelistische Aufruf verschob sich von „Steht auf von euren Sitzen und kommt jetzt nach vorne ...“ zu „Schließt euch einer Gruppe an, die euch über die kommenden Wochen eine Einführung in den Glauben geben wird ...“[109]

Die Idee der Bekehrung zu einem bestimmten Zeitpunkt ging nicht verloren, aber man legte mehr Gewicht auf den *Prozess* des Christwerdens. Kurse wie „Alpha“, „Christsein entdecken“ oder „Emmaus – auf dem Weg des Glaubens“, um nur drei Beispiele zu nennen, führten Menschen über einen längeren Weg zum Glauben.

In letzter Zeit hat es eine weitere Verschiebung gegeben. Der Philosoph und Geistesgeschichtler Charles Taylor stellt in seinen Schriften zur heutigen Spiritualität fest, dass bewusst gelebte Spiritualität in unserer Zeit die Form einer Suche annimmt.[110]

Die Menschen sind lieber unterwegs als ein Ziel zu erreichen.

---

108 Graham Tomlin, *Die provozierende Kirche,* Alphalive, Zürich, 2012, S. 85.

109 Robert Warren, *Signs of Life: How Goes the Decade of Evangelism?,* London: Church House Publishing, 1995, p. 65 (eigene Übers.).

110 Charles Taylor, *A Secular Age,* Cambridge, MA: Belknap Press, 2007, S. 507–508.

Am Ziel anzukommen vermittelt das Gefühl von einem Abschluss, wohingegen es mehr Optionen offen hält, wenn man „unterwegs ist“. Man verzichtet nicht mehr gerne auf Möglichkeiten, indem man sich auf einen Startpunkt festlegt oder indem man Dinge kategorisch ausschließt. Jeder Einzelne muss seinen eigenen Weg gehen und die Wege der anderen respektieren. Wer Unterstützung sucht, möchte lieber Hilfsmittel an die Hand bekommen als fertige Antworten.

In dieser Atmosphäre, in der sich zwar manche zu einem bestimmten Zeitpunkt bekehren, die meisten sich in einem Prozess bewegen, ist der ganz individuelle *Weg* zum Glauben besonders wichtig. Es liegt größere Betonung auf der persönlichen Ausgestaltung des Weges, auf dem der Einzelne sich befindet.

Wichtig ist, dass es auch hier nicht um ein Entweder-oder geht – vielleicht braucht jemand an einem bestimmten Punkt eine Phase des Lernens, die unter Umständen auch zu einer Entscheidung führt. Was sich verändert hat, ist der Schwerpunkt.

Spricht man von einem Weg, bedeutet dies:

- *Vielfalt* – dein Weg zum Glauben kann anders sein als meiner. Ein bestimmter Wegweiser zu Jesus kann für einen Menschen richtig sein, bei einem anderen aber nicht funktionieren.
- *Ein längerer Zeitraum* – die Wege zum Glauben können länger dauern, besonders bei der wachsenden Zahl von Menschen, die wenig oder gar keinen christlichen Hintergrund haben. Wer darauf wartet, dass jemand zum Glauben findet, muss Geduld mitbringen.
- *Begleitung* – es ist beruhigend und hilfreich, auf dem langen Weg begleitet zu werden. Die Stichworte Respekt und Vertrauen sind besonders wichtig für alle, die diese Aufgabe übernehmen.

Meilensteine auf dem Weg zum Glauben

Die Mitglieder einer Gruppe, in der Menschen gemeinsam anderen Menschen dienen, befinden sich ganz sicher an verschiedenen Punkten ihres Glaubensweges. Sich die folgenden Meilensteine bewusst zu machen hilft dabei, jeden Einzelnen auf die richtige Art und Weise auf Jesus hinzuweisen.

Ein postmoderner Weg zum Glauben

- Vom Misstrauen zum Vertrauen – „Christen sind ok".
- Von Selbstzufriedenheit zu Neugier – „Jesus ist interessant".
- Von Neugier zu Offenheit – „Jesus könnte etwas für mich sein".
- Vom Mäandern zum Suchen – „Es lohnt sich, ernsthaft nach Jesus zu fragen".
- Vom Suchen zum Dazugehören – „Ich entscheide mich für Jesus".
- Vom Dazugehören zum Wachsen – „Hilf mir dabei, wie Jesus zu leben".

Quelle: Don Everts und Doug Shaupp, *Pathway to Jesus: Crossing the Thresholds of Faith*, Nottingham: IVP, 2009 (leicht abgeändert).

Manche Menschen müssen vom Heiligen Geist ermutigt werden, die Schwelle vom *Misstrauen zum Vertrauen* zu überschreiten; sie sind argwöhnisch gegenüber Christen und müssen entdecken, dass „Christen ok sind". Es hilft, ihr Vertrauen zu gewinnen, wenn man von Herzen großzügig ist, entspannt über den Glauben redet und als Freund verlässlich ist.

Für alle, die an diesem Meilenstein stehen, ist liebevolle Verlässlichkeit absolut wichtig. Hier ist vielleicht die das Reich Gottes widerspiegelnde Freundlichkeit ein ausreichender Wegweiser zu Jesus.

Andere stehen vielleicht schon auf der Stufe des Vertrauens, zögern aber noch, wenn es um den christlichen Glauben geht. „Das ist für mich nicht relevant." Dann könnte der nächste Schritt von der *Selbstzufriedenheit zur Neugier* führen. Die Person fängt an, „Jesus interessant zu finden".

An dieser Nahtstelle mögen *Taten der Freundlichkeit*, *Geschichten von Jesus*, *Gebet und Heilung* und das *Miterleben christlicher Glaubenspraxis* („*missional worship*") hilfreiche Anstöße sein.

Der nächste Schritt geht von der *Neugier zur Offenheit* – von „Jesus ist interessant" zu „Jesus könnte etwas für mich sein". Die bisher eingesetzten Wegweiser bleiben relevant, aber es könnte wichtig sein, die Gespräche ein wenig herausfordernder zu gestalten.

Hier ist für manche vielleicht der zusätzliche Schritt vom *Mäandern zum Suchen* notwendig, von „Jesus könnte etwas für mich sein" zu „Es lohnt sich, ernsthaft nach Jesus zu fragen". Manchmal finden Menschen es einfacher, an einer Schwelle stehen zu bleiben als anzufangen, Jesus ernsthaft näher zu kommen. Dann können Einladungen hilfreich sein, die zeigen, dass der nächste Schritt nicht so groß ist: „Hast du Lust, mal gemeinsam eines der Gleichnisse Jesu anzuschauen und darüber zu sprechen?" Wenn das gut läuft, kann man ein zweites Treffen vorschlagen. Oder man bietet Schnupper-Abende in Form eines kurzen Glaubenskurses an. Wahrscheinlich ist es gut, wenn ein solcher Schnupperkurs kurz und auf wenige Abende beschränkt ist.

Ein fünfter Schritt kann der *vom Suchen zum Dazugehören* sein, von der Phase des Kennenlernens zu „Ich entscheide mich für Jesus". Für manche ist hier die Möglichkeit hilfreich, sich aktiv zu Jesus zu bekennen. Da wir jedoch in einer Gesellschaft leben, in der man sich nur ungern zu etwas verpflichtet, ist der Schritt für andere vielleicht zu groß. Sie möchten lieber den Weg weitergehen und die entscheidende Linie unbemerkt überschreiten.

Carol (Name geändert) kam regelmäßig zu einem meiner Kurse für Fragende. Dann zog sie weg. Ein paar Jahre später traf ich sie auf einer christlichen Konferenz wieder. Sie erzählte, wie sie von zwei Zeugen Jehovas in ein Gespräch verwickelt und gefragt worden war: „Sind Sie Christin?“ Sie hatte geantwortet: „Ja“ – und dann gedacht: „Das habe ich bis jetzt noch nie so gesagt.“

Wenn Sie nicht sicher sind, was am besten ist, denken Sie an die goldene Regel: Fragen Sie die Leute, um die es geht. Fragen Sie, ob es für sie hilfreich wäre, sich bewusst zu bekehren, oder sie lieber einen Schritt nach dem anderen gehen möchten.

Aber der Weg ist natürlich nicht dann zu Ende, wenn sich jemand einmal zu Jesus bekannt hat. Was dann folgt ist der Prozess *vom Dazugehören zum Wachsen* – von „Ich entscheide mich für Jesus“ zu „Hilf mir dabei, wie Jesus zu leben“.

Hilfreiche Gespräche

Häufig fällt es Christen schwer, über ihren Glauben zu reden, weil es ihnen peinlich sein könnte. Dahinter steckt der gesunde Instinkt, dass das, was man sagt, das Richtige zur richtigen Zeit sein sollte. Meistens fehlt der Rahmen, um genauer darüber nachzudenken.

Der „postmoderne Weg zum Glauben“ bietet eine Art Landkarte, um betend herauszufinden, wo auf dem Weg der andere sich gerade befindet. Wenn die Person, um die es geht, sich noch in der Phase des Misstrauens oder der Selbstzufriedenheit befindet, ist die beste Form den Glauben weiterzugeben, wenn man ihr ein guter Freund oder eine gute Freundin ist. Ist sie schon ein Stück weiter, näher an den Meilensteinen Neugier oder Mäandern, passt vielleicht eine Einladung zu einer einmaligen Schnupperveranstaltung oder ein Schnupperabend. Im darauffolgenden Gespräch reicht es, wenn Sie erzählen, was Jesus Ihnen selbst bedeutet. Der Auftrag, Menschen den Glauben nahe zu bringen, verliert seinen Schrecken, wenn man sensibel ist für die gerade erreichten Meilensteine. Dann wird es zu etwas ganz Normalem, was jeder Christ tun kann.

Christen mit der Neigung, die Dinge zu sehr voranzutreiben, werden durch die Frage „An welchem Meilenstein steht der andere gerade?“ dazu ermutigt, das Tempo aus dem Prozess herauszunehmen. Man kann nicht erwarten, dass jemand, der Christen gegenüber misstrauisch ist, in einem großen Sprung dahin kommt zu denken: „Es lohnt sich, ernsthaft nach Jesus zu fragen“! Es ist völlig ausreichend, ihn zum nächsten Meilenstein zu begleiten.

Verschiedene Wegweiser für verschiedene Phasen

Der „postmoderne Weg zum Glauben“ wird Ihrer „Fresh X“, Ihrer Zeugnisgemeinschaft, auch dabei helfen zu erkennen, wann Sie einen Wegweiser zu Jesus aufstellen sollten und welcher in der Situation passen könnte. Solche Wegweiser könnten sein:

- Aufräumaktionen für die Umwelt als Zeugnis für das Reich Gottes;
- Möglichkeiten, für sich beten zu lassen;
- Gesprächsabende zu Lebensthemen;
- Veranstaltungen, in denen Christen beschreiben, was Jesus in ihrem Leben bewirkt hat;
- ein einfacher Glaubenskurs.

Durch die Wahrnehmung, bei welchem Meilenstein sich die einzelnen Menschen gerade befinden, fällt es leichter, den passenden Wegweiser auszuwählen. Dann können Sie die eine Person vielleicht zu einem Abend zu Lebensthemen einladen und die andere zu einem Kurs zum Thema Jesus. Um Letzteren durchzuführen, sollten allerdings genügend Leute den Meilenstein des Suchens erreicht haben.

Auf Jesus hinweisen

Worin liegt also das Geheimnis, wenn Sie eine Zeugnisgemeinschaft ins Leben rufen? Darin, den Dienst an anderen mitten im Leben zu verbinden mit dem Ziel, sie zum Glauben zu führen. Es ist nicht wichtig, ob Sie sich auf Ihrem Weg für das *Zuerst-Gottesdienst, Zuerst-Beziehungen* oder *Zuerst-dienen*-Modell entscheiden. Letzteres, das durch die Phasen *hören, dienende Liebe, Gemeinschaft bilden, Jesus entdecken, Kirche erleben* und *von vorne beginnen* führt, wird sich unter Menschen mit wenig kirchlichem Hintergrund und Bereitschaft, eine christliche Veranstaltung zu besuchen, als der fruchtbarste erweisen.

In der nördlichen Hemisphäre ist dies die demografische Gruppe, die am schnellsten wächst. Deshalb wird sich das *Zuerst-dienen*-Konzept wahrscheinlich für die Zeugnisgemeinschaften des einundzwanzigsten Jahrhunderts als die günstigste Methode missionalen Handelns erweisen.

Auf Ihrem Weg können Sie Wegweiser aufstellen, die auf Jesus hinweisen, wie zum Beispiel *Freundlichkeit, die an das Reich Gottes erinnert, Geschichten von Jesus, Gebet und Heilung und Formen des „missional worship"*.

Diese Wegweiser sind dann besonders effektiv, wenn sie zu Meilensteinen passen, an denen sich die Einzelnen auf ihrer ganz persönlichen geistlichen Reise gerade befinden.

Wegweiser sind kein Mittel, um Menschen auf einen bestimmten Weg zu Jesus zu zwingen. Sie lassen Freiheit der Wahl, indem sie vor Augen stellen, was man vorfindet, wenn man den Weg weitergeht. Die Entscheidung liegt bei jedem einzelnen selbst: Man kann sich in diese Richtung auf den Weg machen, stehen bleiben, wo man gerade ist, oder zurückgehen.

Und Wegweiser sind Geschenke. Durch sie weiß man, wie es weitergeht, wenn man sich entscheidet den nächsten Schritt zu tun. Dieses Geschenk kann man annehmen oder auch nicht.

Fällt die Entscheidung negativ aus, kann dies ebenso das Wirken des Heiligen Geistes sein. Vielleicht lässt er den Menschen wissen, dass der richtige Zeitpunkt noch nicht gekommen ist. Ihre Aufgabe besteht darin, den Wegweiser aufzustellen, für die Menschen zu beten, die ihn sehen, und den Rest dem Heiligen Geist zu überlassen.

Das Ende der großen Trennung

Ich habe ich die größte Zeit meines Lebens unter dem Einfluss der Literatur von John Stott und Lesslie Newbigin gestanden, die beide immer wieder betonten, dass soziales Engagement und Evangelisation sich nicht gegenseitig ausschließen, sondern dass beides seinen Platz im Reich Gottes hat. Und dass beides zusammengehört.

Mein Problem war, dass ich nie sehen konnte, wie dies in der Praxis aussehen sollte. Ortsgemeinden und christliche Initiativen waren entweder evangelistisch oder sozial aktiv. Wenn eine Gemeinde beides tat, dann geschah die Umsetzung meistens durch verschiedene Leute in verschiedenen Programmen. Ich habe selten erlebt, dass beides zusammenging.

Wir erleben gerade, wie sich dies ändert. Dort wo Zeugnisgemeinschaften die unzähligen Versionen des (meistens) *Zuerst-dienen*-Konzeptes in die Tat umsetzen, wo sie Wegweiser zu Jesus aufstellen und diese den ganz individuellen Wegen jedes Einzelnen anpassen, da wachsen soziales Engagement – liebender Dienst – und Evangelisation zusammen. Mission ist auf dem Weg zu einer neuen Ganzheitlichkeit.

> *Das Springfield-Project in Birmingham bietet in einem größtenteils muslimisch geprägten Umfeld eine professionell geführte Kindertagesstätte, eine Arbeit zur Unterstützung von Familien, Betreuungsangebote nach der Schule und andere Formen des liebenden Dienens an.*
>
> *Gleichzeitig gibt es regelmäßige Gebetstreffen, Informationen zu christlichen Festen und Glaubensinhalten und die Mitarbeiter*

diskutieren – auch wenn sie keine Christen sind – darüber, wie die christlichen Werte das Projekt prägen können.

Die Entschlossenheit der Gemeinde, die Arbeit im multireligiösen Umfeld durch den christlichen Glauben prägen zu lassen, hat keineswegs zu interreligiösen Spannungen und Misstrauen geführt. Vielmehr haben Muslime, Sikhs und Hindus begonnen, der Kirche mehr Respekt entgegenzubringen. Sie haben erkannt, dass wir es ernst meinen mit unserer Spiritualität.[111]

Evangelisation und soziales Engagement gehen Hand in Hand.

[111] www.freshexpressions.org.uk/stories/springfieldproject (Zugriff 23. Mai 2013).

Kapitel 5

Konkrete Schritte

In einer Baptistengemeinde westlich von Richmond in Virginia fragte Greg ein paar Leute, ob sie Lust hätten, sich in Cafés zu treffen und dazu Freunde einzuladen, mit denen sie zwar regelmäßig einen Kaffee trinken würden, die aber nicht in die Gemeinde kämen.

Jede dieser kleinen Zusammenkünfte beginnt mit einer Erzählrunde. Ein kurzer geistlicher Denkanstoß regt zum Gespräch an und am Ende wird für die Anwesenden und die Menschen im Umfeld gebetet.[112]

Die beteiligten Christen haben erkannt, dass der Graben zwischen Kultur und Kirche heute zu breit ist, als dass ihre Freunde ihn überwinden könnten. Statt die Freunde also in die Gemeinde einzuladen, tragen sie die Gemeinde zu ihnen.

Einzelne bilden eine kleine Gemeinschaft, die im alltäglichen Leben sichtbar ist. Sie ist ein Teil der gemeinsamen Anstrengung, Zeugnis abzulegen für Jesus.

Vielleicht haben Sie das Gefühl, Sie sollten in einem Ihrer Lebensbereiche eine solche Gemeinschaft ins Leben rufen, wissen aber nicht genau wie. Sie können sich selbst nicht in dieser Rolle vorstellen und fragen sich, ob das wirklich eine Berufung Gottes ist oder die reine Fantasie. Oder Sie sind ganz aufgeregt angesichts dieser Möglichkeit und wollen am liebsten sofort loslegen – mit dem Risiko, dass Sie es zu eilig haben und unnötige Fehler machen.

---

[112] www.freshexpressions.org.uk/stories/upstart (Zugriff am 27. Mai 2013).

Ganz egal ob Sie eher zu zögerlich oder eher zu enthusiastisch sind: Es empfiehlt sich, eine Bestandsaufnahme zu machen, zu beten, den Rat christlicher Freunde zu suchen und zu versuchen, die Dinge aus Gottes Perspektive zu betrachten. Wie können Sie herausfinden, ob Sie dazu berufen sind, eine solche Gemeinschaft mit aufzubauen?

Zunächst sollten Sie sich klarmachen, dass Zeugnisgemeinschaften häufig einem der im vergangenen Kapitel beschriebenen Wege folgen. Unter Menschen mit wenig kirchlichem Hintergrund führt Zuhören oft zu Aktivitäten der dienenden Liebe, um die herum Gemeinschaft entsteht. Auf Jesus hindeutende Wegweiser ermutigen dazu, ihn kennenzulernen. Daran schließen sich für die neuen Gläubigen zunehmend Erfahrungen mit Kirche und Gemeinde an. Und wenn alles gut läuft, beginnen einige von ihnen damit, eigene kleine Gemeinschaften zu gründen.

Die Gemeinschaft geht durch diesen Prozess im Normalfall nicht mechanisch Schritt für Schritt, sondern spontan und an die Situation angepasst. Die einzelnen Phasen überlappen sich, sind fließend und sehen in jedem Kontext anders aus. Es gilt das Prinzip von Versuch und Irrtum. Möglichkeiten tauchen unvermutet auf. Die Kerngruppe probiert erst auf die eine, dann auf eine andere Weise, darauf zu reagieren. Schließlich geht die Reise auf einem noch anderen Weg weiter, den niemand vorher im Blick hatte.

Was kann auf einem solchen Weg hilfreich sein? Die folgenden Anhaltspunkte sind eine Zusammenstellung aus unzähligen Erfahrungen. Es sind keine Regeln, sondern Werkzeuge – jeweils kleine Bröckchen Weisheit, die zur Klärung der eigenen Berufung dienen sollen und die zum betenden Überlegen anregen wollen: „Ist dies etwas, worüber ich nachdenken sollte?“

Beten für ein Herz, das für Mission schlägt

Vielleicht ist der Gedanke an eine Zeugnisgemeinschaft – eine *Fresh Expression of Church*, eine neue Form gemeindlichen Lebens – für Sie aufregend, aber Sie wissen von sich selbst, dass Ihr Enthusiasmus auch zur Falle werden kann.

Oder die Idee ist für Sie eher erschreckend. Sie fragen sich, ob Sie die Fähigkeit dazu besitzen, was die anderen sagen werden, wie Sie damit umgehen sollen, wenn es nicht funktioniert, und so weiter. All diese Befürchtungen hüllen die Berufung ein in Zweifel: „Will der Geist wirklich, dass ich das tue, oder soll ich meine Zweifel als Warnung verstehen, dass es nicht machbar ist?"

Eine hilfreiche Reaktion auf solche Gefühle ist: Bitten Sie um ein Herz, das für Gottes Mission schlägt. Zwar verschwinden Ihre Ängste nicht immer, wenn Ihre Gedanken vom Geist in Richtung Mission gelenkt werden. (Letztendlich kann Angst übrigens hilfreich sein, weil sie vor Tollkühnheit bewahrt.) Aber ein Herz für Mission gibt Ihnen die Kraft, die Angst hinter sich zu lassen, Ihre Motive zu überprüfen und sich im Einklang mit dem Rhythmus des Wirkens Gottes zu befinden.

Hier liegt der Dreh- und Angelpunkt Ihrer Berufung zur Mission. Wenn Sie sich leidenschaftlich danach sehnen, etwas für andere Menschen zu tun, dann sortieren sich alle anderen Prioritäten automatisch neu. Der Fokus Ihres Lebens wird sich verschieben. Sie fragen nicht mehr zuerst, was für Sie selbst am besten ist, sondern was am besten ist für die Menschen, für die Sie sich einsetzen sollen. Zeit, Geld und Freundschaften sortieren sich rund um Ihre Berufung neu.

Sie sind geliebt!

Ein Herz, das für Mission schlägt, hat zunächst einmal damit zu tun, dass Jesus Sie leidenschaftlich liebt – so sehr, dass er für Sie gestorben ist. Er hat an Sie gedacht, als er ans Kreuz ging.

Vielleicht sehen Sie das Kreuz als den Weg zu Ihrer persönlichen Erlösung. Es ist aber weit mehr: Jesus ist gestorben, damit Sie zur Erlösung anderer beitragen können. Er liebt Sie so sehr, dass er speziell *Sie* zur Mitwirkung auf seiner kosmischen Weltbühne des anbrechenden Reiches Gottes bewegen will. Lehnen Sie ab, entsteht eine Lücke.

Wie Paulus und andere in seinem Team sollen Sie geistlicher Gesandter sein (2. Korinther 5,20). Sie sind Repräsentant Jesu und seines Reiches in der Welt. Durch den Tod Jesu Christi haben Sie ein Empfehlungsschreiben, dass Sie für ihn eintreten können in Ihren Netzwerken, in Ihrer Nachbarschaft, an Ihrem Arbeitsplatz und überall dort, wo sich Ihr Leben abspielt.

Das ist die großartige Story unserer Erlösung. Jesus starb nicht nur, um Ihnen persönlich das Reich Gottes zu bringen, sondern damit Sie gemeinsam mit dem Heiligen Geist das Reich Gottes zu anderen bringen können. Christus ist gestorben, weil Sie gebraucht werden für das Reich. Wenn dies einer der Gründe für seinen Tod war, dann wird er Sie nicht scheitern lassen bei dem Versuch, Ihren Part zu übernehmen. Und der Geist wird zur Stelle sein, um Sie zu leiten, zu unterstützen und zu trösten, wenn es schwierig wird.

Sterben, um zu leben

Wenn Gott Ihnen ein Herz gibt, das für seine Mission schlägt, weckt er in Ihnen den Wunsch, anderen zu dienen. Er tippt Ihnen auf die Schulter. Und wenn Sie sich dann umdrehen, um in sein freundliches Gesicht zu schauen, dann drehen Sie jeglichem Selbstzweifel oder übertriebenem Selbstbewusstsein den Rücken zu und schenken ihm Ihr Vertrauen.

Die Menschen, auf die Jesus Ihre Aufmerksamkeit lenkt, faszinieren Sie und sie scheinen zu signalisieren: „Du bist genau die Person, die wir brauchen. Komm und sei für uns da!“ Wenn Sie dem Ruf folgen, verschiebt sich Ihr Fokus: weg von Selbstzentriertheit hin zu dem, was der Geist durch Sie tun will.

Zentral für ein solches Herz ist die Bereitschaft zu sterben, damit andere leben können. Wie es für die Mission Jesu zentral war, für andere zu sterben, genauso müssen wir unser Ego kreuzigen, um durch den Geist seine Mission zu teilen.

Sterben, um zu leben – das kann auch bedeuten, Ihre vorgefasste Meinung von „persönlichem Zeugnis" zu begraben. Vielleicht müssen Sie auch Ihrem individualistischen Ansatz (Sie sind als Zeuge Christi auf sich gestellt) erlauben zu sterben. Erst dann kann der Geist einem eher gemeinschaftsorientierten Ansatz Raum geben.

Statt zurückgehalten zu werden von der Frage „Wie kann ich auf mich allein gestellt überhaupt etwas bewirken?", können Sie sich öffnen für die Ermutigung und Unterstützung, die automatisch da sind, wenn Sie sich mit anderen Christen zusammentun. Nicht in allen, aber sicher in ein oder zwei Ihrer Lebensbezüge wird die Weitergabe des Evangeliums zu einem gemeinsamen Abenteuer, bei dem man Freude und Schwierigkeiten mit anderen teilt.

Sterben, um zu leben – unter Umständen schließt das auch ein, dass vorhandene Prioritäten den neuen Platz machen müssen. Möglicherweise müssen Sie Verpflichtungen reduzieren, um Raum zu schaffen für eine Zeugnisgemeinschaft. Wenn Sie weniger Zeit mit Ihren aktuellen Freunden verbringen, könnte dies mehr Freiraum für die Menschen schaffen, denen zu dienen Sie sich berufen fühlen.

Jemand erzählte mir einmal von seiner Männergruppe. „Das Problem ist, dass ich einfach keine Zeit für sie habe." Vielleicht hätte die Lösung darin bestanden, sich eine Zeit lang aus dem zusätzlich besuchten Bibelkreis zurückzuziehen. Stattdessen könnte man sich alle vierzehn Tage mit anderen aus der Männerinitiative treffen, um zu planen, zu beten und die Bibel zu lesen, und aus dieser Planungsgruppe den gewünschten Bibelkreis und die missionarische Priorität machen.

Ein Geschenk, das Pflege braucht

Wenn Sie innerlich den Wunsch verspüren umzudenken und anderen zu dienen, wenn also Gott Ihr Herz für Mission schlagen lässt, dann könnte dies ein Zeichen dafür sein, dass Sie berufen sind, eine Zeugnisgemeinschaft zu gründen. In diesem Fall sollten Sie Gott für dieses wundervolle Geschenk danken und diesen Wunsch und diese Berufungsgewissheit bewusst pflegen. Denn es ist leicht, sich von anderen Dingen ablenken zu lassen.

Als Leiter von NET im englischen Huddersfield musste Dave Male sein Team jeden Monat neu erinnern: „Vergesst nicht, warum wir hier sind. Denkt daran, dass die Mehrheit der Menschen in unserer Stadt noch nie etwas mit Kirche zu tun hatte."

Einen Fokus finden

Unser Leben besteht aus verschiedenen Lebensbezügen: unsere Nachbarschaft, vielleicht die Schule unserer Kinder, unser Arbeitsplatz, unser Netzwerk von Freunden und Bekannten etc. Sie haben ganz bestimmt nicht die Zeit, in jedem Ihrer Lebensbezüge eine Zeugnisgemeinschaft zu gründen. Deshalb sollten Sie darum beten, dass der Geist Ihnen zeigt, wo in Ihrem Umfeld Sie für Jesus Zeugin oder Zeuge sein können.

Spezifisch sein

Wenn Sie sich auf eine spezifische Gruppe von Menschen fokussieren, dann spiegelt das Gottes Arbeitsweise. Indem er Menschen auserwählt, sucht er das Besondere aus, um das Universelle zu erreichen. Gott erwählte Abraham, damit durch seine Nachkommen „alle Völker der Erde" gesegnet sein sollten (Genesis 12,2). Er erwählte das Volk Israel, um andere Völker zu erreichen. Mit der Menschwerdung Jesu grenzte sich diese Erwählung auf eine einzelne Person ein. Auch Jesus selbst wandte sich nicht an alle, sondern wählte eine kleine Gruppe von Jüngern aus, die seine Erlösung zu allen Enden der Erde tragen sollten.

Gott sucht eine spezifische Gruppe heraus, damit durch ihre Beziehungen zu anderen Gruppen die Story des Reiches Gottes weitergegeben werden kann. Darin zeigt sich der beziehungsorientierte Ansatz Gottes. Er erwählt eine besondere Gruppe, um in Kontakt zu kommen mit anderen Gruppen. Wenn Sie sich also auf eine bestimmte demografische Gruppe spezialisieren, dann imitieren Sie die von Gott bevorzugte Art und Weise zu arbeiten.

Das bedeutet nicht nur, einen Teilbereich aus den verschiedenen Segmenten Ihrer Lebensbezüge auszuwählen. Manchmal schließt das auch eine Auswahl *innerhalb* dieser Gruppe ein.

Sie beschließen zum Beispiel, eine Zeugnisgemeinschaft in einer Schule zu starten. Dann werden Sie nicht umhin kommen, darüber nachzudenken, ob Sie etwas für die Eltern, das Kollegium oder die Kinder tun möchten. Entscheiden Sie sich für die Kinder, dann müssen Sie sich auf eine Altersgruppe festlegen.

Sie können nicht allen gleichzeitig dienen. Generell gilt: je spezifischer, desto besser. Denn dann sind Sie besser in der Lage, auf die ganz besonderen Bedürfnisse der Beteiligten einzugehen. Manche Christen träumen von einer Gemeinde für jedermann. Je größer die Durchmischung, desto besser! Aber in dem Moment, wo Sie sich für eine Uhrzeit, einen Ort und eine Veranstaltungsart entscheiden, schließen Sie die einen ein und die anderen aus. Ob Sie wollen oder nicht: Sie haben bestimmte Menschen im Fokus. Warum also nicht gleich mit Absicht?

Einmal gestartet, stellen Sie vielleicht fest, dass die versammelte Gruppe größer ist als erwartet. Sie hatten geplant, den Bewohnern eines Pflegeheims zu dienen, aber dann kamen auch einige von den Mitarbeitenden. Und wenn die Gruppe erst einmal in ihrer Identität gefestigt ist, dann können Sie auch für andere da sein, die nicht eigentlich zur Zielgruppe gehörten, aber gerne dabei wären.

Starten damit, wer Sie sind

Wenn Sie herausfinden wollen, worauf sich Ihre Mission fokussieren soll und was Sie tun können, sollten Sie zunächst überlegen: *Wer bin ich, was weiß ich* und *wen kenne ich?* Das sind nämlich die kostbaren Geschenke, die Gott uns mitgegeben hat. Wie können Sie diese mit anderen teilen?

Die Frage, *wer Sie sind*, schließt die Frage ein, wofür Ihr Herz schlägt. Was gibt Ihnen Energie und begeistert Sie?

> *Im englischen Poole brachte die weitverbreitete Leidenschaft für das Filzen zwei Menschen zueinander, die dann begannen, gemeinsam Filz-Workshops anzubieten. Die Treffen entwickelten sich zu einer monatlich stattfindenden Filz-Gruppe, die versucht, die Menschen mit der christlichen Reconnect-Gemeinschaft in Verbindung zu bringen.*[113]

> *Als die methodistische Pionierin Lou Davis nach Edinburgh zog, wollte sie offen sein für verschiedene Arten, den Menschen in Schottlands Hauptstadt zu dienen. Aber dann stellte sie fest, dass „... es so sehr Teil von mir war, Dinge herzustellen und kreativ zu sein, dass ich gar nicht ohne konnte. Seitdem ist einiges passiert und ich habe mir ein Studio in Portobello gemietet, direkt am Meer! Die Gegend eignet sich wunderbar, um neue Freunde zu finden und als kreativer Haufen Gemeinschaft aufzubauen mit Menschen, die Kunstwerke der verschiedensten Art schaffen."*[114]

---

[113] Michael Moynagh und Andy Freeman, *How Can We Be a Great Team?*, Fresh Expressions, 2011, S. 5.

[114] www.freshexpressions.org.uk/stories/edinburghdreams (Zugriff am 10. Dezember 2015).

Was können Sie und wen kennen Sie?

Können Sie etwas besonders gut? Darauf bezieht sich diese Frage. Sind sie zum Beispiel Fußballtrainer und könnten eines der lokalen Teams trainieren? Dann könnten Sie sich mit einem Freund zusammentun, der Christ ist, nach dem Training etwas Gutes zu Essen anbieten und schauen, was passiert. Oder können Sie etwas ganz Alltägliches, etwas, das man gerne übersieht?

Acht Jahre lang nutzte eine Gruppe von Musikern die Kirche St. George the Martyr in Toronto für ihre öffentlichen Auftritte. Aber es gab keinerlei Verbindung zur Kirchengemeinde.

Einige Gemeindeglieder begannen darüber nachzudenken, wie sie hier eine Brücke schlagen könnten. Welche Gaben könnten sie einbringen? (Was können Sie?) Sie kamen darauf, dass sie gut kochen und Mahlzeiten organisieren konnten. Wen kannten Sie? Die Musiker und Mitglieder der Gemeinde, die helfen könnten.

Also bereiteten sie für zehn Uhr abends ein kostenloses Essen für alle vor, die bei dem Konzert gewesen waren. Am ersten Abend kamen fünfzig Leute. Die Christen hoffen darauf, dass sich um dieses Angebot herum eine Gemeinschaft bildet, und dass diese Gemeinschaft die erste von vielen Gemeinschaften sein wird, die sich aus der Kirchengemeinde entwickeln.[115]

Vielleicht kennen Sie in Ihrer Nachbarschaft noch andere Christen und die wiederum kennen auch noch ein paar andere Leute. Sie könnten alle zu einem schönen Abend einladen und schauen, ob sie daran interessiert wären, sich regelmäßig zu treffen – vielleicht einmal im Monat, um gemeinsam einen Film zu schauen. Das Essen dazu könnte man einfach bestellen.

---

[115] Diocese of Toronto, *A Missional Road Trip*, YouTube.

Verlieren Sie nicht Ihren Fokus

Die Fragen „Wer bin ich?“, „Was kann ich?“, „Wen kenne ich?“ sind der beste Weg, den richtigen Fokus zu finden. Und dann müssen Sie fragen: „Wem kann ich mit diesen Gaben dienen und auf welche Weise?“ Finden Sie tatsächlich Antworten auf diese Fragen, dann könnte dies ein Zeichen dafür sein, dass Sie vom Heiligen Geist berufen sind.

Gerade dann aber gilt, dass Sie Ihren Fokus nicht verlieren dürfen. Seien Sie diszipliniert. Steve Jobs, Gründer von Apple, hat einmal gesagt: „Genauso wichtig wie zu entscheiden, was man tun soll, ist zu entscheiden, was man *nicht* tun soll.“

Einen anderen Christen finden

Ganz gleich ob Sie begeistert sind oder eher Bedenken haben bei der Gründung einer Zeugnisgemeinschaft („So etwas habe ich noch nie vorher gemacht!“) – es ist gut, wenn Sie Ihre Gedanken bereits sehr früh mit einer Person Ihres Vertrauens teilen, vielleicht mit einem Freund oder einer Kollegin. Je nachdem wie das Gespräch verläuft, können Sie danach fragen, ob man das Projekt gemeinsam starten oder wen man noch ansprechen könnte.

Es ist überlebenswichtig, sich mit wenigstens einer weiteren Person zusammenzutun und die Ressourcen zu bündeln. In Genesis 2,18 sagt Gott: „Es ist nicht gut, dass der Mensch allein lebt.“ Jesus tat seinen öffentlichen Dienst gemeinsam mit dem Team seiner Jünger. Der Geist unternimmt seine Mission gemeinsam mit dem Vater und dem Sohn.

Tatsächlich treten die drei Personen der Trinität immer gemeinsam in Aktion. Das bedeutet, dass wir Gott für andere Menschen am besten sichtbar machen, wenn wir nicht als Einzelne handeln, sondern gemeinsam mit anderen Christen. Wenn Gott heilige „communion-in-mission“ (vgl. S. 19) ist, dann machen wir etwas von seinem Wesen sichtbar, wenn wir, als schwache Nachahmung, Gemeinschaften-in-Mission bilden.

Es wird also zu einem wichtigen Test, ob Sie einen Mitstreiter finden: Sind Sie wirklich berufen, in dem Kontext, an den Sie denken, eine Zeugnisgemeinschaft zu gründen?

Größe des Teams

Wird eine Zeugnisgemeinschaft bewusst geplant, wird manchmal bei der Vorbereitung gefragt, welche Größe das Team idealerweise haben sollte. Das hängt ganz von der Situation ab.

Zunächst gilt: Je größer das Team ist, desto mehr Kontakte kann es geben zu Menschen außerhalb von Kirche und Gemeinde. Auf der anderen Seite können große Teams wie ein Strudel wirken, von dem man sich besser fernhält. Sie konzentrieren sich auf ein bestimmtes Bild von Gemeinde und richten alles auf diese Art christlicher Kultur aus. Das Team entwickelt unter Umständen einen bevorzugten Stil für sein geistliches Leben, der nicht mehr zu der Kultur der Menschen passt, für die es sich einsetzen wollte. Menschen, die wenig christlichen Hintergrund mitbringen, lassen sich dann lieber erst gar nicht darauf ein aus Angst, in eine Form von Spiritualität hineingezogen zu werden, die ihnen nicht entspricht.

Ein kleineres Team kann sich besser an den Kontext anpassen. Wenn Menschen zum Glauben kommen, kann das Team die Form der geistlichen Impulse so verändern, dass sich die Neuen wohlfühlen. So könnte zu drei Christen am Arbeitsplatz zum Beispiel ein Kollege stoßen, der noch nicht glaubt. Dann müssen die drei auf jeden Fall für den Neuankömmling sensibel sein, wenn sie zusammen planen, beten und in der Bibel lesen.

Unabhängig von der Größe: Das ideale Team wird es nie geben. Seien Sie also am besten realistisch und beten Sie für einen oder mehrere Mitstreiter, die folgende Voraussetzungen, erfüllen: Sie sind

- *Faithful (treu im Glauben)* – sie engagieren sich leidenschaftlich für ihren Glauben und sind inspiriert vom Missionsauftrag (Matthäus 28,19-20).
- *Available (verfügbar)* – sie können Zeit investieren und räumen der Zeugnisgemeinschaft Priorität ein.
- *Conscientious (gewissenhaft)* – sie sind verlässlich, arbeiten hart und sind oft Helden im Verborgenen: „Sie räumt nach der gemeinsamen Mahlzeit immer auf."
- *Teachable (lernfähig)* – sie sind bereit, von der Schrift, den Menschen, denen sie dienen, und ihren Kollegen zu lernen.
- *Servant-hearted (sie haben ein dienendes Herz).*[116]

„Persönlichkeit ist wichtiger als Begabung" ist ein guter Leitsatz. Beten Sie lieber um eine Person, die diese „FACTS" mitbringt, als um jemanden mit einer besonderen Begabung. Ein begabter Mensch ohne die aufgezählten persönlichen Qualitäten erweist sich unter Umständen nicht als große Hilfe. Der Geist dagegen kann jemanden ohne eine spezielle von Ihnen gesuchte Begabung, aber mit der richtigen Persönlichkeit dazu gebrauchen, Sie in eine unerwartete, aber fruchtbare Richtung zu lenken.

Vorsicht!

Auf jeden Fall vermeiden sollte man, Menschen in das Team aufzunehmen, die

- die Gemeinschaft durch ihre eigenen geistlichen Probleme von ihrem Fokus ablenken. Diese Menschen brauchen jemanden, der sich um sie kümmert, aber vielleicht besser nicht im Rahmen der Gemeinschaft, die zu gründen Sie berufen sind;
- nicht gut miteinander auskommen, andere geistliche Grundlagen haben oder sich nicht mit der Vision identifizieren können;

[116] Stuart P. Robinson, *Starting Mission Shaped Churches,* Chatswood: St. Paul, 2007, S. 42, 46. Angepasst (eigene Übers.).

- sagen, sie seien verfügbar, aber in der Praxis bereits völlig von den Verpflichtungen in der Familie, im Freundeskreis oder am Arbeitsplatz in Anspruch genommen sind;
- keine Beziehung zu den Menschen aufbauen können, für die Sie sich einsetzen möchten – sie leben nicht in Ihrem Wohnumfeld (wenn Sie sich darauf konzentrieren möchten), sie können sich nicht mit bestimmten demografischen Gruppen identifizieren oder sie nehmen sich keine Zeit für die Beteiligten;
- zu der Sorte von Christen gehören, die notorisch nörgelt – die sich mehr damit beschäftigt, was in der Gemeinde falsch läuft, als mit den missionarischen Möglichkeiten außerhalb.

Haben Sie einmal begonnen, hüten Sie sich vor wohlmeinenden Christen:

> *Zum Abschluss eines erfolgreich verlaufenen Einführungskurses in den christlichen Glauben waren die Teilnehmer sich einig: „Wenn Kirche nur immer so sein könnte!"*
>
> *Die Kursleiterin gab zurück: „Das kann sie. Kommt nächsten Monat am selben Donnerstagabend wieder, wir treffen uns jede Woche, essen gemeinsam, diskutieren über einen Denkanstoß und lernen, Gott zu loben und zu preisen. So wie wir es jetzt getan haben. Und dann seid ihr selbst Kirche."*
>
> *Sie kamen, ebenso wie einige Mitglieder aus der Lobpreisgruppe der Gemeinde. Letztere dominierten die Gespräche, veränderten die Atmosphäre des Abends und machten Aussagen über den Glauben, für die der Rest der Gruppe noch nicht bereit war. Nach und nach blieben die ursprünglichen Teilnehmer weg. Übrig blieben nur die Christen.*

Es ist schon häufig vorgekommen, dass wohlmeinende Kirchgänger in solchen Situationen wenig hilfreich waren. Seien Sie also konsequent und laden Sie sie aus, wenn sie kommen wollen. Sie sind schließlich kein Zoo, in dem Christen all die Tiere bestaunen können, die Sie gezähmt haben!

Gemeinschaft bilden

Haben sich die Mitglieder eines Teams näher kennengelernt, sollten sie vom Team zur Gemeinschaft werden. Denn das Team ist sozusagen das embryonale Herz der größeren Gemeinschaft, die Sie schaffen möchten. Essen und trinken Sie miteinander, gehen Sie ins Kino, haben Sie Spaß und teilen Sie Leben, wo immer es sich richtig und natürlich anfühlt.

Seien Sie nicht überrascht, wenn Spannungen und Meinungsverschiedenheiten auftauchen. Das gehört zum Leben. Führen Sie in diesen Fällen offene Gespräche, begleitet und getragen vom Gebet. Wenn Sie zu dem Schluss kommen, dass Sie nicht miteinander arbeiten können, ist das kein Grund zu verzweifeln. Auch Paulus und Barnabas haben sich gestritten und getrennt (Apostelgeschichte 15,36-40). Das passiert. Es ist besser, so etwas früh zu merken. Zu einem späteren Zeitpunkt könnte es die Menschen verletzen, denen Sie dienen wollen. Trennung hat auch Vorteile. Vielleicht entdeckt dadurch die Person, die geht, welchen Weg Gott wirklich für sie vorgesehen hat.

Konzentrieren Sie sich bei den Gruppentreffen darauf, wo Sie hinwollen und worüber Sie sich einig sind. Sind Sie beim Bibellesen z. B. mit einer Interpretation nicht einverstanden, hören Sie respektvoll zu und akzeptieren Sie, dass Christen eine andere Sicht der Dinge haben können. Sie können dann vorschlagen, nach einer Passage zu suchen, die Einsichten vermittelt, die allen weiterhelfen.

Community Bible Studies ist ein großes amerikanisches Netzwerk von lokalen Bibelkreisen, die sich wöchentlich treffen und Menschen aus allen kirchlichen Hintergründen anziehen. Und manchmal auch solche ohne kirchliche Sozialisation.[117] Welch ein Potenzial für Meinungsverschiedenheiten! Es funktioniert deshalb, weil sich die Teilnehmer auf das konzentrieren, was sie eint. Sie hören respektvoll zu, wenn sie die Sicht nicht teilen, und halten sich nicht mit Themen auf, bei denen konfessionelle

---

[117] www.communitybiblestudy.org.

oder andere Unterschiede bestehen. „Wir konzentrieren uns auf die Gemeinsamkeiten", so wird immer wieder betont.

Beten um ein Herz, das für Gottes Mission schlägt, einen *Fokus finden* und einen oder mehrere andere *Christen finden, die den Weg mitgehen* – diese drei Elemente helfen uns bei der Gründung von Zeugnisgemeinschaften, bestätigen uns in unserer Berufung und legen das Fundament, das wir brauchen.

Um Hilfe bitten

Eine andere Methode, um Ihre Zweifel bei der Gründung einer Zeugnisgemeinschaft zu reduzieren oder Ihren übermäßigen Enthusiasmus auf den Prüfstand zu stellen, ist, sich mit genügend Unterstützung zu umgeben. Als Jesus seine Jünger verließ, hatte er dafür gesorgt, dass sie die ständige Unterstützung des Heiligen Geistes hatten. Auch Bergsteiger wissen um die Notwendigkeit eines Unterstützer-Teams. Sie richten ein Basis-Camp ein mit Nahrungsmittelvorräten, Erste-Hilfe-Ausrüstung und anderen Dingen, die sie für die Besteigung des Berges brauchen.

Welche Sorte Basis-Camp brauchen Sie zur Unterstützung? Eine *Pionierin* hat einmal zusammengestellt, was sie für ihre Arbeit als Hauptamtliche an Unterstützung braucht:

- jemanden, mit dem sie lachen und weinen kann;
- einen geistlichen Mentor;
- die Gebete anderer Christen;
- eine Gruppe anderer *Pioneers*, die verstehen, was sie tut (im Unterschied zu vielen anderen in der Kirche);
- einen Mentor oder Coach, der ihr zuhört, Selbstvertrauen und guten Rat gibt;
- Beratung von anderen, die in ähnlichen Bereichen arbeiten. Will man z. B. eine Zeugnisgemeinschaft in einem Café ins Leben rufen, ist es sinnvoll mit jemandem zu sprechen, der Ähnliches getan hat. Www.freshexpressions.de (vgl. S. 150) kann hier weiterhelfen;

- Fachberatung zu den Themen Finanzen, rechtliche Fragen, Jugendschutz und Ähnliches;
- wirkliche Verlässlichkeit, die unterstützt und ohne großes Aufheben da ist.

Ihre Bedürfnisse mögen andere sein und vielleicht brauchen Sie weniger formale Unterstützung. Sie müssen zum Beispiel nicht regelmäßig zu einem Coach gehen. Stattdessen könnten Sie sich, je nach der Phase ihres Projektes, zu verschiedenen Zeiten an verschiedene Menschen wenden, die ihnen in einer Art Mentoring mit Rat und Tat zu Seite stehen.

Ganz gleich in welcher Form: Vergessen Sie nicht, sich um Unterstützung zu kümmern. Die Hilfe von anderen wird Fehler verhindern, Türen öffnen, bestätigen, durch harte Zeiten tragen und Ihre Bereitschaft zu lernen zeigen. In der Unterstützung durch andere wird für Sie auf verschiedenste Art und Weise die Führung des Heiligen Geistes erfahrbar.

In dem Maße, wie Sie den Rat anderer suchen, wird Ihr eigenes Gefühl für Ihre Berufung wachsen: Bin ich berufen, durch eine christliche Gemeinschaft meinen Glauben zu bezeugen, und wenn ja, in welcher Form? Der Geist macht aus der Berufung Realität.

Was ist, wenn mein Pastor bzw. meine Gemeindeleitung mich nicht unterstützen wollen?

Hier sind ein paar Ideen, um die Gemeindeleitung auf Ihre Seite zu bringen und deren Bedenken zu zerstreuen:

- Nehmen Sie Ihre Rechenschaftspflicht ernst – versprechen Sie, regelmäßig über den neusten Stand zu informieren.
- Einigen Sie sich auf Rahmenbedingungen – zum Beispiel darauf, wen Sie erreichen möchten und wie die Rechenschaftspflicht aussehen soll.

- Versprechen Sie, nicht die Leute aus der Muttergemeinde abzuwerben! Einigen Sie sich auf eine Anzahl von Gemeindegliedern, die an der neuen Gemeinschaft beteiligt sein sollen, und sprechen Sie ab, wer das sein soll. Garantieren Sie, dass Sie andere Gemeindeglieder entmutigen werden, wenn diese Interesse zeigen. Versprechen Sie, keine Mitarbeiter aus Arbeitsbereichen abzuziehen, die der Gemeindeleitung wichtig sind.
- Verpflichten Sie sich, auf Menschen außerhalb von Kirche und Gemeinde fokussiert zu bleiben. Das unterstreicht Ihr Versprechen, keine Schafe aus der existierenden Gottesdienstgemeinde abzuwerben. Berufen Sie sich auf die Statistik aus Kapitel 2: Auf jeden Kirchgänger kommen drei Nicht-Kirchgänger in den untersuchten Fresh-X-Gemeinden.

Ist das einmal geklärt, was hat Ihre Gemeindeleitung dann noch zu verlieren?

Weiter zuhören

Eine Mitarbeiterin einer Eltern-Kind-Gruppe sagte einmal: „Wir sitzen im Leitungsteam zusammen und diskutieren darüber, was wir den Eltern und Betreuern der Kinder Gutes tun können. Aber statt zu überlegen, was wir als Christen für die Gruppe tun können, sollten wir lieber die Erwachsenen fragen, was wir zusammen tun können. Das habe ich jetzt begriffen."

Jesus hat dreißig Jahre in der Gesellschaft gelebt, auf die sich später seine Mission richten sollte. Die Mission selbst dauerte nur drei Jahre. Wenn wir sein Verhalten als Zwölfjähriger ernst nehmen, dann hat er in diesen dreißig Jahren den Leuten, denen er später dienen wollte, zugehört, um sie besser kennenzulernen. Im Alter von zwölf Jahren jedenfalls hörte Jesus den Gesetzeslehrern sorgfältig zu und stellte ihnen Fragen (Lukas 2,46). Er wollte die Kultur verstehen, in der er als Erwachsener leben würde.

Betendes Hören auf die Menschen, denen zu dienen Sie sich berufen fühlen, sollte jeden Aspekt Ihrer Zeugnisgemeinschaft prägen. Normalerweise findet dies ganz einfach im informellen Rahmen statt, wenn Sie sich mit den Menschen unterhalten und sie besser kennenlernen. Manchmal jedoch kann es methodisch reflektiert geschehen:

> *Ryan Sim begann damit, eine Studie über Ajax in Auftrag zu geben, einen wachsenden Vorort in der Nähe von Toronto. Er sammelte Daten über Altersverteilung, Bildungsstand, Einkommen und anderes. Er informierte sich auch über die dort gelebten Werte, über Einkaufsgewohnheiten und Reaktionen auf bestimmte Meinungen:*
>
> *„Ich machte mich mit der kommunalen Gemeinde vertraut. Ich ging und fuhr durch den Ort, ging einkaufen, besuchte die öffentlichen Plätze, las die amtlichen Bekanntmachungen und Neuigkeiten aus der Kommune und Texte über ihre Geschichte. Ich interviewte leitende Persönlichkeiten aus dem zivilen und dem kirchlichen Kontext und sprach mit ganz normalen Bürgern in eher lockeren Gesprächen.*
>
> *Nachdem ich so viel wie möglich beobachtet und zugehört hatte, begann ich mit der Auswertung und suchte nach Gemeinsamkeiten. Schnell wurde mir klar, dass in Ajax ein extrem hoher Prozentsatz von jungen multi-ethnischen Familien wohnte und dass viele Erwachsene sehr lange Wege zu ihren Arbeitsstellen hatten.*
>
> *Ich habe Gott gebeten, mir zu zeigen, welche Bedürfnisse es gab, die nicht von bereits existierenden Kirchengemeinden abgedeckt wurden ... Angesichts der sehr knappen Freizeit der Leute lag auf der Hand, dass derart überbeschäftigte Menschen Jesus vermutlich kaum zum ersten Mal auf einer Gemeindeveranstaltung begegnen werden, egal zu welcher Zeit und zu welchem Thema wir diese anbieten würden.*
>
> *Wie konnten wir die Pendler mit der guten Nachricht von Jesus*

Christus erreichen, sogar während sie unterwegs sind? Eine Idee kam uns in einem besonderen Moment der Inspiration. Wir starteten eine Online-Befragung, um ihr Potenzial zu testen, und beschlossen loszulegen."[118]

Lou Davis startete für Edinburgh Suchanfragen über Twitter und folgte den Menschen online, um zu sehen, was sie taten.[119]

Heather Cracknell veranstaltete regelmäßige Curry-Abende bei sich zu Hause, um die Leute aus der Nachbarschaft kennenzulernen. Während der Abende kamen verschiedene Vorschläge, was man gemeinsam tun könnte: Joggen, Picknicks, Quiz- oder Nähabende, bei denen „Leute zusammenkommen, um zu häkeln, zu stricken oder zu sticken, Tee zu trinken und viel zu erzählen".[120]

Halten Sie Ausschau

Folgende Fragen sollten Sie bei Ihren Gesprächen im Kopf haben:

- Wie verbringen die Leute ihre Zeit?
- Wo treffen sie sich?
- Was sind die Freuden und schönen Dinge, was die Nöte und Schwierigkeiten im Leben?
- Was hat für sie einen hohen, was einen niedrigen Wert?
- Was funktioniert hier, was nicht?
- Wer sind die zentralen Personen im Netzwerk und die Meinungsmacher?
- Wo sind die Bedürfnisse?
- Wer bedient – vielleicht irgendwo anders im Land – die gleichen Bedürfnisse und was können wir davon lernen?

---

118 www.freshexpressions.org.uk/stories/redeemerchurch.
119 www.freshexpressions.org.uk/stories/edinburghdreams.
120 www.freshexpressions.org.uk/stories/cringleford.

- Welche Ressourcen stehen uns zur Verfügung?
- Wer könnte uns mit Rat zur Seite stehen?

Halten Sie Ausschau nach Menschen, die Ihnen Türen öffnen können, Ihnen die Erlaubnis zum Eintreten verschaffen und Sie in Kontakt bringen mit anderen. In Anlehnung an Lukas 10,6 werden sie manchmal Botschafter des Friedens genannt (vgl. S. 68).

Der Statthalter von Zypern, Sergius Paulus, war während der ersten Missionsreise des Paulus zum Glauben gekommen. Er wurde offensichtlich damals für Paulus und Barnabas zu so einem Türöffner. Seine Familie besaß große Ländereien in der Gegend von Antiochia in Pisidien. War es ein Zufall, dass Paulus und Barnabas dorthin gingen, nachdem sie Zypern verlassen hatten (Apostelgeschichte 13,14)? Oder gab Sergius Paulus ihnen Empfehlungsbriefe mit, um ihnen den Weg zu ebnen?

Fragen Sie die Leute

Menschen, die sich in Zeugnisgemeinschaften engagieren, fragen sich häufig, was genau sie tun sollen. Die Antwort lautet: Fragen Sie die Menschen, für die Sie etwas tun wollen. Das ist die goldene Regel. Fragen Sie einfach: „Wir überlegen, ob wir ein ... starten. Meinst du, das funktioniert?"

Wenn Sie das Gefühl haben, das noch nicht fragen zu können, dann sollten Sie die Menschen vielleicht noch besser kennenlernen. Aber wenn die Antwort ein „Ja" ist, dann dürfen Sie sich ein weiteres Mal bestätigt fühlen in Ihrer Berufung.

Die Zielgruppe einbeziehen

Nehmen wir einmal an, Sie haben die Idee, Fortbildungskurse für in der Stadt arbeitende Anwälte anzubieten, an deren Ende diese optional eine kostenlose geistliche Beratung bekommen können.

Ihr zweiter Gedanke ist: „Wir sind nur zu zweit!" Die Aufgabe scheint Ihnen zu groß zu sein. Könnten Sie nicht zu zweit das christliche Kernteam bilden und andere Anwälte dazu einladen, Ihnen zu helfen? Die Last wird leichter, wenn Sie diejenigen in die Arbeit einbinden, für die Sie etwas tun wollen.

Dienende Liebe sollte nicht heißen, dass Sie etwas *für* andere tun. Das kann zu einer inneren Überheblichkeit führen, die keinesfalls im Einklang steht mit dem dienenden Herzen, das der Geist in uns schaffen will.

Der methodistische Theologe Martyn Atkins hat vor einer „Schräglage" im Missionsverständnis gewarnt: Mission fließt sozusagen von oben auf andere Menschen hinab. Die Kirche startet von einer erhöhten Position, weil sie davon ausgeht, dass sie das Evangelium hat, das alle anderen brauchen. Dies führt zu einer unterschwelligen, abschreckenden Überheblichkeit. Was wir brauchen, ist Begegnung auf Augenhöhe, indem wir den Menschen als Freunde und Nachbarn dienen.[121]

Dieses Denken auf „Augenhöhe" folgt dem Beispiel Jesu. Als er seine Jünger zu zweit aussandte, befahl er ihnen, nichts mitzunehmen. Sie sollten abhängig sein von den Menschen auf den Dörfern, denen sie dienen sollten (z. B. Lukas 9,3-4). Mission bedeutete Partnerschaft. Es spricht also auch in Ihrem Kontext nichts dagegen, die Menschen, denen Sie dienen wollen, um Hilfe bei der Organisation zu bitten.

„Zu gut sein ist nicht gut!"

Ein beruflich erfolgreiches Ehepaar entschloss sich, in ein sozial schwaches Umfeld zu ziehen. In den Jahren des Beziehungsaufbaus tat sich die Frau mit Frauen aus dem Umfeld zu einem kleinen „geselligen" Bibelkreis zusammen. Einige Frauen fanden zum Glauben, andere sind noch auf dem Weg.

---

[121] Martyn Atkins, *Resourcing Renewal: Shaping Churches for the Emerging Future*, Peterborough: Inspire, 2007, S. 124-131.

Gemeinsam beschlossen sie, ab und zu samstags nachmittags für die Familien aus der Siedlung einen Familiennachmittag anzubieten. Zu Beginn gibt es Spiele für die Kinder, dann wird eine biblische Geschichte erzählt, gebetet und gemeinsam gegessen.

Alle werden gebeten, etwas zu essen mitzubringen, auch diejenigen, die von staatlichen Beihilfen leben: „Wir möchten ihnen vermitteln, dass auch sie etwas beisteuern können. Wenn man immer nur Empfänger ist, fühlt man sich minderwertig."

Weil ihnen sehr wohl bewusst war, wie sehr sie selber der bürgerlichen Mitte angehörten, stellte das Ehepaar für sich eine Regel auf: „Wir wollen es nicht perfekt machen, sondern so, dass alle, die kommen, denken, sie könnten es besser. Auf diese Weise verspüren sie eher den Wunsch mitzumachen und sich selber einzubringen."

Es hat funktioniert. Nach der ersten Veranstaltung machten zwei Leute Vorschläge, was man besser machen könnte. „Wunderbar!", bekamen sie zur Antwort. „Haben Sie Lust zu helfen?"

„Dienst-Tage"

Ein Team, das gerne eine Gemeinde gründen wollte, organisierte „Dienst-Tage" und eine „Dienst-Woche" in der Nachbarschaft. Sie sammelten Müll und erfüllten andere Aufgaben für die Gemeinschaft.

Sie wollten nicht andere Christen mobilisieren, sondern die Menschen, die dort lebten (und wenig Verbindung zur Kirche hatten). Die Anwohner beobachteten, wie die Mitglieder des Teams mit ihren extra gestalteten T-Shirts den Ball ins Rollen brachten. Manche schlossen sich ihnen an und es entstanden Freundschaften.

Als das Team einige Monate später begann, sich in der örtlichen Schule zum Gottesdienst zu treffen, führten die entstandenen Freundschaften dazu, dass eine Reihe von Anwohnern darum bat, auch kommen zu dürfen. Es waren so viele, dass die Gruppe schnell auf sechzig Teilnehmer wuchs.

Wenn andere bereit sind, sich zu engagieren, ist dies ein sicheres Zeichen dafür, dass das Projekt auf einem guten Weg ist. Testen Sie also Ihre Ideen an den Menschen: Erklären sich ein oder zwei bereit zu helfen, dann dürfen Sie daraus schließen, dass der Heilige Geist hinter Ihnen steht. Andere dürfen Ihnen bei Ihrer Mission ruhig unter die Arme greifen!

Partner finden

Egal wie klein oder groß sie ist, eine Zeugnisgemeinschaft braucht Partner. Es sollte deshalb zu den obersten Prioritäten gehören, sie zu finden und den Kontakt zu ihnen zu pflegen. Partner bieten Ressourcen, stellen Kontakte her, versorgen mit Informationen, erteilen Genehmigungen und können auf alle möglichen Arten unterstützen. Partnerschaften sind der Boden, auf dem alle fruchtbaren Initiativen wachsen können.

Potenzielle Partner

Die folgende Liste potenzieller Partner soll als Anregung dienen. Sie können sicher nicht mit allen arbeiten. Manche haben Sie bis jetzt noch gar nicht als Partner betrachtet. Und einige sind in Ihrem Fall auch nicht wichtig.

- *Gebetspartner:* Freunde, Menschen aus Ihrer Ortsgemeinde, andere Christen aus Ihrem Bekanntenkreis. Sie können den Kontakt über regelmäßige E-Mails pflegen und sie ab und zu um Rat oder um Hilfe bitten („Hat jemand einen Beamer, den er uns leihen kann?").
- *„Botschafter des Friedens":* Leute, die gut vernetzt sind oder ein natürliches Talent haben, Menschen zusammenzubringen, und die sich für Sie und Ihr Projekt erwärmen.
- *Leute an wichtigen Schaltstellen:* vom Geschäftsführer einer Bar, in der Sie sich treffen möchten, bis hin zum Pfarrer oder

Repräsentanten der Kirche, deren Unterstützung Sie brauchen. Nehmen Sie sich Zeit, um deren Prioritäten und Anliegen zu entdecken. Könnte Ihre Initiative dazu passen? Und wie könnten Ihre Antworten aussehen, wenn Fragen zu Ihren Plänen kommen?

- *Potenzielle Geldgeber:* Achten Sie beim Fundraising auf nachhaltige Einnahmen. Vielleicht ist es besser, klein anzufangen und funktionsfähig zu bleiben, als großartig zu starten und dann eine Bauchlandung zu machen, weil das Geld ausgeht.
- *Partnerorganisationen:* Sam Forster, die mit einer Gruppe von Gemeinden im englischen Scarborough arbeitet, hat Partnerschaften aufgebaut zu Organisationen, die Schuldnerberatung, Schwangerschaftsberatung und Essensausgaben anbieten. So hat sie den Initiativen der Gemeinden dabei geholfen, sich selbst zu tragen. Zwei der Organisationen haben finanziell unterstützt und Ehrenamtliche ausgebildet.[122]
- *Die Öffentlichkeit:* Wenn Sie „beim ganzen Volk in hohem Ansehen" stehen (Apostelgeschichte 2,47), ist ein gutes Zeugnis für das Reich Gottes, es öffnet Türen und macht es leichter, Unterstützung für die Initiative zu bekommen. Für einen guten Ruf ist es wichtig, sensibel auf die rechtlichen Vorschriften zu achten, zum Beispiel den Jugendschutz, Infektionsschutz und Sicherheit, Arbeitsrecht und Versicherungsfragen, und auch auf speziell gültige ethische Leitlinien – besonders bei Gemeinschaften am Arbeitsplatz.
- *Ihre Zielgruppe:* Statt eine Beziehung „mit Gefälle" aufzubauen, können Sie Einzelne dazu einladen, Interessen, Begabungen und Eigentum zu teilen und Partner in der Initiative zu werden.

---

[122] www.freshexpressions.org.uk/stories/scarboroughdeanery/feb13.

Ein Netzwerk des Vertrauens

Beziehungen zu Ihren Partnern aufzubauen heißt, ein Netzwerk des Vertrauens zu schaffen. Ihre Partner setzen Vertrauen in Sie und Ihre Pläne, und Sie Ihrerseits vertrauen Ihren Partnern.

Grundlage dieses Vertrauens sind zunächst die gemeinsamen Ziele. Ihre Partner wollen ihre eigenen Ziele erreichen, wenn sie mit Ihnen zusammenarbeiten.

Zweitens hat die Zusammenarbeit eine emotionale Dimension. Die Partner identifizieren sich mit dem, was Sie tun. Sie teilen Ihre Werte und bewundern vielleicht die mit der Arbeit verbundene Selbstlosigkeit. Ihre Initiative könnte genau das sein, was sie selbst gerne getan hätten.

Drittens wird das Vertrauen von Ihrer Glaubwürdigkeit abhängen (wenn Sie das Projekt leiten) und von der Story, die Sie zu erzählen haben. Die Partner werden wissen wollen, ob Ihre Vorschläge realisierbar sind, ob Sie über potenzielle Probleme nachgedacht haben und ob Sie und Ihr Team die Fähigkeiten und die Ressourcen zur Umsetzung mitbringen. Es gibt Sicherheit, wenn Sie auf den Rat der Partner hören.

Viertens wird es das Vertrauen in Sie stärken, wenn Sie die Extrameile für die Partner gehen, also zeigen, dass deren Interessen Ihnen am Herzen liegen, z. B. indem Sie Themen, die für ihn wichtig sind, bei Ihren Überlegungen aufgreifen. Oder, auf der persönlichen Ebene, Sie äußern zum Beispiel schriftlich durch eine Grußkarte Ihre Anerkennung, wenn der Manager einer Veranstaltungshalle gerade von anderer Seite massiv kritisiert wird.

Sie können die Extrameile auch in Form von praktischer Hilfe gehen. Penny Joyce gewann das Vertrauen des Schulleiters in ihrer Nachbarschaft, weil sie sich anbot, Briefe einzutüten. Ein Café lud einige Christen ein, dort einmal in der Woche ein geistliches Angebot zu machen, weil diese wiederholt beim Saubermachen geholfen hatten.

Netzwerke des Vertrauens entstehen durch unendlich viel Reden und Handeln. Sie müssen sich Zeit nehmen für die Gespräche und Ihren Partnern ganz praktisch Ihre vom Gebet getragene Liebe zeigen. Wenn Sie die gewünschte Unterstützung zugesagt bekommen, ist dies ein weiterer Hinweis darauf, dass der Heilige Geist bei dem, was Sie tun wollen, hinter Ihnen steht.

Wenn Sie all diese Schritte getan haben: um *ein Herz für Mission gebetet*; einen *Fokus gefunden*; einen *anderen Christen gefunden*, mit dem Sie zusammenarbeiten können; ein *Basis-Camp für die Unterstützung* eingerichtet; *sorgfältig den Menschen, denen Sie dienen möchten, zugehört* und sie in Ihre Pläne einbezogen; und gute *Beziehungen zu Partnern aufgebaut* – dann werden Sie wirkliche Fortschritte auf Ihrem Weg zur Gründung einer Zeugnisgemeinschaft feststellen. Es bleiben allerdings noch ein paar Dinge, die beachtet werden wollen.

Einen Schritt nach dem anderen gehen

Ihr Plan, eine Zeugnisgemeinschaft zu gründen, fühlt sich vielleicht an, als wollten Sie den Mount Everest besteigen. Sie schauen nach vorne und denken: „Das werde ich niemals schaffen!“ Oder Sie sind so fixiert auf das endgültige Ziel („Das ist meine Vision.“), dass Sie nicht in der Lage sind, auf die veränderten Umstände oder die Kommentare der Beteiligten zu reagieren. Dann ist es hilfreich, sich erst einmal auf die nächsten ein oder zwei Schritte zu konzentrieren.

Vielleicht haben Sie die Idee, eine Zeugnisgemeinschaft zu gründen, mit einem Christen besprochen, mit dem Sie zusammen Sport treiben. Sie sind sich einig, dass der erste Schritt sein könnte, darüber nachzudenken, was man für die Leute im Verein tun kann. Der nächste Schritt wäre, diese Idee an einigen Freunden zu testen. Diese beiden Schritte sind machbar. Und Sie beschließen, erst einmal nicht weiterzudenken.

Wer sich vom Heiligen Geist leiten lässt, lässt sich Schritt für Schritt im Vertrauen führen. Der Geist wird den nächsten Schritt zeigen, wenn es soweit ist.

Keine zu genauen Pläne

Mancher startet eine Zeugnisgemeinschaft mit einem genauen Modell im Kopf: „Das wird eine Gemeindepflanzung, genauso wie die, von der wir mal gehört haben."

Manchmal kann man ein Modell tatsächlich nachahmen, wenn man es auf die eigene Situation zuschneidet. Aber auch wenn es durchaus hilfreich ist, Hoffnungen für die Zukunft zu haben, wäre es ein Fehler, sich zu genaue Vorstellungen zurechtzulegen:

- Es kann einen verunsichern: „So muss das aussehen, und wenn es anders wird, bin ich gescheitert."
- Es lässt dem Heiligen Geist zu wenig Raum, durch unvorhergesehene Ereignisse zu wirken. Ein englisches Ehepaar zum Beispiel dachte, sie seien dazu berufen, Jugendtreffs zu gründen. Am Ende leiteten sie eine Gemeinschaft von Menschen mit Behinderung. Wenn Gott dir eine Orange anbietet, versuch nicht, Zitronensaft daraus zu machen!
- Es ignoriert die offensichtliche Wahrheit, dass man die Zukunft nicht vorhersagen kann.

Ein Trupp von vier Leuten mobilisierte in Pittsburgh Christen dazu, mit ihnen zusammen eine Gemeinde in einem städtischen Gebiet zu pflanzen. Aber das Team gab bald entmutigt auf. Kurz darauf trafen die vier ein paar Christen, die im Keller eines Tattoostudios eine Gemeinschaft gründen wollten. Aus dieser „zufälligen" Begegnung wurde eine erfolgreiche Gemeinde unter Menschen am Rand der Gesellschaft. „Das hätte man so nie planen können", sagte einer der Mitarbeiter später. „Es ist einfach so passiert."

7.000 auf Twitter

Eine Gruppe von Christen nutzte einen Pub als Ausgangspunkt für missionarische Aktivitäten während der Karwoche. Es wurden kostenloser Kaffee, noch warmer Osterkuchen und Flyer mit der Ostergeschichte an Pendler verteilt, die auf dem Weg zum Bahnhof waren.

Einer aus dem Team twitterte alles, was sie taten, unter den drei Stichworten „Heaton Moor" (der Name des Ortes), „Gemeinschaft" und „Pflegen". Die Twitternachrichten wurden von Menschen gelesen, die in der Gegend von Heaton Moor etwas mit Gemeinschaften und mit Pflegen zu tun hatten. Und auch das lokale Radio reagierte darauf. Nach kurzer Zeit war die Nachricht an 7.000 Leute weitergegeben.

Daraufhin durfte sich die Gruppe No Holds Barred (Vorbehaltlos) einmal im Monat im Pub treffen. Sie diskutierten über die verschiedensten Themen und verbanden dies mit einem niederschwelligen christlichen Input.

Ortspfarrer Stuart Radcliffe erzählt: „Ich versuche immer zu vermeiden, Dinge wie No Holds mit einem Etikett zu versehen. Es ist organisch entstanden und man weiß nicht, wo es hinführt. Wenn daraus eine Fresh-X-Gemeinde in einem Pub entsteht, bin ich begeistert. Ich würde mich sehr freuen, wenn es sich in diese Richtung bewegen würde. Aber ich lerne gerade, dass mehr dabei herauskommt, wenn ich es dahin gehen lasse, wo es hingehen will ..."[123]

Andere haben ähnliche Erfahrungen gemacht. Es funktioniert besser, wenn man zwar Wünsche für die Zukunft hat, aber nicht sklavisch an ihnen festhält. Vielleicht planen Sie, einen der im letzten Kapitel beschriebenen Wege zu beschreiten. Aber wenn Sie sich auf den Weg machen, sollten Sie sich lieber nicht zu genau festlegen, wie die Reise exakt aussehen soll.

Es ist gut, eine Richtung vor Augen zu haben, um zielgerichtet zu bleiben. Sonst fällt es schwer, auf Jesus hinweisende Wegweiser aufzustellen, während Sie hören, in Liebe dienen und Gemeinschaft bilden. Ist man allerdings zu starr auf die Pläne

---

123 www.freshexpressions.org.uk/stories/noholdsbarred.

fixiert, sieht man das Unerwartete nicht mehr als Möglichkeit, als neue Idee, die der Heilige Geist schenkt.

Vielleicht möchte Gott, dass Sie nicht das gesamte Projekt in den Blick nehmen, sondern zunächst den ersten Schritt. Und dass Sie dann für den nächsten Schritt dem Heiligen Geist vertrauen.

Keep it simple – halten Sie es einfach

Im Zentrum einer Studentengemeinde in Paris stand das gemeinsame Essen. Die Treffen begannen immer mit der Vorspeise, während der man sich gegenseitig auf den neusten Stand der Dinge brachte. Danach gab es einen Denkanstoß zu einem Bibeltext oder einem Thema wie zum Beispiel Vergebung. Darüber wurde während des Hauptgerichts diskutiert. Während des Desserts wurden Gebetsanliegen gesammelt und nach der Gebetszeit gab es Kaffee.

Die Hoffnung der Initiatoren war, durch dieses einfache Modell die Studierenden dazu zu ermutigen, nach dem Studium ähnliche Gemeinschaften an anderen Orten zu gründen.

Dies ist ein gutes Beispiel für eine einfach gehaltene Initiative. Eine Gemeinschaft, die sich um gemeinsame Mahlzeiten sammelt, fügt sich in das ein, was der Mensch ohnehin tun muss – essen. Die Zusammenstellung des Essens ist einfach: Jeder bringt etwas mit. Keiner muss stundenlang eine Predigt vorbereiten, der Gedankenanstoß kann einfach und kurz sein.

Man braucht keine Lobpreisband, keinen besonderen Raum, keinen begnadeten Prediger. All das kann in anderen Kontexten sehr wertvoll sein, aber je komplexer das Programm der Gemeinschaft wird, desto mehr Zeit und Ressourcen werden benötigt. Und dann wird es zunehmend schwierig, sie im Alltag zu realisieren.

Einfach gehaltene Gemeinschaften passen zu unserer Kultur, in der wir immer unter Strom stehen. Sie sind gut integrierbar in unser hektisches Leben. Sie passen in Kontexte, in denen Ressourcen knapp sind. Ihre Organisation erfordert weniger Fachkompetenz und Zeit als bei komplexeren Initiativen (was nicht heißt, dass man gar keine organisatorischen Fähigkeiten benötigt). Ein Scheitern ist weniger wahrscheinlich, weil sie leichter durchzuführen sind. Die Aufgabe fühlt sich weniger gewaltig an, was „normale" Christen dazu ermutigt, es einfach zu probieren. Weil die Anforderungen an die Leitung geringer sind, fällt es leichter, sie zu vervielfältigen.

Man ist also gut beraten, wenn man eine Gemeinschaft einfach hält – keep it simple! Das lässt die Berufung eine Zeugnisgemeinschaft zu gründen in greifbare Nähe rücken.

Vernetzung

Aber auch hier ist Vorsicht geboten. Wenn man das Gemeinschaftsleben einfach hält, ist es trotzdem nur zum Teil einfach. Nach wie vor müssen aufrichtige Beziehungen innerhalb der Gruppe gepflegt werden. Jemanden zu haben, der bei der Organisation der Treffen hilft, ist also durchaus sinnvoll.

Durch die geringe Größe der Gemeinschaft könnte das Maß des geistlichen Inputs begrenzt sein. Natürlich gibt es Onlineangebote und gedrucktes Material. Aber für Menschen auf dem Weg zum Glauben ist es auch bereichernd, sich mit einem größeren Kreis von Gläubigen zu treffen, wo sie verschiedene Formen der Verkündigung erleben, neue geistliche Erfahrungen machen und etwas über die große Familie Gottes lernen können.

- Zwei oder drei Kleingruppen könnten sich alle paar Wochen zusammentun und einen Cluster bilden, um diese erweiterte Erfahrung möglich zu machen. Wenn sich die Gruppen vervielfältigen, könnte man zusätzliche Cluster in einem sich ausweitenden Netzwerk bilden. Dort können Ressourcen gebündelt werden, was ab und zu eine große Feier mit allen Clustern gemeinsam möglich macht.

- Eine Kleingruppe könnte ab und zu gemeinsam mit der Muttergemeinde oder einer anderen etablierten Gemeinde gemeinsam Gottesdienst feiern.
- Sie könnte teilnehmen an gemeindeübergreifenden christlichen Veranstaltungen oder an einem christlichen Festival, einer Konferenz oder an Einkehrtagen. Wenn möglich und vorhanden, könnte man mit neuen und etablierten Gemeinden vor Ort zusammenarbeiten, um die Ressourcen für missionarische Einsätze und die Begleitung auf dem Weg zum Glauben zu bündeln.
- Die Christen in der Gruppe könnten die neuen Gläubigen am Sonntag in ihre eigene Gemeinde einladen. Die Mitglieder der Gruppe würden dann zu zwei Gemeinden gehören, die beide Teil der einen Familie Gottes sind. Unterstützt von Glaubensschwestern und -brüdern könnten neue Christen Jesus so in verschiedenen Zusammenhängen ihres Lebens entdecken.

Sollte man nicht vielleicht die Begriffe „einfach“ und „vernetzt“ zusammenhalten?

Zu Jüngern machen von Anfang an

Machen sich Menschen einmal auf den Weg zum Glauben, sollte der Gedanke, sie zu Jüngerinnen und Jüngern zu machen, nicht dem Zufall überlassen werden. Denn hier liegt das Herzstück des großen Auftrags (Matthäus 28,19). Es sollte deshalb auch der Kern Ihrer Zeugnisgemeinschaft sein.

„Zu Jüngern machen“ – das ist nicht lediglich ein Aspekt des Lebens der Zeugnisgemeinschaft, sondern umgekehrt: Die Gemeinschaft sollte sich um die Aufgabe herum gestalten, Menschen in die Nachfolge zu rufen. Sie zu Jüngern zu machen sollte der rote Faden sein, der die Gemeinschaft und ihre Aktivitäten zusammenhält.

Das können Sie sich vielleicht in Ihrer aktuellen Situation

noch nicht genau vorstellen. Aber eventuell können Sie einen Prozess ins Auge fassen, zum Beispiel den Weg des *Zuerst-Dienens. Hören, dienende Liebe, Gemeinschaft bauen, Jesus kennenlernen, Kirche erleben* und *alles wieder von vorne tun* läuft genau darauf hinaus: Menschen zu Nachfolgern Jesu machen.

Schließen Sie diesen Prozess also in Ihre Gebete ein. Sie müssen noch nicht jedes Detail der Wegstrecke überblicken können. Es reicht, wenn Sie den groben Entwurf vor Augen haben. Sie werden sehen, dass Ihnen das hilft, von einer Phase zur nächsten zu gehen, weil es Sie dazu anregt, immer wieder neu zu fragen: „Wo stehen wir auf unserem Weg? Wie können wir den Schritt in die nächste Phase tun? Wäre es hilfreich für den nächsten Schritt, wenn wir diese Idee vertiefen würden?"

Erstaunliche Reihenfolge

Die Bibel sagt nicht, dass man sich erst bekehrt und dann zum Jünger Jesu wird. Jesus immer näher zu kommen ist ein Prozess. Auf dem Weg zu mehr Christusähnlichkeit kann die Bekehrung ein wichtiger Punkt sein, aber es geht auf der gesamten Strecke darum, zum Jünger Jesu zu werden.

Das bedeutet, dass man Menschen zu Jüngern machen kann, noch bevor sie zum Glauben gekommen sind. Hier ist natürlich viel Sensibilität erforderlich, denn man darf an niemanden Maßstäbe anlegen, die er oder sie noch nicht bereit ist zu akzeptieren. Trotzdem, könnten Sie sich vorstellen, betend Mittel und Wege zu finden, um Ihren Dienst an anderen gleichzeitig zu einem Ruf in die Nachfolge werden zu lassen? Könnte Ihre Gemeinschaft, wie die Anonymen Alkoholiker es in ihrem Zwölf-Schritte-Programm tun, Menschen darin unterstützen, Gewohnheiten abzulegen, die sie in ihrem Leben eingrenzen?

Die Bibel bietet viel Stoff, um Themen des täglichen Lebens anzusprechen. Das Thema Sabbat zum Beispiel kann auf das Leben unter Zeitdruck bezogen werden. Eine Gruppe von viel beschäftigten Eltern könnte einander zum Beispiel darin unterstützen, sich „Mini-Sabbate" zu schaffen, kurze Phasen der Ruhe, oder auch richtige Sabbat-Pausen während der Woche. Auch „Mini-Rückzugszeiten" können für manche Menschen hilfreich sein, wie eine Gruppe herausgefunden hat. Eine mit Spiritualität am Arbeitsplatz befasste Gruppe könnte sich damit beschäftigen, wie das Sabbat-Konzept auf die Work-Life-Balance anzuwenden ist: Was ist in diesem Kontext umsetzbar?

Für den Umgang mit Konflikten könnte man Menschen in die christliche Disziplin der Stille einführen. Wie kann der Heilige Geist in die Stille füllen, die Emotionen zur Ruhe bringen und einen Blick von außen auf die Situation schenken? Hier kann man sich gegenseitig im Lernprozess unterstützen – durch Rollenspiele oder indem man mitten im Konflikt einmal kurz Atem holt und still wird, um dem Geist Raum zu geben. Der nächste Schritt könnten dann längere Phasen der Stille sein, die in den Rhythmus des Lebens eingefügt werden.

Andere Themen bieten ähnliches Potenzial: Beichte und Vergebung (in Bezug auf die Firmenpolitik zum Beispiel), geistliche Ressourcen als Bewältigungshilfe für verschiedene Lebensphasen oder veränderte Lebensumstände, und das Konzept der Haushalterschaft bezogen auf die Verwaltung der persönlichen Finanzen und die Umwelt.

Achtsamkeit

Im Augenblick wird es zunehmend populär, Achtsamkeit einzuüben. Auch das könnte als Gelegenheit genutzt werden. Achtsamkeit ist „affektive Aufmerksamkeit" und wird folgendermaßen beschrieben:

„Sie bringt unser Potenzial von Freundlichkeit und Verständnis zur Entfaltung, indem wir die Fähigkeit entwickeln, uns durch offene und aufmerksame Wahrnehmung von uns selbst auf den

gegenwärtigen Moment zu konzentrieren. Achtsamkeit hilft uns dabei, in einer Situation zurückzutreten und sie so klarer zu erfassen. Das erlaubt uns weisere Entscheidungen und einen sorgfältigeren Umgang mit uns selbst ...“[124]

Die Menschen wollen Achtsamkeit einüben, um physische und psychische Symptome zu lindern, besser mit Stresssituationen klarzukommen und mit mehr Energie das Leben genießen zu können. Warum machen Sie sich dies nicht mit Ihrer Gemeinschaft zunutze, indem Sie auf Ressourcen aus der christlichen Tradition der Kontemplation und Meditation zurückgreifen?

Es ist allerdings große Vorsicht geboten, wenn man im Dienst an anderen christliche Übungen einsetzt, sie in das Reich Gottes mit hineinnimmt und ihr Wesen verändert, bevor sie richtig zum Glauben gefunden haben. Denn Sie wollen den Menschen ja keinen Glauben vermitteln, der sich auf die eigenen Werke gründet. Kombinieren Sie die christlichen Übungen also unbedingt mit ständigen Hinweisen auf Jesus. Tun Sie all dies in einem Umfeld der Gnade und respektieren Sie das Recht darauf, anderer Meinung zu sein.

Handwerkszeug für den Start

- Beten für ein Herz, das für Gottes Mission schlägt
- Einen Fokus finden
- Einen anderen Christen finden
- Um Hilfe bitten
- Weiter zuhören
- Die Zielgruppe einbeziehen

---

[124] www.mindfulnessforhealth.co.uk/mindfulness.html (Zugriff am 17. Oktober 2011) (eigene Übers.).

- Partner finden
- Einen Schritt nach dem anderen gehen
- „Keep it simple"
- Zu Jüngern machen

Fazit

Wenn Sie überlegen, ob Sie berufen sind, in einem Ihrer Lebensbereiche eine Zeugnisgemeinschaft zu starten, dann könnte es für Sie hilfreich sein, die oben aufgelisteten zehn Punkte im Gebet zu durchdenken.

Können Sie sich vorstellen, einige von ihnen in Angriff zu nehmen, vielleicht die ersten auf der Liste? Wenn ja, kann dies ein Hinweis auf Ihre Berufung sein. Wenn Sie sich mit einem Christen aus dem Freundeskreis treffen, gemeinsam beten und über die Möglichkeiten nachdenken, könnten weitere Schritte in den Blick kommen. Das könnte eine weitere Bestätigung sein.

Verlieren Sie nicht aus dem Blick, dass es von Anfang an direkt darum geht, Menschen zu Jüngern zu machen. Das ist eine wunderbare Art und Weise, Menschen zu dienen – und es hat einen weiteren Vorteil: Selbst wenn sie oder er nie wirklich zum Glauben kommen, sind sie vielleicht Jesus ähnlicher geworden.

Auch wenn Sie den Weg des *Zuerst-Dienens* nie zu Ende bringen, haben sich Ihre Bemühungen gelohnt. Das Reich Gottes ist präsenter auf der Erde.

Es gibt also keinen Grund, sich Stress zu machen, um auch ja am Ende des Weges anzukommen. Wenn es sich anfühlt, als ob alles zum Stillstand gekommen ist und Sie erst die halbe Strecke geschafft haben – entspannen Sie sich. Es ist das Werk des Heiligen Geistes, nicht Ihres. Wo immer Sie in Ihrem Dienst am Reich Gottes gelandet sind, Sie haben Jesus Freude gemacht.

Kapitel 6

Zu Jüngern machen

„Schreib auch etwas über Fresh-X-Gemeinden, die älter sind als fünf Jahre“, drängte mich ein leitender Pfarrer in England. „Ich erlebe so viele Skeptiker, die behaupten, dass diese Gemeinden unstet und kurzlebig sind und keine Menschen in die Nachfolge führen. Wie kann ich Kritiker überzeugen?“

Vielleicht haben Sie ähnliche Bedenken. Wäre die Zeugnisgemeinschaft, die Sie gründen möchten, vielleicht zu instabil, um Menschen zu einem reifen Glauben zu begleiten? Hätte sie genügend geistliches Gewicht, um auf lange Sicht Nachfolger Christi hervorzubringen?

Natürlich gibt es Geschichten von kurzlebigen Zeugnisgemeinschaften. Auf der anderen Seite fand das Church Army Research Unit heraus, dass von den Fresh-X-Gemeinden, die es zwischen 1992 und 2012 untersucht hat, nur 10 % gescheitert sind.

Die große Mehrzahl der untersuchten Gemeinden nahm den Auftrag, Menschen zu Jüngern zu machen, sehr ernst. Bei vier von fünf Gemeinden gab es eine Eins-zu-eins-Begleitung, wurden Kurse durchgeführt, Gruppen angeboten oder Neue in das Mitarbeiterteam integriert. Von den verbleibenden zwanzig Prozent waren viele einfach zu jung, um schon beobachten zu können, dass Menschen auf den Weg zum Glauben gebracht worden sind.[125]

Jüngerschaft – Jesus treu nachfolgen – ist eine zentrale Berufung der Kirche. Christen haben den Auftrag, zu allen Völkern

---

[125] Church Growth Research Project, „Report on Strand 3b: An analysis of fresh expressions of Church and church plants begun in the period 1992–2012“, Oktober 2013, S. 49, 96, erhältlich bei: Church Army Research Unit.

zu gehen und die Menschen zu seinen Jüngern zu machen (Matthäus 28,19). Es war für Jesus eine Priorität, also sollte es auch für uns Priorität haben.

Wenn Ihre Zeugnisgemeinschaft zur Reife gelangen soll, muss das Thema Nachfolge ständig präsent sein. Gesunde Nachfolge ermutigt

- neue Menschen zur Mitarbeit, weil Gaben und Dienst in einer Atmosphäre des unterstützenden Lernens gefördert werden;
- neue Christen dazu, der Gemeinschaft gegenüber großzügig zu geben (genauso wie bei anderen Gelegenheiten), weil der verantwortliche Umgang mit Geld und Begabungen zur zweiten Natur wird;
- die Gemeinschaft, zu wachsen und sich zu vervielfältigen, indem Christen andere einladen, damit sie „kommen und sehen“ (Johannes 1,46).

Was müssen Sie tun, um Nachfolge zum Herzstück Ihrer Zeugnisgemeinschaft zu machen? Wie sollten Sie mithilfe des Heiligen Geistes arbeiten, um Menschen dabei zu helfen, Christus ähnlicher zu werden?

Dazu gehört, neue Gläubige durch *Gemeinschaft, geistliches Miteinander, Unterweisung, gemeinsame Mitarbeit* und die *Verbindung zur gesamten Kirche* tiefer mit der Geschichte des Christseins in Berührung zu bringen.

Gemeinschaft

Den Glauben der neuen Christen zur Entfaltung zu bringen beginnt damit, ihnen dabei zu helfen, mit ihren Altlasten umzugehen, die sie durch Sünde und negative Erfahrungen mit sich herumschleppen. Wenn der Geist sie von ihrem früheren Leben befreit, werden sie ihre neue Identität in Christus begreifen und ihren Weg weitergehen, bis sie Frucht bringen.

Aber vergessen Sie nicht: Viele von diesen neuen Gläubigen haben wahrscheinlich kaum Erfahrung mit dem christlichen Glauben. In den von der Church Army untersuchten Fresh-X-Gemeinden gingen die Mitarbeiter davon aus, dass bei ihnen die Zahl der Menschen ganz ohne christlichen Hintergrund die derjenigen mit ein wenig christlichem Hintergrund übersteigt, und die Zahl der Menschen mit ein wenig christlichem Hintergrund übersteigt die Zahl derjenigen, die sich als Christen bezeichnen.[126]

Menschen mit wenig kirchlichem Hintergrund zum Glauben zu führen ist etwas völlig anderes, als diejenigen zu Jüngern zu machen, die mit Kirche aufgewachsen sind. Man kann kaum christliches Wissen voraussetzen und braucht unter Umständen viel Zeit.

Leben teilen

Die Gemeinschaft ist das Nest, in dem der Heilige Geist den Glauben von Menschen wachsen lassen kann. Um den Geist wirken zu lassen, müssen Sie bewusst Wege bahnen, die zu Jesus führen.

Wenn Sie sich zum Beispiel einmal im Monat zu einer Mehrgenerationen-Veranstaltung treffen und einmal in der Woche zu einem Gesprächsabend bei einem Glas Wein oder Saft, dann ist der erste wichtige Baustein, dass Sie diese gemeinsame Zeit möglichst gewinnbringend nutzen.

Lehrer sprechen von einem „heimlichen Lehrplan". Darunter versteht man all das, was Schüler als Nebenprodukt des eigentlichen Lehrplans lernen, also die Werte und Verhaltensweisen, die durch Beziehungen vermittelt werden. Hier geschieht Lernen zwanglos, unmittelbar und häufig kaum wahrnehmbar. Die Mitglieder Ihrer Gemeinschaft dazu anzuregen, gemeinsam zu essen und andere Formen des Miteinanders zu pflegen, gibt diesen die

---

[126] George Lings, *Church Growth Research Programme,* London: Church Commissioners, 2014, S. 6.

Chance, durch den heimlichen Lehrplan Ihrer Gemeinschaft zu lernen.

Ein Vater, dessen eigener Vater nie mit ihm gespielt hat, beobachtet, wie andere Väter dies mit ihren Kindern tun, und sammelt eigene Ideen. Jemand, der beobachtet, wie ein anderer sich entschuldigt, kann etwas über ein wichtiges Element christlichen Handelns lernen, noch bevor es ihm explizit vermittelt wird.

Paul Moore beschreibt die Messy Church, die kreative Kirche, in seiner englischen Gemeinde:

„Die auf die Feier folgende Mahlzeit ist ein für die Sozialisation wesentlicher Teil des Programms. Hier können bei Tisch christlicher Glaube und christliche Werte vorgelebt, beobachtet und diskutiert werden. Zudem ist die Zeit wichtig für das Gemeinschaftsgefühl. Wir singen allen, die im vergangenen Monat Geburtstag hatten, ein Geburtstagslied: ‚Happy birthday to you ... Jeden Tag von dem Jahr fühl dich Jesus so nah.‘

Es gab auch den Vorschlag, diese Zeit beim Essen noch intensiver zu nutzen, indem man in festen Tischgruppen unter der Leitung eines Mitarbeitenden über das Thema Nachfolge diskutiert. Für mich ist das zu formal und hat in unserem Kontext eine eher abschreckende Wirkung. Außerdem ist es schwierig zu organisieren. Einfacher wäre, auf jeden Tisch ein Kärtchen mit einer Frage zum Thema des Tages zu legen, die optional als Gesprächsgrundlage dienen kann.“[127]

Jüngerschaft kann beginnen, bevor jemand bewusst Jesus annimmt. Gemeinschaftsleben ist also wichtig. Bieten Sie zusätzliche soziale Events an – von Spiel- und Spaßtagen bis hin zu Filmabenden – und schaffen so viele informelle Lernmöglichkeiten wie möglich.

Schauen Sie sich die „zwölf Werte des Evangeliums“ im Kas-

---

[127] Paul Moore, *Making Disciples in Messy Church. Growing Faith in an All-age Community*, Abington: Bible Reading Fellowship, 2013, S. 86.

ten unten an. Was kann Ihre Gemeinschaft konkret anbieten, um einige dieser Werte angemessen zum Ausdruck zu bringen?

Zwölf Werte des Evangeliums

- die frohe Botschaft der Vergebung: neue Anfänge;
- die frohe Botschaft des Willkommenseins: Zugehörigkeit, Annahme, neue Familie;
- die frohe Botschaft von Berufung und Dienst: aufbauen, säen, nähen, waschen ...
- die frohe Botschaft der dienenden Leiterschaft: sozial verantwortungsbewusst, initiativ, zukunftsorientiert;
- die frohe Botschaft der Versöhnung: Mauern aus Vorurteilen, Furcht und Feindseligkeit einreißen;
- die frohe Botschaft der Solidarität im Leiden;
- die frohe Botschaft der Heilung: Ganzheit von Körper, Geist, Verstand, Gemeinschaft;
- die frohe Botschaft des Mutes: Fähigkeit, für Gerechtigkeit und gegen Ungerechtigkeit einzutreten;
- die frohe Botschaft der Befreiung: frei und ungebunden werden;
- die frohe Botschaft der Veränderung: Wechsel der Prioritäten im Leben;
- die frohe Botschaft der Schöpfung: Gottes Freude an seinem Werk;
- die frohe Botschaft der Einsicht: Wissen, Weisheit, Wahrheit, die leitet und öffnet.

Quelle: Paul Moore, *Making Disciples in Messy Church. Growing Faith in an All-age Community*, Abington: Bible Reading Fellowship, 2013, S. 92–93 (Eigene Übers.).

Gemeinsame Übungen

Wenn die Gemeinschaft bereit ist, kann man damit beginnen, den „heimlichen Lehrplan“ expliziter zu machen. Sie könnten anregen, dass diejenigen, die möchten, sich gegenseitig bei (geistlichen) Übungen unterstützen, um das Leben zu bereichern.

Das können regelmäßige kleine Meditationen (vielleicht zu beliebten Bibeltexten wie Psalm 23 oder dem Hohelied der Liebe in 1. Korinther 13) sein, Vorlesen und Gebet als Abendritual mit Kindern, Einüben von Vergebung oder ein verantwortungsbewusster Umgang mit Nahrungsmitteln.

So könnte eine Gruppe zum Beispiel vereinbaren, sich regelmäßig sportlich zu betätigen. Man legt fest, was man sich für die Woche vornimmt, und berichtet regelmäßig, was man davon umgesetzt hat. Vielleicht kann man zum Spaß auch noch Belohnungen an die verteilen, die ihr Ziel erreicht haben.

Oder die Gemeinschaft wählt ein Thema aus – Großzügigkeit zum Beispiel. Dann wird eine Zeit lang bei den Treffen erzählt, an welcher Stelle man seit der letzten Zusammenkunft großzügig war.[128]

„Es macht nichts, wenn ihr mal nicht daran gedacht habt“, könnte die beruhigende Botschaft eines Mitarbeitenden sein. „Was ich als Christ so großartig daran finde, Jesus nachzufolgen, ist, dass nicht alles absolut perfekt sein muss.“ Um bei der Sache zu bleiben, hilft trotzdem nichts so sehr wie die Verpflichtung, Bericht erstatten zu müssen.

Solche gemeinsamen Aktivitäten könnten zu einem immer festeren Bestandteil des Gemeinschaftslebens werden und in dem Maße mit christlichen Inhalten gefüllt werden, wie die Mitglieder Jesus näher kommen. Manche Gemeinschaften haben, von der monastischen Tradition inspiriert, einen gemeinsamen Lebensrhythmus. Ein solcher Rhythmus kann ganz einfach sein und die Mitglieder haben immer die Option, sich dagegen zu entscheiden.

---

[128] Ich danke Brian McLaren für diesen Vorschlag.

Wer teilnehmen möchte, könnte sich zum Beispiel darauf einlassen, jeden Mittag um zwölf still ein Vaterunser zu sprechen – dort wo man sich gerade befindet. Ian Adams hatte es sich zur Angewohnheit gemacht, seine Gemeinschaft per SMS jeden Tag an das Gebet zu erinnern.[129] Der im Kasten unten beschriebene Rhythmus ist etwas aufwendiger.

GLOCKEN („BELLS") – Rhythmus im weiten Meer des Lebens		
B	Bless – drei Mal segnen	drei Segenshandlungen in der Woche – einmal innerhalb der Gemeinschaft, einmal außerhalb, einmal nach freier Wahl;
E	Eat – drei Mal essen	drei Mal Tischgemeinschaft in der Woche – einmal innerhalb der Gemeinschaft, einmal außerhalb, einmal nach freier Wahl;
L	Listen – 1 Stunde zuhören	eine Stunde in der Woche in kontemplativem Gebet (andere Formen des Gebets kommen dazu);
L	Learn	permanent lernen 1) immer wieder die Evangelien lesen, 2) ein anderes Buch der Bibel lesen, 3) andere gute Bücher lesen – christlich und nicht christlich. Keine trivialen Magazine mehr;

[129] Ian Adams, „Cave, Refectory, Road: The Monastic Life Shaping Community and Mission", in Graham Cray, Ian Mobsby & Aaron Kennedy (Hrsg.), *New Monasticism as Fresh Expression of Church*, Norwich: Canterbury Press, 2010, S. 46.

GLOCKEN („BELLS") – Rhythmus im weiten Meer des Lebens

S	Sent – ausgesandt sein	Sie sind „ausgesandt" in jeden Lebensbezug. Schreiben Sie jeden Abend in Ihr Gebetstagebuch: 1) Wo habe ich mich Jesus heute entgegengestellt? 2) Wo habe ich mit ihm zusammengearbeitet?

Quelle: Alan Hirsch & Dave Ferguson, *On the Verge: A Journey into the Apostolic Future of the Church*, Grand Rapids: Zondervan, 2011, S. 182.

Das Einüben solcher Gewohnheiten lässt den Charakter als Christ reifen. Sie können in Ihrer Gemeinschaft damit anfangen, eine Reihe solcher Übungen anzubieten, aus denen sich die Mitglieder etwas aussuchen und sich dabei gegenseitig unterstützen können.

Kleingruppen und Zweierschaften

Wenn Ihre Gemeinschaft gefestigt ist, könnte der Zeitpunkt gekommen sein, um eine zweite Gruppe für diejenigen zu bilden, die sich intensiver mit Jesus befassen möchten. Eine Messy Church zum Beispiel könnte zusätzlich zu den monatlichen Veranstaltungen Abende zum Thema „Spiritualität entdecken" anbieten.

> *Die bereits in Kapitel 3 beschriebene Initiative Sorted begann damit, durch ihre Arbeit an Schulen Kontakte zu jungen Leuten zu knüpfen. Die Teenager wurden eingeladen zu offenen Abenden am Freitag. Dort gab es Programm, ein Zeugnis und einen 5-minütigen Denkanstoß. Nach einiger Zeit kamen donnerstags abends Kleingruppen dazu. Dort lesen die Jugendlichen entweder gemeinsam in der Bibel oder arbeiten an einem Fundraising-Projekt.*

In einigen Fällen könnte so eine Kleingruppe, deren Glieder gemeinsam Jesus entdeckt haben, sich weiter zu Gebet und Bibellesen treffen und so zum geistlichen Herz der Gemeinschaft werden. Wenn weitere Kleingruppen entstehen - vielleicht weil die erste so groß wird, dass sie sich teilen muss -, könnten sich alle Gruppen einmal im Monat als Cluster treffen.

Werden solche Gruppen im Glauben reifer, ist es wichtig darauf zu achten, dass die Gruppen mehr sind als Kuschelclubs. Wenn sie nur behagliche persönliche Netzwerke sind, geht ihr Blick ausschließlich nach innen. Sie sollten auch mehr tun als Bibellesen, denn sonst werden sie zu theoretisch. Zur Gegenkultur werden sie dann, wenn die Mitglieder sich gegenseitig Rechenschaft darüber ablegen, ob sie Jesus in ihrem Umfeld bekannt machen. Dies sollte bei aller Pflege von Gemeinschaft, Bibellesen und Gebet nicht aus dem Blick geraten.

Ideal ist ein doppelter Fokus:

Der erste besteht in der missionarischen Aufgabe, also dem Dienst in einer bestimmten Gegend oder an einer bestimmten demografischen Gruppe, die bisher von der Gemeinde nicht erreicht werden konnten.

- Die Konzentration der Gruppe auf sich selbst wird verhindert.
- Mission als Priorität Gottes bleibt erstes Anliegen.
- Missionarische Aktivitäten werden möglich, die alleine nicht durchzuführen wären.
- Die Gruppe bleibt in Bewegung, wenn die Mitglieder neue Menschen kennenlernen und nach immer neuen Wegen suchen, etwas für sie zu tun und sie im Reich Gottes willkommen zu heißen.

Der zweite Fokus liegt auf der praktischen Jüngerschaft- die Mitglieder werden dabei unterstützt, das Evangelium konkret zu leben. Die seelsorgliche Begleitung sollte eingerahmt sein von der praktischen Herausforderung, ein Leben als Christ zu führen. Emotionale und praktische Unterstützung in persönlichen Krisen ist kein Selbstzweck, sondern soll dabei helfen, Jesus treu zu bleiben und in der Krise seine Gnade zu erleben.

Um diesen nach außen gerichteten, praxisorientierten Fokus im Blick zu halten, ist es hilfreich, sich bei den Gruppentreffen an folgende Agenda zu halten:

- Zielsetzung – Planung der missionarischen Aufgabe;
- Probleme – Unterstützung der Mitglieder in ihren Herausforderungen in der Nachfolge;
- Gebet und Bibelstudium – mit Bezug auf die besprochenen Zielsetzungen und Probleme.

Alternativ könnte die Gruppe die vier W's von Zellgemeinden in folgender umgestellter Reihenfolge anwenden:[130]

- Welcome,
- Witness (Zeugnis),
- Word (mit Betonung der praktischen Anwendung) und
- Worship.

Rückt man das Zeugnis an den Anfang, geht man sicher, dass es das notwendige Gewicht behält.

> *Zusätzlich zur zentralen Veranstaltung bietet* re:generation *– eine Gemeinde für junge Leute – kleine Jüngerschaftsgruppen an, die von den jungen Leuten selbst geleitet werden. Bei allen normalen Höhen und Tiefen teilen die Gruppen persönliche Anliegen aufrichtig miteinander, unterstützen sich gegenseitig und beten füreinander.*
>
> *Zusätzlich wurden gleichgeschlechtliche Zweierschaften gebildet, in denen diese gegenseitige Unterstützung noch vertieft werden konnte. Manche von ihnen sind schnell wieder been-*

[130] Anm. d. Übers.: In der Zellkirchen-Bewegung wird von „vier W's" gesprochen, üblicherweise in folgender Reihenfolge: welcome, worship, word, witness, vgl. z. B. http://joelcomiskeygroup.com/articles/basics/cellORDER.html, Zugriff am 23.12.2015.

det worden, andere dagegen haben gehalten und sind zu einem wertvollen Tool auf dem Weg der Nachfolge geworden.[131]

Wie RE:GENERATION haben auch andere Zeugnisgemeinschaften herausgefunden, dass ein Eins-zu-eins-Mentoring das Fundament für lebensveränderndes Christsein ist. Kernstück der Bewegung der „Organischen Gemeinde" von Neil Cole zum Beispiel sind die Lebensveränderungs-Gruppen. Sie bestehen aus zwei oder drei Leuten, die sich im wöchentlichen Rhythmus treffen und sich gegenseitig darin bestärken und herausfordern, ein authentisches Leben als Christ zu führen.[132]

Geistliches Leben

Auf ihrem Weg in die Gemeinschaft werden Menschen hineingezogen in Gottes Story mit dieser Welt und begegnen ihm in ihrem geistlichen Leben. Viele von denen, die neu zum Glauben kommen, haben wenig Erfahrung damit und müssen gezeigt bekommen, was geistliches Leben bedeutet. Hier ist viel Geduld und Fingerspitzengefühl erforderlich.

Erste Schritte zum geistlichen Leben

Am Anfang stehen kleine Eindrücke von geistlichem Leben, das, was wir „missional worship" genannt haben (vgl. S. 80). Gemeint sind einige kleine Elemente geistlichen Lebens, die an die Lebenserfahrung von jenen anknüpfen, die erst halb vom Glauben überzeugt, noch unsicher sind oder nur eine sehr un-

---

131 Aufsatz von Ruth Poch, 2011, erhältlich bei der Autorin, ruhtpoch@ntlworld.com.

132 Neil Cole, *Organische Gemeinde – Wenn sich das Reich Gottes ganz natürlich ausbreitet*, GloryWorld-Medien, Bruchsal, 2008, S. 40.

klare Vorstellung von Gott haben. Wie in Kapitel 4 beschrieben, unterscheidet sich „missional worship“ von herkömmlichen Formen christlicher Spiritualität in seiner klar evangelistischen Ausrichtung.

Beispiele dafür sind ein Nähkreis, an dessen Ende gebetet wird, und eine Gruppe von Teenagern, die noch keine Christen sind, aber zeitgenössischen Tanz als Gebet zu Gott praktizieren, so wie sie ihn verstehen.

In Mawsley, einem Dorf in Northamptonshire, bietet ein „Café und etwas mehr" mit dem Namen SPACE einen ruhigen Raum zum Nachdenken, Meditieren und Beten an, dazu einen Raum für Kinder, in dem es ein bibelorientiertes Programm gibt. In einem dritten Raum können Menschen bei einer Tasse Kaffee und einem Schinkenbrötchen miteinander ins Gespräch kommen.

Die Goth Church in Coventry, in der sich junge Menschen treffen, die Heavy-Metal-Musik hören und schwarze Kleidung tragen, bietet mittwochs abends die alte Form der Komplet an. Die kurze Gebetszeit ist ausgestaltet mit Kerzen, Gebet, Stille und dem Friedensgruß, alles dem missionalen Kontext angepasst.

Vertiefung

Sind die Menschen dazu bereit, können Sie mit ihnen entdecken, wie der nächste Schritt zu einem tiefer gehenden geistlichen Leben aussehen könnte. Anbetung nimmt Menschen mit hinein in einen Dialog zwischen Vater, Sohn und Heiligem Geist. Der Geist veranlasst den Betenden zu singen und Worte im Einklang mit denen der Dreieinigkeit zu finden.

Im Nachdenken darüber, wie die Gruppe in dieses göttliche Gespräch hineingezogen werden kann, vergessen Sie nicht, dass die Ihnen vertraute Form für andere aus der Gemeinschaft nicht unbedingt passt. Die christlichen Lieder, die Sie lieben, lösen bei ihnen vielleicht gar nichts aus.

Umgekehrt kann es auch sein, dass die traditionelle Liturgie, die Sie vermeintlich endgültig hinter sich gelassen haben, genau das Richtige ist für Ihre Gruppe von Menschen auf dem Weg zum Christsein. Jemand, der mit einer Gruppe Analphabeten arbeitete, fand heraus, dass diese Menschen eine feste Liturgie sehr zu schätzen wussten. Dort konnten sie Worte lernen und die Wahrheiten des Evangeliums verinnerlichen, weil sie immer wiederholt wurden – was übrigens einer der Gründe war, warum die Liturgien überhaupt entstanden sind.

Die entgegengesetzte Erfahrung machte eine anglikanische Gemeinde in Toronto, die Mahlzeiten an Arbeitslose und andere Menschen am Rande der Gesellschaft ausgab. Irgendwann entschieden sie sich, den nächsten Schritt zu tun und luden die Gäste in einen separaten Teil der Kirche zu einer einfachen Andacht ein.

Zu Beginn bedienten sie sich vieler liturgischer Elemente, um, wie ein Mitarbeitender es ausdrückte, die Kontrolle zu behalten. Dann aber fanden sie heraus, dass es besser war, den Geist nicht zu sehr einzuschränken.

Die geistlichen Einheiten wurden wesentlich informeller und fließender. Die Mitarbeiter ließen alle ihre schönen didaktischen Methoden beiseite und vermittelten nicht mehr lehrhaft ihre Inhalte, sondern vertrauten den Diskussionen, bei denen der Kaffee anregende Wirkung zeigte. Die Gesprächsbeiträge waren gekennzeichnet durch Aufrichtigkeit und lösten manchmal einiges Unbehagen aus, gleichzeitig aber wuchsen die Sensibilität und die Bereitschaft, sich umeinander zu kümmern.[133]

[133] Diözese von Toronto, *A Missional Road Trip,* YouTube.

Hilfreiche Prinzipien

Wenn Sie keinerlei Erfahrung damit haben, ist der Gedanke, in Ihrer Zeugnisgemeinschaft eine wie auch immer geartete Form von geistlichem Leben einzuführen, vielleicht ein wenig beängstigend. Aber das muss nicht sein.

Halten Sie es einfach und denken Sie an die goldene Regel: Im Zweifel fragen Sie die Menschen, für die Sie etwas tun wollen. Erzählen Sie ihnen von Ihrer Idee für ein geistliches Element, fragen Sie, ob die Leute Lust haben, es auszuprobieren, und bitten Sie nachher um eine Rückmeldung. Und dann treffen Sie betend eine Entscheidung, ob Sie weitermachen, es anders machen oder etwas ganz anderes ausprobieren. „Scheitern gibt es nicht, es geht lediglich um Rückmeldungen."

Es ist sicher hilfreich, die folgenden fünf Prinzipien im Kopf zu haben, ganz gleich in welcher Situation Sie sich befinden:

Einfach

Die Zeit könnte zu kostbar sein, um die komplexen Gottesdienste der großen Kirchen zu kopieren. Die neue monastische Gate-Faith-Gemeinschaft in Wales hält ihre Andachten einfach, indem sie „Elemente von Anbetung, Gebet und geistlicher Besinnung in [das] gemeinsame Essen, Lachen und Reden" integriert.[134]

Wenn Sie sich bei einem Essen treffen, zu dem jeder etwas beisteuert, könnten Sie Ihre Neuigkeiten austauschen, eine Kerze anzünden, sich auf den Heiligen Geist einlassen, still Ihre Sünden bekennen, etwas aus der Schrift vorlesen und ein paar kurze Gedanken dazu hören. Während des Desserts könnten Sie Gebetsanliegen sammeln und vor dem Kaffee und dem Abschluss gemeinsam beten. Es ist nicht notwendig, sich stundenlang vorzubereiten!

---

[134] www.freshexpressions.org.uk/stories/thegatecardiff (Zugriff am 4. Juni 2013).

Die Mehrgenerationengruppe „B1" in Birmingham beginnt häufig mit einem Choral. Dieser leitet über zu einer Stille, in der nicht selten eine spürbar bewegte Atmosphäre herrscht.

Das Schuldbekenntnis findet anschließend in Kleingruppen statt. Jeder schaut zurück auf die vergangene Woche, als wäre sie eine Reise wie die der Emmaus-Jünger gewesen. Auf welchen Wegstrecken haben sie nicht gemerkt, dass Jesus neben ihnen herging? Wann wurde ihnen seine Gegenwart bewusst? Wann erkannten sie ihn? Was möchten sie Jesus dazu sagen, dass sie ihn nicht erkannten?

Auf diese Phase folgt ein Gespräch zu einem Bibeltext, oft nach Altersgruppen getrennt. Alle bekommen schon vorher per SMS die Bibelstelle genannt, die sie sich angucken sollen. Während der Woche sollen sie sich darüber Gedanken machen. Wenn sie sich dann treffen, tauschen sie ihre Gedanken aus. Persönliches Bibellesen mit der gemeinsamen Gottesdienstfeier zu verbinden ist eine gute Ermutigung, persönliche Andachtszeiten zu pflegen.

Dann wird das Vaterunser gemeinsam gesungen und zum Schluss noch einmal ein Kirchenlied. Das Ganze dauert ungefähr eine Stunde.

Ganzheitlich

Die Ganzheitlichkeit, die hier gemeint ist, schöpft aus dem Reichtum der gesamten Familie Christi. Um das geistliche Leben lebendig zu halten und ihm zunehmend mehr Tiefe zu verleihen, ist es hilfreich, sich die Elemente des konventionellen Gottesdienstes anzuschauen.

Gibt es ein Element, das Sie in der letzten Zeit nicht mehr bedacht haben? Ein Schuldbekenntnis oder ein Glaubensbekenntnis vielleicht? Könnten Sie dies eine Zeit lang integrieren? Könnte es auch für die Zeugnisgemeinschaft sinnvoll sein? Sie könnten zum Beispiel etwas über Glaubensbekenntnisse erzählen und die Mitglieder einladen, ein eigenes zu schreiben. Dann könnten Sie gemeinsam eins auswählen, das bei den nächsten Treffen zum Einsatz kommt.

Hilfreiche Anregungen finden Sie auf www.freshexpressions.org.uk/guide/worship. Dort werden traditionelle Gottesdienstelemente aufgeführt (von der Eröffnung bis zum Segen) und sieben Kontexte, in denen Gottesdienstfeiern stattfinden können (z. B. mit Kindern, im Café und mit alten Menschen). Für jedes der Elemente und jeden Kontext werden Gestaltungsmöglichkeiten vorgestellt. Sie sollen nicht einfach kopiert werden, sondern die Fantasie anregen.

 http://www.freshexpressions.org.uk/guide/worship

Authentisch

Wirkliche Hingabe an Gott kommt aus dem Herzen. Sie muss also zu den jeweiligen Menschen passen. Manche singen gerne christliche Lieder. Andere fühlen sich dabei unwohl. Wenn die Gruppe noch nicht bereit ist für gesungenen Lobpreis, könnte man auch gemeinsam christliche Musik hören.

> *In einem Pub wurde irgendwann eine christliche Diskussionsgruppe angeboten. Nach ein paar Jahren lud der Initiator einige von den regelmäßigen Teilnehmern zu einem Schnupper-Glaubenskurs ein. Nach sechs Wochen wurde beschlossen, sich auch weiterhin zu treffen. Nach einem Jahr fragte ich nach: „Wie gestaltet ihr eure geistlichen Zeiten?" „Wir haben alles Mögliche ausprobiert", hieß es da, „aber wir haben immer noch nicht das Richtige gefunden."*

Vielleicht müssen Sie eine ganze Weile experimentieren, bevor Sie herausfinden, was in Ihrem Kontext authentisch ist.

Relevant

Wenn Menschen sich verändern sollen, dann müssen die geistlichen Elemente etwas mit ihrem Leben zu tun haben. Im Gespräch über eine Bibelstelle können Sie zum Beispiel folgende Fragen stellen: Was sind die Hauptthemen des Abschnitts? Was kann Ihnen in den kommenden Tagen helfen? Beim nächsten Treffen der Gruppe kann erzählt werden, ob die Erkenntnisse aus dem letzten Text etwas verändert haben.

> *Wo eine Leidenschaft für soziale Gerechtigkeit und ökologisches Engagement vorhanden ist, könnte man es so machen wie die Just Church im englischen Bradford. Die Gemeinde begann damit, dass Mitglieder als Teil ihres geistlichen Lebens Briefe für Amnesty International schrieben. So wurde Gebet zur Kampagnenarbeit.*

Befähigend

Geistliches Leben sollte zu einer Bündelung von Gaben führen. Die Beiträge können ganz unterschiedlich sein: Jemand übernimmt die Verantwortung für die Erinnerungsmails, andere organisieren das Essen (wenn man gemeinsam isst), sammeln Online-Material, machen Vorschläge für die Gebetszeiten oder dienen mit geistlichen Gaben.

> *Der anglikanische Bischof von Buckingham erzählte von einem Gottesdienst bei einem Treffen für Menschen mit Behinderung. Rainbow Worship „ist manchmal ausgelassen wie eine große Feier, manchmal aber auch still und voller Ehrfurcht. Ständig wird von überall her das Geschehen kommentiert, wie früher bei den Erweckungsversammlungen. Bastelaktionen sind in den Gottesdienst eingebaut und das Leitungsteam hat versucht, die Unterscheidung zwischen Klient und Helfer aufzulösen. Einmal, als Noahs Arche in all ihrer Pracht gezeigt wurde, kam eine laute Stimme aus dem Hintergrund: ‚Die habe ich früher mal gemacht.'"*[135]

[135] www.freshexpressions.org.uk/stories/rainbowworship (Zugriff am 4. Juni 2013).

Die fünf Prinzipien bilden im Englischen das Akronym SHARE (Simple, Holistic, Authentic, Relevant, Enabling). „To share" heißt „teilen", und es erinnert daran, dass wir durch Gottesdienstfeiern und geistliches Leben *Anteil haben an Gott* (wir werden hineingenommen in die ewige Anbetung der Trinität), *Anteil haben an der Welt* (nicht zuletzt durch unsere Gebete), *Anteil haben am ganzen Leib Christi* (indem wir die Ressourcen der gesamten Kirche nutzen) und *Teil unserer Gemeinschaft sind*, zu der jeder seine Gaben beiträgt.

Meilensteine auf der Reise

Das große S in Share kann auch für die Sakramente stehen. Wenn eine Gemeinschaft ausdrücklich Gemeinde sein will, wird sie Wert darauf legen, das Sakramente der Taufe zu feiern, wenn es passt, und auch das Heilige Abendmahl. Dies ist zunehmend auch in Fresh-X-Gemeinden der Fall. Es gab dort sogar schon Ordinationen.

Für manche Menschen – vielleicht nicht für jeden – ist es hilfreich, den Beginn einer neuen Phase auf der geistlichen Reise bewusst zu markieren (das muss nicht immer durch die Taufe geschehen).

> *In einem Gottesdienst der Church of England ließen sich einige taufen und anschließend konfirmieren, andere wurden nur konfirmiert, viele erneuerten ihren Taufbund. Einige wenige verkündeten öffentlich, dass sie sich auf den Weg machen wollten, den christlichen Glauben zu entdecken – eine Form, die sonst nicht üblich ist.*
>
> *Alle bekamen eine Geschichte aus der Bibel, anhand derer sie ihre verschiedenen Erfahrungen interpretieren konnten. Sie bekamen die Möglichkeit, symbolisch und öffentlich die verschiedenen Meilensteine, die sie erreicht hatten, kenntlich zu machen. Das half ihnen dabei, den nächsten Schritt nach vorne zu tun.*

Paul Moore schlägt einen weniger formalen Ansatz vor. In einer Mehrgenerationen-Gemeinschaft

„könnte man Familien, die ihre ersten Schritte in der Nachfolge Jesu machen und auf dem Weg sind, ihn besser kennenzulernen, dazu einladen, unter dem Beifall der ganzen Gemeinde mit bloßen Füßen in einen Kreidetopf zu steigen und dann einen Papierstreifen entlangzugehen, auf dem ihre Fußabdrücke zu sehen sind. Anschließend könnte ein kurzes Gebet für sie gesprochen werden, und eine andere Familie überreicht als Geschenk ein passendes Buch oder die Bibel, die zu Hause gemeinsam gelesen werden kann. Wenn sie möchten, können Fotos und Videos gemacht und auf YouTube und Facebook veröffentlicht werden, um das Ereignis zu dokumentieren.“[136]

Abendmahl

Es wird sicher nicht immer passen, aber die meisten Zeugnisgemeinschaften möchten auf irgendeine Art und Weise das Abendmahl feiern. Ist dies bei Ihnen der Fall, wäre es hilfreich, die SHARE-Prinzipien in die Überlegungen einzubeziehen.

Sollte es in Ihrer Gemeinschaft Christen geben, deren Konfession einen ordinierten Geistlichen für die Durchführung der Feier des Abendmahls verlangt, und Sie sind nicht ordiniert – dann lassen Sie sich nicht entmutigen. Sie haben trotzdem eine Reihe von Möglichkeiten:

- Laden Sie einen Pfarrer oder Pastor „von außen“ ein, der als Ihr „Geistlicher“ fungiert und der der Abendmahlsfeier vorstehen kann. Er steht symbolisch auch für die Verbindung zur Gesamtkirche.

---

[136] Paul Moore, *Making Disciples in Messy Church. Growing Faith in an All-age Community,* Abingdon: Bible Reading Fellowship, 2013, S. 102–103 (eigene Übers.).

- Feiern Sie das Abendmahl ab und zu gemeinsam mit Ihrer „Muttergemeinde".
- Machen Sie sich die „erweiterte Kommunion" zunutze, bei der Brot und Wein im Hauptgottesdienst der Muttergemeinde konsekriert und dann später an andere ausgeteilt werden.[137]
- Führen Sie das „Agapemahl" ein. Hier wird an Jesu Tod und Auferstehung erinnert, ohne dass Brot und Wein vorher konsekriert werden. Machen Sie deutlich, dass es sich hier nicht um ein Abendmahl nach dem Verständnis der großen christlichen Kirchen handelt.
- Die methodistische Kirche in Großbritannien kann, wenn es sich um eine Missionssituation handelt, auch ausgewählte Laien dazu autorisieren, einem Abendmahl vorzustehen.[138]
- Geben Sie sich damit zufrieden, kein Abendmahl zu feiern, weil die Mitglieder Ihrer Gemeinschaft dies in ihren „Heimat"-Gemeinden tun können.

Unterweisung

Wenn Mitglieder Ihrer Gemeinschaft Jesus näherkommen und anfangen, Erfahrungen mit Gottesdiensten und geistlichem Leben zu machen, wird die Unterweisung im Christsein zu einer wichtigen Unterstützung in der Nachfolge. Zu Beginn kann dies in einer Eins-zu-eins-Konstellation und sehr niederschwellig ganz informell im Laufe eines Gesprächs oder bei Gesprächsabenden zu Lebens- oder geistlichen Themen geschehen. Wenn Sie zu einer Gruppe gehören, die gemeinsam Filme guckt und darüber diskutiert, können Sie in Ihren Beiträgen eine Beziehung zum Glauben herstellen und so über das Evangelium reden.

---

[137] Anm. d. Übers.: Eine in der katholischen und anglikanischen Kirche übliche Form, die in den evangelischen Kirchen nicht vorgesehen ist.

[138] Anm. d. Übers.: In einigen Landeskirchen der EKD ist dies ebenfalls möglich.

Andere sensible Formen der Evangelisierung reichen von der Beantwortung von Fragen während einer Mahlzeit („Warum tun Sie so viel für andere?") bis hin zu besonderen Angeboten zusätzlich zur zentralen Veranstaltung der Gemeinschaft, zum Beispiel Diskussionen mit Christen und Noch-nicht-Christen.

Nach und nach werden diese evangelistischen Veranstaltungen ergänzt – der Fokus wird mehr auf die Story von Jesus Christus gelegt und es wird erzählt, was es heißt, Jesus nachzufolgen.

Jesus nachfolgen: der Reichtum guten Lebens (basierend auf Apostelgeschichte 2,42–47)

- *Leiten* – Respekt vor den leitenden Christen und Leitung lernen (Vers 42).
- *In die Lehre gehen* – immer weiter einüben, was Nachfolge Jesu heißt, indem man Lernender bleibt (Vers 42).
- *Geistlich leben* – regelmäßig gemeinsam und im persönlichen Gebet vor Gott treten und sich durch Wort und Sakrament vom Geist leiten lassen (Verse 42, 46–47).
- *Herrschaft Gottes leben* – die eigenen Gebete, Gaben und die eigene Lebensqualität zum Sprachrohr machen, durch das Jesus seine Herrschaft über die Schöpfung geltend machen kann (Vers 43).
- *Haushalter sein* – materielle Besitztümer zum Wohle anderer einsetzen (Verse 44–45).
- *Gemeinschaft bilden* – sich mit anderen Gläubigen zusammentun (Vers 46).
- *Freundschaft leben* – mit der Welt verbunden sein durch den Dienst an anderen, den Kampf gegen Ungerechtigkeit und ein Handeln zum Wohl der Schöpfung (Vers 47).
- *Jünger sein* – das oben Genannte tun und anderen dabei helfen, Jesus nachzufolgen (Vers 47).

Den Kontext nicht vergessen!

Eine gründliche Unterweisung führt zu einer immer größeren Liebe zur Geschichte des Christentums. Irgendwann begreifen Gläubige sich selbst als Vers in einem der vielen Kapitel. Genauso wichtig ist, dass sie sich die nötigen Fähigkeiten aneignen, um Jesus nachzufolgen. Wissen hat eine sehr praktische Dimension. Die oben zusammengefassten großen Themen der Nachfolge müssen umgewandelt werden in gelebte Erfahrungen.

Die große Stärke von Zeugnisgemeinschaften ist, dass sie mitten im Leben entstehen. Dies ist der denkbar beste Ort, um den neuen Gläubigen die Möglichkeit zu geben, im Treibsand des Alltags den Glauben tiefe Wurzeln schlagen zu lassen.

„Wenn Nachfolge nicht im Kontext geschieht, angepasst an die aktuellen Umstände des Ortes und der Menschen, dann kann es sich kaum wirklich um Nachfolge handeln, da es keine Berührungspunkte mit dem wirklichen Leben gibt.“[139]

Christliche Unterweisung muss also dahin führen, dass diejenigen, die neu zum Glauben gefunden haben, die Verbindung zwischen Gottes großer Story und ihren ganz spezifischen Lebensumständen sehen. Sie soll ihnen helfen zu erkennen, wie die allgemeinen Prinzipien christlichen Glaubens in ihrer ganz speziellen Situation aussehen.

Katie Miller leitet ehrenamtlich eine Fresh-X-Gemeinde für Erwachsene und Familien in einem Viertel mit sozial Benachteiligten in Norwich. Sie zeigt, wie das gehen kann:

---

[139] Graham Cray, *Making Disciples in Fresh Expressions*, Fresh Expressions, 2013, S. 14, erhältlich über: www.freshexpressions.org.uk.

„Lehre sieht bei uns völlig anders aus. Wir unterbrechen ständig, um uns in Kleingruppen zusammenzusetzen und dort irgendwas zu machen. Spiele spielen, gemeinsam etwas malen, etwas zusammentragen oder ein Quiz machen.

In Kleingruppen arbeiten wir ganz oft, zum Beispiel um darüber zu reden, wie ein guter Vater sein muss und wer einen hatte. Und dann fasst der Gruppenleiter das Ergebnis für die Gesamtgruppe zusammen, wenn wir mit der Lehreinheit weitermachen.

Es fängt immer bei den Menschen an, immer mit ihren Erfahrungen. Mit ihren Erfahrungen zu dem Thema, das wir an dem Tag behandeln oder mit ihren Geschichten – ihren Lebens- oder Glaubensgeschichten. Und dann schlagen wir den Bogen zur großen Story der Bibel.

Da steht also nicht jemand vorne und sagt den Leuten, was sie denken und glauben sollen; wir lassen die Leute von ihren Erfahrungen erzählen und beziehen sie dann auf das Evangelium."[140]

Verkündigung – auf verschiedene Art

Natürlich spielt die Verkündigung in der Unterweisung eine Schlüsselrolle. Die Evangelien und die Apostelgeschichte sind voll davon.

„Jesus ist das beste Beispiel für einen kreativen Lehrer und Prediger. Er bediente sich einer großen Bandbreite von Methoden. Manchmal gleichen seine Predigten eher Gesprächen. Manchmal sind sie wesentlich formaler. Er nutzte sein Handeln ebenso wie seine Worte, um seine Botschaft weiterzugeben. Sein

---

140 www.freshexpressions.org.uk/stories/marlpit (Zugriff am 22. August 2013).

Stil ist immer dem Kontext angepasst, in dem er sich gerade befindet.“[141]

Verkündigung und Lehre müssen in ihrer Form den Umständen angepasst werden. Obwohl es in Zeugnisgemeinschaften häufig eine Kombination aus Vortrag und Gespräch gibt, variiert die Balance zwischen beidem oft beträchtlich.

Verkündigung im Gespräch

Die Mitarbeitenden eines Mehrgenerationen-Cafés in einer sozial schwachen Wohngegend wussten zu berichten: „Man wird hier kaum eine Predigt zu hören bekommen. Aber wir hoffen, beten und vertrauen darauf, dass die Menschen hier trotzdem genug von dem mitbekommen, was Gott ihnen sagen will."[142] Der Heilige Geist spricht durch das, was einfache Menschen sagen, wenn sie über Gottes Wort diskutieren.

Die Reconnect-Gemeinschaft für Fachkräfte im urbanen Herzen Torontos nähert sich einem Thema gewöhnlich, indem an Tischen über eine Bibelstelle diskutiert wird. Die Unterweisung geschieht in Dialogform, gefolgt von einer Frage- und Antwortrunde.[143]

Eine andere Zeugnisgemeinschaft saß bei ihren Treffen an Tischen. Der Abend begann damit, dass die Teilnehmer Neuigkeiten austauschten. Es wurden einige Lobpreislieder gesungen und dann diskutierten die Leute an ihren Tischen über einen Bibeltext. Sie waren eingeladen, ihn unter folgender Fragestellung zu betrachten: Wie wird der Text mein Leben in der kommenden Woche verändern? Dann erzählten sich immer zwei Tische gegen-

---

[141] Norman Ivison, *How Should We Teach and Preach?* Fresh Expressions, 2012, S. 4 (eigene Übers.).

[142] www.freshexpressions.org.uk/stories/e1cc (Zugriff am 5. Juni 2013).

[143] Diözese von Toronto, *A Missional Road Trip*, YouTube.

seitig von ihren Ergebnissen. Es folgte eine Gebetsgemeinschaft und ein Essen. „Das ist so leicht zu organisieren!", erklärten die Mitarbeiter.

Hin und wieder hört man den Einwand, wie jemand denn ein Bibelgespräch führen könne, wenn er gerade zum Glauben gefunden habe, da er ja kaum etwas über die Bibel wisse. Unterschätzen Sie den Heiligen Geist nicht!

Man kann zum Beispiel einfach ein paar Leute bitten, sich einen entsprechenden Bibelkommentar durchzulesen. Wenn die Gruppe nicht mehr weiter weiß, können sie die Fragen zum Text beantworten. Oder es liest immer eine Person pro Gruppe den Kommentar schon vor dem Treffen.

Oder man bittet ein Gruppenmitglied, den historischen Hintergrund des Bibeltextes im Internet nachzuschauen. Dann kann die Bedeutung und Relevanz des Textes im Licht dieser Informationen diskutiert werden.

Man kann auch Podcasts, YouTube-Clips oder andere Online-Ressourcen nutzen, um die Denkanstöße zu variieren. Könnten andere in der Gruppe, wenn sie entsprechend begleitet werden, dabei helfen, das Material zu sichten? Die Mitarbeiter müssen nicht alles alleine tun!

Wenn Sie keinen begabten Bibelausleger in Ihrer Gemeinschaft haben, ist Verkündigung im Gespräch die beste Variante. Wenn es allerdings darum geht, grundlegendes, neues Wissen zu vermitteln, zum Beispiel einen Überblick über das Markusevangelium, dann ist wahrscheinlich eine ausführlichere Erklärung nötig. Wenn das nicht von der Gruppe selbst abgedeckt werden kann, könnten Sie einfach jemanden aus einer nahe gelegenen Gemeinde einladen. Zum Beispiel für einen Seminartag oder eine Reihe von Abenden während der Woche.

Glaubenskurse – mit Bedacht

Existierende Glaubenskurse können, flexibel und zum richtigen Zeitpunkt eingesetzt, hilfreich sein. Aber der Kurs muss zu Ihrem Kontext passen. Können die Menschen, die Sie erreichen, etwas mit den im Kurs angeführten Beispielen anfangen?

Wenn nicht, müssen Sie den Kurs an Ihrer Situation anpassen oder sogar einen eigenen entwerfen. Genau das beginnen Zeugnisgemeinschaften zu tun. Cook@Chapel zum Beispiel, eins der in Kapitel 3 beschriebenen Projekte (vgl. S. 56), ist eine Gemeinschaft von Teenagern, die gemeinsam kochen und essen. Die Mitarbeiter sind dabei, einen eigenen Glaubenskurs zu entwickeln, um den Glauben der jungen Leute zu vertiefen.

Hüten Sie sich vor zu großer Regelorientierung: Ein paar Teilnehmer eines Diskussionskurses zu christlichen Fragen waren Agnostiker im Alter von etwa Mitte zwanzig. Sie waren begeistert und machten gleich mit dem Folgekurs weiter. Nach drei Kursabenden verließen sie den Kurs fluchtartig: „Jetzt wissen wir, dass die Kirche auch nicht anders ist als alle anderen Institutionen. Sie will, dass die Leute sich ihr anpassen. Erst sollten wir jeden Sonntag zum Gottesdienst gehen. Jetzt sollen wir aufhören, mit unseren Partnern zu schlafen. Das reicht. Wir gehen!"

Es war nicht notwendigerweise falsch, was in dem Kurs gelehrt wurde, aber es kam zu einem wenig hilfreichen Zeitpunkt auf ihrem Weg in die Nachfolge. Sie waren noch nicht bereit dazu, die Schritte zu tun, die von ihnen verlangt wurden.

Die Agenda des Heiligen Geistes („It's the Spirit's agenda")

Wenn Sie miterleben, wie Menschen in Ihrer Zeugnisgemeinschaft zum Glauben kommen, achten Sie darauf, sensibel zu bleiben für das, was der Heilige Geist im Leben dieser Menschen bewirkt. Versuchen Sie nicht, an seiner statt den Zeitplan aufzustellen.

Vielleicht finden Sie es wichtig, dass der neu zum Glauben Gekommene regelmäßig den Gottesdienst besucht. Der Heilige Geist aber möchte, dass er zunächst lernt, besser mit seinen Finanzen umzugehen; regelmäßiger Gottesdienstbesuch ist noch nicht dran.

Gleich welches Thema Sie mit Ihrer Gruppe diskutieren, vergessen Sie nicht, dass der Geist bei jedem Menschen einen anderen Fingerabdruck hinterlässt. Wenn Gruppenmitglieder bei einem bestimmten Thema mit der Umsetzung kämpfen, kann das ein Zeichen dafür sein, dass Gott am Werk ist. Es kann aber auch bedeuten, dass das Thema für den Heiligen Geist noch nicht an der Reihe ist.

Hier hilft der Hinweis an die Gruppe, dass, folgt man der Agenda des Heiligen Geistes, nicht für alle das gleiche Thema gleiche Priorität hat. So liegt die Verantwortung dort, wo sie hingehört: beim Heiligen Geist und jedem Einzelnen. Es wird auch vermieden, dass die verschiedenen Menschen, die sich neu auf den Weg zum Glauben machen, im Gleichschritt mit allen anderen dem Geist Gottes folgen und sich immer alle in der gleichen Phase befinden müssen.

Überlassen Sie dem Geist die Führung, wenn Sie entscheiden, welche Themen Sie in der Gemeinschaft bearbeiten und welche Angelegenheiten Sie ansprechen sollten. Ziehen Sie die Gruppe zurate. Fragen Sie die Mitglieder, was sie gerade beschäftigt. Bieten Sie verschiedene Möglichkeiten an und versuchen Sie, durch die Antworten hindurch die Stimme des Geistes zu hören.

Die Zeit unanfechtbarer Experten ist Vergangenheit. Jeder, der ein Smartphone besitzt, kann eine alternative Interpretation finden, noch während Sie sprechen. Empfinden Sie das nicht als Bedrohung, sondern vielmehr als Ansporn, Ihre eigene Ansicht mit den anderen zu teilen („Lasst uns gemeinsam nach Gott suchen"). Das wird allen dabei helfen, die Gabe der Erkenntnis zu schulen.

TUBESTATION, eine Gemeinschaft unter Surfern, hat gar kein festgelegtes Programm. Manchmal geben die Mitarbeitenden Erklärungen zu einem Bibeltext, aber es interessiert sie viel mehr, in welcher Situation die Menschen sich gerade befinden und was sie für Fragen haben. Es entstehen viele Gedanken, wenn man gemeinsam die Bibel liest.[144]

Gemeinsam leiten

Ihr Leitungsstil trägt viel dazu bei, wie der Glaube der neuen Christen geprägt wird. In der Bibel ist kein festes Modell dazu vorgegeben. Verschiedene Modelle passen unter verschiedenen Umständen. Es fällt trotzdem auf, dass im 5. Buch Mose Teamleitung als Ideal dargestellt wird.

Außergewöhnlich für die damalige Zeit ist, dass die Verantwortung an das Volk zurückgegeben wird. Es soll Verantwortung übernehmen für die Ein- und Durchsetzung des Rechts (16,18), soll Gottes Willen bei der Ernennung eines Königs erkennen (17,14-15) und zwischen wahren und falschen Propheten unterscheiden (18,21-23).

Ebenso bemerkenswert ist, dass in der frühen Kirche Autorität erheblich dezentralisiert wurde. Die von Paulus gegründeten Gemeinden verfügten über eine bemerkenswerte Autonomie. Innerhalb der Gemeinden wurde die Autorität aufgeteilt zwischen Aposteln, Propheten, Evangelisten, Hirten und Lehrern (Epheser 4,11). In der Gemeinde von Korinth wurden auch die Gaben unter den Mitgliedern verteilt (1. Korinther 12,7-11).

Peterson Feital erzählte, dass die nichtkirchlichen Menschen, denen er in Nottingham begegnete, auch deshalb Gottesdienste unattraktiv fanden, weil sie weder interaktiv noch persönlich waren.

---

144 Graham Cray, *Making Disciples in Fresh Expressions*, Fresh Expressions, 2013, S. 21, erhältlich über: www.freshexpressions.org.uk.

Er gründete Something else *– Gottesdienste, in denen eine familiäre Atmosphäre herrschen sollte. Teilnehmer fanden, dass sie eher Ähnlichkeit mit einer Party hatten, „aber wir alle hatten das Gefühl, dass es, wie auf jeder guten Party, von uns (den Partybesuchern, nicht den Organisatoren) abhing, ob das Ganze funktionierte oder nicht."*

Alle sollten etwas beitragen und Feital stellte, als er die Gemeinschaft gründete, ein engagiertes Team zusammen, in dem jeder etwas zu sagen hatte. Man kümmerte sich umeinander und gestaltete gemeinsam Gemeinschaft.[145]

Das Dienstteam

Gemäß der Studie der Church Army werden in einem Drittel der Zeugnisgemeinschaften diejenigen, die sich auf den Weg zum Glauben gemacht haben, in Dienstteams aufgenommen.[146] In diesem Rahmen können sie lernen, wie man Jesus nachfolgt.

Die Dienstteams helfen dabei, die Gemeinschaft zu leiten und ihr zu dienen. Sie sind involviert in die Mission der Gemeinschaft. Weil Gemeinschaft zu Mission berufen ist, haben diese Teams mit großer Wahrscheinlichkeit einen Blick nach außen; Christen werden also im Kontext von Mission in die Nachfolge gerufen. „Wenn es das Kernanliegen von Mission ist, Menschen zu Jüngern zu machen, dann ist Mission auch der zentrale Kontext, um Nachfolge zu lernen."[147]

---

[145] Peterson Feital, „Breaking free from individualism: Discipleship and community", in David Male (Hrsg.), *Pioneers 4 Life: Explorations in Theology and Wisdom for Pioneering Leaders*, Abingdon: Bible Reading Fellowship, 2011, S. 105–114 (eigene Übers.).

[146] Church Growth Research Project, „Report on Strand 3b: An analysis of fresh expressions of Church and church plants begun in the period 1992–2012", Oktober 2013, S. 49, erhältlich bei: Church Army Research Unit.

[147] Graham Cray, *Making Disciples in Fresh Expressions*, Fresh Expressions, 2013, S. 14, erhältlich bei: www.freshexpressions.org.uk (eigene Übers.).

Frances Shoesmith, eine Pionierin, die in der Nähe von London arbeitet, führte ein „Time Team" ein, um zu gemeinschaftlicher Leitung zu ermutigen. Sie entwickelte die Idee über mehrere Monate hinweg in einer Reihe von offenen Veranstaltungen. Dann wurden die Leute eingeladen, sich im Team zu engagieren und sie wurden bei einer speziellen Veranstaltung im Bürgerhaus der Stadt offiziell dazu beauftragt.

Der Gedanke ist, dass wir uns gegenseitig Rechenschaft darüber ablegen, was wir anbieten – was es schon gibt und was wir neu einführen wollen – und dass wir uns gegenseitig seelsorglich begleiten.

„‚Time' bezieht sich darauf, dass Leute sich für ein Jahr verpflichten. Nach diesem Jahr gibt es die Option, die Verpflichtung zu erneuern oder zu gehen – und Neue können dazukommen. Wir wollten niemanden abschrecken durch die Bitte, für ein ganzes Leben zu unterschreiben.

Auf diese Weise beginnen wir auch mit der Nachfolgeplanung. Ich habe nicht vor, in der nächsten Zeit irgendwo anders hinzugehen, aber es ist wichtig, an der Nachhaltigkeit zu arbeiten."[148]

Nachhaltige Leitung

Sowohl im Dienstteam als auch in davon unabhängigen Gruppen, die den christlichen Glauben gemeinsam entdecken, sollte es von Anfang an ein Anliegen sein, Leitung nachhaltig zu gestalten. Es ist nicht gut, wenn die Gemeinschaft zu abhängig von den ursprünglichen Leitungspersonen ist. Wenn eine solche Person dann geht, kann die Gemeinschaft daran zugrunde gehen.

Je nachdem wie Sie die einzelnen in ihrem Glaubensleben begleiten, werden Sie ein hilfreiches oder weniger hilfreiches Mo-

---

[148] www.freshexpressions.org.uk/stories/stlukesinthehighstreet/aug13 (Zugriff am 16. August 2013).

dell der Abhängigkeit von Ihnen schaffen. Wenn Sie die Leitungsperson sind, sollten Sie dafür beten, dass neue Christen lernen, sich auf den Geist zu verlassen und nicht auf Sie. Sie sollten darauf hinarbeiten, dass die Glieder der Gemeinschaft dem Wort vertrauen und sich christliche Werte wie Weisheit, Erkenntnis und Ermutigung aneignen.

> *Eine Frau, die mit einer Gruppe mit niedrigem Bildungsstandard arbeitete, beschloss, soweit es ihr möglich war, die Fragen der Teilnehmenden nicht mehr zu beantworten.*
> *„Wenn jemand fragt, wer Johannes der Täufer ist", erzählte sie, „bitte ich darum, das bei Google nachzugucken. Ich möchte, dass sie lernen, ihren eigenen Ressourcen und denen der Gruppe zu vertrauen. Irgendwann werden sie dann hoffentlich erkennen, dass diese Ressourcen Kanäle des Heiligen Geistes sind."*

Arbeiten Sie doch, wenn Sie eine Gruppe zum Thema Spiritualität einrichten wollen, mit einem Buch mit christlichen Meditationen. Nach einigen Treffen könnten Sie jemand anders bitten, einfach mit dem nächsten Kapitel einmal die Leitung zu übernehmen, und danach könnte es wieder jemand anders sein. Das wäre eine Möglichkeit, sehr früh damit anzufangen, Leitungsarbeit zu teilen.

Die Verbindung zur gesamten Kirche

Menschen, die neu zum Glauben gekommen sind, fühlen sich unter Umständen von der größeren Gemeinschaft der Christen isoliert. Sie sind oft nicht an christliche Netzwerke angeschlossen. Und manchmal kämpfen sie damit, das Verhalten und die Sprache der etablierten Kirche zu verstehen. Das Zugehörigkeitsgefühl zur Familie der Christen kommt nicht von selbst.

Aber es ist absolut entscheidend, aktiv in die Kirche als Ganze eingebunden zu sein.

- *Es stärkt die besondere Identifikation des Gläubigen* mit Christus und seiner Familie – und ermöglicht, diese Identität offen zum Ausdruck zu bringen.
- *Durch die ganze Kirche kann das Christentum prägend wirken* und sich so hier und jetzt auf der ganzen Welt ausbreiten. Gott ist zu groß, um durch eine einzige Gemeinschaft offenbart zu werden. Es braucht die ganze Kirche, um den ganzen Christus zu zeigen.
- *Besondere Bedürfnisse können befriedigt werden.* Eine Sorte Veranstaltung – gleich welcher Größe – kann nicht alles befriedigen, was es an Bedürfnissen in der Nachfolge Jesu gibt. Wenn Eltern einen Teenager mit einer Essstörung haben, dann ist die Wahrscheinlichkeit gering, dass sie in ihrer Zeugnisgemeinschaft Menschen finden, denen es genauso geht. Wenn sie aber Kontakt aufnehmen zu anderen Christen in der Gegend, könnten sie sehr wohl andere Eltern treffen, die im gleichen Boot sitzen, und sich gegenseitig unterstützen.
- *Glaubende* können einen Beitrag zur gesamten Kirche *leisten,* indem sie ihre Fragen stellen, ihr Wissen und ihre Erfahrungen einbringen und – nicht zuletzt – durch ihren Einsatz bei größeren christlichen Initiativen. Es braucht koordiniertes Handeln, um den großen Problemen der Welt zu begegnen, z. B. der Aids-Epidemie in Afrika – und dazu können Christen gemeinsam einen Beitrag leisten.
- *Das* öffentliche *Zeugnis der Kirche wird gestärkt.* Die Christen des Neuen Testamentes trafen sich in kleinen Gemeinschaften, die ein Spiegel für die Diversität der Stadt waren. Sie trafen sich auch als große Gruppe.[149] Wenn die Kirche heute ähnliche Strukturen umsetzt – also kulturell verschiedene Gemeinschaf-

---

[149] Siehe auch Kapitel 2. Genauer ausgeführt wird das Thema in: Michael Moynagh und Philip Harrold, *Church for Every Context: An Introduction to Theology and Practice*, London: SCM, 2012, S. 20–23. (Die deutsche Übersetzung wird 2016 unter dem Titel „Fresh Expressions of Church" im Brunnen Verlag Gießen erscheinen.)

ten auf der einen und eine Verbindung dieser Gemeinschaften untereinander auf der anderen Seite –, dann wäre das ein Lösungsmodell für eine der größten Herausforderungen der heutigen Zeit: Einheit und soziale Unterschiede miteinander zu verknüpfen.

Die Verbindung zum gesamten Leib Christi ist deshalb so besonders wichtig, weil nicht alle Zeugnisgemeinschaften langfristig existieren. Eine Gemeinschaft am Arbeitsplatz oder unter Filmbegeisterten kann sich auflösen, weil ein wichtiges Mitglied wegzieht. Eine Studierendengemeinde auf einem Campus kann sich auflösen, wenn die Studierenden ihr Examen machen. Einer Gruppe, die eine gemeinsame Mission verfolgt, kann die Energie verloren gehen. In einer Arbeit mit sozial Benachteiligten kann die Beteiligung so unstet sein, dass die Initiative sich immer auf dünnem Eis bewegt.

Deshalb müssen neu zum Glauben Gekommene ermutigt werden, sich in die verfasste Kirche einzubringen. Eine solche Beziehung kann hilfreich sein, um dann, wenn die Zeugnisgemeinschaft zerbricht, ein aktives Zugehörigkeitsgefühl zur Kirche aufrechtzuerhalten.

Das könnte so aussehen: Jeremy und Anna begegnen sich bei Einkehrtagen, die von mehreren Gemeinden im Umfeld gemeinsam organisiert werden. Jeremy erfährt, dass Anna sonntags morgens in St. Michael zum Gottesdienst geht. Er fragt: „Würde es dir etwas ausmachen, wenn ich mal einen Sonntag mitgehe? Ich habe mich immer donnerstags nachmittags mit einer kleinen Gemeinschaft getroffen. Aber meine Arbeitszeiten haben sich geändert. Ich kann donnerstags nicht mehr ..."

In dem Prozess, Menschen zu Jüngerinnen und Jüngern zu machen, sollte großes Augenmerk darauf gelegt werden, die neuen Glaubenden vorsichtig in den größeren Kontext von Kirche einzuführen. Ein großartiger Anfang wäre, wenn Sie mit Ihrer Gemeinschaft einen Weg finden würden, etwas für die gesamte Kirche zu tun. Der Dienst an anderen schafft Anbindung!

Vier Wege der Anbindung

Wie können die neu zum Glauben Gekommenen Anteil am Leben der Kirche in einem größeren Kontext bekommen?

Eine erste Form, wie das geschehen kann, ist ein gemischtes Gemeindeengagement: Die Menschen könnten zu mehr als einem Typ Gemeinde gehören. Hier geht es nicht darum, sich die Rosinen herauszupicken, sondern um eine sinnvolle Kombination. Es geht nicht um eine konsumorientierte Haltung, sondern um eine Bindung – an mehr als eine Gemeinde.

Gefestigte Christen, die mit einem Fuß in einer Zeugnisgemeinschaft und dem anderen in einer konventionellen Gemeinde stehen, können Menschen auf dem Weg zum Glauben in ihre „Wochenendgemeinde" einladen, wodurch sie Gottesdienst und Lehre anders und umfassender kennenlernen.

Bei ihrer Untersuchung einiger Fresh-X-Gemeinden in England fand Louise Nelstrop heraus, dass ein beträchtlicher Teil der involvierten Christen Verbindung zu ihren alten Gemeinden gehalten hat:

„Manche hatten geplant zu gehen, aber die anfängliche Zerbrechlichkeit der ‚Fresh Expression' hatte zur Folge, dass sie erst einmal abwarten mussten, was passiert. Als sie merkten, dass beides miteinander zu verbinden war, fühlten sich manche zu ihrer eigenen Überraschung jetzt besser integriert in das traditionelle Gemeindesystem, weil ihre Wahrnehmung von Kirche nicht mehr darauf beschränkt war."[150]

Eine zweite Form der Verbindung können gemeinsame Veranstaltungen von Zeugnisgemeinschaften und ihrer Muttergemeinde sein. Wenn die Gemeinschaft aus einer Ortsgemeinde he-

---

[150] Louise Nelstrop, „Learning from Practitioners' Experiences of ‚Fresh Expressions': A Report on the Fresh Expressions Initiative", Juni 2008 (erhältlich bei der Autorin), S. 101 (eigene Übers.).

raus entstanden ist, dann werden ihre Mitglieder noch einmal ganz anders erfahren, was Kirche ausmacht, wenn sie sich für soziale Events, Bibelarbeitsgruppen, kleine Kurse oder missionarische Aktionen mit ihrer Muttergemeinde zusammentun.

> *St. Marys, im Osten von England, startete eine Gruppe für junge Erwachsene, die sich zu gemeinsamen Mahlzeiten trafen. Die Gruppe zog Leute von außerhalb der Kirche an und die Zahl der Teilnehmer wuchs auf ungefähr vierzig. Die Mitarbeitenden hatten keine Strategie dafür entwickelt, wie die Gruppe einen Bezug zur Gottesdienstgemeinde bekommen könnte. Sie beschäftigten sich lediglich mit dem Thema Identität: Was heißt es, zu St. Marys zu gehören?*
>
> *Die Verbindungen entstanden automatisch. Einige der jungen Leute arbeiteten bei dem jährlich stattfindenden missionarischen Einsatz der Gemeinde in der Stadt mit. Als die Leitung der neuen Gruppe einen Kurs zum Thema „Dienst im Reich Gottes" für junge Erwachsene anbot, kamen einige aus der Sonntagsgemeinde dazu.*
>
> *Als die Sonntagmorgen-Gemeinde einen Sonntagabend-Gottesdienst einführte, beteiligten sich wiederum einige aus der Gruppe der jungen Erwachsenen. Die Verbindungen waren nicht geplant. Sie entstanden einfach deshalb, weil jeder davon wusste, was der andere gerade tat.*

Manchmal muss man allerdings etwas gezielter vorgehen. Wenn dem so ist, sollten Sie Ausschau halten nach Möglichkeiten, der Muttergemeinde zur Seite zu stehen. Könnte Ihre Gemeinschaft anbieten, bei einem Studientag der Gemeinde für die Verpflegung zu sorgen? Nichts öffnet die Herzen der Menschen mehr als liebevolle Freundlichkeit.

Drittens entstehen Verbindungen, wenn kleine christliche Gemeinschaften zu Clustern zusammenkommen. St. Thomas in Crooks, einem Vorort von Sheffield, unterstützt neue missionale Zellen, die sich jeden Monat als Cluster treffen. Die Vision ist, dass sich die Cluster vervielfältigen und dann wiederum zu Festen und Schulungen zusammenkommen.

> *Für einen kurzen Zeitraum trafen sich in einem Polizeibezirk in England christliche Polizeibeamte, von denen viele nicht mehr in die Kirche gingen, in kleinen Gruppen (!) sortiert nach Dienstalter zu Gebet und Bibellesen. Einmal im Monat trafen sich alle Zellen – etwa achtzig Leute – gemeinsam in der Kantine.*

Ganz anders arbeitet das Netzwerk von Gemeindepflanzungen der Holy-Trinity-Brompton-Gemeinde in London. Dort gibt es einmal im Jahr eine einwöchige Freizeit. Die Kurse zu Arbeits- und Familienthemen sind offen für alle innerhalb und außerhalb des Netzwerks und die Mitarbeiter tragen ihre Ressourcen in Lerngemeinschaften zusammen.

Viertens können Gläubige mit der Kirche als Ganzes in Verbindung kommen durch Veranstaltungen und Aktionen, die von mehreren Ortsgemeinden gemeinsam geplant und durchgeführt werden. Das kann zum Beispiel ein nächtlicher Straßeneinsatz sein, bei dem Teams all denen praktische Hilfe leisten, die nachts auf den Straßen der Stadt unterwegs sind.

Freiwillige Koalitionen von Ortsgemeinden, die zusammenarbeiten, können ein großes Spektrum an missionarischen Aktionen und Jüngerschaftsinitiativen möglich machen. Wo ein Wille ist, kann lokale Kooperation erstaunlich leicht beginnen. Die Gemeinden können sich gegenseitig über geplante Veranstaltungen informieren, so zum Beispiel eine Wochenend-Einkehr oder eine Fortbildung für Ehrenamtliche in der Kinderarbeit. Wenn sich die gemeinsamen Aktivitäten eingespielt haben, kann der nächste Schritt ehrgeiziger sein. Initiativen, die für eine einzelne Gemeinde zu spezialisiert sind, werden durchführbar, wenn sich mehrere daran beteiligen.

Fazit

Wenn Sie eine Zeugnisgemeinschaft ins Leben rufen und neu zum Glauben Gekommene unter Gebet tiefer mit in die Geschichte des Christseins hineinnehmen wollen, dann helfen *Gemeinschaft, gemeinsames geistliches Leben, Unterweisung, gemeinsame Leitung* und die *Verbindung zur gesamten Kirche.*

All das wird zum Werkzeug für den Heiligen Geist, der Menschen zu Jesus führt. Sie werden Jesus ähnlicher und zeigen der Welt auf diese Weise, wie er ist.

Es ist eine große Verantwortung, Menschen zu Jüngerinnen und Jüngern zu machen. Wenn die Mitarbeiter einer Zeugnisgemeinschaft selbst keine treuen Jünger Jesu sind, dann werden ihre Bemühungen wenig glaubhaft sein und werden kein gutes Vorbild für die neuen Christen in der Gemeinschaft sein.

Jesus hat anspruchsvolle Standards gesetzt. Lord Williams, ehemaliger Erzbischof von Canterbury, der höchste kirchliche Würdenträger der Church of England, hat skizziert, was es bedeutete, zu Zeiten des Neuen Testamentes Jünger Jesu zu sein:

„Schüler zu sein bedeutete im Wesentlichen, an den Lippen des Lehrers zu hängen, um kein Wort zu verpassen, jedem seiner Schritte zu folgen und auf seiner Türschwelle zu schlafen, um sich nicht eine der Perlen der Weisheit entgehen zu lassen, die von seinen Lippen kamen. Es hieß zu beobachten, wie er sich bei Tisch und auf der Straße benahm. Schüler eines Lehrers zu sein war gleichbedeutend damit, das eigene Leben allein darauf auszurichten, im gleichen Raum zu sein und die gleiche Luft zu atmen wie er. Es gab nichts, was zwischen ihnen stand.“[151]

[151] Zitiert bei: Graham Cray, *Making Disciples in Fresh Expressions*, Fresh Expressions, 2013, S. 6, erhältlich bei: www.freshexpressions.or.uk (eigene Übers.).

Jesu Messlatte ist hoch. Er weiß, dass die meisten von uns zu kämpfen haben, um auch nur in die Nähe dessen zu kommen. Aber in seiner barmherzigen Liebe möchte er an uns arbeiten, wo immer wir unsere Schwächen haben. Er ist nicht derjenige, der uns tadelt. Er hat vielmehr den Heiligen Geist gesandt, den Mutmacher, der uns zum nächsten Schritt verhilft und diesen Schritt einwebt in seinen ewigen Plan.

Kapitel 7

Gemeinschaften multiplizieren sich

„Du musst Richard und Wendy kennenlernen", drängte Ben. „Sie haben eine Fresh-X-Gemeinde gegründet und dann festgestellt, dass das nicht reicht. Sie mussten noch mehr tun."

Wendy hatte eine Krabbelgruppe geleitet und ohne Erfolg versucht, die Mütter und Tagesmütter in den Gottesdienst einzuladen. Also lud sie die Frauen zu einem Bibelkreis bei sich zu Hause ein – die Frauen aus der Krabbelgruppe, die Mütter aus der Grundschule und andere, die sie kannte. Viele fanden zum Glauben, aber sie wollten immer noch nicht in den Gottesdienst kommen.

Deshalb luden sie und Richard zu einem „Frühstücksgottesdienst" am Sonntagmorgen ein. Es kamen immer mehr, bis im Laufe der Woche bis zu sechzig Menschen zu ihnen kamen. Was für ein Erfolg!

Aber die beiden waren nicht zufrieden. Sie hatten die Vision, dass es in jeder Straße ihrer Wohngegend eine kleine Fresh-X-Gemeinde geben könnte. Sie wussten, dies war die einzige Möglichkeit, die Zahl sechzig noch zu übertreffen. Aber sie wussten nicht, wie das funktionieren könnte. Also holten sie sich Rat. (Nicht vergessen: Wenn man Zweifel hat, sollte man immer jemanden fragen.)

Sie stellten fest, dass sie umlernen und Dinge anders machen mussten, die für sie ganz selbstverständlich waren. Eine Schlüsselsituation war, als Wendy eine der Mütter traf, die die Krabbelgruppe vor einigen Jahren besucht hatte. Die Frau interessierte sich für eine der christlichen Gruppen, die sich bei Wendy zu Hause trafen.

Wendy wollte sie gerade dazu einladen, da fielen ihr die neuen

Verhaltensregeln ein, die sie gelernt hatte. Statt eine Einladung auszusprechen, fragte sie, ob die Frau ein paar Freundinnen mit dem gleichen Interesse hätte. Könnten sie sich dann bei der Frau zu Hause treffen?

Sie waren zu viert, als Wendy dort ankam. Nach einer Kennenlernrunde machte Wendy mit ihnen eine kleine Bibelarbeit, die die Frauen sehr genossen. Sie kamen wieder und schon war eine kleine Gemeinde in einem anderen Haus entstanden. Wendy hatte nun bereits ihre zweite Gemeinschaft ins Leben gerufen.

Dass christliche Gemeinschaften sich multiplizieren, ist Kernelement des Auftrags, den Gott der Kirche gegeben hat. Es ist der Schlüssel dazu, viele Menschen zu Jüngern zu machen, die Kraft des christlichen Zeugnisses zu stärken und die Gesellschaft zu verändern. Warum ist das so wichtig und wie fängt man es an?

Jünger machen andere zu Jüngern

Jünger oder Jüngerin Jesu zu sein bedeutet ganz wesentlich auch, zusammen mit dem Heiligen Geist andere ebenfalls zu Jüngern zu machen. An dieser Stelle war Jesus sehr klar. Als er seine Jünger bat, ihm zu folgen, versprach er ihnen, dass er sie zu Menschenfischern machen würde (Matthäus 4,19). Sie würden nicht nur seine Nachfolger sein. Sie würden andere dazu befähigen, ihm ebenfalls nachzufolgen.

Das müssen Christen begreifen. Sie dürfen nicht stehen bleiben bei „Ich folge Jesus nach". Verinnerlicht werden muss auch: „Ich mache andere zu Jüngern Jesu." Beide Aussagen sind für Christen zentral und wollen gelebt sein.

Jesu letzte Worte an seine Jünger waren: „Darum geht zu allen Völkern und macht die Menschen zu meinen Jüngern ..." (Matthäus 28,19). Er hat die Menschen, die ihn umgaben, nicht nur gelehrt, Jünger zu *sein*, sondern Jünger zu *machen*. Sie sollten andere Menschen zum Glauben bringen und sie darin ermutigen, im Glauben zu wachsen. Bibelausleger weisen darauf hin, dass die Betonung hier nicht auf „geht“ liegt, sondern auf „Jünger machen“. Das Ziel des Gehens ist, Jünger zu machen – „Menschenfischer“ zu sein.

Sie mögen vielleicht denken, dass normale Christen mit diesen Worten nicht gemeint sind, denn die wurden ja den Aposteln gesagt, denen, die die Kirche gegründet haben. Deshalb gelten sie wahrscheinlich nur für diejenigen, die die Kirche leiten. Aber anders als in Lukas' Bericht in Apostelgeschichte 1,1-9 spricht Jesus am Ende des Matthäusevangeliums seine Nachfolger nicht als Apostel an, sondern als Jünger. Nicht jeder Christ ist ein Apostel, alle aber *sind* Jünger. Der Ursprung des Begriffes Jünger ist griechisch und bedeutet „Lernender“ oder „Nachfolger“.

Was damals für Jesu direkte Nachfolger galt, gilt noch heute für seine Jünger – also für gewöhnliche Christen wie Sie und mich. Es ist Teil der Berufung als Christ, andere auf sensible Art und Weise zu Jesus zu rufen.

Neue Gemeinschaften am Rand

Jesus macht Menschen zu Jüngern, damit diese wiederum andere Menschen zu Jüngern machen – nicht nur durch ihr persönliches Leben, sondern auch, und das ist wichtig, durch die Vervielfältigung von Zeugnisgemeinschaften. Diese christlichen Zellen sollen Nichtgläubige anziehen durch ihr liebevolles Dienen, die hohe Qualität ihres gemeinschaftlichen Lebens und ihre gewinnende Art und Weise, von Jesus zu erzählen. Wenn Menschen zum Glauben kommen, sollen sich diese „Zellen“ wiederum vervielfältigen. Die Kirche soll sich ständig weiter nach außen bewegen.

Ziel Ihrer Zeugnisgemeinschaft darf nicht sein, sich zur Ruhe zu setzen und sich ausschließlich damit zu beschäftigen, die Zahl der Mitglieder zu erhöhen. Sie sollte auch in dieser Beziehung

Jesus folgen, und der hat eine rein auf den eigenen Standort bezogene Mission mit ausschließlichem Komm-Ansatz ausdrücklich abgelehnt. Ihre Zeugnisgemeinschaft wird sicherlich das Bedürfnis haben, ein Magnet für andere zu sein. Trotzdem sollte sie auch dadurch missional wirken, dass sie neue Gemeinschaften ins Leben ruft.

Jesus geht an den Rand

Zur Zeit Jesu dachten die Juden, ihre Mission wäre, dass alle Völker nach Israel ziehen sollten. Das Alte Testament zeigt Gott als den, der die Völker am Ende der Zeiten in einer großen Pilgerreise zum Berg Zion zu sich ruft. In Sacharja 8,20-23 zum Beispiel heißt es, dass Menschen „aus anderen Völkern" nach Jerusalem strömen werden. Ein „Komm-zu-uns"-Ansatz.[152]

Daneben gibt es aber auch Hinweise auf einen „Wir-kommen-zu-euch"-Ansatz, wobei man natürlich zuerst an Jona denkt. Aber diese Hinweise bleiben im AT von untergeordneter Bedeutung. Aus neutestamentlicher Perspektive weisen sie auf die spätere Mission der Kirche hin.[153]

Während seines öffentlichen Wirkens begann Jesus, einen alternativen Ansatz von Mission vorzuleben. Er sandte seine Jünger zu zweit in die Dörfer – „Wir kommen zu euch". Aber danach kehrten die Jünger zu ihm zurück, denn Jesus übte eine zentripetale Kraft

---

[152] Christopher J. H. Wright, *The Mission of God: Unlocking the Bible's Grand Narrative*, Nottingham: InterVarsity Press, 2006, S. 502–503.

[153] Die Erwähnung der proselytischen Aktivitäten von Schriftgelehrten und Pharisäern in Matthäus 23,15 – die einzige alte Quelle, die einer jüdischen Gruppe explizit ein missionarisches Vorgehen zuschreibt – bezieht sich nicht notwendigerweise auf ein missionarisches Handeln von Juden gegenüber Heiden. Es meint wohl eher die Konversion anderer Juden zum Pharisäertum oder den Versuch, gottesfürchtige Heiden, die in die Synagogen kamen, zu richtigen Juden zu machen. Siehe: Michael F. Bird, *Crossing over Sea and Land: Jewish Mission Activity in the Second Temple Period,* Hendrickson, 2010, S. 66–70.

aus: Während er auf der Erde weilte, blieb er das Zentrum, von dem sie angezogen wurden.

Seine Himmelfahrt jedoch änderte alles. Das zentripetale Zentrum war verschwunden. Es gab keine physisch präsente Figur mehr, die Anweisungen gab und zu der die Jünger zurückkehren konnten. Das Wesen von Mission hatte sich verändert. Die Jünger sollten sich nicht in Jerusalem niederlassen, sondern „in die entferntesten Gegenden der Erde" gehen (Apostelgeschichte 1,8). Sie sollten Jerusalem verlassen und an die Ränder der Welt gehen. Dort würden sie Jesus finden, weil auch er an den Rand ging.

Er war nicht länger physisch an einen Ort gebunden. Durch den Heiligen Geist war er überall gleichzeitig präsent. Jesus würde bei ihnen sein bis zum Ende der Welt (Matthäus 28,20). Wo immer zwei oder drei in seinem Namen versammelt sein würden, da würde er in ihrer Mitte sein (Matthäus 18,20).

Statt also hinauszugehen und sich dann wieder um das Zentrum zu versammeln, bewegte sich das Zentrum – Jesus – an die Ränder. Er wendete die Gemeinschaft seiner Jünger von innen nach außen und veränderte ihr gesamtes Sein. Es war nicht mehr möglich, dass die Gemeinde sich konsolidierte und an einem Ort blieb, weil die Gemeinschaft durch die nach außen erweiterten Ränder immer weiter ausgedehnt wurde.

Statt einer mit Jesus umherreisenden Gemeinschaft, die sich zwar manchmal in Zweiergruppen aufspaltete, aber immer wieder zu einer einzigen Einheit zusammenkam, sollte es vielfältige Gemeinschaften geben. Sie würden sich alle nach außen bewegen und mit ihrem Herrn in die Welt verteilen. Die eine Gruppe von Jüngern sollte sich vervielfältigen in ein plurales Gebilde von Gemeinschaften, die miteinander in Verbindung blieben.

So stellt sich Jesus Mission vor. Rufen Sie sich noch einmal das 1. Kapitel ins Gedächtnis: Gott selbst ist „communion-in-mission" (vgl. S. 19) und möchte, dass Christen genau dies auch sind. Er möchte, dass diese Gemeinschaften im täglichen Leben verankert sind. Er möchte, dass sie aktiv als Gemeinschaften den Menschen ihren Glauben bezeugen, die um sie herum leben.

Die ersten Christen taten genau dies. Die Apostelgeschichte berichtet, wie sie Jesus nachfolgten, indem sie an den Rand der Kirche und darüber hinaus gingen. Dabei gründeten sie neue christliche Gemeinschaften an den Kampfschauplätzen des Lebens – in den Häusern der Menschen. Sie waren als Gemeinschaften missional, pflegten ausgedehnte Gastfreundschaft und begegneten den materiellen Bedürfnissen der Menschen.

Das Gleiche gilt für Zeugnisgemeinschaften

Genauso muss sich Ihre Zeugnisgemeinschaft vervielfältigen. Sie darf sich nicht als zufriedene einzelne Gemeinschaft innerlich zurückzulehnen. Stattdessen muss sie Jesus an die Ränder folgen. Sie sollte neu zum Glauben Gekommene ermutigen, sich vielleicht gemeinsam mit einigen Christen aus der ursprünglichen Kerngruppe gemeinsam mit Jesus auf den Weg zu machen und neue Zeugnisgemeinschaften zu gründen.

Diese neuen Gemeinschaften lieben und dienen wieder neuen Gruppen von Menschen und laden einige von ihnen zum Glauben ein. Wenn Einzelne darauf positiv reagieren, vermehrt sich die Zahl der Jünger, und einige von ihnen gründen ihrerseits neue Gemeinschaften. So wird es, genau wie in der frühen Kirche, eine konstante Vervielfältigung von Versammlungen von Christen geben. Die Zeugnisgemeinschaft leistet dadurch nicht nur einen Beitrag für eine Institution. Es entsteht eine Bewegung!

Beispiele dafür gibt es. Die bereits in der Einleitung erwähnte Familiengemeinschaft in der slowakischen Stadt Košice hat sich im ganzen Land hundertfach vervielfältigt. STEPPING STONES, eine Zeugnisgemeinschaft in der Gemeinde St. George im englischen Deal, hat eine weitere Gemeinschaft mit dem Namen ONE STEP BEYOND (einen Schritt weiter) initiiert.

Die St. Thomas Gemeinde in Crookes, einem Stadtteil von Sheffield, unterstützt Zeugnisgemeinschaften. Eine von ihnen mit dem Namen EMMAUS richtete sich an junge Erwachsene und Familien. Eine Frau aus der Gemeinschaft gab Flüchtlingen Englischunterricht.

Ein Iraner aus ihrer Klasse fragte danach, wie er mehr Gesprächspraxis bekommen und sein Englisch verbessern könnte. Sie lud ihn in ihre Gemeinschaft ein. Dort fühlte er sich so willkommen, dass er weitere Iraner einlud.

Bald gab es einen Bibelkreis auf Englisch und Farsi und soziale Events mit abwechselnd europäischem und iranischem Essen! Einige Jahre später waren daraus jeweils eine separate iranische, afghanische und kurdische Gemeinschaft entstanden.

Seitdem hat EMMAUS eine zweite neue Gemeinschaft auf der anderen Seite der Stadt gegründet – wie die ursprüngliche besteht sie aus weißen Engländern der Mittelschicht.

Sammlung und Engagement

Zeugnisgemeinschaften zu vervielfältigen ist nicht nur ein Imperativ für missionales Handeln, es ist auch unerlässlich für das geistliche Wachstum der neuen Christen, denn „Sammlung" und „Engagement" werden miteinander verbunden:

Die neu zum Glauben Gekommenen können sich in die Zeugnisgemeinschaft zurückziehen, um dort geistliche Nahrung zu bekommen und mehr über den Glauben zu lernen. Gleichzeitig können sie sich in der Welt engagieren. Sie können – sowohl als Einzelne wie auch *als Gemeinschaft* – ihren Glauben dort praktizieren, wo ihr Leben stattfindet: Sie gründen selbst Zeugnisgemeinschaften, erzählen vom Evangelium und laden wiederum dazu ein, den Rhythmus von Sammlung und Engagement weiterzuführen.

Das Modell der Sammlung der Jünger

Die Verbindung von Sammlung und Engagement – oder: Sammlung in der Gemeinde und Sendung in die Welt – ist heute alles andere als der Normalfall. Unterweisung im Glauben erfolgt meistens in von der Welt abgeschlossenen Räumen der Sammlung. Der christliche Charakter der Glaubenden wird durch geistliche Elemente, Kleingruppen, Jüngerschaftskurse und andere kirchliche Aktivitäten gebildet. Christliches Leben in der Praxis – dort den Glauben zu leben, wo das Leben sich abspielt – wird der Verantwortung des einzelnen Christen überlassen. Man zieht sich in die Gemeinde zurück, um mehr über den Glauben zu lernen, und lässt die Gemeinde hinter sich, um sich in der Welt zu engagieren.

An sich ist es nicht falsch, sich zur Sammlung zurückzuziehen in die Gemeinde, um sich von Jesus verändern zu lassen. Um uns im Glauben wachsen zu lassen, nutzt der Geist Gaben, Vorbilder und Ermutigung durch andere Christen, vermittelt durch Lehre und vieles andere. Deshalb ist die Sammlung ein wichtiger Teil des Prozesses der Nachfolge.

Aber sie sollte nicht der einzige Schauplatz sein, an dem Glaube weitergegeben wird. Jünger sollten auch dort geistlich geprägt werden, wo sie sich als christliche Gemeinschaften in der Welt engagieren. Das gilt sowohl für die Christen des Kernteams als auch für diejenigen, die durch die Gemeinschaft neu zum Glauben gekommen sind.

Zeugnisgemeinschaften, die ihre Arbeit mitten im täglichen Leben tun, sind aus dreierlei Gründen wichtig für den Prozess, Menschen in die Nachfolge zu führen:

Jesus als Beispiel

Erstens hat Jesus für die Unterweisung seiner Jünger nicht allein die Sammlung gewählt. Sicher, es gab Zeiten, in denen er sich von der Menge zurückzog, um seine Nachfolger ganz privat zu unterrichten. Zum Beispiel als er ihnen die Bedeutung des Gleichnisses vom Unkraut auf dem Acker erklärte (Matthäus 13,36-43).

Es war ihm aber auch wichtig, sie als Gruppe bei ihrem Einsatz in der Öffentlichkeit zu lehren. In Lukas 6,20 wendet er sich ihnen bewusst zu, obwohl sie von einer großen Menge umgeben sind (Vers 17).

In Lukas 12,1 wird berichtet, dass Tausende von Menschen eng beieinander standen. Und trotzdem begann Jesus nicht direkt mit einer Rede an das Volk, sondern wandte sich erst an seine Jünger. Im weiteren Verlauf des Kapitels springt er immer zwischen dem Volk und seinen Anhängern hin und her.

In Lukas 9,46-48 nimmt er ein ganz normales Kind, um einen Streit der Jünger über ihren Status zu beenden. In Kapitel 18,18-29 geht eine öffentliche Auseinandersetzung mit einem angesehenen, reichen Mann unmittelbar über in ein belehrendes Gespräch mit Petrus.

In Markus 12,41-44 beobachtet Jesus die Menschen, wie sie im Tempel ihr Opfer in den Opferkasten legen, und kommentiert diese Begebenheit für seine Jünger. Als eine Frau ihn während einer Mahlzeit im Haus Simons des Aussätzigen salbt, weist er seine Jünger öffentlich zurecht wegen ihrer Reaktion darauf (Matthäus 26,6-13).

Jesus lehrte seine Jünger nicht nur, wenn sie allein waren, sondern auch öffentlich – mitten auf den Schauplätzen des Lebens. Die Jünger beobachteten Jesus bei seinem Wirken und lernten so, wie man dort, wo das Leben stattfindet, Menschen zur Nachfolge einlädt.

Zeugnisgemeinschaften sollten heute genau diese Funktion übernehmen, nämlich mitten in der Öffentlichkeit Menschen zur Nachfolge einladen. Wer sich für den Glauben interessiert, kann dies in einer Gemeinschaft tun, die Menschen zu Jesus bringt und sich gleichzeitig der Auseinandersetzung mit dem täglichen Leben stellt. So können Menschen (noch bevor sie Christen werden) durch Beobachtung lernen, wie sie selbst den Prozess wiederholen können: wie sie selbst Zeugnisgemeinschaften gründen, Menschen zu Jesus einladen und ihnen dabei helfen können, im Glauben zu wachsen, indem sie gemeinsam mit anderen Christen im Alltag Zeugnis von ihrem Glauben ablegen. Vervielfältigung wird auf ganz natürliche Weise Teil ihrer geistlichen DNA.

Welche Identität ist die entscheidende?

Zweitens ignoriert man, wenn man sich allein auf die Sammlungs-Variante beschränkt, die Tatsache, dass Beziehungen außerhalb von Kirche und Gemeinde einen starken Einfluss auf die Persönlichkeit haben.

Denkt man darüber nach, wer man ist, geschieht dies immer in Beziehung zu anderen Menschen. Wer bin ich? Die Antwort könnte sein: Ein Mann – ich gehöre nicht zur Kategorie der weiblichen Wesen, sondern der männlichen. Oder: Engländer – ich gehöre zur Kategorie derer, die die britische Staatsbürgerschaft haben. Oder: Ein Moynagh – ich gehöre zu einer spezifischen Familie.

Während der Woche identifizieren wir uns mit den Menschen, mit denen wir Umgang haben: Familie, Netzwerke, Nachbarn, Arbeitskollegen, Liebhaber der gleichen Musik und so weiter.

In der Gemeinde werden Christen daran erinnert, dass Christus ihre erste und wichtigste Identität ist und sie zu seiner Familie gehören. Wenn sie dann allerdings allein wieder in ihren Alltag zurückkehren, gewinnen die anderen Identitäten die Oberhand. Sie identifizieren sich mit ihren Kollegen bei der Arbeit („Ich gehöre zum Sicherheitspersonal."), ihren Bekannten aus dem Sportverein („Ich gehöre zum Tennisclub.") oder ihrer Nachbarschaft („Ich wohne in ..."). Bei der Arbeit und im Tennisclub sind sie umgeben von Signalen, die sie daran erinnern, dass sie Sicherheitspersonal, Tennisspieler oder ... sind – die Liste ließe sich beliebig fortsetzen. Signale dafür, dass sie Christen sind, gibt es kaum.

Ohne Mitchristen, die uns in unserer christlichen Identität bestärken, ist es schwierig, unsere Identität in den weltlichen Bezügen durch die christliche Identität formen zu lassen. Es fehlt uns die tägliche Unterstützung darin, konkret als Christ zu handeln und zu zeigen, welchen Einfluss Jesus auch auf die anderen Identitäten hat. Wir benehmen uns dann zum Beispiel wie ein Sicherheitsmann und nicht wie ein christlicher Sicherheitsmann. Oder wie eine Tennisspielerin und nicht wie eine christliche Tennisspielerin. Eine Frau aus unserer Gemeinde erzählte neulich: „Ich sehe mich selbst bei der Arbeit nicht als christliche Fachkraft, sondern als ..." - und sie sagte ihren Namen.

Aber bedeutet Nachfolge nicht, ein „christlich" vor alle unsere Identitäten zu stellen? Heißt das nicht, alle anderen Identitäten der Identität unterzuordnen, die er uns gegeben hat?

Ein christlicher Sicherheitsmann oder eine christliche Tennisspielerin zu sein schließt ein, die Extrameile zu gehen bei Tugenden, die von der Welt längst als christlich eingestuft werden: Transparenz, Freundlichkeit, Großzügigkeit und Teamgeist. So werden Christen am Arbeitsplatz oder im Tennisclub die moralischen Standards heben.

Wir haben aber bereits gesehen, dass es schwierig ist, dies allein auf sich gestellt zu tun. Allzu leicht wird die christliche Identität überlagert von den anderen Identitäten. Und wenn die Unverwechselbarkeit als Christ verwischt ist, wird es zunehmend schwierig, andere Menschen in die Nachfolge einzuladen. Gerät die eigene Identität einmal in Vergessenheit, fühlt man weniger Veranlassung, andere dazu einzuladen, eine ebensolche Identität anzunehmen.

Wenn Sie sich dagegen mit anderen Gläubigen dort treffen, wo Sie leben, werden Sie von Christen unterstützt und Ihre Identität in Christus bekommt kontinuierlich Nahrung. Weil Mission zutiefst Daseinszweck Ihrer Zeugnisgemeinschaft ist, werden Sie immer wieder daran erinnert, dass auch Ihre Identität als Christ einen zutiefst missionarischen Charakter hat. So wird es leichter, nicht zu vergessen, dass Sie dazu berufen sind, andere einzuladen, Ihre Identität zu teilen.

Wenn Sie erst vor Kurzem zum Glauben gekommen sind und Ihre Zeugnisgemeinschaft sich vervielfältigen möchte, dann könnten Sie in einem anderen Bereich Ihres Lebens eine neue Gemeinschaft gründen. Sie treffen sich mit ein oder zwei anderen Christen und die neue Gemeinschaft bestärkt in diesem Kontext Ihre Identität als Christ.

Glaube und Leben miteinander verbinden

Drittens bietet die Sammlungs-Variante keine Lösung für ein Problem, dass sowohl Stärke als auch Schwäche konventioneller Gemeinden ist, und das sich gut am Beispiel der Kleingruppen illustrieren lässt:

Meistens sind die Mitglieder von Bibelkreisen und ähnlichen Gruppen während der Woche mit völlig verschiedenen Situationen konfrontiert. Das schafft einerseits eine willkommene Vielfalt innerhalb der Gruppe, führt aber andererseits dazu, dass die Gespräche schnell sehr allgemein werden.

Man kann den Kontext der anderen nicht vollständig verstehen und fühlt sich deshalb nicht wirklich in der Lage, ihnen die richtige Unterstützung zu geben. Der eine denkt vielleicht, dass es zu schwierig wäre, die Situation zu beschreiben und er will zudem die Diskussion nicht mit seinen Problemen dominieren. Also fragt er lieber gar nicht erst, was dieser Bibeltext für seine Situation bedeuten könnte. Die andere kommt zu dem Schluss, dass es zu lange dauern würde zu erklären, was sie für ein Problem mit ihrem Chef hat. Und sie weiß ohnehin nicht, ob die anderen das wirklich verstehen würden. Deshalb bittet sie einfach nur darum, für ihre schwierige Situation am Arbeitsplatz zu beten.

Weil es schwierig ist, sich mit den verschiedenen Lebenssituationen der Einzelnen auseinanderzusetzen, bleibt die Gruppe bei Prinzipien hängen und die Aufgabe, Menschen in die Nachfolge zu rufen, bleibt theoretisch. Es fehlt die Erdung, das Thema Jüngerschaft bleibt eine eher vage Vorstellung.

Wohlgemerkt, auch generelle Diskussionen haben ihren Sinn und dürfen nicht gering geschätzt werden. Christen müssen die Prinzipien der Nachfolge lernen und auch in diesen Gruppen ist der Austausch oft rege. Aber es fehlt der praxisnahe Fokus, der sich ergibt, wenn Gläubige sich mit anderen aus demselben Umfeld treffen. Geht es nur um Prinzipien, fehlt unter Umständen die Bodenhaftung, die nötig ist, wenn man Menschen in einem bestimmten Kontext in die Nachfolge einladen möchte.

An der Seite der konventionellen Gemeinden können Zeugnisgemeinschaften der Unterweisung im Christsein jedoch eine praktische Dimension geben. Ihr Fokus ist nicht abstrakt, sondern konkret: Was heißt es in dieser spezifischen Situation, weitere Menschen zu Jüngern zu machen? In einem gemeinsamen Kontext kann man sich gegenseitig in dieser Aufgabe durch Vorbild, Ermutigung und Ermahnung unterstützen.

Ist man im selben Kontext zu Hause, ermöglicht dies den Gläubigen,

- die Lebensumstände des anderen zu verstehen und relevante Ratschläge geben zu können;
- gegenseitig das Verhalten wahrzunehmen und einander so besser Rechenschaft ablegen zu können;
- einander in schwierigen Situationen beizustehen („Soll ich dich bei dem Gespräch mit dem schwierigen Nachbarn begleiten?").

Paul Szkiler ist erfolgreicher Geschäftsmann in der Londoner City. Er leitet mit seinen Freunden zusammen A CALL TO BUSINESS, eine wachsende Gemeinschaft von Menschen, die daran glauben, dass Gott sie zu dieser Art von Arbeit berufen hat.

Und er kennt seine Theologie und beklagt: „Paulus hat gesagt, dass wir uns nicht der Welt anpassen, sondern eine Gegenkultur bilden sollen. Die meisten von uns leben eher in einer Subkultur als in einer Gegenkultur. Es ist unmöglich, Menschen zu Jüngern zu machen, indem man sie innerhalb der kirchlichen Strukturen in der Kirchenbank mit der Schrift vertraut macht. Jünger macht man auf den Märkten, und nur dort."

Man kann die Märkte nur dann verändern, so argumentiert er, wenn man sich als Christ darin bewegt. Und man kann nur entdecken, was es heißt, sich als Christ in den Märkten zu bewegen, wenn man dies mit anderen Christen gemeinsam tut, die sich im gleichen Kontext bewegen.[154]

Andere dazu ermutigen, zu Jüngern zu werden und als Jünger zu leben, muss in beiden Kontexten geschehen: mitten im Leben und während der Zeiten der Sammlung, in denen man sich vom Leben zurückzieht.

Eine Männergruppe bestehend aus Christen und Nichtchristen plante eine Reihe von Aktionen zur Verschönerung ihrer Gegend: Graffitis entfernen, Müll auflesen und die Förderung lokaler Einrichtungen.

Alle Mitglieder wohnten im Umfeld einer japanischen Autofabrik, in der ständiger Fortschritt das Mantra war. Der Verantwortliche der Gruppe hatte die Idee, dass dies als Leitgedanke für die Diskussionen bei einem Glas Bier nach harter Arbeit dienen könnte: Wie können wir nicht nur besser werden mit unseren Aktionen im Umfeld, sondern auch als Ehemänner, Väter und Arbeitskollegen?

Bei der Arbeit für die Umwelt lernten die Gruppenmitglieder einander kennen und vertrauen. Sie begannen, über sich und ihr Leben zu sprechen. Das gab den Christen die Gelegenheit, etwas von ihrem Glauben zu erzählen. Die Umgebung zu verschönern und Menschen in die Nachfolge einzuladen ging Hand in Hand. Alltagsleben und Kirche verschmelzen miteinander.

---

[154] George Pitcher, „God is the new CEO", *New Statesman*, 31. Mai – 6. Juni 2013.

Sammlung und Engagement – heute

Zeugnisgemeinschaften erlauben es dem christlichen Kernteam, sich durch den Rhythmus von Sammlung in der Gemeinde und Engagement in der Welt prägen zu lassen.

Es geht hier nicht um ein Besser oder Schlechter: Zeugnisgemeinschaften sind nicht besser als die in den konventionellen Gemeinden angebotenen Jüngerschaftsprogramme – genauso wenig wie anders herum. Es geht nicht um Entweder-oder, sondern um Sowohl-als-auch. Es geht darum, auf beide Arten im Glauben zu lernen – durch zeitweise Sammlung in der christlichen Gemeinde und durch engagierte Gemeinschaft mitten im Leben.

Das Kernteam kann dieses Sowohl-als-auch in Form einer doppelten Gemeindezugehörigkeit praktizieren. Die Mitglieder können in einem Bereich ihres täglichen Lebens etwas für die Menschen tun und vom Evangelium erzählen und gleichzeitig immer wieder am geistlichen Leben ihrer „Wochenendgemeinde" teilnehmen. Oder sie engagieren sich eine Zeit lang voll und ganz in einer Zeugnisgemeinschaft, um sich dann umso intensiver in einer traditionellen Ortsgemeinde einzubringen. Dieser Rhythmus kann sich zu gegebener Zeit wiederholen: Engagement in einer Zeugnisgemeinschaft und dann wieder in der Ortsgemeinde.

Nicht aufhören, sich weiter zu vervielfältigen

Eine Gefahr liegt darin, dass Ihre Zeugnisgemeinschaft für neue Mitglieder, die den Weg zu Jesus gefunden haben, unversehens zu einer konventionellen Gemeinde wird. Die Gemeinschaft ist dann nicht mehr der eine Pol des Sowohl-als-auch-Rhythmus von konventioneller Gemeinde und Zeugnisgemeinschaft, weil die neuen Gläubigen die Zeugnisgemeinschaft zunehmend wie eine traditionelle Ortsgemeinde behandeln.

Eine Café-Gemeinde kann im Einzugsgebiet des Cafés zum

Beispiel effektiv Zeugnis ablegen. Eine Reihe von Menschen kommt zum Glauben. Aber die Möglichkeiten für die Gemeinschaft sind begrenzt, auch etwas für andere in diesem Kontext zu tun. So wird sie nach und nach zu einer ganz normalen „Gemeinde", die sich eben in einem Café trifft.

In der Praxis entspricht dies dem Sammlungs-Modell. Die Gemeindeglieder bekommen das, was sie zur Vertiefung ihres Glaubens an Schulung, geistlicher Stärkung und anderen Dingen brauchen, in der Café-Gemeinschaft. Dann gehen sie als Einzelne zurück in ihr persönliches Leben. Da die Mitglieder aus verschiedenen Arbeitskontexten und Wohngebieten kommen, bleiben die Gespräche über die praktische Anwendung des Glaubens in ihrem Leben sehr generell. Der Lernprozess beschränkt sich eher auf die Prinzipien als auf ihre Anwendung. Aus einer Café-Kirche wird eine ganz normale Gemeinde.

Dagegen hilft nur, sich weiter zu vervielfältigen! Immer wenn Menschen im Kielwasser einer Gemeinschaft, die auf dem Fundament von liebendem Dienst und Evangelisation steht, neu zum Glauben kommen, sollten sie dazu ermutigt werden, den Prozess von vorne zu beginnen – und ihrerseits unter *ihren* Freunden und Bekannten Zeugnisgemeinschaften zu gründen.

Seien Sie gute Eltern und schicken Sie Ihre geistlichen Kinder hinaus in die Welt. Helfen Sie ihnen dabei, weitere Gemeinschaften zu bilden; entweder in dem Kontext, in dem sie zum Glauben gekommen sind, oder in einem anderen Bereich ihres Lebens. „Jünger *machen*", nicht nur „Jünger *sein*" sollte zum Pulsschlag des Glaubenslebens Ihrer geistlichen Kinder werden. Vervielfältigung ist grundlegend wichtig für Mission – und Mission ist für Gott der erste Schritt. Sammlung *und* Engagement, Sammlung und Sendung – beides innerhalb christlicher Gemeinschaft. Das ist der Schlüssel dazu, in Christus zu reifen. Genau deshalb sollten Sie darauf achten und dazu ermutigen.

Es gibt nichts, was neue Jünger so im Glauben wachsen lässt wie Mission. Nichts spiegelt Jesu Modell, in der Öffentlichkeit seine Jünger zu schulen, so wieder wie das gemeinsame Engagement mit anderen Gläubigen in der Welt. Dadurch bleibt die christliche Identität im Denken der neuen Christen präsent. Das hilft ihnen dabei, ihren Glauben in ihren spezifischen Lebenssituationen anzuwenden – besonders dann, wenn sie anderen neuen Christen dabei helfen, es ihnen gleichzutun.

Geben Sie den neu zum Glauben Gekommenen also die Chance, einen ebensolchen Rhythmus von Sammlung und Engagement zu entwickeln, wie ihn das christliche Kernteam bereits praktiziert. Sie können mit einem Fuß in der Zeugnisgemeinschaft bleiben, in der sie zum Glauben gekommen sind, während sie gleichzeitig selbst neue Gemeinschaften gründen. Oder sie bekommen Unterstützung dabei, wenn sie sich für eine Phase ganz in einer neuen Gemeinschaft investieren, bevor sie vielleicht zurückkehren in ihre ursprüngliche Gemeinschaft.

Die Gründung zusätzlicher Zeugnisgemeinschaften erweitert den Horizont der neuen Christen und bewirkt, dass sie sich mehr auf den Heiligen Geist verlassen. Jesus über die engen Grenzen hinweg bis an die Ränder zu folgen bedeutet, weiter engagiert im Glauben zu lernen, dem Reich Gottes mehr Raum im Leben zu geben und mehr Menschen zu Christus einzuladen.

Welche Story erzählen Sie?

Wenn Zeugnisgemeinschaften um der Mission und der Jüngerschaft willen berufen sind, sich zu vervielfältigen – wie soll man das umsetzen?

Zu allererst gilt es, zielgerichtet zu sein – die Vervielfältigung von Anfang an im Blick zu haben. Wenn Sie Ihr Projekt bereits mit dieser Absicht starten, ist die Wahrscheinlichkeit größer, dass es tatsächlich dazu kommt. Wenn Sie andere zum Glauben einladen, wird dies bereits auf eine Weise geschehen, die im Blick hat, wie diese wiederum selbst Zeugnisgemeinschaften ins Leben rufen können. Sie achten darauf, dass Reproduktion bereits in der DNA der Gemeinschaft verankert ist.

Zweitens müssen Sie sich überlegen, wie Sie die Story von Jesus erzählen wollen. Wenn Menschen beschließen Jesus nachzufolgen, werden sie durch die Taufe und das fortwährende Wirken des Geistes in „seine Story" hineingenommen. Die Herausforderung besteht darin, dass man die Story auf verschiedene Weise erzählen kann.

Die Version, die Menschen am Anfang ihres Glaubenslebens erzählt wurde, bestimmt deren Erwartungen oft über Jahre hinaus. Sie prägt das Verständnis der neu zum Glauben Gekommenen von Gott. Sie ist entscheidend für den Grund, Jesus nachzufolgen, und für das Verständnis von Nachfolge. Wie die neuen Christen die Story von Jesus verstehen, beeinflusst ihren geistlichen Weg massiv. Das schließt auch die Entscheidung ein, ob sie weitere Zeugnisgemeinschaften gründen oder nicht.

Zum Geschenk werden

Eine Version der Story vermittelt: „Komm zu Jesus und er wird deine Bedürfnisse befriedigen." Das ist zwar nicht falsch, weil Gott uns alles geben wird, was wir brauchen – sobald das Reich Gottes ganz gekommen ist und wir die Herrlichkeit des Himmels erfahren.

Es beschreibt aber nicht wirklich genau, was es heißt, als Christ auf dieser Welt zu leben. Die Bedürfnisse von Christen, die nicht bei bester Gesundheit sind, die mit einer Form von Sucht kämpfen, deren Armut dazu führt, dass sie nicht genug zum Anziehen und zum Essen haben, oder die keine Arbeit finden, werden nicht befriedigt. Jedenfalls nicht so, wie wir diesen Satz im Normalfall verstehen.

Diese Version der Story von Jesus hört sich dann auch eher wie ein Kuhhandel an, der einer konsumorientierten Lebenshaltung entsprungen ist: „Jesus ist gestorben, damit ich davon in vielerlei Hinsicht profitiere. Dafür muss ich ihm nachfolgen." Die Betonung liegt darauf, was Jesus *für mich* getan hat.

Man kann diese Version der Story allerdings auch anders erzählen. Es geht nicht nur darum, dass Jesus für mich gestorben ist. Wenn ich Christ werde, sterbe ich in ihm (Römer 6,1-4). Mein Ego stirbt in Christus, damit ich anderen Leben in Fülle bringen kann. Ich gehe keinen Handel ein („Du bist für mich gestorben, also folge ich dir als Gegenleistung nach"); ich gehe in eine Person ein.

So wie Jesus durch seinen Tod und seine Auferstehung zum Geschenk für die Welt geworden ist, so werde ich zum Geschenk für andere, indem ich ihnen vom gekreuzigten und auferstandenen Christus erzähle. Erlösung ist die Freude darüber, zu einem attraktiveren Geschenk geworden zu sein. Jesus nachzufolgen bedeutet zu lernen, wie man zu diesem Geschenk wird.

Ein Geschenk für das Reich Gottes

Eine zweite Version der Story von Jesus stellt die Tatsache, ein Geschenk zu sein, in den Kontext des Reiches Gottes. In der Zusammenfassung, die uns Markus von der Botschaft Jesu liefert, heißt es: „... das Reich Gottes ist nahe. Kehrt um und glaubt diese gute Botschaft!" (Markus 1,15).

Das Neue Testament lässt keinen Zweifel daran, dass dies mehr ist als die Wiederherstellung des persönlichen Verhältnisses zu Jesus. Es geht um die Wiederherstellung der ganzen Schöpfung. Jesus bringt das Reich Gottes mit der Heilung der Blinden, Lahmen und Tauben in Zusammenhang, und mit der Auferstehung der Toten (Matthäus 11,5; 12). Menschen werden in diese Story hinein willkommen geheißen und eingeladen, mit Jesus gemeinsam eine Welt zu schaffen, in der Gerechtigkeit herrscht und die Liebe alle Dinge bestimmt. Sie sollen Signal, Vorgeschmack und Instrument seiner Herrschaft sein, die diesen Planeten verändert.

Mir ist die Story über lange Jahre immer wieder so erzählt worden (und so habe ich sie auch weitererzählt): In Gottes Reich zu dienen heißt, Salz und Licht der Welt zu sein (Matthäus 5,13-16). Getragen vom sonntäglichen Gottesdienst, der Schrift und den Gebeten unserer Mitchristen sollen wir in die Woche gehen und Jesus bezeugen. Hierbei wurde vorausgesetzt: Jeder tut dies allein!

Wir haben aber bereits gesehen, dass diese individualistische Erzählweise der Story zu viel über *„mich“* aussagt und nicht genug über *„uns“*. Sie trägt Gottes Wunsch nicht genug Rechnung: Mission soll in Gemeinschaft geschehen, Zeugnisgemeinschaften sollen im alltäglichen Leben sichtbar sein, anderen aktiv dienen und vom Evangelium erzählen.

Ein Geschenk durch Gemeinschaften des Reiches Gottes

Eine dritte Version der Story könnte so lauten: „Jesus sehnt sich danach, Sie zum Geschenk für andere zu machen. Um ein solches Geschenk zu sein, sollen Sie mit dem Geist gemeinsam die Welt verändern, damit sie Gottes Traumvorstellung von einer Gesellschaft auf Erden ähnlicher wird.“

Dazu müssen Sie zunächst bereuen, immer wieder eher gegen als für eine solche Gesellschaft gearbeitet zu haben, müssen Jesus als Ihren Erlöser und Herrn anerkennen und sich in seine Familie hinein taufen lassen.

Dann lassen Sie dem Geist Raum, damit er Sie dazu befähigen kann, in Ihrem täglichen Leben für das Reich Gottes zu arbeiten. Dies kann auf verschiedene Art und Weise geschehen. Eins jedoch ist von zentraler Bedeutung: Finden Sie andere Christen in einem wichtigen Bereich Ihres Lebens. Tun Sie sich mit Ihnen zusammen, um anderen zu dienen und ihnen vom Evangelium zu erzählen. So wie Jesus sein öffentliches Wirken damit begann, eine Gemeinschaft von Jüngern um sich zu versammeln, so können auch Sie Ihr öffentliches Leben mit ihm damit beginnen, gemeinsam mit anderen Christen Ihren Glauben zu bezeugen.

„Seid nicht zu ambitioniert – schon eine weitere Person ist

ausreichend. Bittet Gott als kleine Zweiergemeinschaft, euch einen oder zwei praktische Schritte zu zeigen, die ihr tun könnt, um für andere in ihrem Umfeld ein Geschenk zu sein."

In unserer überaus organisierten Kultur können Mikrogemeinschaften, die sich mitten im Leben bewegen, eher die Welt für Christus gewinnen als auf sich allein gestellte Einzelne.

Modell und Mentor

Gibt es weitere Möglichkeiten, Ihre Zeugnisgemeinschaft zur Vervielfältigung zu ermutigen? So wie Sie die Vervielfältigung bereits bewusst einweben in die Story, die Sie von Jesus erzählen, so sollten sie auch die Menschen auf so einfache Weise an das Evangelium heranführen, dass ihnen das Nachahmen leicht fällt.

Wenn Sie möchten, dass neu zum Glauben Gekommene ihren Glauben an Freunde weitergeben, dann müssen Sie ihnen gezeigt haben, wie das geht. Der einfachste Weg für die jungen Christen, dies zu lernen, ist nachzuahmen, was sie mit Ihnen erlebt haben.

Wenn Sie sich ausschließlich auf einen Alphakurs verlassen, wird es für die meisten nicht einfach sein, das Gelernte mit den Freunden zu wiederholen. Der Alphakurs kann ein wichtiges Hilfsmittel der Evangelisation in Ihrer Gemeinschaft sein, aber er sollte auf jeden Fall ergänzt werden durch leicht anzuwendende Formen des Bibellesens. Dann können neue Christen diese Formen mit ihren Freunden ausprobieren (und anpassen). Wer selbst gute Erfahrungen damit gemacht hat, vertraut darauf, dass es auch mit anderen funktioniert.

Sie könnten mit Geschichten von Jesus beginnen und dies zum Beispiel anhand von vier Fragen ganz einfach gestalten. So ging auch Wendy in der Beispielgeschichte am Anfang des Kapitels vor. Sie führte die Frauen mithilfe folgender Fragen an die Zachäusgeschichte heran.

- *Worum geht es in der Geschichte?* Nachdem sie den Bibeltext vorgelesen hatte (alle bekamen eine Kopie), lud sie ein paar der Frauen ein, diese in ihren eigenen Worten wiederzugeben.

- *Was bedeutet die Geschichte für mich persönlich?* Die Frauen bekamen einen Augenblick Zeit, um über ihre Antworten nachzudenken. Wendy fasste jede Antwort in einem Satz zusammen und schrieb ihn auf. Zum Schluss las sie der Gruppe als Vorbereitung auf die nächste Frage alle Sätze noch einmal vor.
- *Was möchten Sie im Licht dieser Geschichte jetzt anders machen?* Jede der Frauen griff sich eine der Bedeutungen der Geschichte heraus und beschrieb, was sie damit tun wollte. Eine von ihnen nahm sich zum Beispiel vor: „Ich werde für kranke Menschen beten."
- *Wem werden Sie davon erzählen?* Wendy bat die Frauen, darüber nachzudenken, was von dem Abend sie einer Freundin oder der Familie erzählen könnten. Vielleicht nicht mehr als „Ich habe neulich abends ein paar neue Leute kennengelernt, wir haben uns bei ... zu Hause getroffen". Mit wachsendem Selbstvertrauen können die Frauen auch mehr erzählen – etwas von dem, was sie gelernt haben, und vielleicht Erfahrungen mit Jesus weitergeben.

Beim nächsten Treffen gab Wendy den Frauen Zeit, einander von der vergangenen Woche zu erzählen. Dann fragte sie, wie sie zurechtgekommen waren mit dem, was sie sich zu tun vorgenommen hatten und was sie weitererzählen wollten. Man kann jede Bibelarbeit mit einem solchen Rückblick beginnen, allerdings sollte darauf geachtet werden, dass die Atmosphäre von positiver Unterstützung geprägt ist. Herausforderung und Ermutigung sollten Hand in Hand gehen.

Mentoring

Noch ein viertes Element ist wichtig, damit der Wert der Vervielfältigung in Ihrer Zeugnisgemeinschaft wirklich verankert wird. Gehen Sie sicher, dass neu zum Glauben Gekommene in dem Prozess der Gründung eigener Zeugnisgemeinschaften gut begleitet werden.

Stephen (Name geändert) war Mitarbeiter eines Luncheon Clubs (Treffen zum Mittagessen) für Senioren. Aus dem Club waren zwei Kleingruppen hervorgegangen, in denen eine Mischung aus Kirchgängern und Kirchenfernen gemeinsam Bibel lasen.

Stephen nahm Dorothy, die neu zum Glauben gekommen war und in einem Apartment lebte, beiseite. Er schlug ihr vor, sich mit einem der christlichen Mitarbeiter des Clubs zusammenzutun, Menschen aus dem Wohnblock zu einem vorweihnachtlichen Beisammensein zu sich in die Wohnung einzuladen und zu schauen, welche Möglichkeiten sich daraus ergeben würden.

Lassen Sie uns diese wahre Geschichte ein wenig weiterspinnen: Dorothy bittet daraufhin einige der Teilnehmer nach dem Fest um eine Rückmeldung. Sie bekommt unter anderem die Antwort, dass die guten Gespräche besonders anregend waren. „Könnten wir das nicht regelmäßig einmal im Monat machen?", schlägt Dorothy vor. „Wir könnten reihum eine Flasche Wein mitbringen (oder auch mehrere), uns ein Thema aussuchen und mal sehen, wie uns das gefällt." Der Vorschlag stößt auf allgemeines Interesse.

Als ihr Mentor gibt Stephen Dorothy eine Einführung in den bereits beschriebenen Prozess: zuhören, dienende Liebe, Gemeinschaft bilden, Jesus kennenlernen, erste Eindrücke von Kirche bekommen und wieder von vorne beginnen. Und die beiden denken immer wieder darüber nach, welche Wegweiser zu Jesus Dorothy in die Abende einbauen könnte – zum Beispiel den Vorschlag, Gebet zum Gesprächsthema zu machen.

Irgendwann fragt Stephen: „Warum gehst du nicht eine Weile in die Zeugnisgemeinschaft von John? Du kannst dich dort einbringen und herausfinden, wie die Gemeinschaft sich entwickelt hat. Dabei kannst du sehen, was funktioniert und was nicht. Vielleicht bekommst du selbst Ideen dabei."

Der Vorschlag ist nicht realisierbar, aber Dorothy besucht ein oder zwei andere Zeugnisgemeinschaften. Und sie liest auf der Website der Fresh-X-Bewegung (www.freshexpressions.org.uk/stories) Geschichten über Leute, die etwas Ähnliches wie sie versucht hatten. Auf diese Weise kann sie an deren Erfahrungen teilhaben.

www.freshexpressions.org.uk/stories

Als die Atmosphäre in Dorothys kleiner Gemeinschaft zunehmend besser wird, ermutigt Stephen sie, es mit ein paar einfachen Schnupper-Bibelarbeiten zu versuchen. Er bringt ihr bei, diese anzuleiten, und zeigt ihr dann, wie sie ihrerseits durch die Umsetzung einiger Ideen aus dem vorangegangenen Kapitel Menschen zu Jüngern machen kann.

Und dann kommt sicher irgendwann der Punkt, an dem Dorothy einigen ihrer neuen Christen beibringen könnte, wie sie selbst Menschen neu zum Glauben führen können. So wird Vervielfältigung zu einem kontinuierlichen Prozess.

Vielleicht fragen Sie sich, ob wirklich Sie dazu berufen sind, eine solche Mentorenrolle zu übernehmen – oder nicht doch jemand anders. Im einundzwanzigsten Jahrhundert Menschen zu Jüngern Jesu zu machen bedeutet mehr, als sie einfach nur zum Glauben zu bringen. Es ist mehr als die Vermittlung christlicher Wahrheiten und sogar mehr als die Schulung darin, wie man als Christ leben sollte. Es gehört auch dazu, den neuen Christen beizubringen, wie sie wiederholen können, was Sie getan haben, indem sie in einem Bereich ihres Lebens selbst eine Zeugnisgemeinschaft gründen.

Multiplikation statt Addition

> *Der Amerikaner Neil Cole, der ein Netzwerk „organischer" Gemeinden leitet, erzählte von Sean, der durch eine christliche Gemeinschaft bei Neil zu Hause zum Glauben gekommen war:*
>
> *„Eines Abends kam Sean in die Gemeinde und verkündete, er habe eine neue Gemeinde gegründet. Sie treffen sich mittwochs um drei Uhr morgens auf dem Parkplatz eines Supermarktes im Stadtzentrum von Long Beach. Warum hatte er eine Gemeinde gegründet, die sich zu einer derart ungewöhnlichen Uhrzeit und an einem solchen Ort trifft? Sean arbeitete damals als Sicherheitsbeauftragter in Long Beach. Er fand einige an Jesus hingegebene Christen, die nachts arbeiteten und tagsüber schliefen. Nun gab es auch für sie eine Gemeinde."*[155]
>
> *Cole ermutigt neue Christen dazu, in ihrem Alltagsleben kleine organische Gemeinden zu gründen. Eine davon traf sich sogar in einem Striplokal! Bis 2004 waren aus seiner Bewegung in nur sechs Jahren fast 800 neue Gemeinden hervorgegangen.*[156]

Im Gegensatz dazu steht der Ansatz einer kirchlichen Mitarbeiterin, die Freundschaften mit den Anwohnern eines sozial schwachen Wohngebietes schloss. Nach ein paar Jahren begann sie ein kleines Treffen in ihrem Haus am Rand der Wohnblocks anzubieten. Es kamen immer mehr Leute und die Mitarbeiter beschlossen, die Gruppe in die etwas weiter entfernte Schule zu verlegen.

Sie wollten, dass die Gruppe durch immer neue Mitglieder

---

155 Neil Cole, *Organische Gemeinde – Wenn sich das Reich Gottes ganz natürlich ausbreitet,* GloryWorld-Medien, Bruchsal, 2008, S. 42.

156 Ebd., S. 52.

noch mehr wuchs. Sie hoffen dies zu erreichen, indem sie die Menschen im Umfeld der Schule integrieren würden. Aber die ursprünglichen Mitglieder kamen nicht mehr. Die neue Umgebung und die Größe der Gruppe schreckten sie ab. Wachstum durch „Addition" von Mitgliedern stellte sich als weniger effektiv heraus als Coles Strategie der „Multiplikation" von Treffen.

Wäre es vielleicht besser gewesen, eine neue Gruppe in der Wohnung eines der neuen Mitglieder zu gründen, als immer mehr Leute zu dem Treffen in der Wohnung der kirchlichen Mitarbeiterin kamen? Sie hätte die neue Gruppe im Haus der Gastgeberin eine Weile leiten und in einem frühen Stadium damit beginnen können, andere in die Leitung einzubinden.

„Hast du nicht Lust, nächste Woche die Gebetszeit anzuleiten? Du kannst es genauso machen wie ich heute. Bitte die Leute aufzuschreiben, was sie Jesus sagen möchten. Dann dürfen sie vorlesen, was sie aufgeschrieben haben. Am Ende liest du dein eigenes Gebet vor und schließt damit den Abend ab." Mit dem wachsenden Vertrauen der Leute in ihre eigene Leitungskompetenz hätte die kirchliche Mitarbeiterin ihr Engagement zurücknehmen können.

Reproduktion ist möglich

Eine kleine Anzahl von Zeugnisgemeinschaften hat den Prozess der Reproduktion bereits begonnen. Die in Kapitel 4 (S. 76) beschriebene Gemeinschaft „Sorted" ist dafür ein gutes Beispiel.

> *Sorted 1 begann seine Arbeit unter den jungen Teenagern einer englischen Schule. Mehrere Jahre später starteten die Mitarbeiter an einer völlig anderen Schule das Projekt Sorted 2. Noch ein Jahr später suchten die Mitglieder von Sorted 1, die inzwischen junge Erwachsene waren, nach einem Weg, wie sie an ihrer alten Schule Sorted 3 auf den Weg bringen konnten.*

Das Projekt Thirst, beschrieben in Kapitel 3, ist eine Gemeinschaft von Müttern und Tagesmüttern in der St.-Philip-Schule in der Nähe von Cambridge. Als die neuen Mitglieder zunehmend mehr Mut bekamen, von ihrem neu gefunden Glauben zu erzählen, erreichten sie damit Freunde und Bekannte in ihrem Umfeld. Sie wünschten sich, dass ihre Familien und Freunde Anteil an ihren Erfahrungen mit Gott und miteinander bekämen.

Die Gemeinschaft trifft sich jeden Freitag in der Schule und zusätzlich jeden Dienstag, um gemeinsam zu beten und Bibel zu lesen. Aber viele von denen, die die Frauen gerne erreichen wollten, hätten zu diesen Zeiten nicht kommen können.

Also beschlossen sie, Zeit und Rahmen von Thirst 2 auf diese Bedürfnisse abzustimmen, damit sich die Familien und Freunde wohl fühlten. Romsey Mill, eine christliche diakonische Einrichtung mit ausreichend Platz, schien genau richtig zu sein.

Dort trifft sich Thirst 2 inzwischen einmal im Monat am Samstag von 17.00 bis 19.00 Uhr. Eingeladen sind ganze Familien. Sie kommen noch immer hauptsächlich aus dem Kontext der Schule, bringen aber häufig Freunde mit. Innerhalb eines Jahres stieg die Teilnehmerzahl auf ungefähr fünfundfünfzig.

Menschen zu Jüngern zu machen schließt die Aufgabe ein, den neuen Christen beizubringen, wie sie ihrerseits wieder Menschen zu Jüngern machen können. Dazu gehört auch die Hilfe beim Start einer eigenen Zeugnisgemeinschaft in einem Bereich ihres persönlichen Lebens. Die Initiative dazu kann von einzelnen ausgehen oder junge Christen starten als Gemeinschaft eine zweite Gemeinschaft oder sogar eine dritte. Ab und zu kann es gemeinsame Treffen geben, damit das Gefühl entsteht, Teil eines großen Ganzen zu sein.

Weniger Theorie, mehr Praxis

Jüngerschaft verändert sich. Menschen werden nicht mehr nur in den traditionellen Ortsgemeinden im Glauben weitergeführt, sondern darüber hinaus – in Zeugnisgemeinschaften im alltäglichen Leben. Diese Gemeinschaften sollen mehr tun, als neu zum Glauben gekommenen Menschen dabei zu helfen, die Story Jesu zu begreifen und mit ihr zu leben. Sie sollen auch dazu ermutigen und befähigen, „wieder von vorne anzufangen" – also Gemeinschaften in *ihrem* Alltagsleben zu starten, die von Christus geprägt sind.

Dabei spielt eine Schlüsselrolle, dass der Dynamik der Vervielfältigung Rückenwind gegeben wird. Nicht um eine Institution zu schaffen, sondern eine Bewegung, die das Potenzial hat, Leben zu verändern und die Gesellschaft umzugestalten.

Dieses Bild von Nachfolge unterscheidet sich von dem Bild, mit dem ich aufgewachsen bin. Unter dem Einfluss verschiedener frommer Autoren wurde ich dazu erzogen, christlich zu denken – also alles, was mich bei der Arbeit und in der Gesellschaft insgesamt beschäftigte, aus biblischer Sicht zu betrachten.

Lesslie Newbigin zum Beispiel stellte sich „Frontgruppen" vor: Gruppen von Christen, die in den gleichen Bereichen des öffentlichen Lebens arbeiteten. Sie sollten sich treffen, um die kontroversen Themen ihrer Arbeitsbereiche im Licht ihres Glaubens auszudiskutieren.[157]

Das Konzept hat sicherlich seine große Berechtigung. Aber stellen Sie sich einmal vor, wie eine Gruppe christlicher Buchhalter aus verschiedenen Firmen sich trifft und darüber diskutiert, wie ein christliches Steuersystem aussehen könnte. Sie müssten schon außerordentlich einflussreiche Stellungen einnehmen, damit sie überhaupt wahrgenommen würden.

Wenn sie sich stattdessen fragen würden: „Wie können wir

---

[157] Lesslie Newbigin, *The Gospel in a Pluralistic Society*, London: SPCK, 1989, S. 230–231.

unseren Kollegen aus den Buchhaltungen dieser Stadt etwas Gutes tun? Welche Angebote oder Fortbildungen würden ihnen in ihrer Arbeit helfen und ihr Leben verbessern? Wie können wir diesen Angeboten eine geistliche Dimension geben – zum Beispiel eine kostenlose und optionale Einheit zum Thema geistliche Ressourcen zur Stressbewältigung?" Das *würde* etwas verändern. Das *würden* die Leute wahrnehmen.

Zeugnisgemeinschaften stellen nicht primär abstrakte Fragen. Sie stellen eine einfache, sehr konkrete Frage: „Wie können wir für die Menschen, die uns umgeben, auf liebevolle Weise etwas tun und ihnen dabei helfen, ihr Leben zu verbessern?" Das ist das Herzstück praktischer Nachfolge. Menschen kommen zu Jesus, die Zahl der Jünger steigt, neue Zeugnisgemeinschaften entstehen und der Prozess beginnt von vorne.

Menschen auf diese Weise zu dienen ist kein romantischer Spaziergang. Dazu gehört, gegen die Lethargie anzugehen, Barrieren zu überwinden, gegen die kollektive Sünde zu kämpfen und Opfer zu bringen. Jesus wusste, so sagt der amerikanische Jesuit und Schriftsteller Brennan Manning, dass „ihm nachzufolgen so unsentimental ist wie eine Pflicht und so fordernd wie die Liebe".[158]

[158] Aus: *The Ragamuffin Gospel: Good News for the Bedraggled, Beat-up, and Burnt Out,* Colorado Springs: Waterbrook Multnomah, 2005.

Teil 3

Handwerkszeug für die Kirche

Kapitel 8

Meine Gemeinde – wie kann sie sich engagieren?[159]

Als Pfarrer Ben Edson seine Arbeit in einer Gemeinde mittlerer Größe in Manchester begann, war er überzeugt davon, dass christliche Gemeinschaften, die Pionierarbeit leisten, voll und ganz Teil des Gemeindelebens der bestehenden Gemeinde sein sollten. Seiner Meinung nach musste es dort Raum geben für innovative Gemeinschaften, die über den Einflussbereich der Gemeinde hinaus Menschen erreichen wollen.

Eine der vier Gottesdienstgruppen befand sich gerade in einer Identitätskrise. Gleichzeitig sehnten sich die Mitglieder nach echter Gemeinschaft und einem Leben der tiefen Hingabe an Gott und zueinander. Ben spürte die Chance, die darin lag.

Während seiner ersten Dienstmonate arbeitete er mit der Gruppe daran, auf Gott und aufeinander zu hören. Er ermutigte die Mitglieder zum Träumen: Was könnte aus der Gottesdienstgemeinde werden?

Die Mitglieder erkannten schnell, dass ein attraktionales Konzept („Komm-zu-uns"-Ansatz) von Gemeinde kaum Kirchenferne erreichen würde. So stellten sie sich die Frage, wie sie eine Gemeinschaft werden könnten, deren Glieder in missionarischem Handeln, gemeinsamem Lebensstil und Gebet miteinander verbunden sind. Mit dem Auftrag, das herauszufinden, gingen sie auseinander.

---

[159] Ich bin sehr dankbar für die Hilfe von Vicky Cosstick, die mir mit ihrer Komplexitätstheorie bei der Vorbereitung dieses Kapitels als Unternehmens- und Gemeindeberaterin zur Seite stand.

> *Sechs Monate später hatten sich drei Elemente herauskristallisiert: leben nach den fünf Rhythmen der Gnade (bei denen Mitglieder sich zur Einhaltung von fünf Lebenspraktiken verpflichten, zum Beispiel anderen zu dienen und Leben zu teilen), jeden Monat zwei Treffen (eine gemeinsame Mahlzeit und einen Abend mit experimentellen Andachts- und Gottesdienstformen) sowie Mission und Gebet.*[160]

Als Gemeindeleitende haben Sie vielleicht das Gefühl, es könnte Ihnen niemals gelingen, in Ihrer Gemeinde eine solche Veränderung zu bewirken. Dann wird dieses Kapitel für Sie eine Überraschung bereithalten!

Sie werden merken, dass die Gründer von Zeugnisgemeinschaften seelsorgliche Side-by-side-Leitung brauchen, also jemanden, der ihnen zur Seite steht, und dass Sie selbst paradoxerweise gar keine besondere Gabe der Innovation haben müssen, um neue Gemeinschaften zu ermöglichen.

Sie können die Glut zu etwas Neuem durch verschiedene Maßnahmen entfachen: durch *fruchtbare Gespräche*, sorgfältig begleitete *Experimente*, gemeinsam mit den Beteiligten erarbeiteten *Rahmenbedingungen*, durch Ermutigung zu *gemeinsamem Lernen*, das gegenseitige Verantwortlichkeit einschließt, durch *Einbeziehen anderer*, indem Sie Ratlosigkeit zulassen und Hoffnung vermitteln, und durch *Integration des Neuen* in das Gemeindeleben.

„Ich bin doch berufen zum pastoralen Dienst"

Fühlen Sie sich berufen zum pastoralen Dienst und nicht dazu, innovative Zeugnisgemeinschaften zu gründen? Sie verstehen nicht wirklich, was damit verbunden ist? Sie denken, dass Sie nicht wirklich die Fähigkeit haben, so etwas zu starten oder Ihren Gemeindegliedern die nötige Ermutigung dazu zu geben?

---

160 www.freshexpression.org.uk/stories/abide (Zugriff am 10. Juni 2013).

Aber Sie sind vielleicht auch nicht zufrieden mit dem Status quo. Ihre Gemeinde erreicht nicht viele Menschen außerhalb der Kirche. In Ihrer Region ist der Kirchenbesuch chronisch rückläufig und Sie fragen sich, ob die Kirche überhaupt eine Zukunft hat.

Vielleicht sehen Sie auch, dass der pastorale Dienst sich insgesamt verändert hat. Noch vor dreißig bis fünfzig Jahren war die Kirche jeden Sonntag nahezu voll und pastoraler Dienst hieß, die zu unterstützen, die man jeden Sonntag traf.

Inzwischen ist die Anzahl der Gottesdienstbesucher sehr zurückgegangen und diejenigen, die Hilfe und Zuwendung brauchen, sind sonntags nicht mehr anwesend. Um sie zu erreichen, muss die Kirche hinausgehen. Also bedeutet pastoraler Dienst heute, sich dorthin zu begeben, wo die Menschen ihr Leben verbringen, und nicht zu erwarten, dass sie in die Kirche kommen. Könnten da Zeugnisgemeinschaften, die sich in allen Lebensbereichen ansiedeln, nicht ein Mittel sein, um den Menschen außerhalb der traditionellen Gemeinde als Pastor zu dienen?

Den Blick weiten

Die gute Nachricht ist: Wenn pastorale Begleitung Ihre Gabe ist, dann könnte genau diese Gabe gebraucht werden. Sie sind nicht derjenige, der Gemeinschaften im Alltag Ihrer Gemeindeglieder gründen muss, denn Sie sind während der Woche gar nicht bei ihnen. Aber Sie können sie dabei unterstützen. Sie können Resonanzboden, Mutmacher, prüfender Frager, warnende Stimme und Fürsprecher für das sein, was diese Gemeindeglieder tun – vor allem dann, wenn andere in der Gemeinde kein Verständnis dafür haben.

Innovatoren in der Gemeinde fühlen sich oft verletzlich. Wer etwas Neues ausprobiert, riskiert Versagen, und das weckt Befürchtungen. Sind sie „den anderen voraus", fühlen sie sich häufig missverstanden und zu wenig gewürdigt. Also brauchen sie gute Pastoren, die verstehen, die das Auf und Ab der Aufgabe mitfühlend begleiten und die ein offenes Ohr haben.

Mit anderen Worten: Sie müssen nicht selbst Innovator sein. Sie können Pastor sein für diejenigen, die Innovatoren sind. Sie können diejenigen in der Gemeinde freigeben, die sich berufen fühlen, eine Zeugnisgemeinschaft zu gründen.

Möchten Sie noch weiter gehen? Könnte es sinnvoll sein, sich als Pastor für die neuen Gemeinschaften anzubieten? Oder als Anlaufstelle für Menschen, die der Seelsorge bedürfen? Sie könnten von Zeit zu Zeit Besuche machen und sich um einzelne Mitglieder der Gemeinschaft kümmern, wenn Sie sie kennenlernen.

Sie müssen kein besonders begabter Veränderer sein. Sie müssen auch nicht der Leiter sein, der immer vorangeht, um solche Gemeinschaften zu fördern. Viele christliche Bücher über Leitung und Beschreibungen „erfolgreicher" Leitungspersönlichkeiten in der Kirche suggerieren, dass es sich stets um charismatische Persönlichkeiten handelt, die mutige Visionen entwickeln, andere dazu bringen, mit ins Boot zu steigen, und die Kirche furchtlos mitnehmen auf dem Weg zum Erfolg. Vielleicht meinen Sie, Sie würden diesem Anspruch nicht gerecht werden können.

Fakt ist, dass Sie das gar nicht müssen. In der säkularen Literatur wird dieses „Top-down"-Modell von Leitung längst infrage gestellt und ein „Side-by-side"-Modell favorisiert – Leitung, die sich an die Seite der Menschen stellt. Anhand unzähliger Fallbeispiele, die alle unter dem Begriff „Komplexitätstheorie" zusammengefasst werden können, wird argumentiert, dass Veränderung in der heutigen Gesellschaft nicht mehr von oben verordnet und geleitet wird.

Ein gutes Beispiel ist COFFEE IN THE LIVING ROOM (Kaffee im Wohnzimmer), ein Partnerschaftsprojekt zwischen einer Gemeinde und einem Ärztehaus in den englischen Midlands. Jeden Donnerstagvormittag treffen sich ungefähr vierzig, meistens ältere Menschen im Foyer der Kirche, das in ein Café umgewandelt wurde.

Sie reden, trinken Kaffee und spielen Gesellschaftsspiele. Es gibt einen Gebetsbaum, an den Gebetsanliegen gehängt werden können, für die die Mitarbeiter beten sollen, und gleichzeitig das Angebot, unter vier Augen für sich persönlich beten zu lassen. Das Café besteht noch kein Jahr, aber einige der Mitarbeiter sehen bereits Potenzial für zusätzliche christliche Impulse.

Das Projekt ist keineswegs auf einen Gedankenblitz des Pastors zurückzuführen. Drei Gemeindeglieder hatten das Gefühl, dass die Gemeinde mehr für die Menschen im Umfeld tun müsse. Unabhängig davon diskutierten die Ärzte über den Erfolg einer ähnlichen Initiative in ihrer Branche.

Dort hatten Patienten begonnen, sich in den Räumlichkeiten der Arztpraxis zum Kaffeetrinken zu treffen. Die Leute mussten daraufhin deutlich seltener zu den Ärzten. Durch das gesellige Beisammensein schienen Angst und Einsamkeit wesentlich geringer zu werden. Die Ärzte aus der Nachbarschaft hatten sich gefragt, ob sie etwas Ähnliches nicht auch in ihrer Umgebung einführen könnten.

Eine „zufällige" Unterhaltung zwischen einem der Pastoren und einem engagierten Mitarbeiter des Ärtzehauses, der für die Gemeindekontakte zuständig war, ließ eine Frau aus der Gemeinde aufhorchen und die verschiedenen Infos miteinander verknüpfen. Sie sprach die drei Gemeindeglieder an, die als Gemeinde gerne mehr für das Umfeld tun wollten. Könnte es sinnvoll sein, sich mit dem Ärtzehaus zusammenzutun? Sie reagierten zögerlich.

Dann fragte in einer Kleingruppendiskussion jemand, der nichts von den beiden Gesprächen wusste, ob die Gemeinde nicht ein Café in der Kirche aufmachen könnte. Und wieder gelang jemandem aus der Gruppe die Verknüpfung. Dieses Mal hatten die drei keine Ausrede mehr.

Sie führten ein Gespräch mit dem Ärztehaus und das Café war geboren. Nicht weil der Pastor eine gute Idee hatte oder direkt involviert war, sondern aufgrund von einzelnen Gesprächen innerhalb und außerhalb der Gemeinde, die zunächst gar nichts miteinander zu tun hatten.

Wer eine Gemeinde leitet, muss nicht alles selbst machen. Veränderung muss nicht abhängig sein von Anweisung und Kontrolle. Es geht allein darum, mit anderen zusammenzuarbeiten und ihnen den Freiraum zu geben, die Antworten zu finden.

Gemeindeleitung ist wie gärtnern

Die Leitung einer Gemeinde gleicht der Pflege eines Biogartens. Es gibt keinen rigiden Plan, sondern eher ein Ziel. Das ökologische System wird nicht gezwungen, sich durch ständige Eingriffe des Gärtners oder der Gärtnerin in eine unnatürliche Richtung zu entwickeln, sondern wird durch natürliche Prozesse geformt. So ist Raum für Überraschungen. Ein Vogel lässt einen Samen aus dem übernächsten Garten fallen. Statt die Blume wie Unkraut auszureißen, wird sie als unerwartete Ergänzung dessen betrachtet, was bereits da ist.

Mit diesem Ansatz zu arbeiten bedeutet für Sie in der Praxis der Gemeindeleitung:

- Sie haben Absichten, nicht feste Pläne. Sich vorzunehmen, in einem Jahr eine Gemeinschaft mit zwanzig Mitgliedern zu starten, ist ein fester Plan. Eine Absicht wäre, wenn man die Gründung von Zeugnisgemeinschaften unterstützen möchte, aber nicht sicher ist, wie genau das aussehen kann.
- Sie halten Ausschau danach, wo Energie vorhanden ist, und lassen sich von ihr mitnehmen.
- Sie versuchen Möglichkeiten zu schaffen, ohne die Resultate zu kontrollieren.
- Sie sind deshalb auch offen für Überraschungen, denn die Resultate können sehr unerwartet sein.
- Sie hören nicht auf zuzuhören und Fragen zu stellen. Bei allen auftauchenden Problemen muss die Standardfrage lauten: „Wie ist diese Situation zu verstehen? Was sollten wir tun?“

Der Ansatz gleicht dem Modell des Paulus für die Aufgabenteilung in der Gemeindeleitung, nachzulesen zum Beispiel in seiner Unterweisung zum Thema geistliche Gaben in 1. Korinther 12-14. So bekommt der Heilige Geist Raum, auf allen Ebenen in der Gemeinde aktiv zu werden.

Druck abbauen

Eine gesunde Zurückhaltung bezüglich Ihrer eigenen Fähigkeit, Veränderungen herbeizuführen, ist also nicht von Nachteil. Beeinflusst durch das Top-down-Modell von Leitung schrecken Sie vielleicht davor zurück, Mut zur Gründung von Zeugnisgemeinschaften zu machen. Sie sind sich unsicher, was Sie tun sollen, fürchten ein Scheitern und haben Angst vor Konflikten.

Arbeiten Sie aber nach dem Side-by-side-Modell, erwartet keiner, dass Sie alles wissen. Die Gruppe, mit der Sie arbeiten, kann die Antworten selbst finden. Sie greift auf das Wissen anderer zurück, die den Weg schon vor ihnen gegangen sind, und lässt sich vom Heiligen Geist leiten.

Lernen ist wichtiger, als alles richtig zu machen. Denn Lernen befähigt Sie und Ihre Mitarbeitenden, sich an veränderte Umstände anzupassen. Wird es zu wichtig, alles richtig zu machen, wird die Gruppe niemals etwas Neues ausprobieren, denn das könnte ja auch schiefgehen. Wenn aber der Lernprozess Priorität hat, dann wird sich die Gruppe durch Versuch und Irrtum an die jeweilige Situation anpassen. So wird *jedes* Resultat zu einer Chance, neu zu lernen, was der Heilige Geist tun will.

Die Verantwortung liegt nicht bei Ihnen allein. Sie wird von der ganzen Gruppe getragen. Wenn die Dinge nicht so laufen wie erhofft, tragen nicht Sie die Schuld. Die Gruppe hat die Entscheidung getroffen. Schuldzuweisungen sind ohnehin absolut unangemessen. Es gibt kein Scheitern, man bekommt lediglich Rückmeldungen. Was will uns der Geist durch unsere Enttäuschung sagen?

Auch vor Konflikten sollte man sich nicht fürchten. Man sollte sie vielmehr begrüßen, denn sie zeugen eher von einer gesunden Gruppenstruktur als von Versagen: Die Mitglieder fühlen sich sicher genug, um ihre Differenzen offen zum Ausdruck zu bringen. Überhaupt ergeben sich durch Differenzen häufig neue Lösungen. Die unerwartete Kombination verschiedener Elemente, sich widersprechende Ideen eingeschlossen, führen oft zu neuen Ergebnissen. Kary Mullis, Nobelpreisträger für Chemie, hat einmal gesagt:

„Eigentlich habe ich nur Elemente zusammengemischt, die es bereits gab, aber das tut eigentlich jeder, der etwas erfindet. Man kann sich im Normalfall keine neuen Elemente ausdenken. Das neue Element war, wenn überhaupt, die Kombination, die Art und Weise [wie existierende Elemente] genutzt wurden."[161]

Meinungsverschiedenheiten führen nicht dazu, dass eine Person „gewinnt" und die andere „verliert". Sie erzeugen vielmehr ein neues Denken, weil die Gruppe versucht, Elemente beider Sichtweisen miteinander zu verbinden.

Achten Sie auf Ihren Einfluss

Um Veränderungen aus dieser Perspektive betrachten zu können, ist zunächst eine große Sensibilität dafür wichtig, wie man den eigenen Einfluss nutzt. Eine Leitungsposition ohne Einfluss gibt es nicht. Schon die Anwesenheit in der Gruppe bewirkt etwas. Gute Leitungspersönlichkeiten bringt das nicht in Verlegenheit, sie nutzen den Einfluss vielmehr, um anderen Freiraum zu schaffen.

---

[161] Zitiert von Jeffrey A. Goldstein, James K. Hazy & Joyce Silberstang, „A Complexity Science Model of Social Innovation in Social Enterprise", *Journal of Social Entrepreneurship,* 1 (1), 2010, S. 111 (eigene Übers.).

Unter Umständen erwartet die Gruppe Lösungsvorschläge von der Leitungsperson. Gut ist, offen danach zu fragen, woher die Lösung für das Problem erwartet wird. Auf diese Weise wird eine versteckte Erwartung offen angesprochen – wer die Leitung hat, soll die Antwort geben. Durch den offenen Umgang damit kann die Gruppe diese Erwartung überdenken.

Sensibel werden für den eigenen Einfluss heißt auch, sich selbst zu beobachten: Wo versuche ich andere zu stärken, wo grenze ich sie in ihrer Macht ein?

- Schneiden Sie Leuten in Diskussionen das Wort ab, wenn Sie nicht Ihrer Meinung sind?
- Setzen Sie die Tagesordnung fest oder laden Sie alle dazu ein, Themen vorzuschlagen?
- Haben Sie bei Ihren Ehrenamtlichen die Zügel in der Hand oder ermutigen Sie sie, selbst die Initiative zu ergreifen?
- Wie viel Kontrolle möchten Sie behalten, wenn Gemeindeglieder Ihrer Gemeinde eine Zeugnisgemeinschaft gründen?

Um die Selbstwahrnehmung zu steigern, könnte ein Gebetstagebuch oder meditatives Gebet eine Hilfe sein. Schreiben Sie „ablenkende Gedanken“ auf, die Ihnen während des Betens durch den Kopf gehen, und achten Sie darauf, ob Sie Muster erkennen können. Sie könnten ein Hinweis darauf sein, dass Sie einen Hang zur Kontrolle haben. Die eigenen inneren Haltungen und Motivationen besser zu kennen, kann Sie offen machen für den Heiligen Geist. Sie müssen nicht mehr unbedingt an Ihren eigenen Vorstellungen festhalten („Ich glaube, das ist wichtig, aber lasst uns erst sehen, was der Geist durch die Gruppe dazu sagt.“) und es hilft Ihnen, das Unerwartete besser anzunehmen. Und Sie werden anfangen, mit Ihrem Verhalten noch mehr so zu wirken, dass andere befähigt werden.

Seelsorgerlich durch den Wandel führen

Ihr Unbehagen darüber, beim Veränderungsprozess die Leitung zu übernehmen, kann sich negativ auswirken, wenn Ihre Unsicherheit für andere spürbar wird. Wenn Sie zu Ihrem Leitungsteam sagen: „Ich denke, wir sollten unsere Gemeinde dazu ermutigen, Zeugnisgemeinschaften zu gründen", könnte damit eine negative Antwort schon vorprogrammiert sein. „Warum? Die Leute haben doch schon genug zu tun!"

Auf eine einladendere Formulierung bekämen Sie vielleicht eine positivere Antwort. Sie könnten zum Beispiel Ihre Zweifel direkt in Worte fassen, wenn Sie sagen: „Ich habe etwas über neue Formen missionarischer Arbeit gelesen. Es klingt interessant, aber ich weiß nicht, ob es bei uns funktionieren würde. Meint ihr, wir sollten uns näher damit befassen?"

Ganz gleich, in welchem Stadium des Prozesses, Ihre eigene Zaghaftigkeit bezüglich des nächsten Schrittes bringt Sie denen näher, die sich ebenfalls unsicher fühlen. Das macht eine mitfühlende Begleitung einfacher. Zu wissen, dass Sie verstehen, gibt der Gruppe ein Gefühl der Sicherheit und macht sie offener für Veränderungen. Durch diese Offenheit gewinnen auch Sie an Selbstvertrauen. Sie führen die Gruppe seelsorgerlich-empathisch durch den Veränderungsprozess und setzen dabei die pastoralen Gaben ein, die Gott in Sie hineingelegt hat.

Fruchtbare Gespräche fördern

Vielleicht halten Sie es für möglich, dass Gott Ihre Gemeinde dazu berufen hat, Zeugnisgemeinschaften zu gründen. Ihre *Hoffnung* ist, dass es solche Gemeinschaften geben wird. Ihre *Absicht* ist, die Möglichkeiten dazu herauszufinden. Sie haben einen *Plan* für den nächsten Schritt: Sie wollen einige fruchtbare Gespräche führen.

Ihr Plan und Ihr Gebet sollte nicht sein, dass solche Gemeinschaften in Ihrer Gemeinde gedeihen mögen. Denn ein solches Denken hieße, dass Sie bestimmen, wo es hingehen soll, und der Geist nicht mehr die Möglichkeit hat, das Projekt in eine ganz andere Richtung zu lenken. Es hieße, andere von dem Prozess der Erkenntnis von Gottes Weg auszuschließen. Und es hieße, sich selbst über die anderen zu stellen: „Ich weiß, was Gott will. Meine Aufgabe ist es, euch davon zu überzeugen, dass ich weiß, wo es langgehen soll." Das ist nicht die Art und Weise, wie man sich an die Seite anderer stellt, und dort sollte eigentlich Ihr Platz als seelsorglich Leitender sein.

Stattdessen sollten Sie sich vornehmen, lohnende Gespräche zu führen, denn Gespräche sind, das werden wir noch sehen, das A und O.

Zeit gewinnen

Der erste Schritt kann darin bestehen, dass Sie Platz in Ihrem Terminkalender schaffen. Manche Pfarrer und Pastoren stehen so unter Druck mit ihren Verpflichtungen, dass für nichts Zusätzliches mehr Raum ist. Mit Blick auf den Niedergang der Kirche hat einmal jemand gesagt: „Wie kann ich Geburtshilfe leisten, wenn ich alle Hände voll zu tun habe mit der Palliativpflege?"

Vielleicht ist die Zeit gar kein so großes Problem, wenn Sie sich bewusst machen, dass Veränderung, wenn sie Gottes Wille ist, aus jeder Ecke der Gemeinde kommen kann. Sie selbst müssen unter Umständen gar nicht viel mehr tun als seelsorgliche Unterstützung leisten.

Auch hier greift wieder die goldene Regel: Wenn Sie nicht wissen, was zu tun ist, fragen Sie andere. Wenn Sie nicht wissen, wie Sie Raum in Ihrem Terminkalender schaffen können, um den Stein ins Rollen zu bringen, fragen Sie Ihr Leitungsteam.

Die Frage könnte zum Beispiel lauten: „Ich glaube, Gott will, dass ich Menschen verstärkt dabei helfe, in ihrem persönlichen Leben Zeugen zu sein für ihren Glauben. Aber ich weiß nicht, wie ich das in meinem Terminkalender noch unterbringen soll. Habt ihr Ideen, wie ich dafür Raum schaffen kann?“ Ein weiterer Gedanke, den Sie in die Diskussion einbringen könnten, wäre: „Wenn ich morgen gehen würde, wer würde meine Aufgaben übernehmen, während meine Stelle vakant ist? Ist dieser Gedanke vielleicht hilfreich dabei, mir etwas mehr freie Zeit zu verschaffen?“

Natürlich machen Sie sich verletzlich, wenn Sie mit Kollegen offen über Ihren Terminkalender sprechen. Aber in einem Side-by-side-Leitungsverständnis ist genau das nötig. Und es ist manchmal unbequem, Kontrolle abzugeben und andere zu befähigen.

Nehmen Sie dies also unbedingt mit in Ihre Gebete. Bitten Sie um die Kraft des Heiligen Geistes für Ihre Jesus-Nachfolge, der sich so verletzlich gemacht hat, dass es ihn ans Kreuz gebracht hat. Und suchen Sie sich einen Mentor oder Begleiter, mit dem Sie beten und dem Sie Ihre Verletzlichkeit anvertrauen können. Schwächen sind weniger bedrohlich, wenn man über sie redet.

Kontrolle abgeben – doppelt

Tim hat gelernt, was es heißt, Kontrolle abzugeben. Als er seine Stelle als neuer Pfarrer antrat, wusste er, dass er gemeinschaftlich würde arbeiten müssen. Die Gemeinde war es satt, Dinge einfach aufgezwängt zu bekommen. Also erarbeitete er gemeinsam mit dem Gemeindevorstand den Entwurf für eine Vision. Anschließend wurde die gesamte Gemeinde eingeladen, diesen in Kleingruppen zu konkretisieren. Der Vorstand wertete in einer ganztägigen Sitzung die einzelnen Vorschläge aus.

Bezeichnend war, dass Tim im Teilen der Autorität so weit ging, die Sitzung durch ein ehrenamtliches Vorstandsmitglied mit den entsprechenden Fähigkeiten leiten zu lassen. Dazu gehörten die Zusammenfassung der Gemeindevorschläge ebenso wie die Gesprächsleitung und die Leitung von Zeiten des Gebets und des Bibelstudiums. Im Laufe des Tages wurde aus den unterschiedlichen Ideen der Gemeinde ein kohärentes Ganzes.

Dieser Ehrenamtliche gab ebenfalls die Kontrolle ab. Er nahm Abstand davon, den Diskussionen seinen eigenen Stempel aufzudrücken, obwohl er das leicht hätte tun können.

Dieses doppelte Loslassen – durch Tim und durch den ehrenamtlichen Leiter – führte zu einem hohen Maß an Einigkeit und dem Gefühl der Gegenwart Gottes während des gesamten Tages. Die Gemeinde investierte in Gespräche, die außerordentlich fruchtbar waren.

Später gab Tim zu, dass es nicht leicht gewesen war, nicht ständig die Fäden in der Hand zu halten. Er war sich nicht sicher, wie letztendlich das Resultat der Diskussionen aussehen würde. Würde er sich mit den Ergebnissen identifizieren können (was dann der Fall war)? Manchmal war er auch versucht gewesen, den Prozess zu beschleunigen (was immer auf ein geringeres Maß an Zusammenarbeit hinausläuft, wie er selber bemerkte).

Besonders hilfreich waren Einkehrtage und eine darauf folgende Gemeindefreizeit. Er hatte das Gefühl, Gott sagen zu hören, dass er nicht Teil eines Projektes war, sondern einer Gemeinschaft. Auf diese Weise würde Gemeinde immer kreativ sein und jede Veränderung würde zu unerwarteten Zielen führen.

Genau das tun Gemeinschaften, stellte er fest. Da lässt sich nicht alles sauber planen wie bei Projekten. Sich in einer Gemeinschaft zu engagieren heißt, mit Ungewissheiten, Kontrollverlust und Einzigartigkeit zu leben: Jede Gemeinschaft geht ihren ganz eigenen Weg. Er war berufen eine Gemeinschaft zu leiten, nicht Projekte.

Fruchtbare Gespräche

Veränderungen werden nicht durch Strukturen und Pläne angestoßen. Sie ergeben sich durch Gespräche, weil diese das Lebenselixier von Organisationen sind. Die britische Unternehmensberaterin Patricia Shaw zum Beispiel ist der Meinung, dass Organisationen ohne Gespräche im offiziellen und nicht offiziellen Rahmen gar nicht existieren könnten. Würde man darauf verzichten, wäre das, was übrig bleibt, keine lebendige Einheit mehr, sondern eine Ansammlung von Gebäuden und ein paar notariell beglaubigten Dokumenten. Werte, Visionen und strategische Pläne bewirken nichts, wenn nicht darüber geredet wird und sie einfließen in die unzähligen Unterhaltungen, die immerzu geführt werden.[162]

Gespräche sind es, die alles in Bewegung bringen – gleich ob sie in der persönlichen Begegnung stattfinden, online, am Telefon oder im Kopf. Ideen werden in einem Gespräch geboren, in weiteren Gesprächen verändert und durch fortgesetzten Gedankenaustausch in die Praxis umgesetzt.

Wenn jemand sagt: „Wir haben vereinbart, dass ich eine Zeugnisgemeinschaft ins Leben rufe. Ich glaube, ich frage so-und-so, ob sie mitmachen will", dann bezieht sich das „Wir haben vereinbart" auf ein vorangegangenes Gespräch. Die nächste Konversation findet im Kopf statt, während die Person darüber nachdenkt, was sie als Nächstes tun soll. Das Resultat dieser inneren Konversation ist die Entscheidung, ein weiteres Gespräch mit jemand anderem zu führen.

Aufgabe einer Leitungsperson ist, fruchtbare Gespräche zu fördern. In diesen Gesprächen können Schwierigkeiten der Menschen zur Sprache kommen. Es werden Metaphern benutzt und Geschichten erzählt. Alle sind innerlich beteiligt und heimliche Befürchtungen und Gefühle kommen zur Sprache, wie zum Beispiel eine bestimmte Erwartungshaltung bezüglich der Identität von Kirche oder die Angst davor, dass sich hier etwas ändern könnte.

Für diejenigen, die an den Gesprächen beteiligt sind, gibt es keine richtigen oder falschen Standpunkte, es geht immer um ein Sowohl-als-auch. Neue Ideen entstehen dort, wo verschiedene Elemente zusammengebracht werden – wie zum Beispiel Café und Kirche.

---

[162] Patricia Shaw, *Changing Conversations in Organizations: A Complexity Approach to Change*, London: Routledge, 2002.

Offene, unaufdringliche Fragen können hilfreich sein, um diese Art von Gesprächen in Gang zu bringen:

- Was ging Ihnen im Kopf herum, als Sie zu diesem Treffen kamen?
- Was gibt Ihnen im Augenblick Energie, was entzieht sie Ihnen?
- Welche Dinge und Menschen schätzen Sie am meisten?
- Was funktioniert gut in Ihrer Situation, was nicht?
- Wo möchten wir hin?
- Was an den Vorschlägen macht Ihnen Angst?

Das Resultat solcher Gespräche ist manchmal unerwartet. Sie sollten davor keine Angst haben, denn es kann bedeuten, dass der Geist durch die ganze Gruppe wirkt und nicht nur durch Sie allein.

Wenn Sie sich aber weiterhin unbehaglich fühlen mit dem Ergebnis, dann sollten Sie dies beim nächsten Treffen aussprechen. Damit werden Sie Ihrem Wunsch nach ehrlichem Austausch gerecht. Sie können dann natürlich die Diskussion erneut eröffnen, genauso wie andere das Recht dazu haben müssen. Und das kann den Prozess verlängern. Aber es ist immer besser, sich mehr Zeit zu nehmen und dann den richtigen Weg zu finden, als eine übereilte Entscheidung zu treffen.

Mit wem?

Sie möchten also herausfinden, ob Sie Gemeindeglieder dazu ermutigen sollen, in ihrem alltäglichen Leben Zeugnisgemeinschaften zu gründen. Und Sie möchten dazu fruchtbare Gespräche führen. Mit wem aber sollen Sie reden?

Ein entscheidendes Prinzip für Leiterschaft ist, mit dem Energiestrom zu schwimmen. Geben Sie Anschub, wo Energie vorhanden ist, und versuchen Sie nicht Energie zu erzeugen, wo sie fehlt. Denn das ist anstrengend, zeitaufwendig und häufig erfolglos. Machen Sie sich die ohnehin vorhandene Energie zunutze. Fragen Sie Menschen, die viel Energie haben und offen sind, sich auf Veränderungen einzulassen. Fragen Sie sie, ob sie Lust haben, sich mit dem Gedanken an Zeugnisgemeinschaften auseinanderzusetzen.

Diese Menschen könnten sein:

- *Ihr Leitungsteam.* Vielleicht spürt das Team, dass die Gemeinde zu kämpfen hat. Es gibt nur wenige Ehrenamtliche. Die Mitarbeitenden sind überarbeitet und es würde ein weiterer Stressfaktor, ein Windhauch reichen, um das Kartenhaus zum Einsturz zu bringen. Sind sie vielleicht bereit dazu, über eine andere Form von Kirche nachzudenken und zu beten?
- *Menschen in der Gemeinde, die etwas Neues anfangen wollen.* Jemand beschreibt seine als lebendig geltende Gemeinde wie folgt: „Das ganze Wachstum besteht nur aus Christen, die dazukommen und ... in den vergangenen zehn Jahren haben allen Ernstes nur drei Menschen zum Glauben gefunden. Eine schockierende Statistik. Ein paar von uns möchten gerne zielgerichteter missionarisch tätig sein und haben gehofft und gebetet, dass wir neue Wege finden, um unseren Nachbarn, Freunden und Arbeitskollegen die Liebe Jesu zu zeigen." Ein oder zwei solcher Menschen sind eindeutig ein Gespräch wert!
- *Menschen aus Ihrer Gemeinde, die von Natur aus gerne Herausforderungen annehmen.* Gibt es Leute, die in der Lage wären, eine Zeugnisgemeinschaft in ihr bisheriges Engagement zu integrieren, was sie ohnehin tun? Eine Friseurin beklagte sich, dass sie ihre Freunde nie zu ihrer Zellgemeinde einladen konnte, weil sie sich dort unwohl fühlen würden. Aber sie konnte sich vorstellen, einige ihrer Kunden einzuladen, mit ihr gemeinsam für deren Familien und andere Themen zu beten, „besonders wenn ich das Beten übernehmen würde". Wer in Ihrer Gemeinde hat Lust auf eine Herausforderung?

Sie brauchen für den Start keine Riesenanzahl von Menschen. Ein oder zwei Personen reichen aus. Wenn sie nicht zu Ihrem Leitungsteam gehören, sollten Sie dieses unbedingt informieren.

Sie könnten einfach erwähnen, dass Sie mit ein paar Leuten im Gespräch darüber sind, wie diese ihren christlichen Glauben effektiver bezeugen können. Das ist Teil Ihrer pastoralen Aufgaben.

Wenn erste Ideen da sind, können Sie kurz berichten, dass (zum Beispiel) John plant, sich mit Christen aus seiner Straße zu treffen, um gemeinsam darüber nachzudenken, wie sie ihren Nachbarn dienen können. Später können Sie ab und zu erzählen, was die Gruppe tut und wie das Ergebnis aussieht.

Halten Sie den Ball flach. Es ist nicht notwendig, Ihr Leitungsteam in Alarm zu versetzen, indem Sie die ganze Story im Vornhinein erzählen – vor allem deshalb, weil Sie gar nicht wissen, wie sie überhaupt verlaufen wird. (Vielleicht sollten Sie das auch genauso zugeben.) Gott hat uns nicht seine ganze Story auf einmal offenbart. Erzählen auch Sie also immer nur das gerade aktuelle Kapitel. Auf diese Weise sind Ihre Teamkollegen immer informiert und vielleicht fallen im Laufe der Entwicklung auch bei ihnen einige Samen auf fruchtbaren Boden.

Mut machen zu Experimenten

Wenn alles gut läuft, geben die anfänglichen Gespräche die Initialzündung für das ein oder andere Experiment. Der Begriff „Experiment" ist besser als „Pilotprojekt", weil das Ende offen bleibt. Ein Pilotprojekt möchte man wiederholen. Ein Experiment dagegen ist unabhängiger, man ist nicht gezwungen, es noch einmal durchzuführen.

Ein Experiment beinhaltet auch, dass am Ende reflektierendes Lernen steht: Was hat funktioniert, was nicht? Was haben wir gelernt? Wie sollte mit Blick auf die gewonnenen Erfahrungen unser nächster Schritt aussehen? Ein Experiment kann nicht scheitern, weil es darauf abzielt, etwas zu lernen. Der Lernerfolg ist wichtiger als das Ergebnis. Das verringert die eventuellen Befürchtungen der Beteiligten. Ein Experiment fühlt sich weniger riskant an.

Unsere Welt hat gescheiterten Experimenten viel zu verdanken. Penicillin zum Beispiel wurde entdeckt, weil bei einem Experiment eine Bakterienkultur durch einen Pilz verunreinigt war. Also: Selbst wenn es nicht funktioniert – wer weiß, was Ihr Experiment alles in Gang setzt!

Wenn Sie in Gesprächen die Möglichkeit erwägen, ein Experiment zu starten, sollten Sie gut auf die anderen Beteiligten hören. Zuhören bestärkt die anderen und ermutigt sie dazu, ihre Gedanken auszusprechen. Das stärkt ihr Selbstvertrauen: „Vielleicht war meine Idee gar nicht so dumm. Sie ist sehr ernst genommen worden."

In diese Atmosphäre des Zuhörens können Sie einige eigene Impulse einstreuen. Wenn Sie Geschichten von anderen Zeugnisgemeinschaften erzählen, regt das die Fantasie an. Sie geben damit die Erlaubnis zum Experimentieren („Wenn sie das durften, dann wir vielleicht auch.") und beflügeln das Selbstvertrauen („Wenn sie das konnten, dann wir vielleicht auch."). Sie könnten Beispiele von einer der Fresh-X-DVDs zeigen (vgl. S. 198). Sie könnten auch eine Zeugnisgemeinschaft in der Nähe besuchen.

Ebenso unverzichtbar ist zu erklären, warum Zeugnisgemeinschaften so wichtig sind:

- *Gott möchte, dass Mission in Gemeinschaft geschieht*, wo immer das möglich ist. Er selbst ist himmlische „communion-in-mission" (vgl. S. 19). Jesus und auch Paulus verfolgten ihre Mission immer in Gemeinschaft.
- *Er möchte, dass seine Gemeinschaften sichtbar sind* im alltäglichen Leben. Jesus hat die Gemeinschaft seiner Jünger mitgenommen in das alltägliche Leben der damaligen Zeit. Die Gemeinden der frühen Kirche trafen sich im Zentrum des alltäglichen Lebens.
- *Die Gemeinschaften sollen aktiv* anderen dienen und ihnen vom Evangelium erzählen, genauso wie es die Gemeinschaft der Jünger Jesu getan hat.

Legen Sie immer wieder Wert auf eine mixed economy – darauf, dass die bestehenden und die neuen Ausdrucksformen gemeindlichen Lebens in gegenseitiger Unterstützung und gegenseitigem Respekt Seite an Seite leben und arbeiten. Neue Gemeinschaften, in denen Kirche Gestalt gewinnt, sind nicht besser als die herkömmlichen Gemeinden. Sie sollen auch keine Alternative sein. Neue ebenso wie gut etablierte Formen von Gemeinde haben ihre eigene, unverwechselbare Mission und es ist möglich, sich in beiden Arten von Gemeinde gleichzeitig zu engagieren. Betont man den Wert beider Formen, verhindert man, dass Menschen meinen, sie müssten sich zwischen dem einen und dem anderen entscheiden.

Im Laufe der Gespräche finden Sie sicher heraus, wer dazu bereit ist, sich auf den Versuch mit einer Zeugnisgemeinschaft einzulassen. Den Anfang könnten erst einmal ein oder zwei Experimente machen – vielleicht eine einmalige Veranstaltung wie die vor einem Wohnblock in Richmond:

Von Eis am Stiel zu Kirche

Greg und sein Kollege, beide Pastoren der Graceland Baptist Church, boten Spiele an und verteilten Eis am Stiel an die Kinder. Währenddessen hielt eine Gruppe Spanisch sprechender Missionare, die gerade zu Besuch waren, eine kurze Predigt für die Bewohner.

Die Anwohner, auf die das Team traf, kamen aus vielen Nationalitäten, nicht nur aus spanischsprachigen Ländern. Fünfzehn von ihnen kamen zum Glauben und aus der einmaligen Veranstaltung wurden wöchentliche Treffen.

Jetzt trifft sich jeden Freitagnachmittag eine kleine Gruppe, von der ein Teil sich bei der Anfangsveranstaltung zum ersten Mal begegnet ist, um gemeinsam Gottesdienst zu feiern. Das Treffen ist deshalb am Freitag, weil sie (wie 30 % aller Amerikaner) sonntags arbeiten müssen.

Diese Zusammenkünfte haben dazu geführt, dass Graceland, eine hauptsächlich anglo-amerikanische Gemeinde, Kontakte zur Colonial Place Christian Church geknüpft hat, einer international geprägten Gemeinde aus dem benachbarten Landkreis.

Greg sagt: „Es ist das Wirken des Heiligen Geistes, wenn all diese informellen Partnerschaften sich auszubreiten beginnen. Vor ein paar Monaten hatten wir noch keinerlei internationale Kontakte. Jetzt feiern wir gemeinsam Gottesdienste."[163]

Wenn Ihre ersten Gesprächspartner die Kollegen aus der Gemeindeleitung sind und sie Ihre Vision teilen, besteht auch die Möglichkeit, nicht mit einigen Wenigen zu arbeiten, sondern mit der gesamten Gemeinde.

Zufällige Werke der Kuch-igkeit

Eine mehrere Hundert Gemeindeglieder umfassende Gemeinde lud Freiwillige dazu ein, missionale Gemeinschaften zu bilden. Gemeint waren in der Gemeinde verankerte Gruppen, die jeweils eine spezifische Gruppe von Menschen außerhalb der Gemeinde erreichen sollten. Die Gemeindeleitung legte ausdrücklich fest, dass der Versuch auf drei Monate beschränkt war.

Aus diesem Gedanken entstanden versuchsweise zwölf Gemeinschaften. Jede hatte einen eigenen missionarischen Fokus. Neun von ihnen konzentrierten sich auf die Nachbarschaften, zu denen sie Kontakt hatten, während die verbleibenden drei sich spezifischen demografischen Gruppen widmeten – älteren Menschen, Kindern und Familien sowie Müttern mit Krabbelkindern.

Die meisten der Gruppen unterstützten ein unter den Mitgliedern bereits vorhandenes Engagement oder Anliegen. So gehörte zum Beispiel ein Ehepaar dem Förderverein der Schule seiner Kinder an und die anderen Gruppenmitglieder verstärkten ihr Engagement dort.

In einer anderen Gruppe gab es ein Ehepaar, das furchtbar gerne Cup-Cakes buk. Unter dem Motto „Zufällige Werke der Kuch-igkeit" wurden diese zu kleinen Geschenken für Menschen, die ihnen von anderen aus der Nachbarschaft genannt wurden.

[163] www.freshexpressions.org.uk/stories/upstart (Zugriff am 11. Juni 2013).

> *Nach drei Monaten hatten die experimentellen Gemeinschaften ihren Wert unter Beweis gestellt. Sie wurden als ständiger Bestandteil der Gemeindearbeit akzeptiert. Inspiriert durch diese Geschichten wurden weitere Gemeinschaften gebildet.*

Sie müssen keine große Gemeinde sein, um Mut zu machen zu missionalen Gemeinschaften. Zwei oder drei Personen in einer Gottesdienstgemeinde von etwa zwölf Leuten reichen völlig aus. Sie können auf einfache Weise etwas für ihren Wohnblock oder ihre Straße tun und dabei beobachten, wie der Heilige Geist Türen öffnet, damit sie vom Evangelium erzählen können.

Bekomme ich Unterstützung von meiner Kirche?

Wenn Sie sich Sorgen machen, ob Ihre Kirchenleitung Sie bei Ihrer Initiative unterstützt, versuchen Sie Folgendes zu beachten:

- Bleiben Sie mit den Experimenten wenn möglich unter dem Radar und erzählen Sie erst davon, wenn sich Erfolge abzeichnen. Die meisten Mitglieder der Kirchenleitung geben erfolgreichen Projekten nur zu gerne ihren Segen.
- Konzentrieren Sie sich in Ihren anfänglichen Berichten auf die ersten Phasen des *Zuerst-Beziehungen*-Modells oder des *Zuerst-dienen*-Modells, wie sie in Kapitel 4 beschrieben sind. Keiner kann etwas dagegen haben, wenn Sie Menschen außerhalb der Kirche dienen.
- Wenn Menschen zum Glauben kommen und beginnen, in Zeugnisgemeinschaften Erfahrungen mit Kirche zu machen, sollten die Konsequenzen daraus mit Ihrer Kirchenleitung besprochen werden. Das schließt auch den Sprachgebrauch ein. Wenn es Empfindlichkeiten wegen der Bezeichnung „Gemeinde" gibt, nennen Sie es ein „Treffen".

Rahmenbedingungen erarbeiten

Wenn Einzelne tatsächlich darüber nachdenken, es mit einem Experiment zu versuchen, brauchen sie klare Abmachungen, allerdings ohne dass ihnen zu viel vorgeschrieben wird.

Verfechter der Komplexitätstheorie betonen die Wichtigkeit einer Balance zwischen Ordnung und Chaos. Zu viel Ordnung unterdrückt die Innovationskraft. Zu wenig Ordnung führt ins Chaos. Eine ausgeglichene Balance zwischen beidem gibt dem Geist Raum, Neues zu schaffen. Nötig sind klare Abmachungen, sowohl darüber, *was* die Experimente zu tun versuchen, als auch *wie* sie es tun. Und noch einmal: Nicht *Sie* müssen diese Rahmenbedingungen festlegen. Sie befinden sich in einem Gesprächsprozess und die Bedingungen ergeben sich, indem die Beteiligten miteinander reden und ihre Erfahrungen austauschen. Ihre Aufgabe liegt unter Umständen darin, die Diskussion in Gang zu bringen.

Einigen Sie sich auf eine Richtung

Passen die vier in Kapitel 1 beschriebenen Charakteristika von Zeugnisgemeinschaften zu den Zielen Ihres Experimentes? Die Leitung fördert Gemeinschaften mit folgenden Eigenschaften:

- *missional:* Sie sprechen Menschen an, die nicht in die Kirche gehen;
- *kontextuell:* Sie finden kulturell angemessene Wege, um die Menschen zu erreichen;
- *lebensverändernd*[164]*:* Sie möchten, dass Menschen zu Jüngern werden;
- *ekklesial:* Sie sind nicht der erste Schritt auf dem Weg in bestehende Gemeinden, vermitteln aber eine Vorstellung davon, was Kirche ist.

---

164 Anm. d. Übers.: Der hier im Englischen verwendete Begriff „formational" umfasst sowohl Jüngerschaft als auch Bildung.

Die Kernwerte des Experimentes könnten in etwa diesen Zielen angepasst sein. Sie schaffen genügend Rahmenbedingungen, um ein Gefühl für die Richtung zu bekommen, ohne die Improvisationsfähigkeit durch zu viele Details einzuschränken.

Einigen Sie sich auf die Vorgehensweise

Wer ein solches Experiment leitet, muss bei der Umsetzung der vier oben genannten Kriterien unterstützt werden. Dies könnte zum Beispiel durch eine Einführung in das *Zuerst-dienen*-Modell geschehen. Besonders Menschen mit wenig kirchlicher Erfahrung kann auf diese Weise vermittelt werden, was nötig ist, um Zeugnisgemeinschaften auf einen guten Weg zu bringen:

- sorgfältig zuhören;
- anderen in Liebe dienen;
- zu Gemeinschaft werden mit allen, denen man dient;
- Wegweiser zu Jesus setzen und Menschen die Möglichkeit geben, Nachfolge zu entdecken;
- Kirche sein für alle, die zum Glauben kommen, und Verbindung schaffen zur gesamten Kirche;
- neu zum Glauben Gekommenen Mut machen, in ihrem Alltagsleben selbst christliche Gemeinschaften zu gründen.

Auch hier ist der Hinweis wichtig, dass die einzelnen Phasen sich überlappen und in unterschiedlichen Kontexten verschieden aussehen können. Es geht hier nicht um ein feststehendes Modell, sondern um eine Denkhilfe. Es geht darum herauszufinden, was dazugehört. Dieser Rahmen hilft bei der Strukturierung der eigenen Vorstellungen – und ermöglicht einen Blick darauf, wie der Heilige Geist auf den Start einer Zeugnisgemeinschaft hinarbeitet. Die Beschäftigung mit dem Rahmen setzt Kreativität frei. Ein Element der „Ordnung“ regt neue Gedanken an.

Auch die in Kapitel 5 vorgestellten Themen können zu einem angemessenen Zeitpunkt diskutiert werden. Denn je mehr praktische Anleitung man hat, desto größer wird das Selbstvertrauen.

Es wird sich jedoch immer um einen Prozess handeln, in dem ein Schritt nach dem anderen getan werden muss. Und man weiß nie, wohin der nächste Schritt führt!

> *Hot Chocolate, s. Kapitel 1 (S. 30), startete 2001 damit, dass eine kleine Gruppe von regelmäßigen Gottesdienstbesuchern jungen Leuten in Dundee heiße Schokolade brachte. Inzwischen hat das Projekt sechs bezahlte Mitarbeitende (zwei davon als Vollzeitkräfte) und jedes Jahr ungefähr fünfunddreißig Ehrenamtliche in der Jugendarbeit. Im Laufe des Jahres werden um die dreihundert junge Menschen erreicht.*
>
> *Charis Robertson hat die Entwicklung von Hot Chocolate beschrieben: „Von Anfang an waren es die jungen Leute, die entschieden haben, wie, wann und was getan werden sollte … In gewisser Hinsicht ist alles, was bisher in unserer Gemeinschaft passiert ist, rein zufällig und unterscheidet sich deshalb völlig von intentionalen Gemeindepflanzungsmodellen und -ansätzen. Irgendwie fragen wir Gott alle paar Monate: ‚Was willst du jetzt, Herr? Es ist ja schon wieder alles anders!' … Hot Chocolate experimentiert. Nicht unbesonnen, aber ohne Angst vor dem Scheitern. Die Atmosphäre ist geprägt von Reflexion, Verletzlichkeit und gemeinsamem Lernen, selbst wenn wir Fehler gemacht haben."[165]*

Gemeinsam lernen

Es empfiehlt sich, die Leitungsteams verschiedener Experimente zu einer kleinen „Lerngemeinschaft" zusammenzufassen. Selbst wenn es nur ein Experiment gibt, kann der Pfarrer bzw. Pastor

---

[165] www.freshexpressions.org.uk/stories/hotchocolate (Zugriff am14. Juni 2013).

oder ein ehrenamtliches Mitglied des Gemeindevorstandes gemeinsam mit dem Leitungsteam eine Lerngemeinschaft bilden.

Eine solche Gruppe hat zweierlei Ziele. Es geht erstens darum, von den Erfahrungen der anderen zu lernen. Begleitet von gemeinsamem Bibellesen und Gebet kann man gemeinsam zurück und nach vorne schauen.

Der Rückblick kann anhand des pastoralen Zirkels geschehen:

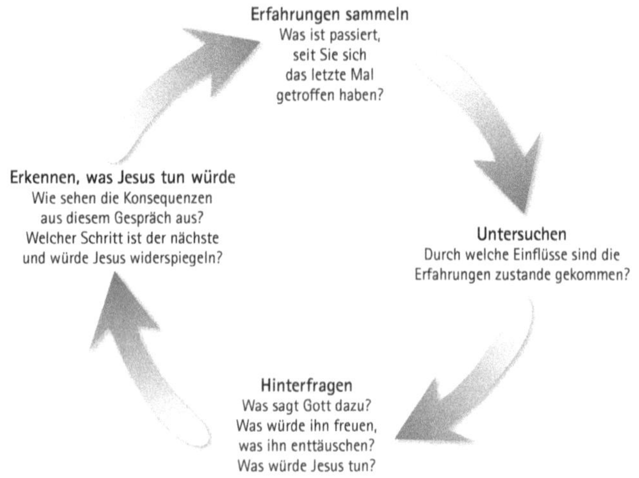

Der Blick nach vorne könnte anhand von Fragen zur strategischen Richtung geschehen, die sich am *Zuerst-dienen*-Modell orientieren. Sie könnten zum Beispiel (zum jeweils angemessenen Zeitpunkt) lauten:

- Welche Menschen gibt es, denen die beteiligten Christen zuhören sollten?
- Wie kann die Initiative den Menschen in ihrem Kontext in Liebe dienen?
- Wie können diese Menschen Gemeinschaft erfahren?
- Wie kann das Team Menschen dabei helfen, Jesus besser kennenzulernen?

- Welche Art von geistlichem Element passt zu denen, die sich auf den Weg gemacht haben?
- Wird den neuen Christen dabei geholfen, andere zu Jüngern Jesu zu machen?
- Wie kann Nachhaltigkeit gefördert werden? – Wäre es hilfreich, Leitung zu teilen?

Ideal wäre, wenn zwei Mitglieder jedes Experimentes an der Lerngemeinschaft teilnehmen würden. Die beiden können sich während des Treffens Ziele für den nächsten Zeitabschnitt setzen und beim nächsten Treffen erzählen, wie sie vorangekommen sind.

Wenn zwei Leute aus dem gleichen Projekt kommen, verhindert das auch, dass einer bei der Beschreibung der Erfolge übertreibt. Die jeweils andere Person kann dem Bericht dann zu dem nötigen Realismus verhelfen. Auch wenn die beiden ihrer Gemeinschaft die Ergebnisse aus dem Treffen zurückmelden, können sie sich gegenseitig ergänzen.

Rechenschaft ablegen

Das zweite Ziel einer solchen Lerngemeinschaft ist, sich gegenseitig Rechenschaft abzulegen. Geschieht dies in diesem Kontext des Lernens, hat man eher das Gefühl, dass man „die Sache zusammen macht", und nicht so sehr die Angst davor, einem strengen Chef berichten zu müssen.

Vielleicht ist es Ihnen ein berechtigtes Anliegen, dass diese Experimente dem Evangelium treu bleiben und kein schlechtes Licht auf die Kirche werfen. Solche Bedenken verhindern unter Umständen sogar, dass Sie ein entsprechendes Projekt in Angriff nehmen. Sie fragen sich: „Was passiert, wenn etwas schiefläuft? Können wir dieses Risiko auf uns nehmen?" Die beste Reaktion darauf ist, die Rechenschaftspflicht ernst zu nehmen.

Sie sollte gegenseitig bestehen. Nicht nur das Leitungsteam

des Experimentes sollte Ihnen als Pfarrer und durch Sie der Gemeinde gegenüber Rechenschaft ablegen, sondern Sie sollten auch umgekehrt dafür verantwortlich sein, der Gruppe die nötige Unterstützung zu geben. Z. B., indem Sie

- sich für die Experimente einsetzen;
- Ihrem Gemeindeleitungsteam, z. B. dem Kirchenvorstand, davon erzählen;
- mit der Kirchenleitung verhandeln, wo es nötig ist (siehe Kasten unten);
- den Experimenten helfen, die nötige fachliche Unterstützung zu bekommen – angefangen bei dem erfahrenen Wissen anderer, die ähnliche Wege beschritten haben, bis hin zu finanzieller und rechtlicher Beratung, zum Beispiel zum Thema Jugendschutz.

Welche Fragen könnte die Kirchenleitung oder ein Netzwerk bei einer größeren Fresh-X-Initiative stellen?

- Wie wird die Initiative geleitet und verwaltet?
- Wie wird die Leitung eingesetzt und für wie lange?
- Welche finanziellen Erwartungen und Erfordernisse gibt es (zum Beispiel Versicherungen)?
- Wie werden die nötigen Schutzmaßnahmen realisiert?
- Wie wird der Fortschritt überprüft?
- Wie ist die Initiative „geschützt", wenn die Leitung der Muttergemeinde wechselt (häufig ein Problem)?
- Wie werden die Sakramente gefeiert (in Kirchen, in denen nur ordinierte Pfarrer das Abendmahl feiern dürfen)?

Rechenschaft ablegen sollte sensibel geschehen, mit der Leitung der Fresh-X darf nicht ins Gericht gegangen werden. Besser sind vorsichtige Fragen wie: „Gibt es eine biblische Basis für den von euch vorgeschlagenen Ansatz?" „Wie kann man anderen in der Gemeinde die Entscheidung erklären, wenn sie fragen?" „Wo sind eventuell die Fallen?"

Vielleicht fangen Sie mit einer einzigen Regel an: Die Leitungsteams sind bei jedem Treffen der Lerngemeinschaft anwesend. Dann kann sich mit der Zeit und mit wachsender Erfahrung eine von allen für gut befundene Praxis entwickeln.

VentureFX

VentureFX ist ein Pionierkonzept der methodistischen Kirche in England zur Förderung der Gründung von Fresh-X-Gemeinden. Im Jahr 2012 waren in diesem Projekt vierzehn Pastoren als Pioneers beschäftigt. Sie sind in einer Lern- und Unterstützer-Peergroup miteinander vernetzt.

Die Gruppe trifft sich einmal im Monat. Zusätzlich setzt sich Ian Bell, der Koordinator von VentureFX, regelmäßig mit jedem der Pioneers einzeln zusammen. Diese Treffen zu zweit sind fast immer mit einer Mahlzeit verbunden, bei der über die Entwicklungen seit der letzten Zusammenkunft gesprochen und reflektiert wird, was davon gut und was weniger gut war.

Es geht nicht darum, den Pioneers zu sagen, was sie hätten tun oder lassen sollen. Es geht eher um eine Mentorenbeziehung, in der die zukünftigen Herausforderungen besprochen werden und man die unterschiedlichen Faktoren miteinander verknüpft.

Gemeinsam schaut man sich die Möglichkeiten an, die sich aufgetan haben, denkt über die eventuellen Auswirkungen nach und überlegt, wie das alles in das Gesamtbild passt. Ians Gedanke dabei ist eher der einer unterstützenden Supervision statt eines „Kontrollbesuches".

In einer Ortsgemeinde können die „Supervisionstreffen" im Rahmen der Lerngemeinschaft stattfinden. Einzeltreffen können bei Bedarf dazukommen.

Seien Sie realistisch

Die Tatsache, Rechenschaft ablegen zu müssen, wird den Experimenten dabei helfen, in der Spur zu bleiben. Einen narrensicheren Weg, um Missgeschicke und Fehler zu vermeiden, gibt es nicht. Sie brauchen sich nur die Schwierigkeiten des Paulus mit der Gemeinde in Korinth anzuschauen!

Wenn Sie etwas Neues ausprobieren, dann *ist* das ein Risiko – deshalb ist es auch so wichtig zusammenzuarbeiten. Die Lerngemeinschaft kann ein Ort sein, an dem man über Probleme reden und im Gebet gemeinsam nach Lösungen suchen kann. So müssen nicht die Pfarrer oder Pastoren allein das Risiko tragen.

Weitere Unterstützung suchen

Wir haben bereits über *fruchtbare Gespräche*, *Experimente*, *Rahmenbedingungen* und *gemeinsames Lernen* nachgedacht. Ihnen liegt darüber hinaus sicherlich ebenfalls am Herzen, der Gemeinde Mut zu machen zu einer positiven Einstellung gegenüber diesem Missionsmodell. Sie beten dafür, dass andere die Vision aufgreifen – vielleicht wird Ihr Experiment zum Türöffner für weitere Initiativen.

Den Boden bearbeiten

Sobald Sie anfangen zu experimentieren, sollten Sie, um Offenheit für das Neue zu schaffen, in der Gemeinde ein Gefühl der Ratlosigkeit fördern. Denn Veränderung entsteht immer aus Ratlosigkeit. Wenn Menschen verwirrt sind und versuchen, Antworten zu finden, sind sie offen für etwas Neues. Auch die Gleichnisse Jesu funktionieren so. Sie erzeugen Ratlosigkeit („Was soll das heißen?“), die dann den Weg dafür ebnet, die Dinge aus einem anderen Blickwinkel zu betrachten.

Der beste Weg dorthin geht über Fragen. Wenn Sie feststellen, dass Gemeindeglieder beginnen, eine gewisse Selbstzufriedenheit an den Tag zu legen, könnten Sie fragen: „Der größte Teil der Gemeinde ist nicht mehr jung. Wer wird übrig bleiben, wenn wir einmal gestorben sind?" Oder: „Unsere Gemeinde wächst und ist offensichtlich erfolgreich. Aber wen haben wir nicht erreicht? Liegt das daran, dass wir selbstgefällig sind?"

Sie könnten auch zählen, wie viele Gemeindeglieder in den letzten Jahren dazugekommen, wie viele gegangen sind. Wenn ein allgemeiner Rückgang zu verzeichnen ist, legen Sie diese Zahlen dem Gemeindeleitungsteam vor und bitten um Meinungen dazu.

Wenn Ihre Gemeinde wächst, machen Sie eine Liste derer, die dazu gekommenen sind. Wie viele von ihnen sind aus einer anderen Gemeinde zu Ihnen gewechselt? Wie viele sind zugezogen und gehörten vorher bereits einer christlichen Gemeinde an? Wie viele waren früher einmal Kirchgänger? Und wie viele haben tatsächlich keinerlei kirchlichen Hintergrund? Auch diese Zahlen können Sie dem Team vorlegen und fragen, ob es damit zufrieden ist.

Wenn der Zuwachs hauptsächlich aus den ersten drei Kategorien besteht und der Gottesdienstbesuch in der Region allgemein zurückgeht, fragen Sie, was passiert, wenn diese einseitige Entwicklung sich fortsetzt. Wie lange kann Ihre Gemeinde noch expandieren, wenn sie nicht auch Menschen anspricht, die bisher wenig Berührungspunkte mit dem Christentum haben? Würde Jesus sich zufriedengeben, wenn er nur einige wenige von den Kirchenfernen erreichen würde?

Sie könnten auch ein paar Leute einladen, die nicht zur Gemeinde gehören und die Ihren Kollegen ehrlich erzählen können, welches Bild sie von der Gemeinde haben.

Sind all diese Realitäten einmal aufgedeckt, reicht unter Umständen die offene Frage „Wie geht es euch damit?", um zu erreichen, dass die eigene Besorgnis und Ratlosigkeit zum Ausdruck gebracht wird. Geben Kollegen und Gemeindemitglieder zu, dass sie beunruhigt sind, aber keine Lösung wissen, öffnet Ihnen das die Tür: Sie können fragen, ob sie bereit wären, neue Wege zu beschreiten.

Hoffnung – das Gegengewicht zur Ratlosigkeit

Eine Methodistengemeinde in Norfolk stand kurz vor ihrer Auflösung. Der neue Pastor rief die ca. ein Dutzend Gemeindeglieder zusammen – die meisten von ihnen waren Senioren – und las mit ihnen die Beschreibung der frühen Kirche in Apostelgeschichte 2,42-47. Dann wurde darüber diskutiert, inwieweit die eigenen Gemeindeerfahrungen mit denen des Bibeltextes übereinstimmten.

Die Diskussion war vom Pastor geschickt eingeleitet worden und die Teilnehmer kannten sich untereinander. Deshalb fühlten sie sich sicher und formulierten ihre Enttäuschung über die Gemeinde – zum Beispiel die langweiligen Predigten.

Der Pastor machte ihnen Mut darüber nachzudenken, wie Gemeinde auch sein könnte. Manche hatten schon von Café-Kirchen gehört. Sie beschlossen, ihren Sonntagsgottesdienst im Café-Stil zu feiern: an Tischen sitzend und gesprächsorientiert. Innerhalb der nächsten Monate verdoppelte sich die Zahl der Besucher.

Die Gemeindeglieder waren ratlos – ihnen war klar, dass Gemeinde für sie und ihre Freunde so nicht mehr funktionierte. Der Pastor brachte sie dazu, diese Gefühle offen zum Ausdruck zu bringen. Die Geschichte ist deshalb hier nicht zu Ende, weil die Gemeindeglieder mit ihrer Hoffnungslosigkeit nicht allein gelassen wurden. Stattdessen bekamen sie einen möglichen Lösungsweg gezeigt und probierten ihn aus.

Das Aufdecken der Ratlosigkeit sollte also einhergehen mit dem Angebot möglicher Lösungen. Erzählen Sie Geschichten davon, was andere getan haben. Zeigen Sie einige der bereits genannten DVDs oder YouTube-Clips. Sprechen Sie von den Experimenten, die Sie fördern. Bringen Sie die Herausforderung und die Hoffnung ein in Ihre Gespräche, Ihre Komitees, Ihre Abkündigungen im Sonntagsgottesdienst und Ihre Rundmails. Und wenn die Experimente Früchte zu tragen beginnen, dann laden Sie ein paar der Beteiligten ein und lassen sie von ihren Erfahrungen erzählen.

Übertreibungen helfen allerdings nicht! Ein Pfarrer, der in diese Falle tappte, kann dies bestätigen. Seine übertriebene Berichterstattung unterminierte die Glaubwürdigkeit seiner Geschichten und sein Nachfolger reduzierte die Unterstützung für die Zeugnisgemeinschaften, die er angestoßen hatte. Erzählen Sie also aufrichtig auch von Enttäuschungen und Fehlern. Erinnern Sie daran, dass Experimente nicht immer „funktionieren". Man lernt durch Versuch und *Irrtum.* Wichtig ist, was man lernt. Die Gemeinde wird die Aufrichtigkeit zu schätzen wissen und Ihnen mehr Vertrauen entgegenbringen.

Immer wieder und immer wieder

Wiederholung ist ein nicht zu unterschätzender Faktor. Sie als Gemeindeleitung haben die Gemeinde ständig im Fokus. Für andere sind viele andere Dinge wichtig, über die sie nachdenken müssen.

Hören Sie also nicht auf, über die Herausforderungen zu sprechen, vor denen Ihre Gemeinde steht – der drohende Rückgang oder die Realität hinter dem vermeintlichen Wachstum. Wenn Sie all dies nur einmal erwähnen, wird es vergessen. Sie müssen es also immer wieder einbringen, genauso wie die möglichen Lösungen.

Nutzen Sie jede Möglichkeit, um die Dinge anzusprechen. Erklären Sie immer wieder, warum die Kirche nicht so weitermachen kann wie bisher. Hören Sie nicht auf, die Alternativen zu beschreiben. Und machen Sie damit auch dann weiter, wenn einige Experimente gestartet sind und Sie darauf warten, wohin sie führen.

Die Pfarrerin einer Gemeinde beschloss zum Beispiel, alle paar Monate einen auswärtigen Prediger einzuladen, der Erfahrung hatte mit Zeugnisgemeinschaften. So wurde die Gemeinde regelmäßig mit diesem Thema konfrontiert, aber nicht immer von ihr. (Außerdem hatte sie eine Predigt weniger zu schreiben – auch ein Weg, um den Terminkalender zu entlasten.)

Das Neue einbetten

Am Ende einer meiner Vorträge zum Thema Zeugnisgemeinschaften erzählte eine Frau in der ersten Reihe: „In meiner Gemeinde ist vor einigen Jahren eine solche Gemeinschaft entstanden. Das hat für uns als Gemeinde große Auswirkungen gehabt."

Wenn die ersten Experimente Erfolg zeigen, wird die ganze Gemeinde dies spüren. Vielleicht sind die Auswirkungen nur klein – so lud ein Pfarrer alle vor Kurzem zum Glauben Gekommenen ein, sich im Gründonnerstagsgottesdienst der Muttergemeinde die Füße waschen zu lassen.

Es kommt aber auch vor, dass die ganze Gemeinde sich wandelt, wie es in der Gemeinde St. George im englischen Deal geschehen ist. Um Kontakt zu Menschen zu bekommen, die niemals eine Kirche betreten würden, startete St. George 2002 das, was wir heute „missionale Gemeinschaften" nennen. Ihre Größe variiert zwischen fünfzehn und sechzig Mitgliedern.

Jede der Gemeinschaften dient einer spezifischen Gruppe von Menschen und hat ein ganz eigenes geistliches Leben. Damit genug Zeit sowohl für die missionarische Arbeit als auch für geistliches Leben bleibt, kommen die Mitglieder nicht jeden Sonntag in den Gemeindegottesdienst, sondern nur ab und zu. Die Gemeinde hat vierzig neue missionale Mitarbeiter ausgebildet, die in den Gemeinschaften aktiv sind.

> *„Leute, die vorher nur in der Kirchenbank gesessen haben – ganz nach dem Prinzip ‚Anbieter und Kunde' – machen inzwischen alles Mögliche, von dem sie niemals gedacht hatten, dass sie es tun könnten. Als sie losgingen, um die neue Aufgabe und Verantwortung zu übernehmen, entdeckten sie, wie sehr sie Gott brauchen. Das hat sie wachsen lassen – geistlich und in der Nachfolge."*[166]

Mitarbeiter auswählen

Wenn Sie Ihre Experimente fest im Gemeindeleben verankern möchten und wenn andere Gemeindeglieder ermutigt werden sollen, dem Beispiel zu folgen, dann müssen eine Reihe von Fragen offen angesprochen werden. Eine davon ist, wie man geeignete Leitungspersönlichkeiten findet. Zunächst mag es reichen, dies „auf gut Glück" zu tun. Aber die Gemeinde wird zu Recht erwarten, dass Sie für zukünftige Ernennungen Kriterien entwickeln.

Folgende Denkanstöße könnten bei der Entwicklung der Kriterien helfen. Leiter sollten

- *geistlich verwurzelt sein.* Sie sollten treu ihren Weg mit Jesus gehen und sich ihrer Ortsgemeinde verpflichtet fühlen, wenn sie in deren Namen etwas tun.
- *Menschen um sich versammeln können.* Sie sollten in der Lage sein, ein (kleines) Team aufzubauen und dabei helfen, die Menschen anzuziehen, denen das Team dienen möchte.
- *andere einschätzen und fördern können.* Sie sollten sich ihrer eigenen Grenzen bewusst sein. Sie sollten in der Lage sein, andere mit ergänzenden Gaben in die Arbeit einzubeziehen. Und sie sollten den Menschen Freiraum lassen, damit sie ihre Gaben einsetzen können.
- *die jeweilige Kultur kennen.* Sie sollten im Kontext zu Hause sein, weil sie bereits dort leben, einen ähnlichen Kontext ken-

---

166 www.freshexpressions.org.uk/stories/stgeorges (Zugriff am 14. Juni 2013).

nen oder eine Begabung für kulturübergreifende Mission haben. Nehmen Sie aufmerksam wahr, wer die Berufung Gottes spürt, einer bestimmten demografischen Gruppe eine Zeit lang zu dienen.

Raum schaffen

Vielleicht können Sie den Aufschrei förmlich hören: „Wie, wir sollen etwas Neues beginnen? Wir finden ja nicht einmal genügend Ehrenamtliche für die Arbeit, die schon läuft!"

Jesus hat davon gesprochen, dass man Rebstöcke beschneiden muss. Durch Zurückschneiden wird geistliches Wachstum gefördert (Johannes 15,2). Ebenso müssen in dem Maße, wie die Unterstützung für die Zeugnisgemeinschaften wächst, andere Aktivitäten zurückgeschraubt werden.

Vielleicht muss Ihre Gemeinde von Ihnen dazu ermutigt werden, eine Denkweise zu entwickeln, die andere freigibt: Wenn jemand in der Gemeinde sich berufen fühlt, eine Zeugnisgemeinschaft ins Leben zu rufen, und er hat bereits eine Aufgabe, dann sollte er die alte Aufgabe abgeben können, ganz gleich, ob jemand übernehmen kann oder nicht.

Das ist ein hoher Anspruch! Sie könnten die Gemeinde zu einem Gedankenspiel einladen: Was würde passieren, wenn die Person aus familiären oder beruflichen Gründen wegziehen müsste? Auch dann müsste das Gemeindeleben weiter funktionieren. Kann die Gemeinde hier eine Parallele sehen? Natürlich wird die Person die Gemeinde nicht ganz verlassen – und man weiß nie, inwieweit ihre Gemeinschaft das Gemeindeleben in Zukunft bereichert.

> *Eine Gruppe, die sich nach Abschluss des Alphakurses weiter traf, schien ein wenig aus dem Dunstkreis der Muttergemeinde zu verschwinden, was diese sehr traurig machte. Dann kam aus heiterem Himmel das Angebot, die Gemeinde finanziell zu unterstützen. Welch eine Freude für den Finanzkirchmeister!*

Trifft ein solcher Fall also ein – eine Person mit Verantwortung in der Gemeinde fühlt sich berufen zur Gründung einer Zeugnisgemeinschaft –, dann fällt das leichter, wenn Sie so tun, als würde er wegziehen. Es könnte eine Investition in die Zukunft der Gemeinde sein.

Natürlich muss auch die Muttergemeinde darauf achten, dass sie weiter funktionsfähig bleibt. Das erfordert unter Umständen ein wenig Kreativität.

- Eine Gemeinde könnte zum Beispiel bestimmte Dienste in die Hände einer anderen Gemeinde im Umkreis legen. („Wir finden niemanden, der den Jugendtreff am Donnerstagabend leitet. Können wir uns zusammentun?")
- Das Gleiche könnte man mit einer gleichgesinnten Gemeinde einer anderen Konfession tun.
- Kann die Aufgabe auch von jemandem übernommen werden, der bereits in einer Zeugnisgemeinschaft engagiert ist?
- Wenn ein Arbeitsbereich aufgegeben werden muss, könnte die Gemeinde sich einfach auf die Freude über die anderen Bereiche konzentrieren – vielleicht besonders auf die Freude über die neue Zeugnisgemeinschaft?

Treu bleiben (im Glauben)

Eine weitere Sorge könnte sein, dass die neuen Gemeinschaften sich entfernen von den geistlichen Prioritäten der Gemeinde. Es wäre ein Verlust, wenn diese Prioritäten verwässert würden.

Der beste Weg, um dies zu verhindern, liegt in der sorgfältigen Auswahl der Leitung, in gegenseitiger Rechenschaftspflicht bei den Leitungstreffen und in geisterfüllter Schulung und ebensolchen Gottesdiensten, wenn die Gemeinde zusammenkommt.

Manche Gemeinden erwarten nicht mehr, dass die gläubigen Mitglieder einer „missionalen Gemeinschaft" jeden Sonntag zum Gemeindegottesdienst kommen. Um den Gemeinschaften genügend Zeit zur Entwicklung eigener Formen geistlichen Lebens und für ihre Mission zu geben, werden die Mitarbeiter nur noch ein oder zwei Mal im Monat zum Sonntagsgottesdienst gebeten.

Manchen in der Gemeindeleitung bereitet dies allerdings Sorge. Sie fürchten, dass es schwieriger wird, die geistliche DNA weiterzugeben, wenn die Betreffenden weniger Verkündigung des Wortes Gottes mitbekommen. Aber in der Praxis ist der Schritt oft gar nicht so groß. Häufig haben diese Gemeindeglieder zwar Zeit für die Zeugnisgemeinschaften unter der Woche, müssen an den Wochenenden jedoch andere Verpflichtungen erfüllen. Dann ist es ohnehin einfacher, sich auf ein oder zwei Sonntage im Monat zu beschränken.

Außerdem kann der Pfarrer, wenn er das Gefühl hat, es sei wichtig, seine Predigten aufnehmen und den Zeugnisgemeinschaften zur Verfügung stellen, die dann bei ihrem nächsten Treffen darüber sprechen können. Das stärkt auch die Verbindung zum Zentrum der Gemeinde. Soziale Events oder andere Veranstaltungen für die gesamte Gemeinde unterstützen die Verbindung. Die geistlichen Werte der Gemeinde werden informell durch sich vertiefende Beziehungen von langjährigen Mitgliedern an die neuen Glaubenden weitergegeben.

Leitungswechsel

Der Wechsel von der ersten zur zweiten Leitungsgeneration ist in einer Zeugnisgemeinschaft häufig eine kritische Phase. Hier sollte besonders sorgfältig vorgegangen werden.

Das Church Army Sheffield Centre begleitet seit 1999 die Geschichten von siebenundfünfzig neuen christlichen Gemeinschaften in Großbritannien. Es hat herausgefunden, dass vierzehn von ihnen inzwischen nicht mehr existieren. In drei Viertel dieser Fälle wurde entweder der Gründer nicht ersetzt oder der Nachfolger war schlecht ausgewählt. Oder die Gemeinschaft war zu abhängig vom Gründer und hat dessen Weggang nicht überlebt.[167]

> *Ein positives Beispiel ist eine Pionierin, die einer christlichen Gemeinschaft in einer sozial schwachen Gegend zum Start verholfen hat. Sie war sich bewusst, dass der plötzliche Weggang der „Geburtshelferin" sehr schmerzhaft für die Gemeinschaft sein kann.*
>
> *Als ihr Weggang näherrückte, zog sie sich nach und nach zurück. Sie teilte sich mehr und mehr Aufgaben mit anderen aus dem Team. Nach ihrem Weggang blieb sie für ihren Nachfolger als Ansprechpartnerin weiter erreichbar, weil sie dem Beispiel eines ihrer Kollegen nicht folgen wollte. Dieser war ein Jahr früher gegangen und hatte seitdem jeglichen Kontakt vermieden. Sie hielt auch Kontakt zu den Mitgliedern der Gemeinschaft, die sich auf diese Weise nicht im Stich gelassen fühlten.*

Ein ebensolches Problem kann der Weggang des Pfarrers oder der Pfarrerin aus der Muttergemeinde sein. Es ist schon häufig vorgekommen, dass der neue Pfarrer seine Arbeit mit einer neuen Vision aufnahm, die neuen Gemeinschaften nicht mehr unterstützte und so in Kauf nahm, dass sie eingingen.

Sollten Sie sich als Pfarrer in einer solchen Situation befinden, ist es gut, diese Gefahr vor Ihrem Weggang mit Ihren Kollegen und auch mit der Kirchenleitung zu besprechen. Gemeinsam kann überlegt werden, wie man dieses Risiko verringert. Vielleicht kann die Unterstützung der Zeugnisgemeinschaften in die Stellenbeschreibung Ihres Nachfolgers aufgenommen werden.

---

[167] *TSC Research Bulletin,* Winter 2011/12, S. 2.

Von einer versammelten zur verstreuten Kirche

Ortsgemeinden brauchen Pastoren, die ihre Gemeinde mit Liebe im Veränderungsprozess begleiten. Im Kontext einer Ortsgemeinde können Zeugnisgemeinschaften entstehen durch:

- fruchtbare Gespräche;
- sorgfältig begleitete Experimente;
- gemeinsam beschlossene Rahmenbedingungen für die Experimente;
- gemeinsames Lernen, bei dem Leitende zur Rechenschaft angehalten werden;
- eine Kombination aus Ratlosigkeit und Hoffnung, die mehr Leute dazu bewegt, sich einzubringen;
- eine Einbindung des Neuen in das Gemeindeleben.

Es geht also im Kern einfach darum, immer wieder nachzufragen bei allen, die beteiligt sind. Das sind gute Nachrichten für alle, die eine Gemeinde leiten, aber eher zurückhaltend sind, wenn es darum geht, Veränderung zu initiieren. Sie müssen nicht die gesamte Verantwortung allein tragen, sondern können sie mit anderen teilen. Das gibt ihnen auch das Gefühl, besser in die Gemeinschaft der Gemeinde integriert zu sein.

> *Der bereits erwähnte Tim stellte fest, dass es sich auszahlte, Leitungsaufgaben aufzuteilen. Nach seinem Arbeitsantritt stellte die Gemeinde einen Pfarrer für Kinder- und Jugendarbeit ein, der eine lebendige Messy Church, eine kreative Gemeinde, gründete, die sich jeden Mittwochnachmittag traf. Es kamen rund einhundert Kinder, Mütter und Tagesmütter und eine Reihe von Vätern kam zum Abendessen dazu. Es gab zwei Taufgottesdienste mit mehreren Familien, die vorher auf die Taufe vorbereitet worden waren.*
>
> *Direkt im Anschluss an die Messy Church entstand Tiddliwinks, eine Mini-Kirche am Freitagmorgen für unter Fünfjäh-*

rige und ihre Betreuungspersonen. Wenn die Kinder in die Schule kommen, finden nicht wenige von ihnen den Weg in die Messy Church.

Eine neue Laien-Pionierin gründete Zone für ungefähr sechzig junge Menschen, die nicht in der Gemeinde beheimatet waren. Sie treffen sich jeden Freitagabend. Die Pionierin nahm einige der jungen Leute mit zu Soul Survivor, einer großen christlichen Konferenz, und arbeitet nun daran, wie Gemeinde in dieser Gruppe aussehen könnte.

Außer dem bereits beschriebenen Coffee in the Living Room (vgl. S. 130) gründete ein Ehepaar, das gerne wandert, die missionale Gemeinschaft Stepping Out („Hinaustreten"). Die christliche Kerngruppe, die die beiden um sich versammelt haben, lädt andere einmal im Monat zum Wandern ein. Dabei ergibt sich viel Gelegenheit zu Gesprächen, die nicht nur an der Oberfläche bleiben. Vielleicht führen auch diese monatlichen Wanderungen irgendwann zu einer tiefer gehenden Erfahrung von Kirche.

Ein Mittagessen für Senioren wird mit einigen Kirchenliedern, Gebeten und einem Denkanstoß beendet. Einmal im Monat will Outlook der Generation über fünfundfünfzig „neue Perspektiven für das Leben" geben – die meisten von ihnen haben nichts mit Kirche zu tun.

All dies passiert in einer ganz normalen Ortsgemeinde, die Mission neu entdeckt hat. Aus ehemals 200 bis 250 Menschen, mit denen die Gemeinde regelmäßig Kontakt hatte, sind inzwischen mehr als 500 geworden. Das Wachstum ist zurückzuführen auf immer wieder neue Initiativen, deren Herzstück kleine Gruppen von Christen sind, die Jesus aus dem Sonntagsgottesdienst hinaus in die Gesellschaft vor Ort tragen. Normale Gemeinde wird zu Gemeinde im normalen Leben.

Kapitel 9

Meine Kirche, mein Gemeindenetzwerk – welche Aufgaben haben sie?

Über großen Teilen der Kirche liegt heute der Schatten des Niedergangs. In Australien, Kanada, Teilen der Vereinigten Staaten und auch in anderen Ländern der Welt beobachten die Kirchen eine Überalterung ihrer Mitglieder. Die Generation der Zwanzig- bis Dreißigjährigen ist kaum vertreten.

Setzt man diesem Trend nicht etwas entgegen, wird in Europa zwischen 2015 und 2030 der Gottesdienstbesuch einbrechen. Denn wenn die Generation der Baby-Boomer einmal ausgestorben ist, werden die Kirchenbänke weitgehend leer bleiben. In manchen Regionen hat sich das kirchliche Leben bereits weitgehend aufgelöst. Andere Teile der nördlichen Hemisphäre sind in derselben Entwicklung nur ein oder zwei Generationen später dran. Die Zukunft sieht vielfach düster aus.

Aber die Zeugnisgemeinschaften, die wie Pilze aus dem Boden schießen, beginnen eine andere Story zu erzählen. Der Verfall ist vielleicht doch nicht unvermeidlich. Ist hier ein neuer Frühling spürbar? Gibt es Grund zur Hoffnung?

Gehören Sie einer Kirchenleitung oder der Leitung eines Gemeindenetzwerkes an, vielleicht auch als Laie? Wie können Sie und andere Mitarbeitende dann einen Beitrag zu dieser Story leisten und eine Flamme der Hoffnung entfachen? Wie können Sie, vom Gebet getragen, den Zeugnisgemeinschaften das Gefühl geben, willkommen zu sein, und ihnen die nötige Unterstützung zukommen lassen?

Neue, missionale Kreativität

Lassen Sie uns beginnen mit der Frage, welche Story in Ihrer Kirche oder in Ihrem Gemeindenetzwerk die dominierende ist – die Story vom Niedergang oder die der Hoffnung?

Gefangen in Gedanken des Rückgangs (des Gottesdienstbesuches, der Anzahl der Geistlichen, der Finanzen) ist die Stimmung häufig schlecht. Die Geistlichen scheinen angesichts der allmählich verschwindenden Kirche eine Haltung der passiven Resignation einzunehmen.

Oft beschäftigt man sich in den Kirchen mehr mit der Verwaltung des Niedergangs als damit, ihn in sein Gegenteil umzukehren. Die sinkenden Finanz- und Managementressourcen werden gleichmäßig dünn über die existierenden Gemeinden verteilt. Die steigenden Ansprüche einer komplexen Welt – von der Bestandswahrung bis hin zum Personal – machen es enorm zeitaufwendig, den „Laden am Laufen zu halten". Da bleibt in den Kirchen wenig Energie übrig, um das Ruder herumzureißen.

Es wird als Risiko betrachtet, alternden Gemeinden Ressourcen zu entziehen, um sie für das Wachstum neuer Initiativen einzusetzen. Skeptiker wollen wissen, was passiert, wenn das Neue keinen Erfolg hat. „Wird dann die Kirche als Ganze geschwächt sein?" Institutionen versuchen instinktiv, für ihre Selbsterhaltung zu sorgen. Geld auszugeben für ein neues Projekt bedeutet, es dort einzusetzen, wo bisher noch nichts existiert. Es würde also niemand das Geld vermissen, wenn es nicht dafür ausgegeben würde. Wenn man es jedoch einem bereits laufenden Angebot entziehen würde, würde dies einen ängstlichen Aufschrei provozieren.

Trotz aller Lippenbekenntnisse, dass man auf Wachstum hinarbeitet, besteht die faktische Arbeit darin, mit den schwindenden Mitgliederzahlen umzugehen. Man schließt Kirchen, legt Gemeinden zusammen und lernt, mit weniger Geistlichen auszukommen. Die Story des Niedergangs hat tiefe Wurzeln geschlagen.

Missionale Kreativität

Diese Sicht der Dinge infrage zu stellen ist Zeichen für eine neue, missionale Kreativität.[168] Kirchgänger fangen an, von neuen Formen christlicher Gemeinschaft zu träumen, die im täglichen Leben verankert sind. In den Wohnvierteln und Netzwerken, in denen die Kirche immer weniger zu finden ist, beginnen sie, sich Initiativen vorzustellen, die für die einzelnen Menschen im Umfeld da sind, die lebendige Gemeinschaften bilden, Menschen zu Jesus bringen und lebensverändernde Erfahrungen von Kirche vermitteln.

Diese neue Kreativität birgt in sich die Bereitschaft, etwas Neues ins Leben zu rufen, das von Anfang an die Welt und die Sicht der Menschen auf die Welt verändert. Als Alternative zu sich leerenden Kirchen und dem dahinschwindenden Einfluss des christlichen Glaubens beschwört sie eine neue Zukunft herauf. Sie öffnet den Horizont für die aktive Gegenwart des christlichen Glaubens in jedem Fragment der Gesellschaft. Sie fördert das gemeinsame christliche Zeugnis Seite an Seite mit dem persönlichen Glaubenszeugnis, das mitten im Leben stattfindet.

Diese Kreativität hat begonnen, einige der großen Kirchen nachhaltig zu verändern.

Der Klang der Veränderung

In der Zeit um 1990 begann die Heilsarmee in England, sich einer schonungslosen Selbstanalyse zu unterziehen. Die Untersuchungen zeigten, dass die Mitgliederzahlen so sehr zurückgingen, dass die Kirche ungefähr 2020 nicht mehr lebensfähig sein würde, wenn es so weitergehen würde. Zwischen 2005 und 2006 warfen die leitenden Mitarbeiter erneut einen Blick auf die Zahlen und stellten fest, dass der Trend sich fortsetzte.

---

[168] Die Anregungen zu diesen Gedanken stammen aus: John Paul Lederach, *The Moral Imagination: The Art and Soul of Building Peace*, Oxford: OUP, 2005, bes. Kapitel 3 u. 4.

Zwischen 2005 und 2010 hatte die Kirche begonnen, zuvor vernachlässigte Bereiche zurückzugewinnen. Statt allerdings einen Offizier oder ein Ehepaar in diese Gebiete zu schicken, hatten sie Teams von vier bis sechs Personen ausgesandt. Etwa zwanzig Gemeindepflanzungen und missionarische Einheiten waren so entstanden.

Dies war zwar ermutigend, aber zu personalaufwendig, um den Niedergang aufzuhalten. Deshalb beschloss die Heilsarmee 2010, sowohl Nicht-Offiziere als auch Offiziere zu ermutigen, sich auf die Suche nach neuen missionarischen Möglichkeiten und innovativen Wegen zu machen, wie man als Christen Gemeinschaft leben kann.

Das Leitungsteam veranstaltete eine Reihe von Strategie-Konferenzen, um ihre Ideen zu erklären und um Unterstützung zu werben. Ab 2012 wurden jährlich zwei Millionen Pfund, also fast drei Millionen Euro, in die Initiative gesteckt, eine erstaunlich große Summe für englische Verhältnisse und eine solch kleine Kirche. Sie erarbeiteten Maßnahmen zur Ernennung, Ausbildung und Finanzierung von Mitarbeitern, die solche neuen Projekte leiten konnten.

Auf der Basis dieser Entscheidung und der dazu führenden Gespräche waren bis 2013 achtzig neue Initiativen auf den Weg gebracht. Dazu gehörten ein Team, das in einem völlig neuen Wohngebiet eine Gemeinde der Heilsarmee aufbaute. Eine Gemeinde arbeitete mit erwachsenen behinderten Menschen. In einem Mehrgenerationen-Zentrum wurde ein Heilsarmee-Café gegründet.

Viele der Initiativen können als Zeugnisgemeinschaften oder Fresh-X-Gemeinde gelten: Sie arbeiten mit Menschen außerhalb der Kirche; sie tun dies auf eine Art und Weise, die zum Kontext passt; sie möchten Menschen in die Nachfolge Jesu bringen und sie ermöglichen es den Beteiligten dort, wo sie leben, Kirche zu erfahren.

Es ist zu früh zum Jubeln, aber Tatsache ist, dass eine neue missionarische Energie spürbar ist. Die Heilsarmee hat begon-

nen, Menschen in Bereichen zu dienen, aus denen sie sich zurückgezogen hatte. Neue Ausdruckformen christlicher Zuwendung und christlichen Zeugnisses sind an die Stelle der Angst vor dem Untergang getreten.

Die Rolle der Kirchenleitungen

Was können andere Kirchen und Gemeindenetzwerke tun, um dieser neuen missionalen Kreativität Schwung zu geben?

Sowohl in Teilen Englands als auch in Nordamerika, Australien und anderswo kann man die Entstehung eines neuen, frischen Missionsverständnisses beobachten. Dies wird begünstigt durch eine Kombination von Visionen auf lokaler Ebene und einer Atmosphäre, die von Zustimmung und Ermutigung geprägt ist. Zu dieser Erfahrung kommen die Erkenntnisse der Komplexitätstheorie die in Bezug auf Veränderungsprozesse in Organisationen zunehmend Bedeutung gewinnt. Was können wir lernen, wenn wir beides miteinander verbinden?

Zunächst einmal, dass die Kirchenleitung die Veränderung nicht *anordnen* muss, etwa indem sie eine Vision entwickelt und andere dazu motiviert, ihr zu folgen. Ein solches Konzept von Leitung ist in manchen christlichen Kreisen durchaus beliebt. Auf gesamtkirchlicher Ebene scheint es aber – bisher – für die Entwicklung von Zeugnisgemeinschaften nicht entscheidend gewesen zu sein. Die ersten Gemeinschaften dieser Art entstanden in den späten 1990er- und frühen 2000er-Jahren, lange bevor die meisten Kirchenleitungen überhaupt wussten, dass es so etwas gibt!

Mitte der 2000er-Jahre begann ihre Zahl immer schneller zu steigen, und auch das nicht, weil die Kirchenleitungen begeistert die Werbetrommel gerührt hätten. Nur sehr wenige kirchenleitende Persönlichkeiten haben das getan. Wesentlich wichtiger war wahrscheinlich – jedenfalls in England – die wohlwollende Haltung, die in immer mehr Kirchen zu spüren war.

Dies hat jedoch in einigen Fällen zu der Annahme geführt, dass eine solche positive Einstellung bereits ausreicht. Aber die sich beschleunigende Ausbreitung neuer Ausdrucksformen christlicher Gemeinschaften in England (und einigen anderen Ländern) hatte weitreichendere Gründe als lediglich eine Top-down-Zustimmung. Es gibt Mitglieder der kirchlichen Leitungsebenen, die innovative Formen von Gemeinde aktiv gefördert haben, indem sie Geschichten von gelungenen Beispielen erzählten, um andere zu ermutigen. Sie stellten Mitarbeiter als Katalysatoren der Veränderung ein und halfen der Kirche zu verstehen, was da passiert.

Bestärkt werden kann eine solche Kombination von Initiative vor Ort und Atmosphäre der Zustimmung durch vier Schritte: Man muss die neue *missionale Kreativität im Bewusstsein verankern*, Dinge *ausprobieren*, Ideen *Raum greifen lassen* und das Neue mit *Ressourcen* ausstatten.

Missionale Kreativität im Bewusstsein verankern („Socialize it")

Wandel formen ist nicht gleichbedeutend damit eine Vision, ein Wertestatement oder einen Strategieplan zu formulieren. All das muss sein, bleibt aber ohne Konsequenzen, wenn nicht darüber geredet wird. Statements und Pläne werden erst dann mit Leben gefüllt, wenn sie Thema von Gesprächen werden.

Denn Gespräche – in der persönlichen Begegnung, online oder im Kopf – sind das Lebenselixier einer jeden Organisation und Institution, das haben wir bereits im vorhergehenden Kapitel gesehen. Ohne Gespräche wären sie nur eine leere Hülle. Neue Ideen entstehen im Gespräch und auch die Umsetzung ist von ständigem Gespräch begleitet.

Das Problem ist, dass die Treffen von Ausschüssen und sonstigen offiziellen Gremien im Normalfall reine Routine sind und daher nichts bewegen. Die interessantesten Gespräche finden während der Unterbrechungen der formalen Geschäfte am Kaffeeautomaten statt. Leider finden diese informell geäußerten Gedanken häufig nicht den Weg in die offiziellen Sitzungen. Man verschwendet Energie, statt sie für den Wandel nutzbar zu machen.

Die Herausforderung für die Kirchenleitenden liegt also nicht darin, Strategiepläne zu entwerfen, auch wenn dies außerordentlich wertvoll sein kann. Ihre Aufgabe ist, fantasievolle Gespräche über Zeugnisgemeinschaften anzustoßen, in denen durch ehrlichen Austausch neue Ideen entstehen können. Hierdurch wird die Energie erzeugt, um diese Ideen voranzutreiben.

Wenn dies in den unzähligen Gesprächen geschehen soll, die in jeder Kirche geführt werden, dann müssen Leitungspersönlichkeiten ihren Einfluss nutzen: Sie müssen Menschen begeistern und sie dazu bringen, miteinander zu reden. Wie aber soll das geschehen?

Menschen einbeziehen

Wie wir alle wissen, beschäftigen sich Menschen eher mit einem Thema, wenn sie die Möglichkeit haben, selbst etwas beizutragen. Wenn Leitungspersönlichkeiten einen Plan vorstellen und ihn bereits bis ins letzte Detail vorgezeichnet haben, dann entsteht das Gefühl, selbst nicht viel anbieten zu können. Jeder möchte selbst den Stift in die Hand nehmen, um an dem Bild mitzumalen. Andererseits ist ohne hinreichende Anweisungen nicht klar, worum es eigentlich geht. Dann weiß man nicht, wie und wo man die eigene Markierung anbringen soll.

Die Leitung muss also einen Rahmen anbieten, in dem im Gespräch miteinander einfach mal „gesponnen" werden kann. Im Zentrum dieses Rahmens muss Klarheit herrschen, worüber genau die Menschen fantasievoll nachdenken sollen.

Einige aus unserem englischen Fresh-Expressions-Team – das gebildet wurde, um neue und verschiedene Formen gemeindlichen Lebens anzustoßen – würden heute sagen, dass dies zu unseren Fehlern der Anfangszeit gehörte: Wir haben nicht klar genug vermittelt, was genau „Fresh Expressions of Church" eigentlich sind. Als sich die Bezeichnung ausbreitete, war die Handhabung so locker, dass fast alles davon abgedeckt wurde. Eine Gemeinde ging so weit, ihren Schaukasten neu zu gestalten und als „Fresh Expression" zu bejubeln! Der Begriff wurde schwammig und verlor in einigen Kreisen seine Glaubwürdigkeit, weil die Leute nicht genau wussten, was er bedeutet.

Wenn Menschen intelligente Gespräche führen sollen, dann muss klar sein, worüber genau sie reden. Ganz gleich, welche Terminologie eine Kirche benutzt, um Zeugnisgemeinschaften zu benennen – „Fresh-X-Gemeinden", „missionale Gemeinschaften", „Gemeindepflanzungen" oder „neue, kontextuelle Gemeinden" –, die Definition muss einerseits eindeutig genug, andererseits aber offen genug sein, um in Gesprächen konkretisiert zu werden.

Vielleicht ist die in Kapitel 1 vorgestellte Definition von Fresh Expressions of Church dabei eine Hilfe. Eine Kirche oder ein Gemeindenetzwerk kann seine Mitglieder dazu ermutigen, über Gemeinschaften mit folgenden Merkmalen nachzudenken:

- *missional* – sie arbeiten weitgehend mit Menschen, die zu keiner Kirche gehören;
- *kontextuell* – sie passen zur der Kultur der Menschen, denen sie dienen;
- *lebensverändernd*[169] – sie machen Menschen zu Jüngern Jesu;
- *ekklesial* – sie möchten den Menschen, denen sie sich zuwenden, das Gefühl geben, dort Kirche zu sein, wo sie sind.

---

[169] Anm. d. Übers.: Der hier im Englischen verwendete Begriff „formational" umfasst sowohl Jüngerschaft als auch Bildung.

Ratlosigkeit und Hoffnung

Man kann Menschen auch dann begeistern, wenn man ihre Ratlosigkeit beim Namen nennt und dann ihren unterschwelligen Sorgen eine Hoffnung entgegensetzt.

Viele Gemeindemitglieder fühlen eine gewisse „Verlorenheit" – so als ob die Kirche völlig ratlos wäre angesichts der dramatischen Veränderungen, die die Gesellschaft überflutet haben. Die Kirche scheint sich von der Welt entfremdet zu haben und oft nicht in der Lage zu sein, diese zu erreichen oder auch nur ihre Sprache zu sprechen.

Es liegt in der Verantwortung der Leitung, diese Ratlosigkeit anzusprechen. Sie muss die Anzeichen für die Verlorenheit der Kirche beim Namen nennen – den Rückgang des Gottesdienstbesuches und die Unfähigkeit, besonders die jüngeren Altersgruppen zu erreichen. Sie muss den Menschen auch immer wieder das düstere Bild vor Augen halten, das auf die Kirche wartet, wenn sich der aktuelle Trend nicht umkehrt.

Über die eigene Ratlosigkeit zu sprechen bringt die Selbstzufriedenheit der Gemeindeglieder ins Wanken. So kann sich das Bewusstsein ausbreiten, dass die aktuelle Situation nicht gut ist und sich ändern muss. Diejenigen, die schon um die Notwendigkeit von Veränderung wissen, werden in ihrem Selbstvertrauen gestärkt und versuchen herauszufinden, wie diese Veränderung aussehen kann. Jeder spürt, dass es dringend ist.

Selbstzufriedenheit ist nie Auslöser für Aktion. Ratlosigkeit dagegen schon. Denn sie beinhaltet ein Unbehagen gegenüber dem Status quo. Erst wenn Menschen dieses Unbehagen spüren, suchen sie nach Alternativen. Viele der neuen christlichen Gemeinschaften sind entstanden aus einer Unzufriedenheit mit der bestehenden Kirche.

Die an die Christ Church in Toronto angebundene Messy Church ist nur ein Beispiel dafür. Einige Mitglieder der Gemeinde hatten erkannt, dass die Gemeinde für viele Eltern nicht die richtigen

> *Angebote hatte. Also starteten sie die Messy Church, ein monatliches Treffen mit Bastelangeboten für alle Altersgruppen, einer einfachen Form von geistlichem Angebot und einer gemeinsamen Mahlzeit. Inzwischen ist die Teilnehmerzahl von zwanzig auf sechzig gewachsen.*
>
> *Wer einen Blick hineinwirft in die Gemeinschaft, sieht Gemeindeglieder mit ihren Enkeln, die sonst nie in die Kirche gehen, und Eltern, die schon lange nicht mehr kommen, jetzt aber ihre Kinder begleiten.*
>
> *Die Gemeinschaft ist eine völlig andere Art von Gemeinde. Entstanden ist sie, weil einige Christen erkannt hatten, dass die bestehende Kirche nicht für jeden, der kommt, auf die richtige Art sorgen kann. Unzufriedenheit war der Auslöser dafür, etwas zu tun.*[170]

Dort, wo der Niedergang spürbar wird, muss die Leitung das kirchliche Äquivalent von „Hilfe! Feuer!“ schreien. Genau diese Dringlichkeit muss es haben, wenn sie darüber informiert, dass ein großer Teil der Ortsgemeinden keine Zukunft hat, wenn die Kirche einfach so weitermacht wie bisher. Und sie muss für alle die Frage in den Raum stellen: „Wir haben große Probleme, was können wir tun?“

Allerdings, und das wissen die meisten Leitungspersönlichkeiten, erstarren einige Leute in Panik, wenn sie den Ruf „Feuer!“ hören. Und wenn es keine Wegweiser zum Notausgang gibt, irren andere einfach ziellos herum. Es kann also kontraproduktiv sein, einfach nur die Alarmglocken zu läuten.

Deshalb muss neben der Ratlosigkeit eine Geschichte der Hoffnung stehen. Der Ruf „Feuer!“ muss begleitet sein von dem Hinweis, wo der Ausgang ist. Sie müssen erzählen von den Christen, die Gemeinschaften gründen, die liebevollen Dienst mit Evangelisation verbinden und dem Gefühl der „Verlorenheit“ entgegentreten, indem sie einen neuen Weg finden. Diese Hoff-

---

170 Diözese von Toronto, *A Missional Road Trip,* YouTube.

nungsgeschichten werden noch überzeugender, wenn sie in eine theologische Begründung eingebettet sind:

- Mission ist ein ewiger erster Schritt für Gott und sollte deshalb auch für die Kirche der erste Schritt sein.
- Genauso wie Gott „mission in community" (vgl. S. 19) ist, sollten Christen wo immer möglich sich zur Mission in Gemeinschaft zusammenfinden.
- Die Gemeinschaften sollten dem Beispiel Jesu und seiner Jünger folgen und im alltäglichen Leben sichtbar sein.
- Die Gemeinschaften sollten durch gemeinsames Handeln in liebevoller Zuwendung und durch Teilen des Evangeliums sichtbar werden, auch hier genauso wie Jesus und seine Jünger.

Wenn Leitung die Ratlosigkeit in Worte fasst, dann beschreibt sie eine Realität, die auch andere in der Kirche sehen. Wenn sie Geschichten der Hoffnung erzählt, dann verhindert sie, dass aus Ratlosigkeit Verzweiflung wird.

Ratlosigkeit und Hoffnung können Ausgangspunkt für eine neue missionale Kreativität sein. Sie können Menschen begeistern, weil Gespräche relevant und positiv werden. Die Menschen können die Probleme auf kreative Weise angehen.

Verschiedene Ideen

Die Begeisterung wird umso größer, wenn in den Gesprächen auf die verschiedenen Prioritäten der Gemeindeglieder eingegangen wird. Miteinander konkurrierende Pläne können auf die Leitung allerdings eine lähmende Wirkung haben, wenn sie versucht, sie alle aufzugreifen. Es ist alles andere als leicht, einen strategischen Fokus zu finden, wenn Ideen in völlig verschiedene Richtungen laufen. Lässt man jedoch der Kreativität Raum, kann man die verschiedenen Ideen begrüßen, sie bestätigen und ihnen dennoch neue Rahmenbedingungen geben.

Das Konzept von Zeugnisgemeinschaften könnte zum Beispiel für Menschen mit einer Leidenschaft für soziale Gerechtigkeit und Bewahrung der Schöpfung interessant sein. Zeugnisgemeinschaften können durchaus Träger und Initiatoren von Kampagnen sein. Wenn Menschen sich also treffen, um sich für eine bestimmte Sache einzusetzen, etwa die Bekämpfung der Schulden in den Entwicklungsländern, kann dieses Engagement bereichert werden durch die Ressourcen des christlichen Glaubens. Kampagnenbriefe und Petitionen zu schreiben kann so eine Form von Gebet werden, wie bereits in Kapitel 6 beschrieben (vgl. S. 109).

Christen, die sich sowieso schon für eine spezifische Gruppe von Menschen einsetzen, etwa für Gehörlose, können davon überzeugt werden, dass Zeugnisgemeinschaften hilfreiche zusätzliche Tools sind, um der eigenen Zielgruppe noch effektiver zu dienen. Kirchenmitgliedern, die sich für Diversität stark machen, kann das Konzept der Zeugnisgemeinschaften als eine Möglichkeit nahegebracht werden, Minderheiten in einer heterogeneren Kirche willkommen zu heißen.

Gläubige, die traditionellere Formen vorziehen, können durch das Konzept einer Mixed-economy-Kirche beruhigt werden. Im Reich Gottes ist Raum für beides: das Neue und das Herkömmliche. Das eine ist nicht besser als das andere, jedes hat seine eigenen Aufgaben und seine eigene Mission. Sie ergänzen sich gegenseitig und sollten sich auch gegenseitig wertschätzen und unterstützen.

Es ist hilfreich, die neue missionale Kreativität direkt im Kontext der mixed economy anzustoßen. Es darf nicht ausschließlich um die neuen Formen christlicher Gemeinschaft gehen. Auch das bereits Bestehende soll Bestätigung erfahren. Die Diözese Liverpool, Teil der Church of England, hat hierfür das Bild von Flüssen und Seen geprägt. Als Flüsse fließen die Fresh-X-Gemeinden in die Seen der bestehenden Gemeinden hinein und wieder hinaus und erneuern durch diesen Prozess das Wasser in den Seen.

Die Tradition verkörpern

Die Begeisterung wird dann groß sein, wenn die neue missionale Kreativität mit der Identität der betreffenden Kirche übereinstimmt – wenn sie „Teil von uns" ist. Sie muss als authentischer Ausdruck der Kirche akzeptiert sein.

Die methodistische Kirche zum Beispiel sieht in den neuen Formen, christliche Gemeinschaft zu sein, eine Neubearbeitung eines Kernthemas methodistischer Tradition: Die Struktur von Kirche soll auf Mission ausgerichtet sein und die Kirche soll auf neue Bedürfnisse oder Möglichkeiten auf pragmatische Weise reagieren können. Ihre ursprüngliche „Methode" bestand in der Entwicklung neuer Jüngerschaftsgruppen.

„Nicht ohne Selbstkritik und unter dem Hinweis auf die eigenen Ursprünge und auf die Schrift hält die methodistische Kirche deshalb an der Überzeugung fest, dass der Heilige Geist die Kirche leitet, wenn sie ihre Strukturen neuen Situationen und Herausforderungen anpasst. Diese Flexibilität ist an sich schon ein wichtiges Prinzip und sie hat ihre Wurzeln in der Schrift, der Theologie und der Erfahrung."[171]

Die anglikanische Kirche verknüpft Fresh Expressions of Church mit der historischen Rolle der Ortsgemeinde, die gewährleisten sollte, dass die Kirche für jeden Teil der Bevölkerung erreichbar war. Seelsorger speziell für Gefängnisse, Schulen, Industrie und andere Kontexte sollten die Lücken des Ortsgemeindesystems füllen, als die Gesellschaft begann, sich zu verändern. Fresh-X-Gemeinden führen diese Logik einen Schritt weiter.

Als ich bei einem Vortrag beschrieb, wie christliche Gemeinschaften in jedem Bereich des täglichen Lebens entstehen, einschließlich des Arbeitsplatzes, reagierte ein Wissenschaftler aus

---

[171] Faith and Order, *The Missional Nature of the Circuit*, London: Methodist church, 2008, Paragraph 2.1 (eigene Übers.).

Oxford alarmiert: „Das ist ja regelrecht subversiv!“, meinte er. „Sie infiltrieren unser Leben, ohne dass wir es auch nur merken.“ Nach ein wenig Nachdenken fügte er allerdings hinzu: „Ich vermute, sie tun eigentlich nichts anderes als die Studentenpfarrer, die wir seit Jahrhunderten in Oxford haben ...“

Eine *klare, aber offene Definition*, die *Ratlosigkeit in Worte fasst und zusammenbringt mit Hoffnung*, die neue *missionale Kreativität* mit vorhandenen Ideen verknüpft und die alles mit in den *Rahmen der Identität der Kirche* oder des Gemeindenetzwerks stellt, macht Mut, darüber ins Gespräch zu kommen, wo die Kirche heute steht und wohin sie wachsen kann in der Zukunft Gottes.

Als Leitung sollten Sie in die Gespräche der Leute immer wieder die Frage einbringen, wie sie sich Mission vor Ort heute vorstellen. Sie sollten dies in Ihren persönlichen Gesprächen tun, sollten Gemeinden ermutigen, darüber zu diskutieren, sollten es auf die Tagesordnung Ihrer Gremiensitzungen setzen und es in Ihre öffentlichen Auftritte und Präsentationen einbauen. Wenn jeder über die neue Kreativität redet, werden diese Gedanken von der Gruppe verinnerlicht.

Ausprobieren („Try it“)

Gleichzeitig sollten Experimente gefördert werden, um die neue Art des Denkens über Mission zu inspirieren, zu testen und zu verfeinern. Geschichten auch von gerade erst gestarteten Experimenten können in Gespräche eingestreut werden. Diese Geschichten vermitteln, was es heißt, als Kirche oder Gemeindenetzwerk missional zu sein. Sie geben Hinweise darauf, was funktioniert und warum. Und sie können sowohl Quellen der Hoffnung sein als auch warnende Worte.

Wenn eine Kirche experimentiert, dann schneidet sie sich eine Scheibe von Gottes Handeln ab. Denn durch Experimente möchte Gott die Geschichte der Menschen weiterbringen. Die gesamte

Zivilisation ist das Produkt erfolgreicher Experimente – Häuser, die nicht zusammenstürzen, Autos, die fahren, und Regierungssysteme, die weniger enttäuschend sind als ihre Alternativen.

Experimentieren ist Teil des menschlichen Wesens. Zur zweiten Natur für Kirchen und Gemeindenetzwerke sollte deshalb das Ausprobieren werden: auszuprobieren und noch einmal auszuprobieren, wie christliche Gemeinschaft, die in das Leben verwoben ist, ihren Ausdruck finden kann.

Erlaubnis erteilen

Immer mehr Kirchenleitungen geben Laien und Geistlichen die Erlaubnis, mit neuen Formen von Gemeinschaft zu experimentieren. Der anglikanische Bischof von Toronto formuliert es so: „Ich gebe dir die Autoschlüssel. Fahren musst du!"

Das steht am Anfang und ist absolut wichtig. Die meisten Christen meinen, die bestehende Form von Kirche sei nicht zu verändern. Sie brauchen die Erlaubnis dafür, sich etwas Neues vorzustellen. Ohne Erlaubnis haben sie nicht genug Zuversicht, um einen anderen Ansatz auszuprobieren.

Aber eine Erlaubnis ist nicht alles, das gehört zu den Erfahrungen vieler Verantwortlicher. Es gibt wohl kaum Rektoren, die ihre Schule von Grund auf verändert haben, nur indem sie gutem Unterricht „ihren Segen" gegeben haben. Effektive Rektoren nehmen die Einführung einer guten Unterrichtspraxis in die Hand, sind Mentoren für die Lehrer und haben eine Vision. Ihr Leitungsstil ist initiativ und gibt gleichzeitig Freiraum, indem Dinge erlaubt werden. Das Gleiche gilt für Organisationen. „Du wirst nicht zur Führungspersönlichkeit, indem du alles genau überprüfst."

Eine Kultur von Versuch und Irrtum schaffen

Zur vorausschauenden Leitung gehört die Ermutigung, unter Gebet Experimente zu wagen. Die Leitung sollte damit das Ziel verfolgen,

- das Konzept zu bestätigen und nachzuweisen, dass Zeugnisgemeinschaften Früchte tragen;
- herauszufinden, was funktioniert und was nicht;
- anderen Selbstvertrauen zu geben („Ich kenne jemanden, der eine Café-Kirche gegründet hat"; „Sollen wir nicht etwas Neues ausprobieren?").

Eine Kultur von Versuch und Irrtum zu schaffen beinhaltet Verschiedenes. Erstens ist der Begriff „Experiment" besser als „Pilotprojekt". Wie im letzten Kapitel dargelegt, impliziert das Pilotprojekt eine wiederholte Anwendung. Das Experiment hat diese Implikation nicht, was den Prozess entschleunigt.

Dazu liegt der Akzent auf dem Lernprozess. Wesentlich für ein Experiment ist, dass man etwas lernt.

Zweitens muss die Leitung, um Experimentierfreude anzuregen, immer wieder eines klarmachen: Es ist erlaubt zu scheitern. Sie darf nicht müde werden zu erklären, dass ein missglücktes Experiment paradoxerweise nicht gleichzusetzen ist mit einem Scheitern. Wenn man dadurch etwas gelernt hat, ist es ein Erfolg.

Bei ihren Untersuchungen zur Frage, was erfolgreiche Unternehmer auszeichnet, fand die amerikanische Wissenschaftlerin Saras Sarasvathy heraus, dass Scheitern ein integraler Bestandteil erfolgreicher Wagnisse ist. Unternehmer sind gewillt zu scheitern. Sie überleben die Fehler, „indem sie sie schnell beheben und dadurch die Auswirkungen klein halten ... Erfolg und Scheitern des Unternehmers ist nicht gleichzusetzen mit Erfolg und Scheitern des Unternehmens".[172]

---

[172] Saras D. Sarasvathy, *Effectuation, Elements of Entrepreneurial Expertise*, Cheltenham: Edward Elgar, 2008, S. 17 (eigene Übers.).

Erfolgreiche Unternehmer sind wichtiger als erfolgreiche Unternehmen. Effektiv arbeitende Unternehmer lernen aus ihren Fehlern. Tatsächlich haben sie häufig nur deshalb Erfolg, weil sie Fehler gemacht haben. Das Scheitern hilft ihnen dabei, geschäftlich erfolgreich zu sein.

Henry Fords erstes Unternehmen, die Detroit Automobile Company, brach zusammen. Sein zweites, die Henry Ford Company, ebenfalls. Aber diese gescheiterten Projekte haben ihn die wertvolle Lektion gelehrt, wie wichtig die Preisgestaltung und hochwertige Produkte sind. Die Ford Motor Company, sein drittes Unternehmen, hat die Welt verändert.

Auch wenn Pionierarbeit in der Kirche nicht das Gleiche ist wie in einem Unternehmen, kann man daraus lernen. Die Aufmerksamkeit sollte nicht so sehr auf der Initiative liegen, sondern mehr auf den einzelnen Mitarbeitenden. Lernen sie aus den Fehlern? Werden sie als *Pioneers* besser?

Experimente sind in erster Linie dazu da, erfolgreiche Praktiker hervorzubringen, die fruchtbaren Initiativen sind das Nebenprodukt. Wenn man die Ordnung umdreht und immer nur auf erfolgreiche Initiativen abzielt, dann ist das so wie mit dem Streben nach Glück: Es wird durch das permanente Streben noch schwerer, das Ziel zu erreichen. Praktiker, die irgendwann hätten erfolgreich arbeiten können, werden entmutigt, geben auf und setzen nie in die Tat um, was sie aus ihren Fehlern gelernt haben. Und die fruchtbare Gemeinschaft, für die Sie gebetet haben, wird es nie geben. Jeder Einzelne sollte eingeladen werden, es immer und immer wieder zu versuchen. Die Leitung muss ihrerseits die Fehler mit Geduld tragen.

Eine anglikanische Diözese hat für die *Pioneers*, die sie unterstützt, Meilensteine mit Zeitangaben entwickelt. Dazu gibt es Fragen, um zu überprüfen, ob der Meilenstein erreicht ist. Grob zusammengefasst soll der *Pioneer* einer neuen Gemeinde ungefähr mit folgendem Zeitplan arbeiten:

- Die ersten sechs Monate den Kontext und die Netzwerkmöglichkeiten ausloten.

- Danach achtzehn Monate zu einigen dieser Netzwerke Kontakt aufnehmen und ein Kernteam bilden.
- Danach zwölf Monate eine christliche Gemeinschaft gründen.
- Danach zwei Jahre das Fundament für Nachhaltigkeit legen.

Natürlich ist es verständlich, dass eine Kirche die geistlichen Früchte ihrer finanziellen Investitionen sehen möchte. Aber eine zu große Fokussierung auf Ergebnisse und Zeitrahmen lässt wenig Raum dafür, dass *Pioneers* aus ihren Fehlern lernen. Sie werden dadurch unter Druck gesetzt, Fehler vermeiden zu müssen, weil sie sonst den nächsten Meilenstein nicht erreichen. So geht die Kirche das Risiko ein, *Pioneers* zu verlieren, weil sie entmutigt sind. Am Ende investiert sie womöglich stärker in das Projekt als in die Person und erreicht so eben nicht das Ziel, missionarische Initiativen zu ermutigen, sondern hat versäumt, die *Pioneers* auszubilden, von denen solche Initiativen abhängen. Wäre es nicht besser, Evaluationsfragen zu entwickeln, die nicht nach den Meilensteinen des Projekts, sondern nach den Lernschritten der *Pioneers* fragen?

Leitungspersonen dürfen nicht aufhören, den Wert des Scheiterns zu betonen. Damit geben sie den Leuten das Selbstvertrauen, es einfach zu versuchen. Es ist nicht nötig, sich zurückzuhalten aus Angst davor, das Experiment könnte nicht funktionieren. Sinn und Zweck des Experimentierens ist zu lernen und das Gelernte mit anderen zu teilen. Wahrscheinlich ist es nicht übertrieben zu behaupten, dass die Ergebnisse sich schon von selbst einstellen werden, wenn sich eine Kirche oder ein Gemeindenetzwerk auf den Lernprozess konzentriert statt auf Ergebnisse.

Experimente vernetzen

Ein Schlüsselelement ist festzuhalten, was man von erfolgreichen und weniger erfolgreichen Initiativen gelernt hat. Dies kann geschehen, indem man leitende Mitarbeitende in Lerngemeinschaften vernetzt. So können sie sich gegenseitig unterstützen und voneinander lernen. Jedes Mitglied wird gleichzeitig zum Lernenden und zum Lehrer.

Das könnte geschehen, indem zwei oder drei Mitarbeitende einer Initiative sich mehrere Male im Jahr mit den Teams anderer Initiativen treffen. Pro Initiative sollte mehr als eine Person teilnehmen, das ist wichtig. So können die Teammitglieder einander unterstützen, wenn sie nach ihrer Rückkehr Bericht erstatten, können gegenseitig darauf achten, dass sie korrekt von ihrem Projekt erzählen, und können die Kontinuität wahren. Wenn eine Person krank wird, fällt das Team nicht komplett aus.

Es geht darum, ehrliche Gespräche in einer Atmosphäre des Entdeckergeistes zu führen. Jedes der Treffen wird von Freunden und Kollegen der Teammitglieder im Gebet begleitet. Der Prozess nimmt das Team mit auf eine Reise, die sich an drei Fragen orientiert:

- *Was ist?* Wir fragen uns: Was haben wir getan, seit wir uns das letzte Mal getroffen haben? Auf welche Hindernisse sind wir gestoßen? Was haben wir erreicht? Was haben wir gelernt?
- *Was könnte sein?* Wir blicken mit Fantasie in die Zukunft. Wo liegen die Möglichkeiten? Kennen wir jemanden, der das Problem bereits hatte und den wir um Rat fragen können? Was würden wir beim Erreichen der uns selbst gesteckten Ziele geschaffen haben, womit hätten wir aufgehört?
- *Was wird sein?* Wir machen konkrete Pläne für die nächsten Monate.

Alle Fragen werden zunächst einmal mit dem eigenen Team bearbeitet. Die Ergebnisse werden der ganzen Gruppe vorgestellt. Dann werden Kundschafter in die ein oder zwei anderen Gruppen geschickt, deren Bericht die eigene Fantasie beflügelt hat. Von den Erfahrungen und Plänen der anderen zu wissen ermutigt die Teams dazu, auch zwischen den Treffen projektübergreifend Kontakt aufzunehmen.

Die Teams werden aufgefordert, darauf hinzuarbeiten, was sie als Antwort auf die drei Fragen formuliert haben. Dafür können Denkanstöße während des Treffens hilfreich sein.

Leitende Mitarbeiter von Experimenten in Lerngemeinschaften zusammenzufassen hat den Effekt,

- dass die Experimente voneinander lernen;
- dass die Kirche das Gelernte festhält und verbreitet;
- dass die Kirche Erfahrung mit Lerngemeinschaften sammelt, sodass die nächste Welle von Praktikern ebenfalls in ein Netzwerk von effektiven Lerngemeinschaften zusammengefasst werden kann.

Zeugnisgemeinschaften als Teil der Stellenbeschreibung

Viertens müssen die Mitarbeitenden einer Kirche Katalysatoren sein, um eine Kultur des Experimentierens zu schaffen. Sie müssen zu Experimenten ermutigen,

- indem sie Geschichten erzählen, um die Vorstellungskraft zu weiten und Zuversicht zu schaffen („Wir können das“);
- indem sie Visionstage anbieten, um Menschen zu begeistern und ihnen zu vermitteln, dass sie die Erlaubnis erteilt bekommen zu experimentieren;
- indem sie Wochenend- oder Abendkurse durchführen, um auf die Arbeit vorzubereiten;
- indem sie Möglichkeiten und Menschen zusammenbringen;
- indem sie persönliche Gespräche dazu nutzen, den Praktikern Selbstvertrauen zu geben;
- indem sie Anwälte von *Pioneers* und Zeugnisgemeinschaften sind, zu ihrem Fürsprecher werden und den anderen in der Kirche erklären, was sie tun und warum sie es tun.

Sobald die Unterstützung für eine Kultur des Experimentierens wächst, sollte eine Kirche auch in ihren Stellenbeschreibungen zum Katalysator werden. Wenn also zum Beispiel die Stelle eines Referenten für die Jugendarbeit neu zu besetzen ist, könnte man in die Stellenbeschreibung den Satz aufnehmen: „Wir wünschen uns von Ihnen, dass Sie Experimente fördern, durch die christliche Gemeinschaften unter Teenagern ohne kirchlichen Hintergrund entstehen können."

Wenn das Stichwort „Zeugnisgemeinschaften auf den Weg bringen" Teil einer jeden Stellenbeschreibung für eine vakante Stelle wird, würde dies die Kirche oder das Gemeindenetzwerk von Grund auf verändern. Es würde zu den grundsätzlichen Aufgaben der Mitarbeitenden gehören, potenzielle Praktiker zu finden, nach Gemeinden zu suchen, die sich bereit erklären mitzumachen, und Begleitung, Ausbildung, Fürsprache und andere Unterstützung anzubieten.

Wenn jemand aus der Kirchenleitung sagt, dass Fresh Expressions of Church (oder Gemeindepflanzungen oder wie immer Sie es nennen) zu den Prioritäten der Kirche gehören, muss das in die Stellenbeschreibungen. Geschieht dies nicht, dann ist die Frage berechtigt, ob es der Kirche wirklich ernst ist. Stellenbeschreibungen sind das Mittel, um Prioritäten zu Taten werden zu lassen.

Die Denkweise der Pioneers verstehen

Der letzte und vermutlich wichtigste Punkt ist folgender: Die Kirchenleitung muss sich bewusst machen, dass zu den Erfolgsgeheimnissen des Pionierprozesses die Tatsache gehört, dass *Pioneers* von Zeugnisgemeinschaften eine andere Denkweise haben.

Diese Denkweise ist anders als die von Organisationen und Institutionen. Dort beginnt der Denkprozess mit einem festen, definierten Ziel und arbeitet sich dann rückwärts zu den Schritten und Meilensteinen vor, die nötig sind, um das Ziel zu erreichen. Ist eine Organisation oder Institution einmal aufgebaut, ist dies eine angemessene Vorgehensweise.

Untersuchungen haben ergeben, dass *Pioneers* sich nicht mit einem klaren Ziel im Auge auf den Weg machen, denn sie wissen nicht genug, um das Ziel zu definieren.[173] Die Ergebnisse ihrer Entscheidungen sind unvorhersehbar, eine Veränderung im Umfeld kann sie vom Kurs abbringen („Die Geschäftsführerin hatte gesagt, wir können das Café nutzen, aber sie ist nicht mehr da.") und sie wissen nicht, welche Aspekte Aufmerksamkeit erfordern und welche zu ignorieren sind.

Pioneers sind also ausgesprochen pragmatisch. Sie starten mit dem, was sie haben: wer sie sind, was sie wissen und wen sie kennen. Dann geht es weiter mit Versuch und Irrtum. Sie haben eine Idee davon, was sie erreichen wollen, aber die ist normalerweise eher vage und wird erst klarer, wenn die Pioneers mit anderen zusammenarbeiten, verschiedene Möglichkeiten ausprobieren und den Kurs verändern.

Wenn sie von einem Modell inspiriert sind (zum Beispiel einer Café-Kirche, von der sie gehört haben), verändern sie es, indem sie mit anderen zusammenarbeiten und auf den Kontext hören. Das Ergebnis schließlich kann ganz anders aussehen als das, was sie ursprünglich geplant hatten.

Das folgende Kapitel führt dies weiter aus, aber die Implikation für Mitarbeitende der Kirchenleitungen ist klar: Sie müssen die Denkweise von *Pioneers* verstehen. Tun sie es nicht, dann wird es schwierig, zum Experimentieren anzuregen.

Raum greifen lassen („Amplify it")

Komplexitätstheoretiker beschreiben, wie stabile Organisationen und Institutionen Innovation im Keim ersticken. Um Neuerungen zu vermeiden, werden verschiedene Strategien und Argumente

[173] Saras Sarasvathy, *Effectuation: Elements of Entrepreneurial Expertise*, Cheltenham: Edward Elgar, 2008. Wie im folgenden Kapitel dargelegt, beziehen sich die Untersuchungen auf Pioniere in der Wirtschaft, aber unter den Pionieren im kirchlichen Bereich findet man die gleiche Denkweise.

genutzt: „Wir bilden einen Ausschuss“, „Wir dürfen unseren Ruf nicht gefährden“ oder „Wir haben dafür keine Ressourcen“. Maßgebliche Veränderung wird nur dort möglich, wo nicht zu viel Stabilität herrscht. Instabilität deutet darauf hin, dass Offenheit für Neues da ist. Nicht Stabilität, sondern Flexibilität schafft Raum für Erneuerung.

Damit eine Organisation oder Institution offen wird für einen Veränderungsprozess, müssen kleine Innovationen Raum greifen können. Je mehr sich diese Innovationen ausbreiten, desto stärker ist der Impuls und desto wahrscheinlicher ist es, dass Widerstände überwunden werden.

Dies geschieht durch Resonanz. Die Auswirkungen kleiner Veränderungen erzeugen einen Widerhall im Unternehmen und beeinflussen weitere Aktivitäten. Positive Resonanz schafft einen Kreislauf der Selbstbestätigung. Eine Veränderung erhöht die Wahrscheinlichkeit auf weitere, die ähnlich aussehen.

Neuigkeiten verbreiten

Wenn eine Gemeindeleitung Zeugnisgemeinschaften anregt, erlebt sie wahrscheinlich, dass Veränderung sich aus zweierlei Quellen speist: aus Gesprächen über missionale Kreativität und aus Experimenten in den neuen Formen christlicher Gemeinschaft.

Die Früchte aus diesen beiden Elementen können sich verbreiten, indem man von ihnen erzählt. Erkenntnisse aus einer Veranstaltung über kreative Formen von Mission können zum Beispiel durch Gespräche, Blogs, Tweets, YouTube-Clips und vieles andere weitergegeben werden. Auch soziale und andere Medien können genutzt werden, über die Experimente zu berichten.

Leitungspersonen spielen hier eine Schlüsselrolle, weil ihren Worten besondere Aufmerksamkeit geschenkt wird. Wenn sie also Predigten und Vorträge, Leitungskreise und Gremien, Medien und persönliche Kontakte dazu nutzen, die Ergebnisse von

Gesprächen und Experimenten zu verbreiten, dann trägt dies zur Ausbreitung der Innovation bei. Die Veränderung mag von der Basis kommen, aber die Fürsprache der Leitungsebene unterfüttert sie und verhilft ihr zur Blüte.

Das Gleiche gilt für eine gründliche Erforschung der Veränderungsprozesse. Durch entsprechende Studien kann eine Kirche Experimente untersuchen, Ergebnisse evaluieren, Einflüsse lokalisieren, die hinter „Erfolg" und „Scheitern" stecken, und Initiativen orten, die unter dem Radar fliegen.

Dies geschieht zum Beispiel in England durch das Sheffield Centre der Church Army. Zwischen 1999 und 2012 hat ihre vierteljährlich erscheinende Publikationsreihe *Encounters on the Edge* Geschichten über neue Formen von Gemeinde verbreitet. Diese Geschichten wurden zur Beweisgrundlage für den 2004 von der Church of England veröffentlichten Report *Mission Shaped Church*[174], der dazu führte, dass Fresh Expressions of Church in der ganzen Welt von verschiedenen Kirchen unterstützt wurden. Der Bericht hatte deshalb so eine Wirkung, weil er beschrieb, was damals gerade an der Basis passierte.

Jüngere Untersuchungen des Church Army Centres, zum Teil finanziert durch die Church Commissioners der Church of England[175], zeigen den maßgeblichen Beitrag der Fresh-X-Gemeinden zum kirchlichen Leben in England. Auf diese Untersuchung ist es zurückzuführen, dass die Church of England 2013 beschloss, die Investitionen in die Förderung dieser neuen Formen gemeindlichen Lebens entscheidend zu erhöhen.

Die Resultate der Forschungen zu verbreiten – durch Arbeitsmaterial zum Beispiel – kann auch für diejenigen, die bei null anfangen, eine Hilfe sein. Wird auf diese Weise der Einstieg erleichtert, kann der Prozess der Veränderung schneller Fahrt aufnehmen.

Je mehr die Neuigkeit von Zeugnisgemeinschaften Raum

---

174 Anm. d. Übers.: dt.: *Mission bringt Gemeinde in Form,* Aussaat, 2006.

175 Anm. d. Übers: Die 1948 gegründete Kommission, die die historischen Besitztümer der anglikanischen Kirche verwaltet.

greift, desto größer wird die Unterstützung sein. Die Konferenz der methodistischen Kirche in England hat 2012 in einer entscheidenden Abstimmung beschlossen, Fresh Expressions of Church finanziell zu unterstützen. Es waren die Laien, die sich als Haupt-Fürsprecher von Fresh-X-Gemeinden erwiesen, weil sie erfolgreiche Beispiele gesehen oder davon gehört hatten. Die beschlossene Investitionssumme war beträchtlich.

Strategisch kluge Personalentscheidungen

Will man, dass Veränderung Raum greift, sind auch Personalentscheidungen wichtig. Ein hervorragendes Beispiel dafür war die Ernennung von Revd. Dr. Martyn Atkins zum Generalsekretär der methodistischen Kirche im Jahr 2008. Als begeisterter Befürworter der Fresh-X-Bewegung hat Dr. Atkins eine zentrale Rolle dabei gespielt, das Programm in der methodistischen Kirche voranzutreiben.

Die Berufung von Dr. Rowan Williams zum Erzbischof von Canterbury war eine ähnlich zentrale Entscheidung für die Church of England. Als Bischof von Monmouth war Williams beunruhigt gewesen über die fehlende Verbindung zwischen der Kirche und dem Großteil der Bevölkerung, konnte aber einige sehr kreative Gemeindepflanzungen in seiner Diözese erleben.

Das brachte ihn ins Nachdenken und führte dazu, dass er der *Mission Shaped Church* (der Report erschien kurz nach seinem Wechsel nach Canterbury) zu einer der Prioritäten seiner Arbeit machte. In seiner Zeit als Erzbischof wurde eine Reihe von Bischöfen ernannt, denen ebenfalls eine Schlüsselrolle bei der Unterstützung des Fresh-X-Programms zukam.

Die Ernennungen auf nationaler Ebene zogen strategisch kluge Personalentscheidungen an der Basis nach sich. So wurden Wegbereiter für den Pionierdienst eingestellt, die großen Einfluss innerhalb der Kirche haben.

Die ebenfalls zur Church of England gehörende Diözese Liverpool beginnt zudem, einzelne Gemeinden als „Sammelpunkt"-Gemeinden zu bezeichnen. Diese Gemeinden haben die spezielle Aufgabe, Gemeinschaften in den Mikrokosmen des Lebens zu vervielfältigen und andere Gemeinden zu ermutigen, es ihnen gleichzutun. Für die Leitung dieser Gemeinden will die Diözese Pfarrer einstellen, die entsprechende Gaben und Erfahrungen mitbringen. Alternativ sollen im Aufbau von Zeugnisgemeinschaften erfahrene *Pioneers* in gut aufgestellte Gemeinden entsandt werden, die gerne in diese Richtung arbeiten wollen, denen aber das Know-how fehlt. Sie sollen ihr Fachwissen weitergeben und dann weiterziehen.

Insgesamt kann eine Kirche, wenn Stellen neu zu besetzen sind, Mixed-economy-Pfarrer und -Pfarrerinnen in Ortsgemeinden einsetzen. Sie engagieren sich für die neuen wie für traditionellere Ausdrucksformen gemeindlichen Lebens in gleichem Maße. Vielleicht können sie sich zusammentun mit zwei oder drei bereits erfahrenen Kollegen, die die gleiche Vision haben. Auf diese Weise kann es zum Austausch der Erfahrungen kommen, wie man die Entstehung von Zeugnisgemeinschaften in der eigenen Gemeinde fördert, und man kann sich gegenseitig erzählen, was gut funktioniert hat.

Die Geistlichen können dann nach Laien suchen, die eine solche Gemeinschaft ins Leben rufen wollen, und sie entsprechend unterstützen. Die Laien können sich wiederum in einer eigenen Lerngemeinschaft zusammenschließen, dort von ihren Erfahrungen berichten und Denkanstöße mitnehmen. Wenn der richtige Zeitpunkt gekommen ist, können Mitglieder beider Gruppen – Pfarrer und Laien – in ihrem jeweiligen Kontext den gleichen Prozess erneut anstoßen.

Die Dienstanweisung von hauptamtlichen *Pioneers,* die zum Beispiel in einer Neubausiedlung arbeiten, sollte auch Aufgaben in der bereits bestehenden Gemeinde beinhalten – etwa die des Schriftführers im lokalen Pfarrerkonvent. Dies hätte eine positive Wirkung auf die Beziehungen untereinander und würde dem *Pioneer* größeren Einfluss im Kontext der Kirche verschaffen.

Champions

Sogenannte Champions, die sich für die Zeugnisgemeinschaften einsetzen, sind ein weiteres Mittel der Ausbreitung. Die Diözese London zum Beispiel hat sich zum Ziel gesetzt, bis 2020 einhundert neue geistliche Gemeinschaften zu gründen.

Die Modelle sind ganz verschieden: von der Übernahme eines Kirchengebäudes, das geschlossen werden sollte, über Kirche in Schulen (mit Eltern, Kindern und Kollegium) bis hin zu Kirche für bestimmte ethnische Gruppen (zum Beispiel Menschen, deren Muttersprache Französisch oder Spanisch ist), Kirche in noch nicht erreichten Nachbarschaften oder „missionale Gemeinschaften", die einer bestimmten demografischen Gruppe oder einer Region dienen.

Schlüsselfiguren dieser Initiative sind die Champions. In jedem Kirchenkreis gibt es einen Champion, genauso wie für jedes Modell von geistlicher Gemeinschaft. Diese Champions sind Anwälte für die Gründung neuer Gemeinschaften in ihrem Kirchenkreis oder für ihr bestimmtes Modell. Sie lenken die allgemeine Aufmerksamkeit auf das Thema, stehen mit Rat und Tat zur Seite, unterstützen durch Fortbildungen, mobilisieren Unterstützung für spezifische Initiativen, schaffen Abhilfe bei Störungen. Champions haben das Potenzial, zum Megafon der neuen Zeugnisgemeinschaften zu werden.

Junge Erwachsene

Um den Wandel Raum greifen zu lassen, wäre eine weitere hilfreiche Idee, so häufig wie möglich vielversprechende junge Erwachsene aus einer Region zusammenzubringen, vor allem dort, wo es wenige junge Christen gibt und sie sich isoliert fühlen.

Wenn man ihnen hilft, im Glauben zu wachsen, und ihnen die nötigen Fähigkeiten und das Know-how vermittelt, können sie selbst eine christliche Gemeinschaft in einem völlig kirchenfernen Umfeld gründen. Während ihre verschiedenen Initiativen mehr oder weniger sicher ihren Weg gehen, können sie sich als Gruppe weiter treffen und einander unterstützen und voneinander lernen.

2013 erregte in der Church of England ein Bericht über Fresh-X-Gemeinden für junge Erwachsene einige Aufmerksamkeit. Darin wurde vorgeschlagen, eigens Stellen zu schaffen, um junge Erwachsene bei der Gründung experimenteller Gemeinschaften zu unterstützen. Es wurde auch empfohlen, mehr für die Förderung offener und unterstützender Verbindungen zwischen der Gesamtkirche und den neuen Gemeinschaften zu tun, die von dieser Generation ins Leben gerufen waren.[176] Junge Erwachsene zusammenzubringen wäre ein Weg, um diese Unterstützung und Verbindung zu gewährleisten.

Mit Ressourcen ausstatten („Resource it")

Wenn Experimente Früchte tragen und sich nach dem Schneeballprinzip ausbreiten, wird eine wachsende Zahl von Initiativen Unterstützung brauchen. Dies wird Fragen nach der Finanzierung, der Art und Weise der benötigten Unterstützung, der Auswahl der Leitungspersönlichkeiten und der Ausbildung aufwerfen.

Ressourcen freigeben

Wenn eine Kirche oder ein Gemeindenetzwerk das Budget kürzt, was heute häufig der Fall ist, dann ist es im Normalfall schwierig, Geld für etwas Neues aufzubringen.

In einigen Fällen können Mittel durch den Verkauf von Eigen-

[176] Beth Keith, „Authentic faith: Fresh expressions of church among young adults", www.freshexpressions.org.uk/resources/authenticfaith.

tum freigesetzt werden. Wenn das Pfarrhaus oder das Kirchengebäude verkauft wird, weil die Gemeinde nicht mehr existiert, dann kann ein Teil des Erlöses in einen Missionsfonds gehen. Der Niedergang von Kirche kann den Neubeginn finanzieren.

Die Heilsarmee in England hat zum Beispiel eine feste Regelung für solche Fälle. Wenn ein Zentrum geschlossen wird (weil es nicht länger gebraucht wird), geht das Geld in einen Missionstopf. Initiativen, die während ihrer ersten drei Jahre aus diesem Topf finanziert wurden, können die Verlängerung der Unterstützung bis auf sieben Jahre beantragen.

Die anglikanische Diözese Toronto hat dies auf radikale Weise umgesetzt. Zwischen 1961 und 2001 hatte sich ihre Mitgliederzahl um mehr als die Hälfte verringert und der Prozess schien sich zu beschleunigen. Sie stand schlicht vor der Wahl entweder zu wachsen oder zu sterben. Die Diözese entschied sich für eine Politik der Beschneidung, um so Wachstum zu erzeugen.

- *Im Jahr 2009 wurden Gemeinden in folgende Kategorien eingeteilt:*
- *Nachhaltig. Solche Gemeinden verfügen über die entsprechende Leitung, die Ressourcen und die Energie, um den Herausforderungen ihrer Arbeit gerecht zu werden. Sie tragen sich finanziell selbst.*
- *Strategisch. Solche Gemeinden sind strategisch wichtig für die Diözese. Sie befinden sich an strategisch wichtigen Orten, leisten einen wichtigen Beitrag zur Gesellschaft, sind missionsorientiert und befinden sich im Einklang mit den Prioritäten der Diözese. Einige von ihnen mögen sich nicht selbst finanziell tragen – weil sie zum Beispiel in einem sozial benachteiligten Gebiet arbeiten. Aber ihre strategische Bedeutung gibt ihnen das Recht auf die Unterstützung der Diözese.*
- *Statisch. Solche Gemeinden sind auf sich selbst fixiert und nicht klar auf Mission fokussiert. Aber sie sind in der Lage, sich selbst zu finanzieren. Die wenigen, die das Potenzial für Nachhaltigkeit haben oder denen gerade droht, es zu verlieren, werden*

unterstützt. Der Rest wird sich selbst überlassen. Sie entziehen der Diözese weder finanzielle Mittel noch haben sie das Potenzial für Wachstum.

- *Nicht nachhaltig. Solche Gemeinden sind weder missionsorientiert noch können sie sich selbst finanzieren. Sie brauchen nach und nach ihre finanziellen Reserven auf oder sind auf finanzielle Unterstützung von außen angewiesen. Informell werden sie – zugegeben ein wenig grausam – als „Vampirgemeinden" bezeichnet: Weil sie der Diözese finanziell zur Last fallen, entziehen sie anderen Gemeinden die Überlebensgrundlage. Ihre Zukunftsperspektiven wurden überprüft und zwischen 2009 und 2011 wurden zehn von ihnen geschlossen oder mit anderen zusammengelegt.*[177]

Menschliche und finanzielle Ressourcen wurden von nicht nachhaltigen Gemeinden in strategisch wichtige und nachhaltige Gemeinden verschoben. So investieren zum Beispiel Bischöfe mehr Zeit in solche Gemeinden und sie bekommen die besonders begabten Geistlichen zugeteilt.[178]

Dieses Vorgehen wurde in der Diözese allgemein begrüßt. Es wurde weitgehend akzeptiert, dass Wachstum auch Beschneidung erfordert und dass nicht nachhaltige Gemeinden dem Rest nicht die Ressourcen entziehen dürfen.

Die daraus folgende Lektion ist vielleicht, dass man mit dem Beschneiden besser früher beginnt als später. Je länger man wartet, desto schwieriger sind die Einschnitte. Wenn der Niedergang erst einmal eingesetzt hat und sich möglicherweise beschleunigt, werden noch mehr Gemeinden finanziell unrentabel und müs-

---

177 „The Anglican Diocese of Toronto: Diocesan Council's Report to Synod on the Priorities and Plans 2009-2011", 2011, S. 3–4, www.toronto.anglican.ca.

178 Anm. d. Übers.: In der anglikanischen Kirche wird die Verteilung und Versetzung der Pfarrer vom jeweiligen Bischof beschlossen.

sen geschlossen werden. Reagiert man zu spät, werden flächendeckende Schließungen unvermeidlich und der Schmerz so groß, dass er einen zusätzlichen Beschnitt, der Ressourcen für Wachstum freisetzen würde, gar nicht mehr zulässt. Am Ende sind Sie damit beschäftigt, den Rückgang der Finanzen zu verwalten, und haben es versäumen, in die Zukunft zu investieren.

Welche Art von Unterstützung?

Ist das Geld für Wachstum da, wie soll es dann am besten ausgegeben werden? Manche Kirchen haben in Leuchtturmprojekte investiert. Sie haben Geld in einige wenige neue Zeugnisgemeinschaften gesteckt, die von einem hauptamtlichen Mitarbeitenden geleitet werden.

Die Erfahrung hat allerdings gezeigt, dass dieser Weg nicht unbedingt empfehlenswert ist:

- Er ist zu kostenintensiv, wenn die Finanzen ohnehin knapp sind.
- Die Unterstützung kommt nur wenigen Projekten zugute.
- Ist das Geld einmal ausgegeben, ist die Zukunft ungewiss.
- Es führt nicht weiter auf dem Weg, diesen Ansatz unter „normalen“ Geistlichen und Laien bekannt zu machen. Hier aber liegt die eigentliche Herausforderung.

Als zielführender hat sich erwiesen, einen zusätzlichen, engagierten Hauptamtlichen einzustellen. Ein solcher Schritt würde zeigen, dass es der Kirche ernst ist mit dieser Art von Mission. Idealerweise sollte diese Person ein Fürsprecher, Katalysator, Berater und Problemlöser sein und andere befähigen können. Wenn es niemanden gibt, der all diese Gaben in sich vereinigt, wären zwei halbe Stellen eine gute Lösung.

Die anglikanische Diözese Toronto zum Beispiel hat zwei Teilzeitstellen geschaffen. Der bischöfliche Beauftragte für Mission fördert Initiativen, die den Gemeinden dabei helfen, „missionarisch in Form" zu kommen („mission-shaped" zu werden), während der missionale Coach mit der Hilfe von zwei Beratern den Pfarrern und Gemeinden von außen dabei hilft, die nötigen Fähigkeiten und Verhaltensweisen neu zu lernen, um im einundzwanzigsten Jahrhundert missional zu arbeiten.

Die Person auf dieser Stelle bzw. die zwei Teilzeitkräfte sollen die aufkommende missionale Kreativität erklären und dabei helfen, sie zu formen. Sie treffen auf Menschen mit wenig oder gar keinen Vorkenntnissen, verbringen viel Zeit mit Zuhören, beantworten geduldig immer wieder Fragen und regen auf sanfte Weise die Kreativität an.

Sie suchen Möglichkeiten, um die neue Denkweise immer wieder ins Gespräch zu bringen. Sie bringen Menschen miteinander in Kontakt und zeigen der Kirchenleitung, wie Zeugnisgemeinschaften bei der Lösung anstehender Probleme helfen können. „Sie wissen nicht, was Sie mit dieser fast leeren Kirche anfangen sollen? Ich kenne jemanden, der eine Stelle sucht und gut passen würde. Könnte man dieses Gebäude vielleicht nutzen, um dort eine christliche Gemeinschaft zu installieren?"

Sie sind Geburtshelfer für Menschen, die solche Gemeinschaften gründen wollen. Sie bahnen Wege im Dschungel der wenig hilfreichen Regeln und Vorschriften, vielleicht unterstützt von einer Gruppe von Experten auf diesem Gebiet. Die methodistische Kirche in England richtete die „Fresh Ways Working Group" ein, deren Aufgabe es unter anderem ist, den Fresh Expressions of Church institutionelle Blockaden aus dem Weg zu räumen.

Die Erfahrung hat gezeigt, dass außerdem eine starke Steuerungsgruppe mit Einfluss in der Kirche nötig ist. Im besten Fall gehört die für die Fresh-X-Bewegung verantwortliche Person der Kirchenleitung an. Ist dies nicht der Fall, sollten in der Steuerungsgruppe einflussreiche Mitglieder aus der höchsten Leitungsebene vertreten sein. Erneuerung braucht Rückendeckung von ganz oben, wenn sie die Widerstände und Trägheit auf den unteren Ebenen überwinden will.

Auswahl der Pioneers

Wenn für ausreichende Unterstützung gesorgt ist, besteht der nächste Schritt darin, Mitarbeitende mit der Gabe der Innovation zu finden, die als *Pioneers* Zeugnisgemeinschaften in einer bestehenden Gemeinde gründen oder Speerspitze für eine neue Initiative sein können. Bei der Suche nach entsprechenden Kandidaten ist man wahrscheinlich versucht, nach bestimmten Charaktereigenschaften Ausschau zu halten, die zu einem *Pioneer* passen.

Allerdings haben Untersuchungen zum Unternehmertum inzwischen ergeben, dass es außerordentlich schwierig ist, Persönlichkeitsmerkmale festzulegen, die bei allen Unternehmern zu finden sind. Effizienz, also die Fähigkeit, Dinge voranzutreiben, scheint allerdings hervorzustechen. Aber auch dies sollte mit Vorsicht betrachtet werden:

- *Unternehmerisches Handeln ist ein Teamprozess.* Das ganze Team ist für Effizienz verantwortlich, nicht nur die Leitung.
- *Unternehmerisches Handeln funktioniert kontextbedingt.* Um Dinge voranzutreiben, können in verschiedenen Kontexten verschiedene Fähigkeiten und Qualitäten nötig sein. Eine Frau aus Puerto Rico wäre als Innovatorin in der Wall Street sicher völlig fehl am Platz, kann aber höchst effektiv sein, wenn es um die Frauen ihrer Volksgruppe in East Harlem geht.
- *Unternehmergeist kann überall in der Bevölkerung vorkommen,* aber unentdeckt bleiben, weil die Umstände es nicht zulassen.[179]

Es ist deshalb wahrscheinlich besser, nicht nach spezifischen Persönlichkeitsmerkmalen zu suchen, sondern nach innovativen

---

[179] Weitere Ergebnisse aus dieser Studie sind zusammengefasst in Michael Moynagh & Phil Harrold, *Church for Every Context: An Introductioin to Theology and Practice,* London: SCM, 2012, S. 230–231. (Die deutsche Übersetzung wird 2016 unter dem Titel „Fresh Expressions of Church“ im Brunnen Verlag Gießen erscheinen.)

Aktionen in der Vorgeschichte. Wenn in einer Person ein *Pioneer* steckt, dann hat sie schon mit einundzwanzig innovative Dinge getan, sei es in der Schule oder an der Universität. Die Dreiundzwanzigjährige zum Beispiel, die in einer der Diözesen der Church of England für die Arbeit mit Jugendlichen und jungen Erwachsenen zuständig ist, hat bereits in jungen Teenagerjahren eine christliche Gruppe an ihrer Schule gegründet.

Zu den Kriterien der Church of England bei der Suche nach ordinierten *Pioneers* (die eine besondere Berufung haben, Fresh-X-Gemeinden zu gründen) gehört deshalb inzwischen die „nachweisliche Leistungsbilanz von Innovation und Initiative" in der Vita des Kandidaten.[180]

Könnte man dieses Prinzip nicht auch ausweiten? Man regt zum Beispiel Laien dazu an, Zeugnisgemeinschaften in ihren Alltagsbezügen zu gründen. Wer in seiner Freizeit eine solche Initiative erfolgreich gestaltet hat, könnte von der Kirche das Angebot bekommen, einen Arbeitsvertrag für ein oder zwei Tage in der Woche zu unterschreiben, um die Arbeit auszuweiten. Wenn der Heilige Geist die Initiative auch weiterhin segnet, könnte eine Vollzeitanstellung folgen. Diese könnte beinhalten, dass der oder die Betreffende Kontakt zu anderen Christen aufnehmen soll, um weitere Gemeinschaften in ähnlichen Kontexten anzustoßen. Mit dem Segen würde sich auch die Finanzierung regeln.

Weiterbildung und Unterstützung

Menschen, die eine Zeugnisgemeinschaft gründen, machen sich gemeinsam mit dem Heiligen Geist auf den Weg. Trotzdem kann es passieren, dass sie unsicher sind, ob sie richtig handeln, dass sie Angst haben vor den Schwierigkeiten, die auf sie warten, und dass sie sich ohne Verbindung zur Gesamtkirche fühlen.

---

180 „Criteria for Pioneer Ministry", www.churchofengland.org.

Sowohl Laien als auch ordinierte *Pioneers* neuer Gemeinschaften profitieren von vier Arten der Unterstützung:

1. ein Einführungskurs in die Theologie und Praxis von Zeugnisgemeinschaften.
2. die Einbindung in Lerngemeinschaften, in denen sie Denkanstöße und Unterstützung durch Kollegen bekommen.
3. das Angebot von Coaching und Mentoring, besonders dann, wenn es Schwierigkeiten in der Gemeinschaft gibt.

> *Die erstaunliche Vervielfältigung von Gemeinden durch die Bewegung von Neil Cole basiert auf einem guten Mentoring.*[181] *Er befürwortet ein bedarfsorientiertes Vorgehen:*
>
> - *„Lehre niemals eine Fähigkeit, wenn kein Bedürfnis danach vorhanden ist."*
> - *„Lehre niemals eine zweite Sache, bevor die erste nicht gelernt wurde."*
> - *„Eine Fähigkeit ist erst dann richtig gelernt, wenn der Lernende in der Lage ist, sie anderen weiterzugeben."*[182]

> *Cole bedient sich dabei einer Methode in vier einfachen Schritten (siehe Kasten) und hält sich innerhalb dieser Rahmenbedingungen an folgende Prinzipien:*
>
> - *„Die wichtigen Dinge zuerst" – eklatante Schwächen werden zuerst behoben.*
> - *„Eins nach dem anderen" – jeder lernt im eigenen Tempo.*
> - *„Jedes Mal eine Sache mehr" – er fragt Gott immer wieder, wie für die jeweilige Person der nächste Schritt aussieht.*[183]

---

181 Neil Cole, *Organisch leiten. Wie natürliche Leitung uns selbst, Gemeinden und die Welt verändert*", Neufeld Verlag, Schwarzenfeld, 2010, Kap. 17.

182 Ebd. S. 316–318.

183 Ebd. S. 308–309.

Mentoring in vier Schritten

- *Vormachen*: Ich tue es, du schaust mir dabei zu und wir sprechen darüber.
- *Assistieren*: Wir machen es gemeinsam und wir sprechen darüber.
- *Beobachten*: Du tust es, ich beobachte dich dabei und wir sprechen darüber.
- *Weitergeben:* Du tust es, jemand anderes schaut dir dabei zu ... (Der Prozess beginnt von vorne.)

Quelle: Nach Neil Cole, *Organisch leiten. Wie natürliche Leitung uns selbst, Gemeinden und die Welt verändert,* Neufeld Verlag, Schwarzenfeld, 2010, S. 327.

4. die Verbindung zur Gesamtkirche. Dies gilt besonders dann, wenn es um die Leitung von Zeugnisgemeinschaften geht, deren Wirkungsbereich über den der Ortsgemeinde hinausgeht. Außer durch Lerngemeinschaften kann die Verbindung durch die Bildung langfristiger Netzwerke entstehen, die Initiativen zusammenbringen. Und sie entsteht durch Einbindung der Zeugnisgemeinschaften in die Aktivitäten der Kirche.

Wenn Zeugnisgemeinschaften sich stark vermehren, müssen Kirchen eventuell mehrere sogenannte „Konnektoren" einstellen, um die Menschen zusammenzubringen. Laien, die in ihrer Freizeit eine Zeugnisgemeinschaft leiten, haben wenig Zeit, um die Verbindung zur Kirche zu pflegen. Deshalb müssen in diesem Fall die betreuenden Pfarrer oder andere kirchliche Mitarbeitende die Verbindung für sie herstellen.

Was erwartet uns?

Um dem Niedergang entgegenzuwirken, lässt der Heilige Geist in vielen Kirchen und Gemeindenetzwerken eine neue missionale Kreativität entstehen. Sie führt zu Zeugnisgemeinschaften. Es mag banal klingen, aber die in diesem Kapitel bearbeiteten vier Elemente bieten sich an, um vom Gebet getragen mit dem Heiligen Geist gemeinsam diese Kreativität zu wecken. Im Englischen ergeben sie das Akronym STAR. Es lohnt sich, diesem Stern zu folgen:

- *Socialize:* Die Kreativität soll als eigenes Gedankengut *verinnerlicht* werden, indem man die Mitglieder dazu anhält, darüber zu sprechen, was aus Kirche werden kann.
- *Try:* Sie muss *ausprobiert* werden, indem man Experimente fördert.
- *Amplify:* Sie muss *Raum greifen*, indem in Gesprächen innerhalb der Kirche immer wieder von den Experimenten die Rede ist.
- *Resource:* Sie muss *mit Ressourcen ausgestattet* werden, indem Laien und ordinierte *Pioneers* Unterstützung erhalten.

Diese Schritte folgen nicht aufeinander, sondern sie wollen nebeneinander in die Tat umgesetzt werden und sich so gegenseitig verstärken.

Aufgaben der Leitung

Drei Dinge sind bemerkenswert an diesem Ansatz, der in der Komplexitätstheorie und den inzwischen immer reicheren Erfahrungen von Fresh-X-Gemeinden wurzelt.

Erstens *muss Leitung die Kirche oder das Gemeindenetzwerk nicht in Sicherheit wiegen, sondern Unsicherheit erzeugen.* Sie muss sich vor der Versuchung hüten, zufrieden zu sein damit, den Frieden zu bewahren, Konflikte möglichst zu vermeiden und die Kirche von Störungen frei zu halten. Veränderung *ist* – mal mehr, mal weniger – störend. Oft kommt es erst dadurch zu Konflikten. Wenn Frieden bedeutet, dass sich nichts ändert, dann ist er eben nicht das, was man erreichen will.

Stattdessen muss die Kirchenleitung ihre Kirche dazu ermutigen, sich „am Rand des Chaos" zu bewegen. Konkret heißt dies, nicht so ordentlich und regelorientiert zu sein, dass nichts Neues entstehen kann, aber auch nicht so von Veränderung bestimmt, dass es scheint, als gerate das kirchliche Leben außer Kontrolle. Leitung muss gerade so viel an den Dingen rütteln, dass Innovation gefördert wird, ohne den Zusammenbruch zu provozieren.

Zweitens *ermutigt Leitung andere zu Innovation, statt selbst innovativ zu sein.* Sie übernimmt nicht die Verantwortung für neue Ideen. Sie bestimmt zum Beispiel nicht ein bestimmtes Modell, dem alle folgen sollen. Vielmehr macht sie anderen Mut, Ideen zu sammeln und sie auszuprobieren. Diese anderen bekommen die Erlaubnis herauszufinden, was am besten funktioniert. Aufgabe der Leitung ist dann zusammenzufassen, was geschieht, es in Beziehung zu setzen mit der Geschichte der Kirche und die Möglichkeit zu geben, daraus zu lernen.

Schließlich folgt, drittens, dass *Leitung Veränderung nicht selbst auslöst, sondern sie interpretiert.* Sie liefert den theologischen Rahmen, um die neuen Zeugnisgemeinschaften verstehen zu können. Sie erklärt, warum diese Gemeinschaften übereinstimmen mit der DNA der Kirche. Und sie schafft eine Sprache, die hilfreich ist für die Entwicklung der Kirche auf ihrem Weg mit dem Neuen.

Nach vorne schauen

Zeugnisgemeinschaften rücken immer mehr in den Mittelpunkt der Aufmerksamkeit. Was bedeutet dies für Gemeindenetzwerke und Kirchen? Zunächst wird es – und das ist bereits jetzt zu sehen – eine starke Ausbreitung von Netzwerken geben. Das geschieht vor allem auf folgenden Wegen:

- in Gesprächs-Netzwerken, in denen Gruppen von Menschen die Idee der Zeugnisgemeinschaften kennenlernen und sich fragen, ob sie den Sprung wagen sollen.
- in Netzwerken der Engagierten, bestehend aus den Leitungspersonen der Zeugnisgemeinschaften. Es wird Zusammenschlüsse geben, die sich auf spezielle demografische Gruppen oder bestimmte Gegenden konzentrieren – zum Beispiel Innenstadt, Stadtaußenbezirke, Arbeitsplätze und Schulen. Einige von ihnen werden vielleicht sogar ihr eigenes Material erstellen.
- in Netzwerken aus Menschen, die sich gegenseitig zu verbindlicheren Formen geistlichen Lebens oder engerer Gemeinschaft verpflichten. Sie bestehen aus Leitung und Mitgliedern von Zeugnisgemeinschaften. Hier wird es je nach spiritueller Tradition – römisch-katholisch, keltisch, charismatisch usw. – verschiedene Ausprägungen geben. Beeinflusst durch die neue monastische Bewegung werden einige von ihnen einfache Tagesrhythmen vereinbaren. Wie andere Netzwerke werden auch sie eigene Konferenzen und Veranstaltungen anbieten. Einige von ihnen werden eigenes Lehrmaterial erstellen, zum Beispiel zum Thema Nachfolge.[184]

Zweitens ist es sehr unwahrscheinlich, dass Kirche in der Zukunft eine „single economy" sein wird[185]. Unter manchen Leuten besteht die Hoffnung, dass die neuen Formen christlicher Gemeinschaft in den traditionellen Formen von Kirche aufgehen werden, die dadurch wieder aufleben und die vorherrschende Form bleiben. Andere glauben, dass Letztere irgendwann verkümmern und den Neuen das Feld überlassen.

---

[184] Ich danke Pfarrer Phil Potter für seine Ermutigung, in diese Richtung zu denken.

[185] Anm. d. Übers: Auf eine Art von Gemeinden beschränkt.

Beides scheint unwahrscheinlich. Der mosaikähnliche Charakter des menschlichen Lebens in der heutigen Zeit wird dazu führen, dass viele der neu zum Glauben Kommenden und der bereits Gläubigen nicht zwischen dem Alten und dem Neuen wählen werden, sondern sich bei beidem wiederfinden – so wie die Heavy-Metal-Gemeinde, die einmal im Monat gemeinsam mit ihren anglo-katholischen Nachbarn gemeinsam Gottesdienst feiert (vgl. S. 39).

Das Alte und das Neue werden füreinander ein Segen sein, wenn sie unterschiedlich bleiben. Bereichert durch die verschiedenen Erfahrungen mit Kirche fühlen sich schon jetzt viele Christen eher in zwei „Orts"-Gemeinden zu Hause – in einer am Wochenende und in der anderen mitten im Leben während der Woche. In der mixed economy wird diese Mischung von Kirche wunderbar aufblühen.

Drittens wird die Kirche, wenn sich christliche Gemeinschaften im Getümmel des Lebens weiter vervielfältigen, näher an den Alltagserfahrungen der Gläubigen sein. Ihr Dienst an der Welt wird besser an die Bedürfnisse der verschiedenen Umfelder angepasst sein und sie wird sichtbarer präsent sein für die Menschen außerhalb von ihr.

Statt zu versuchen, Veränderung durch das Kapern der Kommandobrücken von Macht und Einfluss herbeizuführen, wie es in der Vergangenheit häufig geschehen ist, folgt die Kirche nun Jesus in die Ritzen der Gesellschaft hinein. Sie wird zu einer subversiven Kraft von innen.

Kapitel 10

Die Schlüssel zum Erfolg

Die größte Barriere für die Gründung einer Zeugnisgemeinschaft ist fehlendes Selbstvertrauen. Sie meinen, Sie könnten etwas falsch machen, dafür verurteilt werden und Anschuldigungen hören wie: „Das hättest du anders anfangen müssen." „Du tust nicht, was die Bibel sagt." „Wie viele sind bis jetzt zum Glauben gekommen?" – und dahinter stehen die Killerfragen: „Warst du erfolgreich?" „Hast du dich dumm angestellt?"

Wenn Sie diesen Befürchtungen Raum geben, sammeln Sie vielleicht, wie Jona, Entschuldigungen und kehren der Berufung Gottes den Rücken. Vielleicht haben Sie Angst, den Impulsen des Heiligen Geistes zu folgen. Das wäre mehr als schade. Vielleicht sind Sie aber auch einem falschen Begriff von Erfolg zum Opfer gefallen. Dann tappen Sie in die Falle, Erfolg nur darin zu sehen, ein gesetztes Ziel auch zu erreichen. Scheitern wird dann gleichgesetzt mit nicht erbrachter Leistung.

Bezogen auf die Gründung einer Zeugnisgemeinschaft jedoch ist diese Definition von Erfolg nicht sinnvoll. Um zu verstehen, warum dies so ist, werfen wir einen Blick auf einige säkulare Forschungsergebnisse und schauen dann, was es bedeutet, dem Heiligen Geist beim Aufbau einer Zeugnisgemeinschaft zu folgen. Der Schlüssel zum Erfolg liegt darin: Wir probieren Neues aus und warten ab, was passiert. Wir suchen dem Heiligen auf die Spur zu kommen – und stoßen auf ihn in unseren Beziehungen.

Die Bereitschaft zum Ausprobieren

Saras Sarasvathy ist Wissenschaftlerin und hat ein bahnbrechendes Buch geschrieben mit dem beachtlichen Titel *Effectuation: Elements of Entrepreneurial Expertise* (Cheltenham: Edward Elgar, 2008) – „Wie man etwas erreicht: Elemente unternehmerischer Erfahrung". Sie suchte sich dreißig sehr erfolgreiche Unternehmer aus und beobachtete, wie sie Entscheidungen trafen. Es ergab sich ein klares Muster.

Unternehmer handeln in Situationen größter Unsicherheit. Die Ergebnisse ihrer Entscheidungen sind unvorhersehbar, ihre Ziele sind, wenn überhaupt, dann vage, und sie wissen nicht, welchen Aspekten im Umfeld sie ihre Aufmerksamkeit schenken sollen und welche sie besser ignorieren.

Sie starten also nicht mit klaren Zielen und Plänen, die sie in die Tat umsetzen wollen. Sie beginnen mit dem Hier und Jetzt – mit dem, was ihnen zur Verfügung steht. Sie starten damit, wer sie sind, was sie wissen und wen sie kennen. Auf der Basis ihrer Identität, ihres Wissens und ihres Netzwerkes probieren sie Neues aus. Sie treffen sich mit ein oder zwei anderen und schauen, was funktioniert. Sie haben eine vage Idee davon, was sie erreichen wollen, aber ihr Ziel wird erst klar, wenn sie mit anderen zusammenarbeiten, ein paar Ideen ausprobieren und auf dem aufbauen, was effektiv zu sein scheint.

Ein Unternehmer im medizinischen Bereich

Nehmen wir zum Beispiel einen Chirurgen, der den Eindruck hat, dass ein anderes chirurgisches Instrument seine am meisten durchgeführte Operation noch verbessern könnte. Er spricht mit Kollegen und in den Gesprächen kristallisiert sich eine Richtung heraus.

Zwei oder drei der Kollegen willigen ein, mit ihm gemeinsam an einem Prototyp des neuen Instrumentes zu arbeiten. Der erste

Prototyp gelingt nicht besonders gut, aber sie lernen daraus. Sie machen zwei oder drei weitere Versuche (das Ziel ändert sich ein wenig) und entwickeln schließlich ein Instrument, mit dem sie zufrieden sind.

Sie glauben, dass es angesichts der vielen Chirurgen in der ganzen Welt, die diese Operation durchführen, einen Markt dafür geben könnte. Aber sie betreiben keinerlei Marktforschung. Das wäre zu zeitaufwendig und sie würden den Ergebnissen ohnehin nicht trauen. Die Leute würden *versprechen*, das Instrument zu kaufen, aber würden sie es im Zweifelsfall auch wirklich tun?

Stattdessen zeigen sie das Instrument einigen ihrer Kollegen, die Interesse bekunden. Also suchen sie einen Ingenieur (es gibt Agenturen, die man fragen kann). Der Ingenieur nutzt seine Kontakte und findet Möglichkeiten, wie man das Instrument herstellen kann.

Wiederum mithilfe einer Agentur sucht der Ingenieur eine Firma aus, die bereit ist, die Herstellung zu übernehmen. Sie schlägt einige Veränderungen an dem Instrument vor – eine erneute Veränderung des Zieles. Dann werden die Herstellungskosten berechnet. Gespräche mit Händlern ergeben, zu welchem Preis das Instrument verkauft werden kann, nachdem alle Kosten zusammengerechnet sind.

Die Chirurgen fragen ihre Kollegen, ob sie das Instrument zu diesem Preis kaufen würden. Reagieren die Kollegen zurückhaltend, fragen sie noch ein paar andere und lassen es dann vielleicht einfach gut sein, weil es nicht funktionieren würde. Stoßen sie allerdings auf Enthusiasmus, machen sie weitere Tests und wagen den Sprung.

Der Prozess ist ausgesprochen pragmatisch. Der Chirurg startet damit, wer er ist, was er weiß und wen er kennt. Die Idee, ein neues Instrument zu entwickeln, entsteht in Gesprächen und durch Versuch und Irrtum. Die Entscheidung, ob man es auf den Markt bringt, erfolgt ebenso aufgrund eines Prozesses wiederholter Tests. Das gesamte Projekt ist ein Experiment: „Probieren wir es aus und schauen wir, ob es funktioniert.“

Zwei Denkweisen

Basierend auf den Untersuchungsergebnissen von Sarasvathy kann man augenscheinlich zwei Denkweisen unterscheiden. Da ist zum einen das, was ich die Denkweise von *Pioneers* nennen würde. Man startet mit dem, was da ist, arbeitet experimentell und pragmatisch und geht einen Schritt nach dem anderen.

Das Gegenstück dazu ist die Denkweise von Organisationen und Institutionen. Hier denkt man von Zielen her, macht Pläne, um die Ziele zu erreichen, und geht systematisch vor (mithilfe von Marktanalysen zum Beispiel). Man arbeitet hier weniger experimentell – man weiß, wo man hinwill und verfügt über eine Strategie, um dort hinzukommen.

Keine Denkweise ist besser als die andere. Beide greifen in jeweils verschiedenen Kontexten. Um etwas Neues zu starten, ist die Denkweise der *Pioneers* vermutlich hilfreicher. Um jedoch zu festigen, was man bereits aufgebaut hat, braucht man eher die Denkweise von Organisationen und Institutionen. Der eben erwähnte Arzt leitet inzwischen ein Unternehmen für chirurgische Instrumente. Jetzt setzt er sich ganz sicher Ziele für die Produktion und die Gewinne und überprüft regelmäßig, ob diese erreicht wurden.

Beobachtungen haben gezeigt, dass in der Kirche beide Denkweisen vorhanden sind. Menschen, die etwas Neues aufbauen, denken eher wie *Pioneers*, während das Denken der Kirchenleitungen und -verwaltungen im Allgemeinen eher dem von Organisationen ähnlich ist.

Hot Chocolate, das bereits in Kapitel 1 beschrieben wurde, ist ein gutes Beispiel für die Denkweise von *Pioneers*. Das Leitungsteam hatte am Anfang keinerlei Pläne geschmiedet. Sie versorgten lediglich junge Leute in der Innenstadt von Dundee mit heißer Schokolade. Von dieser Aktion ausgehend ist die Gemeinschaft Schritt für Schritt gewachsen, indem sie auf die Vorschläge der jungen Leute reagierte.

Die Gemeinde St. Lukes in Walthamstow nah bei London bietet für die Besucher des Bauernmarktes auf der Highstreet heiße und kalte Getränke, selbst gebackenen Kuchen und einen Platz zum Sitzen, Reden und Mittagessen an, von dem aus sie das bunte Treiben beobachten können.

Kostenlose Getränke anzubieten bewirkte einen unerwarteten Durchbruch. Es zog Frauen und Männer vom Marktplatz an, die sich mit Einsamkeit, psychischen Krankheiten, Drogen- oder Alkoholabhängigkeit, zerbrochenen Familien, Langzeitarbeitslosigkeit und anderen Dingen herumschlugen. Es war nicht geplant, genau diese Gruppe zu erreichen. Es ergab sich einfach.

Jeden Sonntagmorgen findet in einem Café am Ort Breakfast, Bible and Chat (Frühstück, Bibel und Gespräch) statt. Eines Tages hatte die Gruppe die Idee, einen der Menschen vom Marktplatz einzuladen und ihm das Frühstück zu spendieren. Das löste einen Schneeballeffekt aus. Statt zehn Teilnehmer hatte das Frühstück bald fünfundzwanzig. Einige von ihnen zahlten selbst, für andere wurde gezahlt. Auch dies war nicht geplant, sondern geschah völlig unerwartet.

Die Spendenbox wurde nie leer und die Gruppe nimmt dies als Zeichen, dass sie mit ihrem Sonntagsdienst fortfahren soll. Auch hier geschah alles Schritt für Schritt. „Was sich entwickelte, war völlig unerwartet. Wir haben das Geld. Also machen wir weiter und schauen, was passiert."[186]

Sie sollten allerdings diese beiden Denkweisen nicht allzu scharf voneinander trennen. Wenn eine Initiative einmal läuft, werden *Pioniere* vielleicht organisationsorientierter in ihrer Denkweise, während jemand aus der Kirchenleitung manchmal durchaus Pioniergeist an den Tag legen kann. Es ist wichtig, zwischen den Denkansätzen zu unterscheiden, nicht zwischen Menschen –

[186] www.freshexpressions.org.uk/stories/stlukesinthehighstreet/aug13 (Zugriff am 16. August 2013).

auch wenn manche eher zu dem einen, andere zu dem anderen Ansatz neigen.

Was ist Erfolg?

Was bedeutet dies für den Erfolg? Zunächst einmal wird das herkömmliche Verständnis von Erfolg aus den Angeln gehoben. Wenn Sie etwas Neues beginnen, wie zum Beispiel eine Zeugnisgemeinschaft, haben Sie im Normalfall kein festes Ziel. Bestenfalls haben Sie eine Vorstellung von der Richtung, die sich allerdings auf dem Weg ändern kann. Sie können also gar nicht sagen, ob Sie Ihr Ziel erreicht haben oder nicht. Die Begriffe Erfolg oder Scheitern in Bezug auf ein Ziel ergeben keinen Sinn, wenn das Ziel nicht klar ist.

Viel wichtiger für die Denkweise von *Pioneers* ist das Prinzip von Versuch und Irrtum. Wohlgemerkt, es heißt nicht Versuch und Erfolg. Es heißt Versuch und *Irrtum.* So ist das Scheitern, wenn Sie dieses Wort verwenden möchten, bereits in den Prozess integriert. Erfolgreiche Unternehmer erwarten die Erfahrung des „Scheiterns". Amazon-Chef Jeff Bezos drückte es folgendermaßen aus: „Die Bereitschaft zu investieren beinhaltet die Bereitschaft zu scheitern und über lange Zeiträume missverstanden zu werden."[187]

Wenn man also den Prozess von „Erfolg" und „Scheitern" durchläuft, wenn „Erfolg" immer auch „Scheitern" bedeutet, sind die beiden Begriffe dann überhaupt hilfreich? Gibt man dem Wissenschaftler die Schuld am Scheitern, wenn ein wissenschaftliches Experiment nicht funktioniert? Wenn Sie so mutig sind, den Sprung ins kalte Wasser zu wagen und mit einem anderen Christen gemeinsam eine Zeugnisgemeinschaft zu gründen, und finden dann heraus, dass es nicht funktioniert – ist es dann sinnvoll, von „Scheitern" zu sprechen?

---

[187] *The Sunday Times,* 11. August 2011 (eigene Übers.).

Warum sollten wir nicht auch das „Erfolg“ nennen?! Sie hätten sich einen Einblick verschafft und eine vernünftige Schlussfolgerung gezogen: Angesichts dessen, was Sie haben, und unter den gegebenen Umständen würde eine solche Gemeinschaft nicht funktionieren. Selbst wenn Sie schon einige Schritte getan hätten und dann entscheiden würden, nicht weiterzugehen, wäre dies kein Scheitern. Ganz gleich in welcher Phase Sie sich befinden, Sie hätten eine vernünftige Schlussfolgerung gezogen.

Allerdings hätten Sie im Verlauf des Prozesses mit vielen Menschen gesprochen, hätten ihnen zugehört, sie besser kennengelernt und sie vielleicht durch die Gespräche gesegnet. Was der Geist im Verborgenen daraus machen würde, könnten Sie gar nicht wissen.

„Aber“, so mögen Sie sich fragen, „was geschieht, wenn wir etwas in Gang setzen, und am Ende ist alles ein einziges Chaos und Menschen tragen Verletzungen davon?“ Dann, so lautet die Antwort, würden Sie sich in bester Gesellschaft befinden! Genau das ist Paulus auch passiert. Sie müssen sich nur die Gemeinde von Korinth anschauen. Der beste Weg, um dies zu vermeiden, ist, demütig zu bleiben und sich immer wieder Rat zu holen.

Wenn Sie sich die Denkweise von *Pioneers* zu eigen machen, dann sind „Erfolg“ und „Scheitern“ nicht die Begriffe, auf die es ankommt. Sehr wichtig dagegen ist der Lernprozess, denn beim Experimentieren geht es um neue Entdeckungen. Für die Jünger Jesu, für die Lernen im Zentrum der Nachfolge steht, geht es im Kern darum, den Willen Gottes zu entdecken. Christen nennen ein solches Lernen deshalb auch „Erkenntnis“.

Den Geist Gottes suchen

Der Schlüssel zum Erfolg liegt nicht in einer magischen Formel, mit deren Hilfe man das vorher bestimmte Ziel erreicht. Er liegt darin herauszufinden, was Sie nach dem Willen des Heiligen Geistes aus Ihren Erfahrungen lernen sollen und wozu Sie in der Zukunft berufen sind. Erfolg haben heißt, im Einklang zu sein mit dem Heiligen Geist. Es heißt, in jedem Bereich Ihres Lebens vom Geist erfüllt zu sein, besonders dann, wenn Sie Entscheidungen treffen.

Das heißt, dass Erkenntnis bei Ihren Planungen eine zentrale Rolle spielen sollte. Auch wenn Sie nicht weiter als ein oder zwei Schritte im Voraus sehen können, müssen Sie planen. Dwight Eisenhower, General im Zweiten Weltkrieg und später Präsident der Vereinigten Staaten, hat einmal gesagt: „Bei den Vorbereitungen auf eine Schlacht habe ich immer gedacht, dass Pläne eigentlich nutzlos sind, aber das Planen selbst ist unverzichtbar."

Planen um Erkenntnis zu gewinnen

Das stimmt besonders dann, wenn es um die Gründung einer Zeugnisgemeinschaft geht. Erkenntnis als zentraler Bestandteil von Planung ist deshalb so wichtig, weil eine Entdeckungsreise damit verbunden ist. Es geht darum herauszufinden, wohin der Geist führt. Planen um Erkenntnis zu gewinnen ist:

- *ein geistliches Mittel, um aus der Erfahrung zu lernen.* Betend und im Licht der Bibel reflektierend kann eine Bilanz gezogen werden: „Was ist geschehen, seit wir uns das letzte Mal getroffen haben? Was hat uns überrascht? Wo gab es Schwierigkeiten? Worüber können wir uns freuen? Was sagt der Heilige Geist dazu?" Und: „Wie sollte angesichts dessen, was wir gelernt haben, unser nächster Schritt aussehen?"
- *ein geistliches Handwerkszeug, um den eingeschlagenen Weg fortzuführen.* Aus der Erfahrung zu lernen kann, ebenfalls im Kontext von Gebet und Schrift, dabei helfen, den Willen des Geistes Gottes für den nächsten Schritt zu erkennen: „Das scheint gut zu funktionieren. Es ist anders, als wir es erwartet haben, aber vielleicht möchte der Heilige Geist, dass wir uns darauf fokussieren."
- *eine geistliche Hilfe, um Ressourcen gut zu nutzen.* Das Leben

ist anstrengend und hektisch und Sie und andere in der Gemeinschaft haben vermutlich keine Zeit und Energie zu verschwenden. Wie die Mitarbeiter der Gemeinde St. Laurence in Reading herausfanden, gerät man leicht in die Versuchung, viele Initiativen zu starten, die dann alle fruchtlos bleiben. Wie schon in Kapitel 4 beschrieben (vgl. S. 138), hat erst eine Evaluation ihrer Arbeit mithilfe eines Mitgliedes der Gemeindeleitung zu einer Planung der Aktivitäten geführt, die Früchte trug.

Planen ist deshalb kein optionales Extra. Erkenntnis ist das Herzstück guten Planens, das so gesehen eine unverzichtbare geistliche Übung sein kann, um bei der Reise den richtigen Kurs zu finden und zu erkennen, was der Geist vorhat.

Dazu gehört auch, sich zu fragen, was es heißt, fruchtbar zu sein. Nicht zwei oder drei Jahre im Voraus, das ist unmöglich vorherzusehen. Aber woran würde man nach zwei oder drei Monaten erkennen, dass der Einsatz Früchte trägt? Wenn Sie zurückblicken auf die vergangenen drei Monate, was würde es bedeuten zu sagen, die Zeit war fruchtbar? Woran genau erkennt man das? – Erkenntnis in Verbindung mit Planung lebt davon, die Spuren des Heiligen Geistes zu entdecken.

Stellen Sie sich zum Beispiel vor, Sie fühlen sich zu zweit oder zu dritt berufen, etwas für eine Bevölkerungsgruppe mit Migrationshintergrund zu tun. Sie überlegen gemeinsam, wie Sie den Migranten in Ihrem Bekanntenkreis zuhören können, wie Sie die eine oder andere säkulare Einrichtung ansprechen, die sich in dem Kontext bereits auskennt, und wie Sie Kontakt zu anderen christlichen Gruppen aufnehmen können, die unter ähnlichen Bedingungen gearbeitet haben.

Während Sie all dies diskutieren, fragen Sie sich, woran Sie nach drei Monaten erkennen können, ob Ihre Arbeit fruchtbar war. Vielleicht wäre das dann der Fall, wenn Sie drei Migranten zu ihren Sehnsüchten und Enttäuschungen befragt hätten, ein Gespräch mit einer Einrichtung über die Chancen und Schwierigkeiten in der Arbeit mit der entsprechenden Bevölkerungsgruppe geführt und eine christliche Gruppe ermittelt hätten, mit der Sie sprechen können.

Wenn Sie sich darauf einigen können, dass dies ein Zeichen für Fruchtbarkeit wäre, sollten Sie diese Elemente zu Ihrem Ziel erklären. Es macht keinen Sinn, mit ferneren Zielen zu beginnen und sich zu fragen, wie Sie diese erreichen können. Das entspräche der Denkweise von Organisationen und Institutionen. Starten Sie mit dem Hier und Jetzt, fragen Sie sich, wie der nächste Schritt aussehen kann, und machen Sie die Ergebnisse aus diesem Schritt zu Ihrem Ziel. So kann der Heilige Geist zu Ihnen sprechen.

Überprüfung der Meilensteine

Auch eine regelmäßige Überprüfung der Meilensteine hilft dabei, die Planung zu einem Prozess der Erkenntnis zu machen. Begleitet von Gebet und Bibelstudium sind Überprüfungen Rückblicke, Ausblicke und Entscheidungen für den nächsten Schritt. Sie sind der Motor des Heiligen Geistes, um die Initiative anzutreiben.

Sie können bei einem informellen Gespräch im Café sitzen oder sich in einer etwas strukturierteren Besprechung befinden – ganz gleich wo: Es ist hilfreich, sich zur Überprüfung folgende drei Fragen zu stellen (wie bereits im letzten Kapitel ausgeführt):

- *Was ist passiert?* Haben wir bei unserem letzten Treffen darüber nachgedacht, was es heißen würde, in den kommenden Monaten fruchtbar zu arbeiten? Was haben wir seitdem getan? Was ist sonst noch geschehen? Haben sich die Dinge so entwickelt, wie wir es im Gebet erhofft hatten? Was will der Heilige Geist uns lehren?
- *Was könnte passieren?* Welche Möglichkeiten sehen wir, wenn wir nach vorne schauen? Was bereitet uns Sorgen, was gibt uns Hoffnung? Wohin führt uns der Heilige Geist? Wie könnte fruchtbares Arbeiten aussehen?
- *Was wird passieren?* Welche Schritte wollen wir einleiten, nachdem wir miteinander geredet und gebetet haben?

Ab und zu ist es sinnvoll, zurückzutreten und einen langfristigeren Blick zu wagen. Sie könnten auf das vergangene Jahr zurückblicken und das kommende in den Blick nehmen (oder auch einen längeren Zeitraum). Auch hier können Sie anhand der drei Fragen arbeiten. Bei den folgenden Planungstreffen sollte auch dieser etwas weiter entfernte Horizont nicht vergessen werden. „Wir hatten uns darauf geeinigt, dass fruchtbares Arbeiten in einem Jahr an ... zu erkennen sein sollte. Haben wir nach drei Monaten schon etwas davon gemerkt? Oder lenkt uns der Geist in eine andere Richtung?"

Es wird nicht ein fest definiertes Ziel sein, das Ihre Erfahrungen lenkt: Indem Sie Ihre Erwartungen jeweils neu justieren, wird sich Ihr Ziel herauskristallisieren durch die Erfahrungen, die Sie machen.

Den Geist finden durch Beziehungen

Wie aber erkennen Sie den Heiligen Geist bei der Überprüfung der Meilensteine? Dafür gibt es kein genaues Rezept. Je enger man mit Jesus verbunden ist, desto eher bekommt man ein Gespür dafür, wie und wo er am Werk ist. Aber auch dann kann Gott einem Tier mit Tarnfarbe gleichen – er ist da, aber schwer zu entdecken.

Christen, die sich auf die Bibel stützen, haben eine klare Vorstellung davon, wie sehr Erkenntnis von Beziehungen abhängig ist. Es mag kein einfaches Rezept geben, aber es gibt Beziehungen; gemeint sind die ineinandergreifenden Beziehungen, die das Herz von Kirche ausmachen – die Beziehung zu Gott, zur Welt, zur gesamten Kirche und innerhalb der Gemeinschaft, alle mit Jesus im Fokus. Wir haben uns bereits in Kapitel 2 damit beschäftigt.

Bei der Überprüfung der Meilensteine sollten alle vier Beziehungsebenen zusammenkommen:

- *die Beziehung zu Gott* durch Gebet und Bibellesen. Viele der Christen, die eine Zeugnisgemeinschaft ins Leben rufen, machen dies zum regelmäßigen Bestandteil ihrer Planungstreffen.

- *die Beziehung zur Welt* durch ständiges Hören auf diejenigen, denen man dienen möchte, und auf andere im gleichen Kontext. Sie könnten zum Beispiel während der kommenden Wochen planen, Ihre Ideen an einigen der Menschen zu testen, für die Sie gerne etwas tun möchten.
- *die Beziehung zur gesamten Kirche*, zum Beispiel zu Ihren Gebetspartnern, zu anderen, die eine ähnliche Initiative gestartet haben wie Sie, zu Christen, deren Weisheit Sie schätzen, und, wenn es passt, zum Leitungsteam Ihrer Muttergemeinde.
- *die Beziehung innerhalb der Gemeinschaft*. Die gemeinsamen Planungen im christlichen Kernteam werden bereichert durch die Gaben der Mitglieder.

Erkenntnis gewinnt man, indem Gott durch diese vier Beziehungskonstellationen spricht. Zentrale Aufgabe Ihres Planungsprozesses ist also, auf das zu hören, was gesagt wird, die verschiedenen Gedankenstränge zusammenzubringen und alles im Gebet sorgfältig zu sichten. Welche Muster tauchen auf? Sind Sie nach Jesu Vorbild geformt? Was erwärmt Ihnen das Herz und gibt Ihnen Energie? Wenn Jesus bei Ihnen wäre, was würde er zu dem sagen, was Sie gehört haben?

Es gibt keine feste Formel für die Erkenntnis, weil sie durch Beziehungen entsteht. Beziehungen passen nie in eine bestimmte Schublade. Sie sind immer eine Überraschung.

Das Geheimnis des Erfolgs

Was also sind bei der Gründung von Zeugnisgemeinschaften die Schlüssel zum Erfolg? Erstens: Eignen Sie sich die Denkweise von *Pioneers* an. Gehen Sie einen Schritt nach dem anderen. Lernen Sie, sich wohlzufühlen mit dem Prinzip von Versuch und *Irrtum*. Experimentieren ist der Dreh- und Angelpunkt dessen, was

Sie tun. Erlauben Sie den Experimenten, Gottes Stimme zu sein, und lernen Sie durch jeden Ihrer Schritte etwas dazu.

Zweitens: Verwandeln Sie diese Denkweise in einen Prozess der Erkenntnis. Nehmen Sie sich regelmäßig Zeit, um Ihre Meilensteine zu überprüfen, ob auf informellem oder formalem Weg. Geben Sie dem Gebet viel Raum: Es ist das Herzstück in allem, was Sie tun, besonders wenn Sie zurückblicken oder über die Zukunft nachdenken. Fragen Sie immer wieder, was der Heilige Geist Ihnen sagen möchte.

Drittens: Lassen Sie die Fähigkeit der Erkenntnis tiefe Wurzeln in Ihrer Beziehung zu Gott schlagen, indem Sie beten und Bibel lesen; in Ihrer Beziehung zu den Menschen, denen Sie dienen wollen; in Ihrer Beziehung zu jenen in der gesamten Kirche, die Ihnen mit ihrer Weisheit zur Seite stehen können und die für Sie beten; und in Ihrer Beziehung zum christlichen Kern Ihrer Initiative. Machen Sie Ihre Überprüfungen der Meilensteine zu einer Entdeckungsreise, die durch diese Beziehungen vom Heiligen Geist gelenkt ist.

Sie werden feststellen, dass Zeugnisgemeinschaften eine herrliche Möglichkeit sind, Jesus in jedem Bereich des Lebens bekannt zu machen. Immer mehr Christen sind daran beteiligt. In zehn Diözesen der Church of England stellen solche Gemeinschaften bereits 15 Prozent aller Gemeinden. Die meisten von ihnen werden von Laien in ihrer Freizeit geleitet, normalerweise in einem kleinen Team, das zuweilen nur aus zwei oder drei Personen besteht.[188] Die meisten von ihnen wurden in den vergangenen zehn Jahren ins Leben gerufen.

Der Geist tut etwas Neues und ganz normale Christen gehen voran. Warum also sollte man Zuschauer bleiben und dieses Ereignis verpassen? Gottes Kirche arbeitet, nicht theoretisch und

---

[188] Church Growth Research Project, „Report on Strand 3b: An analysis of fresh expressions of Church and church plants begun in the period 1992–2012“, Oktober 2013, S. 26, erhältlich bei Church Army Research Unit.

körperlos, sondern durch Beziehungen mitten in der Unordnung des Lebens.

Wenn Sie also nun zuhören, einschätzen, den Kurs ändern und auf Gott vertrauen, dass er Ihr Werk zur Vollendung bringt, vergessen Sie eines nicht: Die Kirche ist das Geschenk Gottes an die Welt. Ein Geschenk, das ermutigen, heilen und einen Vorgeschmack vom Himmel bringen soll. Ein Geschenk, das hinweisen soll auf die Zeit, auf die Verheißung, die vor uns liegt, wenn Jesus alle Dinge vollkommen machen und Gott alles in allem sein wird.

Anhang: Evaluation des Prozesses

Evaluation hat in der säkularen Welt einen schlechten Ruf. Immer wieder werden Ziele von außen auferlegt, die Beteiligten werden nicht gefragt, einzelne Interessengruppen (wie zum Beispiel Geldgeber) haben mehr Rechte als andere (oft diejenigen, denen die Initiative helfen soll). Eine solche Kultur wollen wir ganz gewiss nicht auch noch in der Kirche fördern, oder?

Wenn sie allerdings in einer gesunden Theologie wurzelt, kann Evaluation in der Kirche etwas völlig anderes sein:

- Sie ist den Zeugnisgemeinschaften willkommen als Werkzeug, um den Willen des Heiligen Geistes zu erkennen.
- Sie ist der Gemeinschaft nicht auferlegt, sondern ein gemeinsamer Prozess, an dem alle beteiligt sind.
- Sie ist Werkzeug des Heiligen Geistes, nicht Werkzeug einer bestimmten Interessensgruppe.

Warum evaluieren?

Damit Evaluation zu einer positiven Erfahrung werden kann, muss man zunächst einmal die pragmatischen Standardbegründungen hinter sich lassen. Sie beziehen sich nämlich häufig auf die Forderungen derer, die ein Interesse an der Initiative haben, aber außerhalb stehen.

Eine Ortsgemeinde, eine Kirche oder ein Gemeindenetzwerk zum Beispiel werden verständlicherweise wissen wollen, ob die Gemeinschaft der Bibel treu bleibt, ob sie sich den vereinbarten Zielen nähert und ob sie sich als fruchtbar erweist. Besonders dann, wenn Geld im Spiel ist, wird auf dieser Grundlage die Entscheidung getroffen, ob eine weitere Unterstützung der Gemeinschaft gerechtfertigt ist.

Folgt man diesem Modell, wird anhand der Evaluation entschieden, ob die Initiative weiter Rückhalt bekommt oder nicht. Es wird bewertet, ob die Gemeinschaft Unterstützung verdient. Kein Wunder, dass dies eine bedrohliche Wirkung auf diejenigen hat, die unter die Lupe genommen werden!

Der Ausgangspunkt ist ganz anders, wenn man Evaluation als Beitrag zum Prozess der geistlichen Erkenntnis sieht. Dann liegt der Zweck nicht darin zu bewerten, ob eine Unterstützung gerechtfertigt ist, sondern darin zu entdecken, wo und wie der Heilige Geist am Werk war. Dann wird Evaluation zu einem Mittel, um aus der Erfahrung zu lernen, zu einem Werkzeug, um den eigenen Kurs zu skizzieren, und zu einer Hilfe, um die Ressourcen sinnvoll einzusetzen.

Aus dieser Sicht ist Evaluation nichts anderes als der Prozess des Erkennens, ob ein Projekt fruchtbar ist. Und Früchte trägt eine Gemeinschaft nicht erst dann, wenn sie etwas für die Menschen tut, zu denen sie berufen ist. Auch auf dem Weg dorthin kann schon jede Phase fruchtbar sein.

Unter Fruchtbarkeit kann man die Ergebnisse dessen verstehen, was Sie entscheiden und tun. Ein Gespräch kann fruchtbar sein, wenn Sie etwas daraus lernen oder das Gegenüber besser kennenlernen. Ein als Experiment gestartetes Grillfest kann auch fruchtbar sein, wenn kaum jemand kommt – zum Beispiel wenn eine an dem Abend achtlos hingeworfene Bemerkung Ihnen zu einer neuen Idee verhilft.

Fruchtbarkeit ist also viel mehr als das Ergebnis Ihrer Initiative, als die Menge der erreichten Personen, die Qualität der Angebote, die Anzahl der Menschen, die zum Glauben gekommen sind und so weiter. Auch das ist natürlich gemeint, aber nicht nur das. Gemeint sind auch die Anzeichen für das Wirken des Heiligen Geistes.

Der Begriff „Ergebnis“ bekommt so eine neue Definition. Man sieht Ergebnisse nicht erst am Ende einer Wegstrecke, sondern kann immer und überall danach Ausschau halten. Ein Ergebnis ist auch, wenn Sie etwas sagen oder tun und in dem, was dabei herauskommt, ein Hauch Heiliger Geist zu spüren ist. Erkenntnis ist dann der Prozess, Woche für Woche neu diesen Hauch wahrzunehmen, der uns erkennen lässt, was der Heilige Geist im nächsten Schritt vorsieht.

Evaluation kann die Fähigkeit zur Erkenntnis fördern durch den Blick auf das, was war. Es wird zu einer ständig wiederholten Bestandsaufnahme, wenn man sich immer wieder daran erinnert: „Lass uns einen Schritt zurücktreten und schauen, wo der Heilige Geist am Werk war." In welcher Form dies geschieht, ist egal: ob nebenbei als Teil der Überprüfung der Meilensteine oder als regelmäßige, bewusst geplante Maßnahme.

Wer entscheidet?

Zeugnisgemeinschaften entstehen nicht im luftleeren Raum. Sie sind Teil einer Ortsgemeinde oder laufen unter dem Schirm einer Kirche.

Selbst wenn sie unabhängig sind, sollten sie Verbindungen zur Gesamtkirche haben. Sie sollten gestützt werden von einer Gruppe von Christen, die für sie betet. Ihre Leitung sollte sich einem im Glauben gefestigten Christen außerhalb des Kontextes verantwortlich fühlen. Und sie sollten Gemeinschaft haben mit anderen christlichen Gruppen.

Allerdings kann diese Beteiligung der Gesamtkirche bei der Evaluation durchaus zu Schwierigkeiten führen. Wer hat die letzte Autorität? Inwieweit kann die Evaluation der Zeugnisgemeinschaft selbst überlassen werden? Wie viel Aufmerksamkeit sollte dem größeren Kontext Kirche geschenkt werden, gleich ob der Muttergemeinde oder einem von außen kommenden Mentor?

Zwei Sackgassen

Das eine Extrem wäre, eine Zeugnisgemeinschaft als frei im Raum schwebende, von der Gesamtkirche völlig unabhängige Einheit zu verstehen. Manche Christen verhalten sich so, als ob der Heilige Geist an Pfingsten gekommen sei, die nächsten zweitausend Jahre geschlafen hätte und nun wieder erwacht sei, um allein ihnen in ihren Versammlungen nah zu sein.

Das ist ganz offensichtlich absurd. Der Heilige Geist war über zweitausend Jahre hinweg in der Kirche aktiv. Zeugnisgemeinschaften reihen sich in eine reiche geistliche Geschichte ein. Man kann die über diese Zeit angesammelte Weisheit nicht einfach ausradieren. Genauso wenig kann man die DNA seiner Ortsgemeinde oder Kirche ignorieren – es sei denn, man ist unabhängig. Vielleicht können Sie den Erwartungsrahmen Ihrer Muttergemeinde erweitern (was sich für diese durchaus als Segen erweisen könnte), aber Sie können nicht erwarten, dass sie Ihnen gar keine Grenzen vorgibt.

Das andere Extrem wäre zu meinen, dass die bestehende Kirche das Sagen haben sollte: Nachdem sie der neuen Gemeinschaft sorgfältig zugehört hat, soll sie auf ihre angesammelte Weisheit zurückgreifen und das letzte Wort haben. Aber warum sollte die bestehende Kirche immun sein gegen menschliche Schwächen? Auch ihre Sicht der Dinge und ihre Ansätze können fehlbar sein. Tatsächlich soll nach Gottes Willen das Neue häufig das Alte infrage stellen – man muss nur an die lange Geschichte der Erweckungsbewegungen denken.

Der bestehenden Kirche sollte bewusst sein, dass sie der Welt ein Geschenk Gottes bringt – das Geschenk des Lebens mit Jesus, des Lebens im Reich Gottes. Es liegt allerdings in der Natur des Schenkens, dass man niemandem vorschreiben kann, was er mit dem Geschenk macht.

Wenn ich meinem vier Jahre alten Enkel ein Spielzeugflugzeug schenke und den gesamten Nachmittag bei ihm bleibe und ihm erkläre, wie man damit spielt, dann hört es auf, ein Geschenk *für ihn* zu sein. Tatsächlich mache ich mir selbst ein Geschenk – das Geschenk, meine Kindheit noch einmal zu erleben.

Das Gleiche gilt für die Weitergabe des Evangeliums. Wie es in einer christlichen Gemeinschaft in Empfang genommen, verstanden und gelebt wird, muss allein den Empfängern überlassen werden; sie selbst hören auf den Geist Gottes durch Bibellesen, Beten und sorgfältiges Nachdenken.

Auf der südlichen Hemisphäre haben neu zum Glauben Gekommene die Bibel am Ende oft dazu genutzt, diejenigen zu kritisieren, die ihnen das Evangelium gebracht haben. Christliche Zulu zum Beispiel haben Genesis 3,21 zitiert, um zu rechtfertigen, dass ihre Kleidung aus Fellen bestand. Den Missionaren warfen sie vor, nicht richtig gekleidet zu sein! Anderswo haben afrikanische Christen sich darüber beschwert, dass die Missionskirchen der Bibel nicht treu seien, denn dort ist Tanzen als Ausdruck der Anbetung erlaubt.[189]

Auch wenn ich riskiere zu übertreiben: Wenn neue Gläubige die Bibel benutzen, um diejenigen zu korrigieren, die sie zu Jesus gebracht haben, dann kann das bedeuten, dass die Botschafter der Schrift ihre Aufgabe erfüllt haben.

Nicht solche christlichen Gemeinschaften sind als Erfolg zu bezeichnen, die sich in völliger Übereinstimmung mit den bereits existierenden Ausdrucksformen gemeindlichen Lebens befinden, sondern solche mit der Fähigkeit, durch den Heiligen Geist die bestehende Kirche zu kritisieren.

Nur durch gegenseitige Korrektur – indem die Alten die Neuen infrage stellen und umgekehrt – kann die gesamte Kirche in der Erkenntnis Christi wachsen.

---

[189] Lamin Sanneh, *Translating the Message: The Missionary Impact on Culture,* Maryknoll: Orbis, 1989, S. 176.

Erkenntnis – gemeinsam

Der Weg der Evaluation sollte gemeinsam beschritten werden – gemeinsam von Zeugnisgemeinschaft und bestehender Gemeinde oder Kirche, aus der sie entstanden ist. Es ist nicht zu vermeiden, dass dieser Prozess mit einigem Chaos einhergeht, dass es zu Spannungen kommen wird und verschiedene Sichtweisen zutage treten werden. Es gibt kein Navigationsgerät, das Schritt für Schritt führt, lediglich die den ersten Christen entliehene Weisheit, denn sie waren in der gleichen Situation.

Die frühe Kirche war zunächst fast vollständig jüdisch. Die Gläubigen verstanden ihren neuen Glauben vom Judentum her. Sie fuhren zum Beispiel fort, ihre Gottesdienste im Tempel zu feiern (Apostelgeschichte 2,46). Als aber eine wachsende Zahl von Heiden zu Jesus fand, mussten die Gemeindeleitenden mit der Herausforderung umgehen, Gläubige aus völlig verschiedenen Kontexten willkommen zu heißen, die auch verschiedene Vorstellungen davon hatten, was Nachfolge Jesu heißt. Nicht zuletzt wollten die Heidenchristen sich nicht beschneiden lassen, was aber für die Juden zentrales Element ihrer Identität war.

Die Situation unterschied sich also nicht sehr von der heutigen. Durch die neuen christlichen Gemeinschaften gibt es einen Zustrom von Menschen mit wenig oder gar keinem kirchlichen Hintergrund. Im Bericht des Church Army Research Unit heißt es, dass zwei Fünftel der Mitglieder von Fresh-X-Gemeinden keine nennenswerten Vorerfahrungen mit Kirche gemacht haben.[190]

Viele von den Neuen in der Kirche und manche von denen, die sie zum Glauben gebracht haben, verstehen unter christlicher Gemeinschaft etwas ganz anderes als die Mitglieder der traditionellen Gemeinden. Zum Beispiel legen sie mehr Wert darauf, ge-

---

[190] Church Growth Research Project, „Report on Strand 3b: An analysis of fresh expressions of Church and church plants begun in the period 1992–2012“, Oktober 2013, S. 6, erhältlich bei Church Army Research Unit.

meinsam zu essen. Die Verkündigung und andere Elemente des Gottesdienstes bekommen eine ganz neue Form. Wichtiger als ein wöchentliches Treffen ist, zwischen den Treffen in Kontakt zu bleiben.

Wie ist die frühe Kirche mit der Herausforderung umgegangen, die neuen Gläubigen willkommen zu heißen, die den Glauben aus einer ganz anderen Sicht betrachteten? Apostelgeschichte 15 beschreibt die Versammlung der Apostel in Jerusalem, auf der einige dieser Themen ausdiskutiert wurden:

- Es wurde „lange und intensiv miteinander diskutiert", sodass die verschiedenen Meinungen zum Ausdruck gebracht werden konnten.
- Beide Seiten waren offen und direkt.
- Die Leute hörten zu.
- Im Licht der Schrift wurden Geschichten erzählt und interpretiert.
- Es wurde Wert gelegt auf die Beteiligung des Heiligen Geistes.
- Die Lösung kam beiden Parteien entgegen – die Heiden mussten nicht beschnitten werden, sollten aber gewisse jüdische Speisevorschriften einhalten. Ehrliche Gespräche führten zu einem Nehmen und Geben auf beiden Seiten.

Paulus ist nicht losgegangen, um eine abgesplitterte Heidenkirche zu leiten. Stattdessen bemühte er sich immer wieder, in Gemeinschaft mit den „traditionelleren" jüdischen Gläubigen zu bleiben. In Apostelgeschichte 21 kehrt er trotz großer Gefahren nach Jerusalem zurück, um dort an einem jüdischen Reinigungsritual teilzunehmen.

Genauso wenig zwangen die jüdischen Apostel die heidnischen Konvertiten zur Beschneidung. Sie wollten die neuen Christen nicht zu Juden machen. Sie respektierten die kulturelle Andersartigkeit der Heiden und akzeptierten, dass Kirche unter ihnen anders aussehen würde.

Auch machten sie keine lange Liste von Vorschriften. Sie legten ein paar Bedingungen fest (Apostelgeschichte 15,29), vermieden aber ausdrücklich, den neuen Christen weitere Lasten „aufzuerlegen“ (Vers 28). Ihr Vorgehen zeichnete sich durch wenig Kontrolle und viel Vertrauen aus. Die von Paulus gegründeten neuen Gemeinden hatten die Freiheit, ihre eigenen Wege in der Nachfolge Jesu zu entwickeln – geleitet vom Heiligen Geist und den Schriften der damaligen Zeit (unserem Alten Testament) und begleitet von Paulus und seinem Team.

Evaluation als gemeinsames Projekt

In welcher Form Lektionen von früher heute angewandt werden, hängt von den Begleitumständen ab. Sind Zeugnisgemeinschaften weitgehend unabhängig, ist die bestehende Kirche wenig involviert. Unter diesen Umständen wird diese Rolle vielleicht von den Gebetspartnern der Gemeinschaft, von den fest im Glauben verankerten Christen, denen das Leitungsteam verantwortlich ist, und vom Engagement gläubiger Mitglieder einer etablierten Gemeinde übernommen. Auf diese Weise werden die Werte und Erwartungen der großen Familie in die Gemeinschaft hinein filtriert.

Bei Gemeinschaften, die ausdrücklich an eine Ortsgemeinde, eine Kirche oder ein Gemeindenetzwerk gebunden sind, ist deren Engagement direkter, nicht zuletzt deswegen, weil die Gemeinschaft ihnen gegenüber verantwortlich ist.

Wie auch immer Gesamtkirche und Zeugnisgemeinschaften miteinander verbunden sind, sie sollten von den ersten Christen lernen. Sie müssen offen und ehrlich miteinander reden, einander sorgfältig zuhören, Geschichten erzählen und sie im Licht der Schrift interpretieren, den Heiligen Geist einbeziehen, wo Uneinigkeit herrscht nach Lösungen des Gebens und Nehmens suchen, einander verbunden bleiben und einander in einer lockeren Form Rechenschaft ablegen.

Einige Zeugnisgemeinschaften empfinden das vielleicht als Einengung. Aber ihre Beziehung zur großen Familie der Christen ist auch eine große Quelle der Kraft, besonders dann, wenn sie den großen Vorrat an geistlicher und praktischer Weisheit zu nutzen wissen. Die Gaben der großen Familie sind ein Grund zur Freude.

Zeugnisgemeinschaften sollten sich auch freuen, wenn sie die eigenen Erfahrungen ihres Weges mit dem Heiligen Geist mit anderen teilen können. An dieser Stelle wiederum können sie ein Segen für die gesamte Kirche sein. Nicht wenig von dem, was wir heute in der Kirche schätzen gelernt haben, ist aus neuen Formen kirchlichen Lebens entstanden. Man denke nur an die Reformation! Evaluation als gemeinsames Projekt zu betrachten kann ein Weg des Gebens und Nehmens auf beiden Seiten sein.

Was sollte evaluiert werden – und wie?

Es gibt Menschen, oft kirchliche Leitungspersönlichkeiten, die immer wieder von Zahlen reden – wie viele Leute werden von der Gemeinschaft versorgt, wie viele sind zum Glauben gekommen, wie viele kommen zu den Treffen und so weiter.

Natürlich können Zahlen eine Rolle spielen. Als Jesus die zweiundsiebzig Jünger aussandte, ermutigte er sie, dorthin zu gehen, wo die Menschen sie aufnehmen. Hieß eine Stadt sie willkommen, sollten sie bleiben. Wenn nicht, sollten sie weitergehen (Lukas 10,8-12). Die Reaktion der Leute war wichtig. Durch genaues Zählen der Anwesenden kann man einschätzen, ob die Resonanz positiv ist.

Die Gefahr besteht darin, dass eine zu große Konzentration auf Zahlen eine Reihe von ebenfalls wichtigen Dingen außer Acht lässt. Zählt man etwas, wird es zu allem, was zählt. Das Reich Gottes ist viel zu facettenreich, um auf Zahlen reduziert werden zu können.

Andere legen besonderes Gewicht auf die Qualität, wie etwa geistliche Reife. Epheser 4,12-13 sieht vor, dass die Kirche aufgebaut wird, bis ihre Mitglieder „eine Reife erreichen, deren Maßstab Christus selbst ist in seiner ganzen Fülle". Wenn das das Mission-Statement für die Kirche ist, so sagen die Qualitätsverfechter, dann sollten wir evaluieren, ob wir das bereits erreicht haben.

Das Problem liegt darin, dass Reife ein schwer definierbarer Ausdruck ist. Fragt man zehn Kirchenbesucher, was Reife ist, bekommt man zehn verschiedene Antworten! Der Begriff ist zu schwer fassbar, als dass man ihn messen könnte.

Hinter beiden Ansätzen steckt ein großes Problem: Es liegt zu viel Gewicht auf den Resultaten – Zahlen oder Reife – und nicht genug auf dem Prozess. Betont werden die Ergebnisse, statt nach dem Lernerfolg zu fragen. So gleicht Evaluation mehr den Verbesserungen eines Lehrers als der Vorbereitung auf das Examen. Dann geht es ganz schnell um ein „Bestehen oder Durchfallen". Vermittelt wird das Gefühl eines Urteils, nicht das Gefühl unterstützt zu werden.

Formativ oder summativ

Pädagogen sprechen von formativen oder summativen Beurteilungen.

Formative Beurteilungen bilden die Lernenden. Sie helfen ihnen beim Lernen. Eine Rückmeldung auf einen Test oder ein Essay ermöglicht es dem Schüler oder Studenten, seine Schwächen zu erkennen und daran zu arbeiten.

Summative Beurteilungen fassen zusammen, was der Student gelernt hat. Die Messung geschieht anhand von Maßstäben oder Standards und kommt dem Gefühl sehr nah, bestanden zu haben oder durchgefallen zu sein.

Die Zielsetzung von Evaluation sollte rein formativ sein und dabei helfen, das Wirken des Geistes zu erkennen. Sie lassen den Weg Ihrer Gemeinschaft Revue passieren und die Evaluation hilft Ihnen dabei zu sehen, wo der Geist am Werk war (und wo nicht), damit Sie erkennen können, wohin er Sie als Nächstes führt.

Eine „theory of change“

Damit Evaluation genau dies bewirken kann, ist eine Vorstellung von dem Weg nötig, Sie brauchen eine Übersichtskarte. Denn Sie müssen erkennen können, wann Sie einen Meilenstein erreicht haben, und eine grobe Vorstellung davon haben, wo der nächste zu finden ist.

Auf dem sozialen Sektor wird diese Übersichtskarte manchmal als theory of change, als Theorie der Veränderung, beschrieben. Um effektiv zu evaluieren, müssen Organisationen verstehen, welche Art von Wandel sie erreichen wollen und wie sie dies tun wollen. Wenn ein Projekt zum Beispiel mit Drogenabhängigen arbeitet, sollte die Leitung eine „Theorie“ haben, wie sie Veränderung initiieren möchte.

Eine solche Theorie könnte so aussehen: Es gibt eine Anlaufstelle für Drogenabhängige. Dort können sie eine Beziehung zu ihrem Sozialarbeiter und anderen Suchtkranken aufbauen. Über diese Beziehungen werden sie zu einer Selbsthilfegruppe eingeladen. Wenn sie so weit sind, daran regelmäßig teilzunehmen, gibt es ein Treffen mit einem Sozialarbeiter, der ihnen Wege zur weiteren Unterstützung vermittelt. Mithilfe dieser Unterstützung kommen sie an den Punkt, an dem sie benennen können, was sich hinter ihrer Sucht verbirgt, und bekommen sie vielleicht in den Griff.

In diesem Fall wird sich Evaluation auf den Weg beziehen, den Drogenabhängige zurücklegen sollen:

- Funktioniert der erste Schritt? Nehmen die Drogenabhängigen die Anlaufstelle in Anspruch und kommen? Wenn nicht, woran liegt es dann und wie kann man Abhilfe schaffen?
- Funktioniert der nächste Schritt? Werden die Drogenabhängigen zu einer Selbsthilfegruppe eingeladen? Wenn nicht, auch hier die Frage warum und wie kann Abhilfe geschaffen werden?
- Funktioniert der dritte Schritt? Kommen die Drogenabhängigen regelmäßig zur Selbsthilfegruppe? Und wieder: Wenn nicht, wie könnte man ihr Engagement intensivieren?

- Mit allen weiteren Schritten des Weges muss man sich auf die gleiche Weise befassen.

Auf diese Weise wird Evaluation zu einem „formativen“ Prozess. Sie wird zu einem Werkzeug der Einschätzung, ob die Ziele der einzelnen Etappen erreicht werden und welche Verbesserungen möglich sind.

Vermutlich sind auch „summative“ Elemente unverzichtbar, vor allem Geldgeber werden diese sicherlich einfordern: Wie viele Suchtkranke konnten von ihrer Abhängigkeit befreit werden und wie lange haben sie durchgehalten?

Aber die summative Einschätzung steht nicht allein da. Sie ist lediglich Teil der formativen Evaluation und leistet in diesem Kontext einen Beitrag. Leitung und Geldgeber nutzen die Ergebnisse, um festzustellen, ob der Weg insgesamt effektiv ist. Befreit das Programm Abhängige von ihrer Sucht?

Wenn die summative Evaluation vermittelt, dass dies nur sehr selten der Fall ist, wäre das ein Grund, die theory of change zu hinterfragen. An welcher Stelle ist sie falsch? Lässt sie Faktoren außer Acht, die hilfreich wären, um Suchtkranke von Drogen zu befreien? Wie könnte der Weg entsprechend verändert werden, um diesen Faktoren Rechnung zu tragen?

So eingesetzt kann summative – und formative – Evaluation den Lernprozess unterstützen. Wenn die Ergebnisse enttäuschend sind, könnte ein Geldgeber auch zu folgendem Schluss kommen: „Das ist kein Grund, dem Projekt die Gelder zu entziehen. Wir haben Vertrauen in die Leitung des Projektes. Wir wissen, dass es sich um ein Experiment handelt. Wir möchten den Lernprozess der Leitung erleben und sehen, wie sie ihre theory of change weiterentwickelt.“

Ein Zuerst-dienen-Weg

In Kapitel 4 haben wir verschiedene theorys of change in Bezug auf Zeugnisgemeinschaften vorgestellt. Gemeinschaften zum Beispiel, die etwas für Menschen ohne jeglichen kirchlichen Hintergrund tun, arbeiten wahrscheinlich nach dem *Zuerst-dienen*-Konzept:

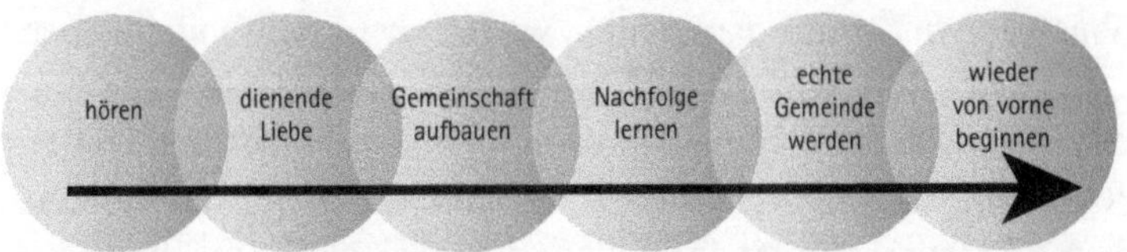

Natürlich handelt es sich hier lediglich um eine grobe Skizze. Jede Gemeinschaft setzt die Details verschieden in die Tat um. Manche Phasen überlappen sich beträchtlich oder werden in anderer Reihenfolge umgesetzt.

Oft weiß man erst, wie genau die Phase aussieht, wenn man dort angekommen ist. Trotzdem ist es gut, diese Wegbeschreibung zu haben. Sie hilft dabei, die Richtung des Weges im Blick zu haben und bietet Rahmenbedingungen für den Evaluationsprozess. „Der Geist hat uns bis zu diesem Punkt geführt. Wohin führt er uns als Nächstes?"

Die Fähigkeit zur Erkenntnis wird zum Anstoß, konkret darüber nachzudenken, wie die nächste Phase aussehen kann. Evaluation wiederum hilft bei der Einschätzung, ob die Erwartungen erfüllt wurden oder nicht.

Ein medizinisches Café

Angenommen Sie würden gemeinsam mit einer oder zwei weiteren Personen ein Gespräch mit einem Ärztehaus bei Ihnen am Ort führen. Wie das in Kapitel 8 (S. 130) beschriebene Coffee in the

Living Room möchten Sie gerne einmal wöchentlich ein Café für die Patienten der Arztpraxen anbieten, besonders für diejenigen, die unter Einsamkeit leiden.

Die Phase des „Hörens" am Anfang besteht wahrscheinlich aus verschiedenen Elementen: den Pfarrer um die Nutzung der Kirche bitten; die Patienten befragen, ob Interesse besteht; nach potenziellen ehrenamtlichen Helfern suchen. Hier ist die Evaluation einfach: Ist das geschehen und wie sehen die Ergebnisse aus? Was können Sie aus dem lernen, was Sie herausgefunden haben?

Im nächsten Schritt in Richtung „dienender Liebe" beginnen Sie vielleicht damit, das Café zu planen. Am Ende jedes Treffens legen Sie fest, wie die Wochen bis zum nächsten Treffen aussehen müssen, damit sie fruchtbar sind: Welche Gespräche sollten geführt werden, auf welche Ergebnisse hoffen Sie usw. All dies wird in konkrete Schritte umgewandelt. Beim nächsten Treffen findet Evaluation statt, indem jede Person erzählt, zu welchen Konsequenzen ihre Schritte geführt haben.

So fahren Sie fort, bis das Café eröffnet. Dann evaluieren Sie, ob es Ihre Hoffnungen in dieser Phase erfüllt. Dafür haben Sie vor der Eröffnung festgelegt, wie die ersten Wochen der Cafétarbeit aussehen müssen, damit sie fruchtbar sind – wie die Menschen von dem Café erfahren, wie viele Gäste Sie sich erhoffen, wie die Gäste willkommen geheißen werden, wie die Tische gestellt sind, wie das Angebot an Getränken aussieht usw.

Nach der Eröffnung evaluieren Sie, ob Ihre Hoffnungen, die Sie betend formuliert hatten, sich erfüllt haben. Wo die Dinge nicht so funktioniert haben, wie Sie es dachten, diskutieren Sie darüber, wie man es anders machen könnte. Vielleicht kommen nicht so viele Menschen, wie Sie gehofft hatten. Waren Sie zu optimistisch? War die Art der Werbung falsch? Lädt das Personal im Gesundheitszentrum die Patienten nicht nachdrücklich genug ein?

Auf dem Weg zum nächsten Schritt – „Gemeinschaft aufbauen" – fahren Sie mit der Evaluation auf die gleiche Weise fort.

Jährliche Rückblicke

Nach und nach nimmt das *Zuerst-dienen*-Konzept Form an. Dann können Sie sich damit beschäftigen, wie Fruchtbarkeit in Ihrem Café in einem Jahr aussehen soll. Dieses Fernziel behalten Sie während der Planung der nächsten Schritte im Laufe des Jahres im Kopf. Nach jedem Schritt evaluieren Sie das Geschehene und fragen sich dabei immer wieder, ob Sie sich noch auf das festgelegte Jahresziel zubewegen.

Nach zwölf Monaten schauen Sie sich an, wie weit Sie gekommen sind. In welchem Maße entspricht das Café dem, was Sie sich unter fruchtbarer Arbeit vorgestellt hatten? Wenn Sie eine Divergenz feststellen (was gut der Fall sein kann), dann fragen Sie sich, woran das liegt. Was können Sie aus dem Weg lernen, den sie hinter sich haben?

In diesem Sinne eingesetzt, ist Evaluation einfach nur gesunder Menschenverstand. Jeder, der gut plant, handelt so. Man schaut nach vorne auf das, was als Nächstes anliegt, stellt sich betend vor, was passieren muss, damit der Schritt Früchte zeigt, und schaut dann – evaluierend –, ob das eingetroffen ist, was man sich erhofft hat. Nach einem Jahr ergänzt man diese formative Evaluation durch eine mehr summative Variante.

Ab und zu erfordern summative Evaluationen eine substanziellere Untersuchung. Dann geht es um die Frage: „Wie können wir es besser machen?" Hier könnten Sie einen Außenstehenden mit Erfahrung bitten, einen Blick auf das zu werfen, was Sie tun. Oder Sie besuchen zu zweit eine vergleichbare Initiative, um Ideen zu sammeln.

Ein Fragenkatalog

Damit Sie sich den Evaluationsprozess besser vorstellen können, haben wir nachstehend einige Fragen gesammelt, die Sie – mit dem *Zuerst-dienen*-Konzept als Schablone – nutzen können. Sie sind weitgehend formativ ausgerichtet, einzelne sind auch summativ.

Ich habe „qualitative" von „quantitativen" Fragen getrennt, an einigen Stellen überlappt sich dies auch. Der Grund dafür ist, dass die meisten Leitungsteams von Zeugnisgemeinschaften qualitative Fragen bevorzugen. Trotzdem kann es für eine Kirche oder einen Geldgeber nötig sein, ein paar Zahlen und Fakten zu bekommen. Zahlen sind konkret und scheinen objektiv zu sein. Natürlich kann man sich über ihren Wert streiten, aber eventuell haben Sie keine andere Wahl. Deshalb habe ich einige „quantitative" Fragen beigefügt. Beide Arten von Fragen sind lediglich Denkanstöße. Manche treffen auf Ihre Situation nicht zu, dafür haben Sie ganz sicher andere Fragen, die gestellt werden müssen.

Kirchen, Gemeindenetzwerke oder Geldgeber verlangen vielleicht, dass Sie Ihre Bewertungen in Beziehung setzen zu Ihren Zielen – mit dem, was Sie in der evaluierten Zeitspanne zu erreichen hofften. Unter Umständen wollen Sie selbst das auch. Deshalb möchten Sie vielleicht zu jeder Überschrift ein paar einfache Ziele anführen.

So könnten Sie zum Beispiel zum Thema „Hören" folgendes Ziel formulieren: „Wir nehmen uns vor, während des kommenden Jahres mit fünfzig Menschen zu sprechen (einem pro Woche), mit mindestens zwanzig von ihnen führen wir drei Gespräche und mit sieben sollen die Gespräche tiefer gehend sein." Wenn Sie sich so präzise Ziele setzen, dann vergessen Sie nicht, dass der Heilige Geist Sie häufig vom Kurs abbringt. Das sollte Ihnen für den Rückblick keine Sorgen bereiten, Sie sollten es aber erklären können.

Einige gute Beispiele für Ziele sowie weitere Fragen auf der Grundlage eines etwas anderen formativen Weges finden Sie auf der Website der Diözese Toronto unter „Missional Waymarks".

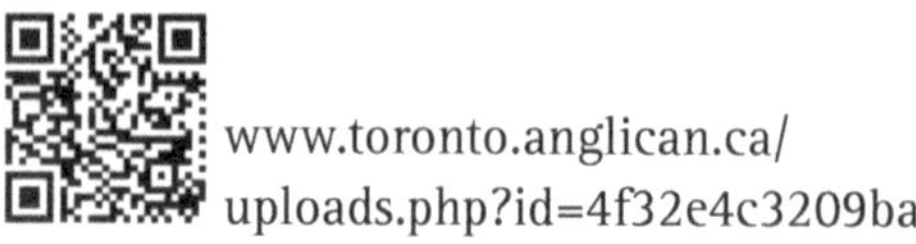

www.toronto.anglican.ca/
uploads.php?id=4f32e4c3209ba

Hören

Qualitativ

- Welche Themen kommen besonders häufig vor?
- Wie sehen die Hoffnungen und Sehnsüchte der Menschen aus?
- Welche Möglichkeiten haben Sie, etwas für sie zu tun?
- Wie haben sie auf Ihre Vorschläge oder Versuche reagiert?
- Wo sind sie auf einem „postmodernen Weg zum Glauben“, wie er auf Seite 78 beschrieben ist?

Quantitativ

- Mit wie vielen Menschen haben Sie gesprochen?
- Wie viele Frauen, wie viele Männer waren es – spezifiziert nach Altersgruppen oder sonstigen demografischen Kategorien?
- Wie viele Gespräche hatten Sie durchschnittlich mit den Einzelnen? Wie lange haben sie gedauert?
- Wo fanden die Gespräche statt (jeweils die Zahl pro Ort angeben)?
- Wie viele von ihnen waren Kirchgänger, wie viele waren es nicht? Wie viele aus der zweiten Gruppe hatten nennenswerte Erfahrungen mit Kirche, wie viele hatten keine?
- Wer hat wie auf Ihre qualitativen Fragen geantwortet? (Können Sie zum Beispiel die Reaktionen auf Ihre Vorschläge kategorisieren und sagen, wie viele Antwortende pro Kategorie es gab?)

Dienende Liebe

Qualitativ

- Wie haben Sie den Menschen in Liebe gedient?
- Welche Geschichten spiegeln gut oder weniger gut das wider, was Sie getan haben?
- Wo lagen für das Team im vergangenen Jahr die Höhepunkte, wo die Tiefpunkte?

- Welche Hoffnungen hatten Sie zu Beginn des Jahres und inwieweit konnten sie verwirklicht werden?
- Was hat Sie überrascht und was haben Sie gelernt?
- Welche Verbesserungsideen kamen von den Beteiligten?

Quantitativ

- Wie viele Menschen aus Ihrem Netzwerk oder Ihrer Nachbarschaft treffen sich regelmäßig mit Mitgliedern des Teams?
- Wie viele Menschen kommen durchschnittlich zu Ihren Hauptveranstaltungen? Am Anfang des Jahres? Am Ende des Jahres?
- Mit wie vielen Menschen insgesamt stehen Sie in Kontakt (Sie sehen sie zum Beispiel mindestens ein bis zweimal im Jahr)?
- Wie sehen die Ergebnisse Ihrer Reflexionsbögen (in Bezug auf Ihren Dienst) aus, wenn Sie einen solchen verwenden?

Gemeinschaft

Qualitativ

- Welche Form(en) hat Ihr Gemeinschaftsleben?
- Was tun Sie, um die Gemeinschaft zu fördern?
- Welche Bemerkungen von Menschen spiegeln Ihr Gemeinschaftsleben gut oder weniger gut wider?
- Welche Geschichten veranschaulichen die Stärken und Schwächen Ihrer Gemeinschaft?
- Welche Kriterien wären für Sie wichtig für die Einschätzung, ob Ihre Gemeinschaft lebendig ist oder nicht (zum Beispiel eine herzliche Willkommenskultur, viel Gelegenheit für Gespräche, kein Druck, Möglichkeiten, um Dinge gemeinsam zu tun)? Wie fällt Ihre Beurteilung jeweils aus?
- Welche Vorschläge wurden gemacht, um das Gemeinschaftsleben zu verbessern?

Quantitativ

- Wie viele Leute kommen regelmäßig? Wie viele nur ab und zu?
- Wie viele aus Ihrer Zielgruppe haben in der Gemeinschaft regelmäßige Aufgaben übernommen?
- Wie viele helfen ab und zu?
- Wenn Sie die Lebendigkeit Ihrer Gemeinschaft anhand Ihrer eigenen Kriterien einschätzen sollten – wie würde das Team die einzelnen Kriterien auf einer Skala von 1 – 5 (5 = außerordentlich gut) bewerten? Z. B.: Willkommenskultur = 4.
- Wie sehen die Ergebnisse Ihrer Reflexionsbögen (in Bezug auf die Gemeinschaft) aus, wenn Sie einen solchen verwenden?

Nachfolge lernen

Qualitativ

- Welche der in Kapitel 4 beschriebenen Wegweiser (Taten, die die Freundlichkeit des Reiches Gottes zeigen; Geschichten von Jesus; Gebet und Heilung; „missional worship") haben Sie eingesetzt, um auf Jesus hinzuweisen?
- Welche Rückmeldungen haben Sie daraufhin bekommen?
- Wen sprechen die Wegweiser an, wen nicht?
- Welche Geschichten/Kommentare fanden Sie ermutigend, welche weniger?

Quantitativ

- Können Sie in Zahlen fassen, inwieweit Menschen in die Aktivitäten der oben genannten Wegweiser involviert waren?
- Können Sie ungefähr einschätzen, wie viele Personen sich in welchem Stadium des auf Seite 78 beschriebenen „postmodernen Wegs zum Glauben" befinden?
- Können Sie einschätzen, wie viele den Schritt in die nächste Phase getan haben?

Gemeinde werden

Qualitativ

- Welche ersten Erfahrungen von Gemeinde machen die Menschen, für die Sie sich einsetzen, in Ihrer Gemeinschaft?
- Welche bewussten Schritte tun Sie, um Menschen in die Nachfolge zu rufen (z. B. persönliche Gespräche, Kleingruppen, Kurse, Einbindung in das geistliche Leben des Kernteams, gemeinsame geistliche Rhythmen)?
- Wie entwickelt sich Ihre Form von Gottesdienst oder geistlichem Leben?
- Welche Anzeichen gibt es dafür, dass die vier miteinander verzahnten Beziehungsgefüge von Kirche (siehe Kapitel 2, S. 38) Gestalt annehmen – direkt mit Gott, innerhalb der Gemeinschaft, mit der Welt und mit der gesamten Kirche?
- Auf welche geistlichen Elemente konzentrieren Sie sich?
- Wie werden neu zum Glauben Gekommene in die Mitarbeit einbezogen?
- Welche Rückmeldungen haben Sie bekommen? Welche Geschichten/Kommentare waren ermutigend, welche weniger?
- Was wollten Sie bis zu dieser Phase erreicht haben? Wie viel davon haben Sie erreicht? Was hat Sie überrascht?

Quantitativ

- Wie viele Leute sind jeweils beteiligt, wenn Sie bewusste Schritte machen, um Menschen in die Nachfolge zu rufen? Zu Beginn des Jahres? Am Ende des Jahres?
- Wie viele Menschen nehmen durchschnittlich an Ihrer Form des geistlichen Lebens teil? Zu Beginn des Jahres? Am Ende des Jahres?
- Wie viele nehmen schätzungsweise ab und zu teil?
- Können Sie andere Fragen aus der qualitativen Liste mit Zahlen belegen (z. B. Zahlen zu neuen Mitarbeitern, positiven oder negativen Rückmeldungen, Kontakten zur gesamten Kirche)?

- Für wie viele der Beteiligten ist Ihre Form gemeindlichen Lebens die einzige, an der sie Anteil haben? Wie viele besuchen auch noch eine andere Gemeinde?

Wieder von vorne beginnen

Qualitativ

- Was tun Sie, um andere dazu zu ermutigen, selbst eine Zeugnisgemeinschaft zu gründen?
- Welche Geschichten/Kommentare geben Hinweise auf positive und negative Reaktionen?
- Welche Möglichkeiten sehen Sie, um „wieder von vorne zu beginnen"?
- Worin bestehen die Hindernisse?
- Können Sie sich Zeugnisgemeinschaften vorstellen, deren Entstehung Sie für das nächste oder die nächsten zwei Jahre ins Auge fassen können?

Quantitativ

- Wie viele Zeugnisgemeinschaften sind im vergangenen Jahr durch Ihre Gemeinschaft entstanden?
- Wie viele sind in Planung? Wie viele sind auf den Weg gebracht?
- Wie viele neue Gemeinschaften wollen Sie im nächsten oder in den nächsten zwei Jahren gründen?

Was braucht man, um diese Informationen zu erfassen?

- Gespräche im Kernteam.
- Gespräche während der Hauptveranstaltung der Gemeinschaft.
- Eine Zielgruppe bestehend aus Mitgliedern der Zielgruppe.
- Einen vereinfachten Fragenkatalog für die Mitglieder der Gemeinschaft.

- Einen „heimlichen Frager", also jemanden, der mit den Mitgliedern der Gemeinschaft über eine vorher abgestimmte Liste von Themen spricht, um ein Stimmungsbild einzufangen.
- Eine Zielgruppe mit Leuten, die außerhalb der Gemeinschaft stehen, um den Blick von außen zu bekommen.

Weiter evaluieren

Der Entwicklungsweg Ihrer Initiative wird begleitet von Ihrem Gebet, dass sie anderen Menschen effektiv dient, dass sich eine Gemeinschaft bildet, sie wächst und Menschen zum Glauben kommen, dass diese dann Kirche erleben können dort, wo sie sind, und dass einige der neu zum Glauben Gekommenen in anderen Bereichen ihres Lebens weitere Zeugnisgemeinschaften gründen.

Ist all dies geschehen, dann hat Ihre Gemeinschaft irgendwann das Ende des *Zuerst-dienen*-Weges erreicht. Sicherlich werden weiterhin Menschen die einzelnen Phasen durchlaufen, die dienende Liebe gilt neuen Menschen, die wieder in die Gemeinschaft hineingenommen werden und zu Jesus finden. Aber die Gemeinschaft als Ganze wird die letzte Phase erreicht haben. Wird Evaluation dann überflüssig?

Vier Beziehungsgefüge

Vielleicht brauchen Sie für Ihre Evaluation dann einen anderen Rahmen. Dann können Sie, auch wenn Sie Ihre Gemeinschaft nicht als Kirche oder Gemeinde beschreiben würden, Ihrer Evaluation die vier Beziehungsgefüge zugrunde legen, die das Herz von Kirche ausmachen und sich auf Jesus beziehen:

- HINAUF: Beziehungen zu Vater, Sohn und Heiligem Geist.
- HINAUS: Beziehungen zur Welt.
- HINEIN: Beziehungen innerhalb der eigenen Gemeinde.

- WOHER: Beziehungen zur großen Familie der Christen. Sie sind Teil *des* Leibes Christi.

Wenn Menschen zum Glauben kommen und Ihre Gemeinschaft für sie zur Gemeinde wird, dann liegt es in Ihrem Interesse, dass sie diese vier Beziehungsgefüge kennenlernen – so wie auch andere Christen in der Gemeinschaft darin wachsen sollen. Mit wachsender Reife in diesen vier Beziehungsgefügen wird Ihre Zeugnisgemeinschaft immer mehr zu einer Repräsentantin des Leibes Christi.

Seien Sie spezifisch

Auch mit diesem Rahmen läuft Evaluation nicht viel anders als während des *Zuerst-dienen*-Weges. Allerdings ist sie weniger pragmatisch und mehr ausgerichtet auf Ziele. In Bezug auf die in Kapitel 10 analysierten zwei Denkweisen entspricht die Tendenz hier eher der Denkweise von Organisationen.

Vielleicht möchten Sie am Anfang eines Jahres gemeinsam mit anderen darüber nachdenken, wie Wachstum in Bezug auf jedes einzelne der vier Beziehungsgefüge aussehen könnte.

Bleiben Sie am besten einfach und konkret. Bei jedem neuen Vorschlag sollten Sie sich fragen: „Woran erkennen wir Wachstum?" Statt sich vorzunehmen: „Wir möchten, dass Menschen in der Nachfolge wachsen", werden Sie lieber konkret: „An welchen zwei oder drei Merkmalen möchten wir Wachstum erkennen können?"

Konkret zu sein hilft Ihnen auch bei der Auswahl der Schritte, die entsprechendes Wachstum anstoßen sollen. Und am Ende des Jahres sind Sie in der Lage, das Wachstum als solches zu identifizieren – und Gott dafür zu danken.

Evaluation heißt zurückschauen. Es heißt, die Früchte, für die Sie gebetet haben, als solche zu erkennen, zu sehen, wo sie nicht gewachsen sind und auch überraschende Früchte zu entdecken.

„Wir haben dafür gebetet, dass unsere neuen Christen ein- oder zweimal zu unserem Wochenend-Gottesdienst kommen, vielleicht auf dem Weg zu einem doppelten Gemeindeengagement. Stattdessen haben sie sich für unsere Gebetsgruppe am Samstag entschieden."

Verschiedene Möglichkeiten

Einmal angenommen, Ihr „medizinisches Café" hat den *Zuerst-dienen*-Weg zu Ende beschritten. Das christliche Kernteam hat angefangen, nach der Schließung des Cafés am Donnerstagmorgen gemeinsam Mittag zu essen. Einige Leute sind zum Glauben gekommen und haben sich dem Kernteam beim Mittagessen angeschlossen. Dort wird gemeinsam gebetet, Bibel gelesen und andere Elemente geistlichen Lebens werden ausprobiert.

Es ist Anfang Januar und Sie schlagen vor, die Gruppe könnte ein Mittagessen darauf verwenden, einmal betend zu träumen, wie man während des kommenden Jahres geistlich wachsen könne. Sie laden die Anwesenden ein, über die vier Beziehungsgefüge von Kirche nachzudenken. Welche ein oder zwei Schritte könnten für die jeweilige Beziehungsebene ein Zeichen für das Wirken des Heiligen Geistes in ihrem Leben sein?

Folgende Ideen könnten dabei zusammenkommen:

- *Für die HINAUF-Beziehung:* Wir vertiefen unsere geistliche Arbeit, indem wir ab und zu das heilige Abendmahl feiern und einen kurzen Einführungskurs in die Evangelien durchführen (abends?). Letzteres würde unser Bibellesen bereichern. Wir könnten uns eingehender mit den Evangelien beschäftigen.
- *Für die HINAUS-Beziehung:* Wir haben die Café-Gäste unter der Fragestellung im Blick, wie wir ihnen besser dienen können und was wir zusätzlich für sie tun können. Die Ergebnisse fließen in die Gebete während der Mittagessen ein und wir schauen, wohin der Geist uns führt.
- *Für die HINEIN-Beziehung:* Wir bieten soziale Events für un-

sere Café-Gäste an, eins im Frühjahr, eins im Herbst – und nehmen die Reaktionen darauf mit in unsere Gebete. Haben die Leute Lust darauf? Was könnten wir noch anbieten?

- *Für die WOHER-Beziehung:* Wir laden den Pfarrer ein, mit uns das Abendmahl zu feiern, um unsere Verbindung zur Muttergemeinde zu stärken; wir wollen versuchen, uns drei Podcast-Vorträge anzuhören als Möglichkeit, mit der großen Familie der Christen in Verbindung zu treten.

Gegen Ende des Jahres kann die Gruppe die Vorschläge evaluieren. Sind Sie umgesetzt worden? Wie sehen die Resultate aus? Gab es andere Anzeichen für Wachstum? Welche Lücken bleiben im Leben der Gemeinschaft? Was will uns der Heilige Geist dadurch sagen? Wie könnte auf der Grundlage dieser Diskussionen Wachstum in den vier Bezügen über die kommenden zwölf Monate aussehen? Vielleicht so:

- Sollen wir uns mehr mit den geistlichen Gaben beschäftigen?
- Sollen wir die Gemeinschaft dazu anregen, ein Projekt in einem Entwicklungsland zu unterstützen?
- Sollen wir Café-Gäste aktiver zur Mitarbeit bei sozialen Events oder zu deren Initiierung einladen?
- Sollen wir als Kerngruppe eine der Konferenzen besuchen, die von unserer Kirche oder unserem Gemeindenetzwerk angeboten werden?

Mit Zahlen versehen

Das soeben beschriebene Vorgehen ist weitgehend formativ. Unter Umständen wünschen Sie sich aber zusätzlich ein stärker summatives Element mit genauen Zahlen. Auch Ihre Kirche, Ihr Gemeindenetzwerk oder der Geldgeber könnten dies verlangen.

In diesem Fall können Sie einige näherungsweise Angaben zur Lebendigkeit und zum Wachstum Ihrer Gemeinschaft machen. Sie vermitteln sicherlich kein umfassendes Bild, würden aber so manche numerischen Auflistungen verbessern. Zum Beispiel:

Die HINAUF-Beziehung zu Vater, Sohn und Heiligem Geist:

- Wie viele Leute kommen durchschnittlich zur geistlichen Hauptveranstaltung der Gemeinschaft?
- Wie viele nehmen Teil an christlichen Schnupperkursen, Schulungskursen oder Intensivgruppen?
- Wie viele leisten einen regelmäßigen finanziellen Beitrag zum Leben der Gemeinschaft? Wie viel geben sie durchschnittlich? Haben sich diese Zahlen während der vergangenen zwei oder drei Jahre verändert?
- Wie viele beteiligen sich an den Missionsaktivitäten der Gemeinschaft? (Wenn Mission für Gott Priorität hat, dann auch für alle, die ihre Beziehung zu ihm pflegen wollen.)

Die HINAUS-Beziehung zur Welt:

- Wie vielen Menschen kommt die Arbeit der Gemeinschaft in einer normale Woche zugute?
- Welche Rückmeldungen bekommen Sie über den Reflexionsbogen, wenn es so etwas bei Ihnen gibt?
- Wie viele Leute haben die Gemeinschaft im vergangenen Jahr verlassen (und warum)?
- Wie viele neue Leute kommen regelmäßig zur Hauptveranstaltung der Gemeinschaft? Kirchgänger aus einer anderen Gemeinde? Frühere Kirchgänger? Ohne kirchlichen Hintergrund?

Die WOHER-Beziehung zur Kirche als Ganzer:

- Wie viele aus dem Leitungsteam der Gemeinschaft und von ihren Mitgliedern haben im vergangenen Jahr an Veranstaltungen der Gesamtkirche teilgenommen?
- An wie vielen Veranstaltungen haben sie teilgenommen?
- Wie groß ist der Anteil des Budgets, der für die Unterstützung von Christen in der Gesamtkirche ausgegeben wird?

Die HINEIN-Beziehung innerhalb der Gemeinschaft:

- Wie viele Leute kommen regelmäßig und identifizieren sich mit der Gemeinschaft? (Dies könnte der Anfang einer Mitgliederliste sein, die auch für die jeweilige Gemeinde oder Kirche von Bedeutung sein könnte.)
- Wie viele von der Liste kommen – zum Beispiel – wöchentlich, monatlich, alle drei Monate?
- Wie viele von der Liste halten auch zwischen den Treffen der Gemeinschaft Kontakt miteinander, online oder in Form von persönlichen Begegnungen?
- Wie viele von der Liste arbeiten ehrenamtlich mit?

Wohlgemerkt: Besonders in größeren Zeugnisgemeinschaften wird eine Umfrage nötig sein, um diese Informationen zu sammeln.

Sieben Gründe

Dieser umfassende Ansatz von Evaluation bringt eine Reihe von Vorteilen mit sich:

- *Er ist direkt.* Man würde es ohnehin so machen, wenn man sorgfältig und betend plant.
- *Er stellt keine Extralast dar* – aus eben jenem Grund. Evaluation kann ohne Aufwand in das Leben der Gemeinschaft integriert werden.
- *Er bringt eine gewisse Disziplin und Genauigkeit* in den Prozess der Erkenntnis, weil man immer wieder fragt: Was genau ist passiert? Was können wir daraus lernen?
- *Er verhindert, dass die Gemeinschaft langweilig wird.* Man bleibt in Bewegung, wenn man immer wieder fragt: Was hat der Heilige Geist bewirkt? Was sollen wir als Nächstes tun?
- *Er legt den Fokus auf die Erkenntnis.* Evaluation ist kein Examen, das man besteht oder nicht besteht. Es geht darum, in den Erfahrungen, die man macht, den Heiligen Geist zu erken-

nen und wahrzunehmen, wozu man im nächsten Schritt berufen ist. Evaluation ist eher ein besorgter Tutor als ein strenger Richter.

- *Er befähigt Außenstehende, den Prozess zu beobachten.* Ob es sich um die Muttergemeinde, die Kirche oder eine geldgebende Instanz handelt – bei einem *Zuerst-dienen*-Weg gibt es Meilensteine, anhand derer man Fortschritt messen kann. Dieser Ansatz der Evaluation erlaubt eine gemeinsame Erkenntnis für die nächsten Schritte im Licht des bis dahin zurückgelegten Weges.
- *Er bietet ein Evaluations-Modell für die ganze Kirche.* Jede Gemeinde einer Kirche kann im Gebet darüber nachdenken, wie sie in Bezug auf die vier ineinander verzahnten Beziehungsgefüge, die Kirche ausmachen, wachsen kann. Und sie kann zurückblicken und sehen, wo Gott ihre Gebete erhört hat. Evaluation sollte ein Instrument sowohl für bestehende als auch für neue Formen gemeindlichen Lebens sein.

Hilfreiche Websites

http://www.freshexpressions.de
http://www.freshexpressions.ch
http://www.freshexpressions.org.uk
http://www.messychurch.org.uk
http://www.kirchehochzwei.de
http://www.acpi.org.uk
http://www.arthurrankcentre.org.uk/library-of-good-practice/item/6689 – Beispiele aus ländlichen Gegenden und Links.
http://churchplantingcanada.ca
http://www.emergentkiwi.org.nz
http://www.encountersontheedge.org.uk
http://www.exponential.org
http://www.freshexpressions.ca
http://freshexpressionsus.org
http://inspiremovement.org/network
http://jonnybaker.blogs.com/jonnybaker/worship_tricks/wtindex.html
http://onethousandone.org
http://www.proost.co.uk
http://www.urbanexpression.org.uk
http://www.venturefx.org.uk
http://vergenetwork.org
http://www.youtube.com/user/freshexpressions

Weiterführende Literatur

Für den deutschsprachigen Raum:
(vgl. auch die ausführlichen Literaturangaben auf der Website http://freshexpressions.de unter Medien/Literatur)

DVDs:

Fresh X – kirche. erfrischend. vielfältig, Holzgerlingen: SCM-Hänssler 2013

FreshX2 – kirche. erfrischend. vielfältig, Holzgerlingen: SCM-Hänssler 2016

Bear-Henney, Sebastian: *Fresh X – live erlebt: Wie Kirche auch sein kann*, Gießen: Brunnen 2015.

Clausen, Matthias/Herbst, Michael/Schlegel, Thomas (Hg.): *Alles auf Anfang. Missionarische Impulse für Kirche in nachkirchlicher Zeit*, Neukirchen-Vluyn: Neukirchener 2013.

Elhaus, Philipp et al.: *Kirche^2. Eine ökumenische Vision*, Würzburg: Echter 2013.

Elhaus, Philipp/Stelter, Dirk: *Fresh expressions of church – auch in meinem Kirchenkreis?* Epd-Dokumentation 44/2014, 70–77.

Faix, Tobias/Reimer Johannes (Hg.): *Die Welt verstehen. Kontextanalyse als Sehhilfe für die Gemeinde*, Marburg: Francke 2013.

Hempelmann, Heinzpeter et al.: *Gemeinde 2.0. Frische Formen für Kirche von heute*, Neukirchen-Vluyn: Neukirchener 2011.

Hennecke, Christian et al. (Hg.): *Kirche geht. Die Dynamik lokaler Gemeindeentwicklungen*, Würzburg: Echter 2013.

Hennecke, Christian: *Gottes Sehnsucht in der Stadt. Auf der Suche nach Gemeinden von morgen*, Würzburg: Echter 2011.

Herbst, Michael: *Mission bringt Gemeinde in Form. Gemeindepflanzungen und neue Ausdrucksformen gemeindlichen Lebens in einem sich wandelnden Kontext*, Neukirchen-Vluyn: Neukirchener 2006 (deutsche Übersetzung des *Mission-Shaped-Church*-Reports).

Herbst, Michael: *Kirche mit Mission. Beiträge zu Fragen des Gemeindeaufbaus*, Neukirchen-Vluyn: Neukirchener 2013.

Hirsch, Alan: *Vergessene Wege. Die Wiederentdeckung der missionalen Kraft der Kirche*, Schwarzenfeld: Neufeld 2013.

Moldenhauer, Christiane et al.: *Gemeinde im Kontext. Neue Ausdrucksformen gemeindlichen Lebens*, Neukirchen-Vluyn: Neikirchener 2006.

Müller, Sabrina: „Fresh Expressions of Church". In: Kunz, Ralph/ Schlag, Thomas (Hg.): *Handbuch für Kirchen- und Gemeindeentwicklung*, Neukirchen-Vluyn: Neukirchener 2014.

Pompe, Hans-Hermann et al. (Hg.): *Fresh X. Frisch. Neu. Innovativ: Und es ist Kirche*, Neukirchen-Vluyn: Neukirchener 2016.

Weimer, Markus: „Bewegung im Bewährten. Wie die Kirche von ‚fresh expressions' profitieren kann". In: Hempelmann, Heinzpeter/Herbst, Michael: Theologische Beiträge 4/2012, Witten 2012.

Englischsprachige Literatur:

Addison, Steve, *Movements That Change the World. Five Keys to Spreading the Gospel*, Downers Grove: IVP, 2011.

Allen, Roland, *Missionary Methods – St. Paul's or Ours?*, Cambridge: Lutterworth Press, 2006.

Atkins, Martyn, *Resourcing Renewal: Shaping Churches for the Emerging Future*, Peterborough: Inspire, 2007.

Baker, Jonny, *Curating Worship*, London: SPCK, 2010.

Bevans, Stephen B., *Models of Contextual Theology*, revised edition, Maryknoll: Orbis, 2002.

Breen, Mike and Alex Absalom, *Launching Missional Communities: A Field Guide*, 3DM, Kindle version, 2010.

Cole, Neil, *Organic Church: Growing Faith Where Life Happens*, San Francisco: Jossey-Bass, 2005.

Cray, Graham, Ian Mobsby, and Aaron Kennedy (Hrsg.), *Fresh Expressions and the Kingdom of God*, Norwich: Canterbury Press, 2012.

Cray, Graham, Ian Mobsby and Aaron Kennedy (Hrsg.), *New Monasticism as Fresh Expression of Church*, Norwich: Canterbury Press, 2010.

Croft, Steven (ed.), *Mission-shaped Questions: Defining Issues for Today's Church*, London: Church House Publishing, 2008.

Donovan, Vincent J., *Christianity Rediscovered: An Epistle from the Masai*, London: SCM, 2001.

Flett, John G., *The Witness of God: The Trinity, Missio Dei, Karl Barth, and the Nature of Christian Community*, Grand Rapids: Eerdmans, 2010.

Frost, Michael and Alan Hirsch, *The Shaping of Things to Come: Innovation and Mission for the 21st-Century Church*, Peabody: Hendrickson, 2003.

Gaze, Sally, *Mission shaped and Rural: Growing Churches in the Countryside*, London: Church House Publishing, 2006, 978-071514084-0.

Glasson, Barbara, *Mixed-up Blessing: A New Encounter with Being Church*, Peterborough: Inspire, 2006.

Goodhew, David, Andrew Roberts and Michael Volland, *Fresh! Study Guide to Fresh Expressions and Pioneer Ministry*, London: SCM, 2012.

Halter, Hugh and Matt Smay, *The Tangible Kingdom: Creating Incarnational Community*, San Francisco: Jossey-Bass, 2008.

Hirsch, Alan, *The Forgotten Ways: Reactivating the Missional Church*, Grand Rapids: Brazos, 2006.

Hopkins, Bob and Freddy Hedley, *Coaching for Missional Leadership: Growing and Supporting Pioneers in Church Planting and Fresh Expressions*, Sheffield: ACPI Books, 2008.

Howe, Mark, *Online Church? First Steps Towards Virtual Incarnation*, Cambridge: Grove, 2007.

Jackson, Bob, *Hope for the Church*, London: Church House Publishing, 2002.

Lings, George and Stuart Murray, *Church Planting: Past, Present and Future*, Cambridge: Grove Books, 2003.

Lomax, Tim and Michael Moynagh, *Liquid Worship*, Cambridge: Grove Books, 2004.

Male, David, *Church Unplugged: Remodelling Church Without Losing Your Soul*, Milton Keynes: Authentic Media, 2008.

Male, David (ed.), *Pioneers 4 Life. Explorations in Theology and Wisdom for Pioneering Leaders*, Abingdon: Bible Reading Fellowship, 2011.

Mission-shaped Church. Church Planting and Fresh Expressions of Church in a Changing Context, London: Church House Publishing, 2004.

Moore, Lucy, *Messy Church: Fresh Ideas for Building a Christ-centred Community*, Oxford: Bible Reading Fellowship, 2006.

Morisy, Ann, *Journeying Out: A New Approach to Christian Mission*, London: Morehouse, 2004.

Moynagh, Michael, *Church for Every Context*, London: SCM, 2012.

Murray, Stuart, *Post-Christendom: Church and Mission in a Strange New World*, Carlisle: Paternoster, 2004.

Murray, Stuart, *Church After Christendom*, Carlisle: Paternoster, 2004.

Nelstrop, Louise and Martyn Percy (Hrsg.), *Evaluating Fresh Expressions: Explorations in Emerging Church*, Norwich: Canterbury, 2008.

Potter, Phil, *The Challenge of Change*, Abingdon: Bible Reading Fellowship, 2009.

Stetzer, Ed, *Planting Missional Churches*, Nashville: B & H Publishing, 2006.

Stetzer, Ed and Warren Bird, *Viral Churches. Helping Church Planters Become Movement Makers*, San Francisco: Jossey-Bass, 2010.

Stone, Matt, *Fresh Expressions of Church. Fishing Nets or Safety Nets?*, Cambridge: Grove Books, 2010.

Volland, Michael, *Through the Pilgrim Door: Pioneering a Fresh Expression of Church*, Eastbourne: Survivor Books, 2009.

Ward, Pete, *Liquid Church*, Carlisle: Paternoster, 2002.

Index

24-7 *Prayer* 103
360° Hören 151
3DM 26, 27, 32

A Call to Business 261
Abendmahl 76, 78, 157, 166, 228–230, 306, 398 f.
Achtsamkeit 106, 208 f.
Addison, Steve 146 f.
Alltagsgemeinde 79, 83
Alpha Kurs 120, 156, 164, 166, 269
Atkins, Martyn 196, 344
attraktionaler Missionsansatz → Mission, „Komm"-Ansatz von M.

Barth, Karl 37
Beginen 39
Behinderung 88, 202, 227
Bell, Ian 307
Bell, Rob 103
„BELLS" (Bless, Eat, Listen, Learn, Sent) 217
Benediktiner 39
Berufung 44, 50 f., 83, 84, 86, 176, 178, 190 f., 195, 205, 210 f., 215, 251, 314, 344, 353, 360
Beziehungsgefüge von Kirche, vier 77
Bibellesen 27, 45, 49, 86, 98, 128, 150, 189, 219, 225, 246, 304, 370, 379, 398
Biscuits and Bible 109
Botschafter des Friedens 145, 146, 195, 198
Breakfast, Bible and Chat 364
Breakfast@9 153
Breathe 123
Brompton, Holy Trinity 34, 24

Café Retro 112
Café-Kirche 110, 124, 152 f.
Café-Stil 111, 124 f., 310
Church Army Research Unit 4, 14, 31, 32, 74, 211, 239, 372, 380
Church Army Sheffield Centre 316
Church Multiplication Associates 32
Church of England 14 f., 31, 38, 50, 53 f., 80, 102, 228, 247, 331, 343 f., 347, 353, 372
Church of Scotland 15
Church Resource Ministries (CRM) 68
Church@five 73
Cluster 205, 219, 245
Coffee in the Living Room 283, 319, 388
Cole, Neil 32, 112, 221, 273, 354, 355
Communion-in-mission 38, 185, 253, 297
Community Bible Studies 189
Cook@Chapel 114, 236
Costa Coffee 110, 112
Cracknell, Heather 122, 194
Cross, Janet 53, 163
Crowsley, Katharine 114

Darwin, Charles 135
Davis, Lou 183, 194
Demografische Gruppe(n) 35, 82, 88, 115, 124, 173, 182, 188, 218, 299, 314, 346, 358, 391
dienende Liebe → Liebe
„Dienst"-Tage 197
Dienstteam 239, 240
Discovery Days 122
Drop In 128

Eagles Wings 104
Early Bird 125
Earlybird Café 152
Eden Projekt 116
Edson, Ben 280
Ehrenamtliche, ehrenamtlicher Einsatz 22 f., 25 f., 35, 37, 51, 87, 125, 199, 232, 246, 288, 291 f., 295, 303, 314, 388, 401 → Laien
Eins-zu-eins-Mentoring → Mentoring
Ekklesial (gemeindebildend) 48, 134, 301, 327 → Gemeinschaft bilden
Emmaus 255
Enns, Peter 130
Entkirchlichte Menschen 15
Eriksen Morales, Jenifer 51
Erkenntnis (Gabe, Fähigkeit der) 237, 241, 366–372, 376–379, 380, 387, 401, 402
Erlaubnis erteilen 334
Erweckungsbewegung 40
Evaluation 368, 374–402
formative oder summative Evaluation 384–386
Evangelisation 64, 87, 104, 124, 148, 174 f., 231, 264, 269, 329
Evans, Dan 117
Experimente (Fresh X als Experiment) 281, 296–318, 333–343, 347, 356

„FACTS" (Faithful, Available,...) 187
Familiengemeinschaft 254
Feital, Peterson 238, 239
Fellowship@Grannies 156, 157
Ferrar, Nicholas 39
Finanzen 191, 208, 237, 321, 347, 350, 374, 386
→ Geldgeber
→ Ressourcen
Finger, Reta 42, 43
Follow-up-Gruppe 156
Forge International 32
formativ 384, 390, 399
formative Evaluation 384–386
Forster, Sam 199
Fotoclub 111, 113
Freundlichkeit des Reiches Gottes 160, 161, 166, 393

Gaze, Sally 119
Gebet und Heilung 163, 166
Gebetspartner 150, 198
Gebetsräume 102, 103
„Geh"-Ansatz von Mission → Mission
geistliches Leben 4, 16, 186, 228, 247, 312
Geld
– G. sammeln 114
– Umgang mit G. 34, 178, 212 → Finanzen
Geldgeber 124, 199, 375, 386, 390, 399
→Finanzen
Gemeinde
– Gemeindeengagement, gemischtes 244
– Hausgemeinden 42, 78, 79, 89, 90, 93
– konventionelle G. → Kirche, konventionelle
– Kirchengemeinde → Kirche
– Muttergemeinde 26, 90, 155, 192, 206, 230, 245, 306, 312, 314–317, 371, 377 f., 399, 402
– neue, kontextuelle G. 327
– Organische G. 221
– Ortsgemeinde 33, 49, 50, 54, 61, 63 f., 79, 82, 91, 94, 99, 103,

155, 198, 244, 263, 307, 313, 318 f., 332, 355, 375–378, 382
- Studentengemeinde 117, 204,
- virtuelle Gemeinde/-Gemeinschaften 30, 108
- Wochenend-/Sonntagsgemeinde 49, 80, 155, 244, 263 65, 79, 80–83, 95, 120, 133, 310 f., 316,319
- Wochentagsgemeinden 26
- Zellgemeinde → Zellgemeinden-Bewegung
- zu zwei G. gehören 78

Gemeindebildend → ekklesial
Gemeindeleitung 28, 35, 139, 191 f., 285 f., 299, 311, 317, 342, 368,
Gemeindeleitungsteam 306, 309,
Gemeindenetzwerk 32, 320 f., 327, 333, 337, 340, 347, 356, 375, 382, 399
Gemeindepflanzungen 16, 33, 34, 50, 68, 141–143, 158, 246, 323, 327, 340, 344
Gemeindepflanzungs-Bewegung 65
Gemeinschaften
- am Arbeitsplatz 104–107
- im Freizeitbereich 107–115
- geplante G. 33 f.
- Interessensg. 113
- Lerng. 246, 303–308, 337, 339, 345, 354 f.
- mittelgroße G. 27
- ungeplante G. 34 f.
- am Rand 63, 251

Gemeinschaft bilden 173, 189, 203, 231, 271 → ekklesial (gemeindebildend)
Gespräche, fruchtbare 289, 292–296,
Gesprächsgruppe 30, 105
Glasson, Barbara 148, 149
Glauben im Alltag 20
Glaubenskurs 30, 33, 54, 57, 94, 120, 226, 236
Goth Church 222
Gottesebenbildlichkeit 97
Grange Park 94

Halter, Hugh 68
Hausgemeinden → Gemeinde
Headspace 117
Hebblethwaite, Margaret 46
Heelas, Paul 23
Heilsarmee 15, 322, 323, 348
Heilung 40, 128, 164, 165, 173, 215, 267, 393
Hinauf – hinaus – hinein – woher 77
Holt, Caroline 126
Homden, Peter 113
Hopkins, Bob und Mary 110, 119
Hot Chocolate 35, 36, 51, 303, 363
Howlett, Victor 125

Ignatius von Loyola 40
Institutionen 22, 23, 236, 321, 340 f., 363, 369
Interessensgemeinschaften → Gemeinschaften

Journeys-Kurs 33
Joyce, Penny 122, 163, 200
Jugendschutz 199, 306,
Jump Start Sunday 126
Jünger
- J. z. Zt. Jesu 37, 42, 46, 66, 71, 78, 91, 153, 157, 182, 185, 190, 196, 247, 250–254, 257, 268, 277, 297, 330
- Emmausjünger 225
- 72 J. 383
- zum J. werden/machen 17,

146, 206–210, Kap 6 (211–248), 250 f., 261 f., 264, 272, 275, 301, 305, 327
Jüngerschaft 211, 214, 219, 260, 265, 276
Jüngerschaftskurse/-abende/-Programme/-Gruppen 80, 256, 263, 332
Just Church 227

Kahaila Café 43
„Keep it simple" 204
Keller, Timothy 63
keltische Missionare → Missionare 39
Kinder 52, 61, 93, 100, 103, 115, 119, 125, 129, 144, 146, 152, 181 f., 192, 197, 222, 264, 298, 318, 319, 329
Kirche
– etablierte/konventionelle K. 34, 241, 244, 261, 263
– K. als Ganze/gesamte K. 90, 133, 229, 241–246, 321, 347, 353, 355, 377 f., 382, 394, 400, 402
– Kirchengemeinde 23, 25, 26, 49, 63, 69, 71, 88, 97, 123, 124, 155, 162, 184
– lutherische K. 25
– methodistische K. 15, 32, 332, 344, 351
– Niedergang d. K. 70, 74, 290, 321, 323, 329, 348, 349, 356
– verfasste K. 243
Kirchenferne Menschen 15, 280
Kirchgänger, ehemalige 31,34
Kirchenleitung 15, 300, 306, 317, 320 f., 324, 340 f., 351, 357, 363 f.
Kirchennahe Menschen 15
Kirchenvorstand 306
Kleingruppen 44, 54, 123, 141, 205 f., 218, 219, 225, 233, 256, 271, 291, 394
– herkömmliche/konventionelle K. 26, 49, 82, 260
→ Zellgruppen
„Komm"-Ansatz (von Mission) → Mission
Komplexitätstheorie 280, 283, 301, 324, 356
Konnektoren 355
Kontextuell 48, 134, 301, 327,
Kreative Kirche → Messy Church
kreative Spiritualität 166

Laien 15, 31, 39, 40, 91, 99, 230, 319, 334, 344 f., 350, 353–356, 372 → Ehrenamtliche
Lebensgemeinschaften 34, 40
Lebensverändernd 48, 134, 221, 301, 322, 327,
LegacyXS (Skaterzentrum) 116
Lehrplan, heimlicher 213, 214, 216
Lerngemeinschaften → Gemeinschaften
Liebe, dienende/dienen in L. 16, 27, 60, 145, 148, 150, 159 f., 203, 302, 304
Lings, George 4, 31, 74, 107, 116, 143, 213
Little Gidding 39
Luncheon Club 24, 48, 54, 156, 165, 271

Male, Dave 4, 11, 181
Marshall, Molly 44
Mehrgenerationen-Café 234
Mehrgenerationengruppe „B1" 225
Mehrgenerationen-Veranstaltung 213
Meilensteine (auf dem Weg zum

Glauben) 26, 169, 171, 173, 228, 336 f., 340, 369, 370, 372, 377, 402
Mentoring 191, 271, 354 f.
Eins-zu-eins-Mentoring 154, 221,
Messy Church 118, 120, 214 f., 218, 229, 318, 328
Methodisten → Kirche, methodistische
Milbank, John 67
Miller, Katie 232
Milne, Andy 157
Missio Dei 12, 95
Mission
- M. an erster Stelle/Priorität der M. 94–99
- „Geh"-Ansatz/„Wir-kommen-zu-euch"-Ansatz von M. 65, 111, 252
- „Komm"-Ansatz/attraktionaler M.-Ansatz 64 f., 110 f., 252, 20
Mission Shaped Church 343, 344
Missional 27, 65, 69, 116, 165, 184, 223, 234, 329, 332
- missionale Gemeinschaften 26, 299, 312, 327, 346
- missionale Kreativität 321, 322, 325, 330, 331, 332, 333, 342, 351, 356
- missional worship 165, 170, 173, 221, 393
Missionare 298, 379,
- keltische M. 39
- Jesu Jünger als M. 42
missionarische Vision 25
Missionsgemeinschaften 82
mixed economy 82, 83, 297, 331, 345, 359
Molly's Church 121
monastische Bewegung, neue 358
Moore, Paul 214, 215, 229
Moveable Feast 145
Moy, Richard 58
Multiplikation statt Addition 273–275
Muttergemeinde → Gemeinde

Net 181
Netzwerk „organischer" Gemeinden 273
Netzwerk des Vertrauens 200
New Creations 53, 54, 163
New Song Café/- Network 81
Newbigin, Lesslie 40, 174, 276
No Holds Barred 203
Nooma-DVD 103
North Rice Lake Youth Ministry Project 116

Obdachlose 40, 124
One Step Beyond 254
Open Mic 127
Order of the Daughters of the King® (Orden der Königstöchter) 60
Outlook 319

Partnerorganisationen 199
Pastoraler Dienst 17, 281 f.
Pastoraler Zirkel → Zirkel
Personalentscheidungen 344
Pints of View 66
Pioneers 4, 11, 16, 50 f., 124, 143, 190, 239, 307, 336–341, 345, 352–356, 363, 365, 366, 371
Postmoderner Weg zum Glauben 169, 171, 172, 391, 393
Power-Evangelisation 164
Project 116

Radcliffe, Stuart 203
Rainbow Worship 227

Rand, Gemeinschaften am
→ Gemeinschaften
Ratlosigkeit 281, 308, 309, 310, 318, 328, 329, 330, 333
Reconnect 183, 234
Redeem the Commute 30
re:generation/re:gen 99, 220 f.
Reproduktion (von Gemeinden/Gemeinschaften) 34, 158, 265, 274 f.
Ressourcen 150, 195, 18, 200, 204, 206, 241, 246, 321, 325, 347–355, 376
- ausstatten mit R. (ressource it) 347–355
- R. bündeln 47, 66, 185, 205
- fehlende/knappe R. 55, 205
- finanzielle R. 321 → Finanzen
- geistliche R. 106, 208 f., 277, 367
- R. der Gesamtkirche 90, 228
Reverb 152, 153
Robertson, Charis 36, 303
Romsey Mill 275

Sakramente 77, 228, 306
Sammlung und Engagement 255–269
Santana, Levi 98
Sarasvathy, Saras 335, 341, 361
Schnupper-Gruppe 154, 155
SHARE 228, 229
Shoesmith, Frances 240
Side-by-side-Modell (von Leitung) 283, 286, 291
Sidewalk 129
Sim, Ryan 30, 193
single economy 358 → mixed economy
Snips 125
Something else 239
Sorted 157, 218, 274
Soul Survivor 319
SPACE 222
Springfield-Project 58, 174
Starbucks 59
Stepping Out 319
Stepping Stones 26, 93, 254
Stetzer, Ed 3, 11, 32, 63, 65, 69
Stott, John 174
Studentengemeinde → Gemeinde
summative Evaluation → Evalution
Surfers' Church (Gemeinde für Surfer) 35
Sustenance 117
Szkiler, Paul 261

Talking Point 93
TANGO 149
Tas Valley Cell Church 81
Taste & See 111 f.
Taufe 228, 266, 318
Taylor, Charles 167
The Valley Network 98
Theory of change 385–387
Third Place Communities 109
Thirst Café Church 103, 275
Tiddliwinks 318
Tod und Auferstehung 230
„Top-down"-Modell (von Leitung) 283, 286, 325
Transmission 118
Tubestation 238

Uncommon Grounds 127
Under the Canopy 117
United Reformed Church 15
Unsworth, Paul 43
Unterweisung 212, 230, 232–234, 247, 256, 261, 286
Urgemeinde 78

Vaterunser 217, 225
VentureFX 307

Versuch und Irrtum, Kultur von 335–337
virtuelle Gemeinde/-Gemeinschaften → Gemeinde
Vision 43, 67, 83, 108, 122 f., 201, 245, 249, 291, 299, 308, 324 f., 334, 345
Vitalise 58, 59
Voas, David 70

Ward, Matt 117
Wegweiser 139, 160–166, 169 f., 173 f., 177, 203, 271, 302, 329, 393
Weiterbildung 253
Wesley Playhouse 126 f.
Wesley, John 40
Wochenend-/Wochentagsgemeinden → Gemeinde
Woodhead, Linda 23
Wright, Chris 96

X-site 115

Young Professionals 30

Zellgemeinden-Bewegung 25, 30, 106, 295
Zellgruppen 94, 106, 119, 121, 122 f. → Kleingruppen
Zeugnis ablegen 11, 23, 27, 31, 264
Zielgruppe 120, 130, 182, 195, 199, 209, 331, 393, 395 f.
Zirkel, pastoraler 304
Zone 319
Zuerst-Beziehung-Modell 143–147, 158, 159, 173, 300
Zuerst-dienen-Modell 147–149, 158, 159, 160, 173, 174, 207, 210, 300, 302, 304, 387, 389, 396, 397, 398, 402
Zuerst-Gottesdienst-Modell 141 f., 145, 159,173
Zweierschaften 218, 220
Zwölf Werte des Evangeliums 215